四川大學中國俗文化研究所
四川大學漢語史研究所

漢語史研究集刊
（第二十四輯）
語言學·漢語類CSSCI來源集刊

俞理明 雷漢卿◎主　編
王彤偉◎副主編

四川大學出版社

責任編輯:歐風偲
責任校對:黃蘊婷
封面設計:嚴春艷
責任印製:王　煒

圖書在版編目(CIP)數據

漢語史研究集刊. 第二十四輯 / 俞理明,雷漢卿主編. —成都:四川大學出版社,2018.6
ISBN 978-7-5690-1963-6

Ⅰ.①漢… Ⅱ.①俞… ②雷… Ⅲ.①漢語史-研究-叢刊 Ⅳ.①H1-09

中國版本圖書館 CIP 數據核字（2018）第 137695 號

書名	漢語史研究集刊(第二十四輯)
	Hanyushi Yanjiu Jikan (Di-ershisi Ji)
主　　編	俞理明　雷漢卿
出　　版	四川大學出版社
地　　址	成都市一環路南一段 24 號(610065)
發　　行	四川大學出版社
書　　號	ISBN 978-7-5690-1963-6
印　　刷	四川盛圖彩色印刷有限公司
成品尺寸	185 mm×260 mm
插　　頁	1
印　　張	23
字　　數	465 千字
版　　次	2018 年 6 月第 1 版
印　　次	2018 年 6 月第 1 次印刷
定　　價	96.00 圓

◆讀者郵購本書,請與本社發行科聯繫。
電話:(028)85408408/(028)85401670/
(028)85408023　郵政編碼:610065
◆本社圖書如有印裝質量問題,請
寄回出版社調換。
◆網址:http://www.scupress.net

■版權所有◆侵權必究■

主　編　俞理明　雷漢卿
副主編　王彤偉

學術委員會
丁邦新（香港科技大學）
高田時雄（日本京都大學）
何莫邪（Christoph Harbsmeier，挪威奧斯陸大學）
江藍生（中國社會科學院）
蔣紹愚（北京大學）
柯蔚南（W. South Coblin，美國伊荷華大學）
魯國堯（南京大學）
梅維恒（Victor H. Mair，美國賓夕法尼亞大學）
梅祖麟（美國康奈爾大學）
裘錫圭（復旦大學）
王　寧（北京師範大學）
項　楚（四川大學）
向　熹（四川大學）
辛嶋靜志（日本創價大學）
徐文堪（漢語大詞典出版社）
薛鳳生（美國俄亥俄州立大學）
衣川賢次（日本花園大學）
游汝杰（復旦大學）
張永言（四川大學）
趙振鐸（四川大學）
佐藤晴彥（日本神戶外國語大學）

編輯委員會

曹廣順（中國社會科學院）
董志翹（南京師範大學）
馮勝利（美國堪薩斯大學）
管錫華（四川師範大學）
洪　波（首都師範大學）
蔣冀騁（湖南師範大學）
蔣宗福（四川大學）
雷漢卿（四川大學）
劉　利（北京師範大學）
譚　偉（四川大學）
汪啟明（西南交通大學）
汪維輝（浙江大學）
伍宗文（四川大學）
楊　琳（南開大學）
楊宗義（巴蜀書社）
俞理明（四川大學）
張顯成（西南大學）
張涌泉（浙江大學）
朱慶之（香港教育大學）

本輯執行主編　王彤偉

編輯助理　曾　辰

目　錄

張永言先生對中古漢語研究的貢獻	汪維輝	1
略談漢語歷史詞彙研究的幾個側面	曾　良 張薇薇	10
論後置詞"所"的功能、形成途徑和動因	梁銀峰	20
"好+V"的詞彙化考察——以"好看、好聽、好笑"為例	姜　夢 崔宰榮	35
推測義副詞"想X"的形成模式	匡鵬飛 武梅琳	53
《干祿字書》語用態度對語言規範的啟發	俞理明 周豔梅	64
明清聖諭宣講與通語傳播探論	徐時儀	69
甲骨文"㞢"新考	羅紅昌	81
《周易》經文詞義時代考	周寶宏 王珊珊	89
《尚書正義》引《說文》研究	王彤偉	98
《廣韻》稱引《說文》同字術語釋讀	趙　庸	108
《史記》修訂本不明通假誤校六例	王建勇	120
年忌及相關民俗語詞考	譚　偉	129
《諸病源候論校注》辨正	戚　端	138
近代民間契約文書建築類詞彙考校六則	唐智燕 趙靜怡	147

《磧砂藏》隨函音義開口二等喉牙音字的演變及相關問題	李廣寬	161
從韻律看上古漢語功能詞的雙音化——以疑問詞為例	李　果	176
再談中古漢語中"快"的相關詞語	付建榮	193
祈使語氣詞"著（着）"來源新說獻疑	李月炯　王　丹	202
法偉堂《〈經典釋文〉校記》底本考	羅　毅　楊　軍	207
《集韻校本》版本問題再談	汪啟明　田　膂	217
《玉篇》殘卷引書異文詞彙價值考論——以卷九引經注異文為例	閆翠科	230
漢字正俗、繁簡關係論	鄭春蘭	241
《敦煌歌辭總編》補校劄記	王洋河	250
禪籍"拍盲"考辨	周　正	261
語氣詞"否"再論	程文文	270
《山東石刻分類全集》（卷伍）俗字釋讀訂誤舉隅	顧　盼　張顯成	290
韓國語前元音化現象的歷時性探究	胡翠月	297
漢韓借詞對應比較研究	金兌垠	307
朱子語錄文獻異文與文白演變	潘牧天	335
近代漢語"繩"和"索"的歷時演變與共時分布	湯傳揚	350

張永言先生對中古漢語研究的貢獻

汪維輝

提　要：著名語言學家張永言先生是中古漢語研究的開創者之一，本文從"著述"和"授業"兩個方面概述張先生對中古漢語研究的貢獻，以紀念先生辭世半年。

關鍵詞：張永言；中古漢語；貢獻；著述；授業

先師張永言教授（1927年12月4日—2017年5月1日），學貫中西，博通古今，平生治學，範圍極廣①，而於漢魏六朝典籍與語言情有獨鍾，用力頗勤，對中古漢語研究卓有貢獻。下面分"著述"和"授業"兩部分簡述之，以此紀念恩師辭世半年。

一、著　述

張先生治學屬於"厚積而薄發"型。他在中古漢語研究領域辛勤耕耘半個多世紀，留給我們的成果主要是一部辭典和十幾篇論文。

張先生主編的《世說新語辭典》（張永言1992）是中古漢語研究的一部重要著作，也是第一部中古專書辭典。《世說新語》作為研究中古漢語最重要的一部中土文獻，歷來受到學者的重視，但是"《世說新語》本文和劉注都是出名難念的文字"（B. J. Mansvelt Beck語，見張永言2015：279—280），研究難度很大。在上世紀80年代以前，學者們寫過一些考證《世說》詞語的文章，如呂叔湘先生的《將無同》等，雖然水準很高，但比較零散。80年代初，徐震堮先生的《世說新語詞語簡釋》②是全面解釋《世說》所見中古特色詞彙之始，具有開創之功，但是所涉有

---

①　先生的博學，常常讓我想起《世說新語·德行》中郭林宗（泰）評價黃叔度（憲）的話："叔度汪汪如萬頃之陂，澄之不清，擾之不濁，其器深廣，難測量也。"

②　附於氏著《世說新語校箋》之後（中華書局1984年版）。

限（一共解釋了142個詞語）。編寫專書辭典，必須面對書中的全部詞彙，無法回避問題。《世說新語辭典》"全書匯釋了《世說新語》原文中所有的字、詞等，據初步統計，共計收單字3032個，複音詞5257條，正文連同附錄，凡一百萬字。洋洋大觀，堪稱巨著"（方一新、王雲路1993）。這部《辭典》優點很多，貢獻卓著，方一新、王雲路（1993）已有詳述，這裡不贅。在《世說新語》語言研究方面，張先生主編的《世說新語辭典》和張萬起先生獨力編撰的《世說新語詞典》①堪稱雙璧，各有千秋。《詞典》以虛詞闡釋細密準確見長，而《辭典》則以資料豐富、涉及面廣顯其特色，比如其中的百科詞條，"釋證精審，徵引翔實"（方一新、王雲路1993），隨條列出的參考文獻堪稱浩博，尤其是國內較難見到的海外學人的論著，都是先生平日瀏覽所及，反映了先生寬廣的視野和淵博的學識以及掌握多種外語的過人之處。需要說明的是，這部辭典編纂期間先生身體欠佳，最後定稿時住在醫院，加之時間倉促，書成眾手，訛誤在所難免，方一新、王雲路（1993）已經指出了一些，但是問題遠不止此，張先生每每引以為憾。他後來寫了《〈世說新語〉"海鷗鳥"一解》，就是一篇自我糾錯的文章（詳下）。

張先生在中古漢語研究方面還發表過一系列論文，都收錄在《語文學論集》（增訂本）中。研究對象以詞彙為主，兼涉語法、語音和文獻考訂。下面大致分為六個方面略作介紹。

1. 詞義考辨

張先生長於詞義考辨，創獲甚多。其中與中古漢語有關的主要有3篇文章。

(1)《詞語瑣記》②。該文用詞彙史的方法考證了六個詞語的詞義和源流，都與中古漢語有關。"角"有"斜"義，此詞此義可追溯到西漢初，"角睞"就是"斜視"。"委"有"知"義，六朝時代就有了，唐五代人慣用，宋代以後漸廢。"回"的"返，還"義可溯源至三國時代（3世紀初），早於唐朝開國約四百年。"錯"的"誤"義可溯源至東漢末的《鄭志》，兩晉南北朝應用漸廣，隋唐時代更為常見。《木蘭詩》"雄兔腳撲朔"的"撲朔"和"樸樕"是同源詞，語源義為"叢生貌"，"撲朔"義為"毸毛叢生的樣子"。"幾多"一詞六朝已見。這些都是讀別人論著時寫下的劄記。

(2)《兩晉南北朝"書""信"用例考辨》③。該文對郭在貽先生舉出的兩晉南北朝十個"信"當"書信（letter）"講的用例一一予以考辨，證明它們都還不是"書

---

① 商務印書館，1993年。
② 原載《中國語文》1960年第10期、1982年第1期。
③ 原載《語文研究》1985年第2期。

信"義,而是"信使(messenger)"或"信息,消息(message)"義,對詞義的辨析精細入微,具有方法論意義。

(3)《〈世說新語〉"海鷗鳥"一解》①。此文屬於自我糾謬,對先生主編的《世說新語辭典》"海鷗鳥"條的釋義"此處暗指佛圖澄清淨無機心,物我相忘"(取徐震堮說)提出商榷,介紹了美國學者芮沃壽(Arthur F. Wright)的解釋:"這個故事的要點是海鷗鳥被設想為能覺察威脅而相應改變行為,所以支道林的意思是佛圖澄在他與石氏的關係中把他們認作具有野性和警惕性的鳥類——不是很聰明,但善能察覺他(佛圖澄)這一方的任何不忠,如同《莊子》故事中鷗鳥那樣。"反映了張先生虛懷若谷、唯真是求的學者風範。

2. 詞彙語法現象溯源

(4)《"為……所見……"和"'香''臭'對舉"出現時代的商榷》②。該文據《後漢書·西羌傳》載班彪《上光武帝書》"數為小吏點人所見侵奪",把"為……所見……"式追溯到了東漢初年(公元1世紀初期),早於吳金華先生所舉的《後漢書·寇榮傳》載寇榮《上桓帝書》一百三十多年;並據《漢書》顏師古注改西晉灼"必為螻蟻所見制"(賈誼《吊屈原賦》"固將制於螻蟻"句注語)為"必為螻蟻所制",證明唐初人已經不大喜歡這一句式,早於吳金華先生所舉的北宋《資治通鑒》改曹操《己亥令》。"'香''臭'對舉"出現的時代則上溯到了西漢後期的劉向《說苑》。

張先生曾經指出:"研究詞和詞義,必須追溯早期用例,才談得到它們的發生和發展,而探討語言現象的發生和發展正是語言科學的重要任務之一。"(張永言 2015:63)在沒有電子語料庫的年代,這種溯源工作是極不容易的,雖然有一些逐字索引類的工具書可供檢索,但畢竟數量有限,無法窮盡所有載籍,所以主要還是依靠學者個人的瀏覽所得。這是對一個學者視野寬窄、讀書多寡、功底深淺的考驗。由於一個人畢竟不能遍覽群書,見聞缺漏也在所難免。今天我們用大型語料庫加以覆核,張先生對"為……所見……"式的溯源仍可成立,而"香""臭"對舉

---

① 原載《語言研究》1994年第3期。
② 原載《中國語文》1984年第1期。

出現的時代則尚可略為提前①，《鹽鐵論·論菑第五十四》："故不知味者，<u>以芬香為臭</u>；不知道者，以美言為亂耳。"② 在西漢昭帝始元六年（公元前81年）召開了"鹽鐵會議"，桓寬著《鹽鐵論》，第一篇至第四十一篇記述了會議正式辯論的經過及雙方的主要觀點，第四十二篇至第五十九篇寫會後雙方對匈奴的外交策略、法制等問題的爭論要點。所以《鹽鐵論》的時代要略早於《說苑》③。這是研究手段進步的結果。

上文已提及的《詞語瑣記》中對"回"的"返，還"義、"錯"的"誤"義和"幾多"一詞的最早出處的探求也都屬於對新詞新義的溯源。

3. 語源探索

（5）《語源探索三例》④。這是考證語源的一篇力作，具有方法論意義，常被稱引。文章開宗明義："本文主要目的在於通過三個詞的歷史考察，提出探索漢語詞的語源的三個'義例'，亦即三種途徑：（一）分析詞的'內部形式'（理據），就漢語自身求解，而不必牽附外族語為說，如'渾脫'；（二）就漢語自身不能合理說明詞的語源時，應當藉助親屬語言或臨近語言的材料，相互比勘，求得正解，如'沐猴'；（三）結合同義詞群和同族詞，把漢語詞放到廣大的語族、語系的背景上，追溯其淵源及演變軌跡，如'淘'。"文章由三個單篇組成：

a.《"渾脫"考》。"渾脫"就是"整個兒地剝脫"。意義為"完整，整個兒"的"渾"晉代以降已有用例。"渾脫"並非外來詞，而是一個地道的漢語詞。

---

① 《荀子》中有一個疑似的例子，這裡略作考辨。《荀子·正名》："然則何緣而以同異？曰：緣天官。凡同類、同情者，其天官之意物也同，故比方之疑似而通，是所以共其約名以相期也。形體、色理以目異；聲音清濁、調節、奇聲以耳異；甘苦、鹹淡、辛酸、奇味以口異；香臭、芬鬱、腥臊、漏庮、奇臭以鼻異；疾養、凔熱、滑鈹、輕重以形體異，說故、喜怒、哀樂、愛惡欲以心異。"這段文章的校讀和標點存在不少問題，這裡文字據王先謙《荀子集解》校正（中華書局，1988年，第415—417頁），標點則按照筆者的理解施加。文中"香臭"似乎跟"甘苦""鹹淡"等一樣是反義詞對舉，實則恐怕不然。《荀子》一書"臭"一共出現8次，意思有三種：①用鼻子聞（後寫作"嗅"），2例；②氣味，2例，本例"奇臭"的"臭"即此義；③好聞的氣味，4例，包括本例"香臭"的"臭"。這些"臭"字今音都應該讀作 xiù，而非 chòu。"香臭、芬鬱、腥臊、漏庮"是各種不同的氣味："香臭"通常指穀物類的氣味，"芬鬱"指花草樹木的氣味，這都是好聞的氣味；"腥臊"指動物尤其是禽畜和魚類的氣味，和"漏庮"都是難聞的氣味，"漏"（lóu）通"䁖"，指一種臭氣，"庮"（yǒu）是朽木散發的臭氣。"香臭、芬鬱、腥臊、漏庮"都是兩兩近義連文，而不像"清濁、甘苦、鹹淡、疾養（通癢）、凔熱、滑鈹（通澀）、輕重"那樣是反義對舉。唐代楊倞釋"鬱"為"腐臭"，恐怕是不對的，大概是把"香臭"誤解成了反義對舉（這在唐代已經是默認的理解），所以把"芬鬱"也看成了反義對舉。（《漢語大字典》和《漢語大詞典》"鬱"條都沒有收"芳香"義，似可補。）實際上在先秦時代"臭"還沒有發展出"氣味難聞"義，自然不可能有"香""臭"對舉的文句出現。我估計張先生是看到了《荀子》這個例子的，因為先生送給我的《荀子簡注》（章詩同注，上海人民出版社，1974年）一書的扉頁上有"贈給四川大學張永言同志　國光電子管廠宣傳科　一九七四年十月"的鋼筆手寫題字，先生用鉛筆在下面寫了一條注："當時每天去國光廠'批林批孔'，為工人、幹部講荀子，不覺已是30年前事。2004年秋永言記"。可見先生對《荀子》是很熟悉的。

② 《漢語大詞典》已引此例。

③ 張先生據姚振宗《漢書藝文志條理》，劉向上《說苑》在成帝鴻嘉四年（公元前17年）。

④ 原載《中國語言學報》第3期，商務印書館，1988年。

b.《"沐猴"解》。"沐猴""是一個由非漢語成分加漢語成分組成的'合璧詞'","在漢藏語系藏緬語族緬彝語群的許多語言和方言裡都可以找到與'沐'字古音相符而語義為'猿/猴'的詞"。這個詞在古籍中也寫作"母猴""獼猴","母""獼"性質相同。

c.《說"淘"》。《世說新語·排調》記錄的所謂吳語"淘","實際上一方面與六朝以後的通語'冷'為一家眷屬,而另一方面又是淵源古遠的出自共同漢藏語的一個基本詞"。

其中後兩篇都是在漢藏語的大背景下研究漢語詞彙,這也是張先生治學的一個特點。

(6)《"輕呂"和"烏育"》①。該文指出"烏育/烏粥"這個魏晉南北朝通用的名物詞,"當是一種像熨斗(鈷鉧)的金屬炊具或溫器,而軍中所用的烏育或許就是刁斗一類東西",它可能是一個突厥語借詞。

4. 文獻考訂

(7)《從詞彙史看〈列子〉的撰寫時代》②。該文"內容提要"云:"《列子》是出於晉人之手的偽書幾乎已經成為學者們的共識。但是在論證上仍然存在著某些缺欠,主要是從語言史的角度所作的考察還遠遠不足。第一,論及的詞語為數尚少,而且基本上都是虛詞,幾乎沒有涉及實詞。第二,大抵只是論證這些詞語或用法非先秦所有,確指為魏晉時期的新詞新義的例證過少。為此筆者打算從漢語詞彙史的觀點,就《列子》在用字用詞上的某些特殊現象,特別是書中所見晚漢魏晉時期的新詞新義,進行一些探討,藉以稍稍補充前人的論證。總共論列詞語 15 個。"此文的理論依據是:"一個人在寫作時畢竟擺脫不了當代文學語言和方言口語的影響。如果我們以歷史語言學的眼光進行觀察,就不難在他的書裡發現不少晚漢魏晉時期行用的新的語言成分,特別是詞彙成分。"這 15 個詞語大部分是實詞:幻、化人、蘭子、氣幹、目前、說、侵、擬、來、介意、下、會、頓、竟日、正復使。另外還論列了 2 個"富有時代特徵的外來名物(exotics)":錕鋙劍和火浣布。這是第一次比較集中地證實《列子》中有一批晚漢魏晉時期的詞彙,為《列子》一書的撰寫時代提供了重要的新證據,同時也是上古和中古漢語詞彙史的一篇佳作,在研究方法上給人以極大的啟迪。文章第二部分剖析《列子》書中用字用詞的自我作"古",示人以研讀古書之法,極為精彩,尤其是"誠""省""斯""齊"諸字,洞幽燭微,恐無人能道。其中揭出《列子》誤用詞語的若干例子,即使起作偽者於地下,恐怕

---

① 原載《語言研究》1983 年第 2 期。
② 原載《季羨林教授八十華誕紀念論文集》上,江西人民出版社,1991 年;修訂版載《漢語史學報》第六輯,上海教育出版社,2006 年。

也無以置辯。值得注意的是，此文最初版本論列的詞語有 22 個，在修訂版中刪減為 15 個，凡是先生認為不太可靠的都刪去了（共有"訣、傍人、乞兒、當生/當身、當年、得病/得疾、移時"7 個），反映出張先生精益求精的治學態度。最近臺灣著名中古語法史專家魏培泉教授出版了專著《〈列子〉的語言與編著年代》（2017），更推而廣之，論列的詞彙語法現象多達 540 餘項，成一煌煌 500 多頁的巨著。

（8）《馬瑞志〈世說新語〉英譯之商榷——為祝賀呂叔湘先生九十華誕作》[①]。該文在中外各家尤其是周一良、王伊同（1990）和周一良（1993）的基礎上，對馬譯《世說新語》又提出了 232 條商榷意見（僅限於全書開頭的德行、言語、政事、文學四門），皆中肯確當，其中有些已為馬譯第二版（參看該書"第二版前言" Mather 2002）所吸收。這樣的文章非熟諳中古漢語和英文者不能為。所惜先生未將全部心得寫出以饗世人，後來雖也繼續有這方面的文章發表（龔波 2014，2016），但是要達到先生的高度和精度則戛戛乎難哉。

5. 語音史與語言學史鉤沉

（9）《〈水經注〉中語音史料點滴》[②]。該文利用《水經注》中一些零星的資料揭示出"當時方言裡輕唇音聲母還沒有從重唇音分化出來、舌上音聲母還沒有從舌頭音分化出來""當時有的方言裡濁塞音聲母已有清化的跡象""當時有的方言裡'日'母已有失去鼻音成分而變為 j/z 的傾向""在介音ĭ前面的舌尖音聲母 ts/tsʻ/s 已有顎化的趨勢""'陰/入''陽'對轉""開口合口相轉"等語音史現象，反映出張先生深厚的語言學素養和敏銳的學術眼光，對南北朝語音研究有啓迪意義。

（10）《酈道元語言論拾零》[③]。該文揭櫫了酈道元語言學理論的三個方面：①名稱是怎樣成立的？②名稱是怎樣改變的？③語音和文字是怎樣交互影響的？"對於這些問題，他都結合語言事實作出了正確的解答。"此文對中國語言學史研究有啓發意義。

6. 倡導常用詞演變研究

（11）《關於漢語詞彙史研究的一點思考》（張永言、汪維輝合撰）[④]。該文通過 8 組常用實詞在中古時期變遷遞嬗情況的考察，倡導漢語詞彙史領域裡的常用詞演變研究，認為："常用詞大都屬於基本詞彙，是整個詞彙系統的核心部分，它的變化對語言史的價值無異於音韻系統和語法結構的改變。詞彙史的研究不但不應該撇開常用詞，而且應該把它放在中心的位置，只有這樣才有可能把漢語詞彙從古到今

[①] 原載《古漢語研究》1994 年第 4 期、1995 年第 1 期。
[②] 原載《中國語文》1983 年第 2 期。
[③] 原載《中國語文》1964 年第 3 期。
[④] 原載《中國語文》1995 年第 6 期。

發展變化的主綫理清楚，也才談得上科學的詞彙史的建立。這項工作也許需要幾代學人的共同努力，但是可以肯定研究前景是十分廣闊的。"文章發表後產生了廣泛的影響。

張先生精心結撰的這些論文，討論的都是一些具體問題，他自己曾解嘲說是"餖飣瑣屑，無關宏旨"，但實際上是繼承並發揚了中西考據學不尚空談、解決實際問題的優秀傳統。先生將自己的論文集命名為《語文學論集》，我想是具有深意的。在方法上，每研究一個問題，必先在全世界範圍內做窮盡性的學術史梳理，"竭澤而漁"地掌握中外研究資料，真正做到了在前人研究的基礎上再"接著說"。在材料運用方面，旁徵博引，詳考細辨，不僅資料豐富，而且辨析精審。這些指點門徑、示人矩矱之處，全在讀者善於體會。張先生文獻和語言知識之豐富淵博，理解古籍之精確允當，外語能力之卓犖不群，皆堪為後學楷模。

除上述 11 篇外，其他涉及中古漢語較多的文章還有《詞義演變二例》[①]、《漢語外來詞雜談》[②] 等。此外在《詞彙學簡論》和《訓詁學簡論》兩部著作中，涉及中古漢語的地方也不少。至於在論著中用到中古時期的語料並時加考訂，更是所在多有，不再一一細說。

二、授　業

除了著書立說，張先生還把自己的學術思想傳授給門人，帶領他們開拓中古漢語研究的新領域。張先生是國內最早招收"中古漢語"方向博士生的導師，1986年四川大學獲批"漢語史"專業博士點，次年先生開始招收博士生，方向就是"中古漢語"。下面擇要簡述先生在授業方面的建樹。

一是指導朱慶之從事中古漢譯佛經詞彙研究。朱慶之 1987—1990 年師從張先生攻讀漢語史專業"中古漢語"方向博士學位，完成博士論文《佛典與中古漢語詞彙研究》，獲得學界很高的評價，論文評閱和答辯過程盛況空前。1992 年 6 月，《佛典與中古漢語詞彙研究》由臺灣文津出版社出版。朱慶之在該書的"前言"中說："在筆者看來，中古時期的漢文佛典以其數量和品質而言應當用來作為中古詞彙史研究的主體語料。""本文的選題、材料收集和寫作都是在導師張永言教授的具體指導和幫助下進行的。如果沒有這些指導和幫助，本文的完成肯定是不可能的。"此後佛教漢語研究始終是朱慶之的主要研究方向，成就卓著，無煩縷述。

二是指導汪維輝從事中古漢語常用詞演變研究。汪維輝 1995—1997 年師從張

[①] 原載《中國語文》1960 年第 1 期。
[②] 原載《語言教學與研究》1989 年第 2 期，補訂版載《漢語史學報》第 7 輯，上海教育出版社，2008 年。

先生攻讀漢語史專業"中古漢語"方向博士學位，完成博士論文《東漢魏晉南北朝常用詞演變研究》，2000 年改為《東漢—隋常用詞演變研究》由南京大學出版社出版，2017 年 5 月商務印書館出版修訂本。關於這篇博士論文的寫作過程，汪維輝在該書的"後記"中有詳述，讀者可參看，其中寫道："文章撰寫過程中，不管是宏觀方面還是微觀方面，張先生都給予了精心指導。這些教導使我受益無窮，難以忘懷。"此後漢語詞彙史成為汪維輝的主要研究方向，發表了一系列論著。

三是指導駱曉平等從事中古漢語詞彙研究。張先生培養過幾位碩士生，在中古漢語研究領域，駱曉平是一位代表。駱曉平 1985—1988 年師從張先生攻讀碩士學位，完成碩士論文《就〈搜神記〉看六朝漢語詞彙的發展》。畢業後曾留校工作。發表論文《說"用"的"才能"義》①、《"大數冠小數"約數標記法源流略考》②、《史書詞語劄記》③、《魏晉六朝漢語詞彙雙音傾向三題》④、《〈搜神記〉所見六朝新詞考論》⑤、《"碗盤"乎？"五碗盤"乎？》⑥ 等，參編《世說新語辭典》，在學術上多有建樹。

張先生在《從"聞"的詞義說到漢語詞源學的方法問題——追答傅東華先生》⑦ 一文中曾經指出："魏晉以後漢語詞彙和詞義的發展史還是一片待墾闢的園地。"在張先生等老一輩學者的倡導和帶領下，經過三十多年的發展，中古漢語研究已經取得了突破性的進展，成績是有目共睹的。撫今追昔，我們更加深切緬懷張永言先生為此所做出的貢獻。

參考文獻

方一新，王雲路.《世說新語辭典》（張永言等）讀後. 中國語文，1993（3）.

龔波. 馬譯《世說新語》考辨//漢語史學報：第 14 輯. 上海：上海教育出版社，2014.

龔波. 馬譯《世說新語》考辨（二）//漢語史學報：第 16 輯. 上海：上海教育出版社，2016.

汪維輝. 東漢—隋常用詞演變研究. 南京：南京大學出版社，2000.

汪維輝. 東漢—隋常用詞演變研究：修訂本. 北京：商務印書館，2017.

魏培泉.《列子》的語言與編著年代. 臺北："中央研究院"語言學研究所，2017.

徐文堪. 張永言《語文學論集》讀後. 中國語文，1993（1）.

張永言. 張永言先生著作集：語文學論集（增訂本）. 上海：復旦大學出版社，2015.

---

① 《中國語文》1989 年第 1 期。
② 《中國語文》1996 年第 5 期，中國人民大學複印報刊資料《語言文字學》1996 年第 12 期全文複印。
③ 《古漢語研究》1989 年第 1 期。
④ 《古漢語研究》1990 年第 4 期。
⑤ 《四川大學學報叢刊》第 45 輯。
⑥ 《文史知識》1991 年第 5 期。
⑦ 原載《漢語論叢》(《四川大學學報叢刊》第 22 輯)，1984 年。

張永言. 世說新語辭典. 成都：四川人民出版社，1992.

朱慶之. 佛典與中古漢語詞彙研究. 臺北：臺灣文津出版社，1992.

Mather, Richard B. *Shih-shuo Hsin-yü: A New Account of Tales of the World*, 2nd ed., Ann Arbor: Center for Chinese Studies, The University of Michigan, 2002.

Mr. Zhang Yongyan's Contribution to Mediaeval Chinese Studies

Wang Weihui

Abstract: The famous linguist Mr. Zhang Yongyan is one of the pioneers of mediaeval Chinese studies. This article is written in memory of Mr. Zhang Yongyan, who passed away half a year ago. It summarizes his contribution to the mediaeval Chinese studies from two aspects—writing and teaching.

Keywords: Zhang Yongyan; mediaeval Chinese; contribution; writing; teaching

（汪維輝，浙江大學中文系/漢語史研究中心）

略談漢語歷史詞彙研究的幾個側面[*]

曾 良 張薇薇

提 要：漢語史從詞彙學的角度去研究，還有很多事情可做。常用詞和口語詞的來源和演變過程值得大力探討，其中有詞的形音義的瓜葛。歷史詞彙必須跟古籍打交道，字詞關係需要系統梳理。詞彙作為一個系統，研究單個的詞必須注意從整體的角度去考察。

關鍵詞：歷史詞彙；方法；字詞關係；系統

中國有豐富的古籍文獻材料，漢語歷史詞彙研究具有很大的研究天地。傳統的漢語言文字學，對於古籍詞義主要還是由訓詁學承擔的。不可否認，訓詁學為漢語詞彙史的研究作出了卓越的貢獻，歷代留下了非常豐厚的訓詁材料。王力先生1947年發表的《新訓詁學》，是從西方語言學理論角度來研究漢語歷史語義的，他的觀點到今天仍有指導意義。張永言先生是在漢語歷史語言學研究等方面貢獻卓著的語言學家，李如龍先生譽之為"漢語詞彙史的開拓者"（朱慶之，等 2016：1），這是一點不為過。張先生是我們內心一直敬慕的學者，謹撰此小文，沿着先生指引的道路，作一點探索，並借此深切緬懷張先生。漢語歷史詞彙有很多需要研究的空間，這裏以舉例的方式，談談漢語歷史詞彙可以研究的幾個不同的側面，供研究工作者參考。

一、常用詞和口語詞的歷史來源值得大力探討

張永言先生在常用詞和口語詞方面，有一大批很有分量的成果。這裏想談談"踩"字，曾良（2012）此前作過一些探討。從字形上看，"踩"好像是近代漢語很晚出現的"新詞"，實際上這個詞早就有了，不過，因詞音後世有了變化，在漢語

---

* 國家社科基金重點項目"元明戲曲文獻字詞關係研究"（項目編號：17AYY016）階段性成果。

史上有種種不同字面形式。《新華字典》《現代漢語詞典》等注明"跴"是"踩"的繁體，但"跴"最初也是俗字，它是"躧"的俗寫；類似的如"曬"俗作"晒"，"灑"俗作"洒"。我們看"躧"字，今天普通話讀 xǐ，所綺切，實際上近代漢語"躧"字流行的俗音讀如采，就是"踩"的讀音。《古本小說集成》（以下簡稱《集成》）明刊世德堂本《西遊記》第七十二回："形容體勢十分全，動靜腳跟千樣躧。拿頭過論有高低，張泛送來真又楷。轉身踢個出牆花，退步翻成大過海。輕接一團泥，單鎗急對拐。"（1826頁）"躧"與"楷""海""拐"等押韻。又同前："平腰折膝蹲，扭頂翹跟躧。扳凳能誼泛，披肩甚脫灑。絞當任往來，鎖項隨搖擺。踢的是黃河水倒流，金魚灘上買。"（1827頁）"躧"與"灑""擺""買"等押韻。湯顯祖《牡丹亭》第二十三齣《冥判》："〔末〕宜男花。〔淨〕人美懷。〔末〕丁香花。〔淨〕結半躧。〔末〕豆蔻花。〔淨〕含著胎。〔末〕奶子花。〔淨〕摸著奶。〔末〕梔子花。〔淨〕知趣乖。〔末〕柰子花。〔淨〕恣情奈。"（124頁）文中"躧"與"懷""胎""奶""乖""奈"等押韻，可知當時"躧"的實際語音。明代沈璟《紅蕖記》第六齣南呂過曲【紅衲襖】："〔小生〕莫不是一片歸帆自遠浦來？〔淨〕這敢不是。〔小生〕莫不是一帶平沙被落雁躧？〔淨〕怕也不是。〔小生〕這些時烟寺晚鐘空萬籟，又不是那晴嵐山市臨水開，更非關夜雨瀟湘滴兩涯，也非因夕照漁村將網曬，渾一似暮雪江天有個啄食的寒鴉也，敢只是洞庭秋月弄珠的神女儕。"（21頁）從"躧"字與"來""籟""開""儕"等押韻看來，"躧"字的音讀已為 cai 音。李國慶編《雜字類函》第1冊明末刻本《新刻增校切用正音鄉談雜字大全》："【鄉】踏熟土；【正】躧熟泥。""躧"字音注"采"（12頁）。同前："【鄉】踏洗；【正】躧洗。""躧"字原注"采"音（176頁）。下面這些例子也可以明確看出"跴"是"躧"之俗，《集成》清刊本《忠烈俠義傳》第三十七回："又聽那人道：'這是甚広？稀濘的跴了我一脚。哎哟，怎広他口子上有個脖子呢？敢則是被人殺了他，快快告訴員外去。'"（1217頁）"跴"字，《集成》清刊本《七俠五義》第三十七回作"躧"（257頁），說明"跴"是"躧"的俗字，而簡體字本《三俠五義》作"踩"（220頁）。《集成》清抄本《忠烈俠義傳》第四十二回："衆丫環攙扶步上樓梯，這個說：'你跴了我的裙子咧！'那個說：'你站穩些，你碰了我的花兒了。'"（1382頁）"跴"字，《集成》清刊本《七俠五義》第四十二回作"躧"（294頁）。《集成》清抄本《忠烈俠義傳》第四十四回："王朝道：'咱們信步行去，固然往熱鬧叢中跴訪，難道反往幽僻之處去広？'"（1425頁）《集成》清刊本《七俠五義》第四十四回作"躧"（302頁）。從上揭例子看，"躧"的詞音明顯音采，但我們的大型辭書並沒有這樣的詞音反映。

{踩}或作"趾""踹""蹅""蹉"等字形。陸德明《經典釋文》卷二十七的《莊子音義·秋水第十七》："方趾：音此，郭時紫反，又側買反。《廣雅》云：蹋也,蹈也,履也。司馬云:側也。"(147頁)"趾"的音側買反即今之踩。《廣雅·釋詁》:"趾,履也。"曹憲《博雅音》"趾"字注"側買"反。《正字通·足部》"趾"字條:"鉏買切,釵上聲。行貌。又蹈也。《莊子》:'趾黃泉而登大皇。'《列子》:'躇步趾蹈。'又紙韻,音子,義同。韓愈《曹成王碑》:'行趾汉川。'《通雅》曰:'以今鄉音考之,阻買之音為近,俗作踹。'"章太炎《新方言》卷二:"今人謂踏為趾,讀初買反,俗用'踹'字為之。"楊樹達《長沙方言考》第四十八條:"今長沙謂足踐地曰趾,音如采。"《集成》明刊本《二刻拍案驚奇》卷四:"史應、魏能此番踹知了實地,是長是短,來禀明了謝廉使。"(221頁)同前卷三十四:"任君用外邊凝望處,見一件物事拋將出來,却是一條軟梯索子,喜得打跌。將脚試踹,且是結得牢實。料道可登,踹着木板,雙手吊索一步一步,吊上墻來。"(1554頁)"踹"明顯是踩踏的意思。《董解元西廂記》卷二:"待蹉踏怎地蹉踏,待偋吊如何偋吊。"

{踩}這個詞還可以寫作"跚",這裏重點說說這個字形。元關漢卿《五侯宴》第三折:"引着沙三去跚橇,伴着王留學調鬼。"無名氏《魯智深喜賞黃花峪》第二折:"闊脚跚住那廝胸脯,舉我這夾鋼板斧來,覰着那廝嘴縫鼻凹裡磕叉。""跚"就是"踩"的異寫。《彙校詳注關漢卿集》之《王閏香夜月四春園》第二折:"則我這綉鞋兒莫不跚着那青苔溜?"(952頁)藍立蓂校注:"脉望館古名家本、顧曲齋本'跚'作'躧'。"(972頁)《漢語大詞典》《王力古漢語詞典》"跚"的踩踏義均音 shān。《中原音韻》"皆來韻"中,入聲作上聲有"策册柵測跚"為同音字。張玉來《中原音韻校本》云:"跚,趙校本疑作'趾'。戲曲本認為'跚'字不誤,元劇中'跚'同'躧'。寧校本認為此字非《廣韻》蘇干切之音,或為當時新造的形聲字。此字音讀待考。"(27頁)《中原音韻校本》"册"字擬音為[ts'ai],是準確反映了元代的實際讀音的。我們認為"跚""趾""躧"等寫法就是同一個詞,上面所舉語例已很清楚,今天寫"踩"。《雍熙樂府》卷一《醉花陰·燈詞》:"喬三教喜動清樂,醉八仙快跚高橇。"(122頁)同前卷二《端正好·村田樂》:"趙牛表躧會橇,史牛斤嘲會歌。"(139頁)"跚""躧"音義同。學者們為什麼會對"跚"字的音讀感到困惑?我們估計是因為正音"趾"音雌氏切,"躧"音所綺切,字書、韻書一般沒有標注俗音,從通語的正音角度看,"趾""躧""跚"字音自然就相差很大。"跚"字的踩踏義辭書標 shān 音是不正確的。這也提醒我們在研究歷史詞彙時,必須形音義互求,重視正字與俗字、正音與俗音的問題。當詞音發生了變化,往往可能產生多種字形記錄,有些詞音反映了不同的語音歷史層次。

順帶說一下,《漢語大詞典》"跚"字條義項③"奔跑、行路"義,舉了元李壽卿《伍員吹簫》第一折:"日夜奔來,兀的這兩脚上不跚成了趼也。"明徐渭《十白賦·兔》:"謝彼月輪,來此人間,朗睛珀赤,妙毳雪寒,豈韓盧之可獵,與魄蛉而共跚?"我們覺得"跚"的這個義項並不可靠。《伍員吹簫》這個例子"跚"還是踩踏義,因為緊接的下文這樣說:"【天下乐】你曉夜兼程來探訪,似這般彷也波徨,都只是為我行。生怕那潑無徒前來趕不上,害的你脚心裏踏做了跰,肚皮裏餓斷腸。"前文說白是"跚成了跰",後文唱詞是"踏做了跰",可見此"跚"不是奔跑義,依然是踩踏義。如無名氏《朱砂擔滴水浮漚記》第三折:"他偶然跚破脚,在後邊慢慢的行哩,着我先寄個信來。"《十白賦·兔》的"跚"蓋是由踩踏義而泛指行走。"踏"字也有類似的用法,如"踏春""踏青""踏看";又如"運動員正邁着矯健的步伐,一路踏來"。但《現代漢語詞典》沒有為"踏"的此用法另立義項。

二、字詞關係的梳理

研究漢語歷史詞彙必須與古籍打交道,不可避免要涉及漢字的問題。文字本是記錄語言的符號系統,不是語言本身;但漢字歷史悠久,漢字與漢語的瓜葛至深,漢字對漢語有影響。張永言先生《酈道元語言論拾零》提到"字隨讀改""讀隨字改""音從字變"等情况。研究歷史詞彙必須注意字詞關係的梳理。

(一) 飴

漢語中"食"作使動用法,後世分化出飼、喂的義項,可用"食""飤""飼""飴"等字形表示,但"飴"字在明清時期逐漸不用來表示飼的意思了。《法苑珠林校注》卷三六《華香篇·引證部第二》引《文殊問經》:"若牛馬等本性不調,以華飴之,即便調伏。"(1147頁)"飴"字,《大正藏》本《文殊師利問經》卷下作"飼"(14/508/c),校勘記曰:宋本、宮本作"飴"。按:"飴""飼"屬于同詞異寫。《高麗藏》本《文殊師利問經》卷下作"飼"(24/547/b);《磧砂藏》本《文殊師利問經》卷下作"飼"(40/118/b);《永樂北藏》本《文殊師利問經》卷下作"飼"(52/107/a)。我們再看《磧砂藏》本《法苑珠林》作"飴"(103/495/a),《永樂北藏》本《法苑珠林》作"飴"(140/501/b)。宋蜀刻本《孫可之文集》卷二《書褒城驛壁》:"至有飼馬於軒,宿隼於堂。"(23頁)

《大正藏》本《賢愚經》卷四:"婢以實答:'大家當知!為病比丘故,割肉飴之。'"(4/375/b)《大正藏》本《立世阿毗曇論》卷一:"妃懷孕月滿,遂產二子,一男一女。至斷乳已,驅斥是妃:'汝今遠去,我當隨得根菓,養飴二兒。'妃棄二子,依語而去。"(32/176/a) 校勘記曰:"飴"字,宋本、元本、明本作"飼"。玄應《一切經音義》卷一八《立世阿毗曇論》"養飤"條:"《說文》:因志反,飤,糧也。《廣雅》:餕,飤也。《蒼頡訓詁》:飤,飽也。謂以食與人曰飤。《論》文作飴,弋之反,亦古字假借通用,非體也。"《大正藏》本《經律異相》卷十有《能仁為婬女身轉身作國王捨飴鳥獸二》(53/49/c),校勘記曰:"飴"字,宋本、元本、宮本作"飼"。慧琳《一切經音義》卷七八《經律異相》"飤鳥獸"條："上音寺,與鳥獸食也。《說文》：糧也。從食從人,會意字。經作飴,非。"《大正藏》本《經律異相》卷四二《瑱茶財食自長聞法悟解一》："婦以八斗作飯,飴四部兵及四方來者,食故不盡。"（53/219/b）慧琳《一切經音義》卷七九"飤四部"條："上音似,《韻英》云：飤,食也。經從台作飴,互通。"《大正藏》本《高僧傳》卷十二《宋京師東安寺釋法恭》："又以弊納聚蚤虱,常披以飴之。"（50/407/c）校勘記曰："飴"字,元本、明本作"飼"。"飴"即飼餵的意思。慧琳《一切經音義》卷九十《高僧傳》"飤之"條："上音寺,杜注《左傳》云：以飯食設供於人曰飤。《說文》：飤,糧也。從食從人,會意字也。《傳》從台作飴,非。"以食與人寫作"飼""飤""飴"均是後起字,最初作"食"。"食"讀去聲表示詞義或詞性有所改變。後來人們又另外造字以示區別,寫"飤""飼""飴"等形體,說明表示這一詞義的字形還不固定。宋蜀刻本《劉夢得文集》卷一《傷往賦》："坐匡牀兮撫嬰兒,何所丐沐兮,何從仰飴。"（15頁）古人也有將"飴"字誤讀的,《大正藏》本《集古今佛道論衡》卷一："時北園養虎,勅以〔慧〕始飴之,虎皆潛伏,終不敢視。"（52/368/c）慧琳《一切經音義》卷八四《集古今佛道論衡》"飴之"條："以之反。《方言》云：飴謂之餳。自關而東,陳宋之間通語也。《說文》云：米糵煎也。從食從台聲。糵音言列反。"慧琳此條解釋是錯誤的,這裏"飴"不是飴糖的意思,實際是飤的意思。上下文意謂以慧始拿去飼虎。｛飼｝寫"飴"可能跟"齝"字有關,或作"呞"。《大智度論》卷二十七："如憍梵鉢提牛業習故,常吐食而呞。""呞"字,宮本作"飼"。慧琳《一切經音義》卷十六"牛飼"條："音寺,《桂苑珠叢》云：飼,與畜食也。《古今正字》從食司聲也。經文從口作'呞',俗字,非也。"這裏"呞"是"飼"的俗字。卷四十二"呞食"條："又作齝（齝）、齡（齡）二形,同,勅之、式之二反。《爾雅》：牛曰齝（齝）。謂食已復吐出也。"卷四十三"牛呞"條："正字作齝、齝（齝）二形,同,勅之、式之二反。《爾雅》：牛曰齝。謂食已復出也。"卷四十六"牛齝"條："又作齝。《三蒼》作齝,《詩》傳作呞,同,丑之反。《韻集》音式之反。《尒雅》：牛曰齝（齝）。郭璞曰：食之已復出嚼之也。"卷五十八"牛呞"條："又作齝（齝）、齡（齡）二形,同,勅之、式之二反。《爾雅》：牛曰齝（齝）。謂食已復出也。"卷五十九"齝食"條："又作齝,《毛詩》傳作呞,同,勅之反。《爾疋》：牛曰齝。郭璞云：食已復出嚼之也。《韻集》音式之反。今陝以西皆言詩也。"從上揭慧琳音義看來,"齝""呞""齝"既可表達牛反芻的意思,也是飼的異寫。音有勅之反、式之反、音寺三讀。我們估計｛飼｝字形寫"飴"就是"齝"字的改旁所致,因"呞"可寫作"飼"。

我們看也有實際用例。《卍新續藏》本《楞嚴經寶鏡疏》卷七："以水草呞牛者,正如行人定慧均修也。"（16/564/a）《嘉興藏》第25冊《曹溪一滴》附《夢語摘要·紀業》："天啟初，予住水雲，嘗蓄一雞司晨，每哃食，則以佛號呼之，雖遠必至。"（25/283/a）明陶望齡《陶文簡公集》卷二《幼美唐寅七賢過關卷》："雪深關路迷，翁其安簹哃。"明王樵《方麓集》卷七《遊西山記》："又前會為大池，石梁跨其上，金魚大者尺許，投餅餌哃之，大小盡浮，喁喁不畏人。"明正德刻本《瑞州府志》卷三："桑：樹類楮葉，可哃蠶。"同前："柘：葉勁而有文，亦可哃蠶。"這些"哃"就是飼、喂的意思。在贛南客家方言中，"齝"表示喂、飼的意思音瘥（ch、c不分）去聲，應該也是"飤"的讀音，辭字反，如"用調羹齝飯病人食"（用調羹喂飯給病人喫）、"跟細人崽齝飯"（給小孩喂飯）。慧琳《一切經音義》卷八十三"身飤"條："辭字反，《聲類》：飤，哺也。《禮記》孔子曰'少施氏曰：飤我以禮'是也。《說文》从食从人。"

（二）胲/頦

《元曲選》馬致遠《黃粱夢》第二折："聽說罷搣耳揉腮。我這裏傷心空跌脚，低首自慚胲。"（361頁）末附《音釋》："胲，音孩。"（363頁）"胲"與"腮"押韻。《漢語大詞典》此義項釋為：

胲² ［gǎi ㄍㄞˇ］

［《集韻》己亥切，上海，見。］

頰肉；臉面。《漢書·東方朔傳》："舌齒牙，樹頰胲，吐脣吻，擢項頤。"顏師古注："頰肉曰胲。"唐張鷟《朝野僉載》卷二："〔獨孤莊〕謂賊曰：'汝不聞健兒鉤下死？'令以胲鉤之。"元馬致遠《黃粱夢》第二折："我這裏傷心空跌脚，低首自慚胲。"

《漢語大字典》"胲"字條：

（二）gǎi《集韻》己亥切，上海見。

臉頰。《集韻·海韻》："頦，頰下曰頦，或作胲。"《漢書·東方朔傳》："臣觀其舌齒牙，樹頰胲。"顏師古注："頰肉曰胲。"宋宋慈《洗冤錄·論沿身骨脈》："結喉之上者胲，胲兩旁者曲領。"元佚名《陽春白雪·願成雙》："妾守馮魁，似胲下瘦。"

"胲"字的這個意思當同"頦"，《增修互注禮部韻略》平聲十六咍韻："胲：頰下，亦作'頦'。"《五音集韻》上聲十二海韻："頦、胲、臘：頰頦。又戶該切。"從上文注釋胲為"頰下""結喉之上者"也可看出來。《漢語大字典》"頦"字條釋為"下巴、下巴骨"，"又脖子前面部分。清許槤《洗冤錄詳義·屍格·附頷頦辨》：'頦者，結喉兩旁肉之虛輭處。'"如《東方朔傳》的"樹頰胲"，四庫本《何氏語林》引作"樹頰頦"。宋方岳《秋崖集》卷三十六《頤齋記》："昔者聖人之畫頤，豈但象其豎頰頰，挿齒牙，率天下後世為飲食之人哉？"《說文》："臁，頰肉也。"段注："《東方朔傳》曰：樹頰胲。師古曰：胲，頰肉。音改。按《集韻》十五海曰：頰下肉曰頤，或作胲、臁。《廣韻》十五海曰：頦，頦頦也。頦為頰肉，與臁異部同義，或作頤，或假借胲字。"蓋"胲""頦"的"頰下"義就是指下巴；因頦、頦的詞義邊界是模糊的，故還可指"頰肉"的含義。《龍龕手鏡·頁部》："頤：俗。頦：正。戶來反。頤下也；又古來反，頦也。"（482頁）"頤"應是"頤"的變形。"胲""頦"上揭《元曲選》音孩，古籍中較常見。慧琳《一切經音義》卷三十七"頦痛"條："亥衺反，頤也。經從口作'咳'，非也。"明清小說或音借寫"海"。《集成》清刊本《五虎平南後傳》第三回："但見這員宋將，生得身高體胖，臉黑顴高，海下短短亂鬚，十分威武。"（31頁）同前："張忠聞言，但看蠻將生得面如珠砂，濃眉怪眼，海下無鬚。"（37頁）《集成》清刊本《五虎平南後傳》第三十三回："此人乃後漢孟獲苗種，生得身軀雄壯，力大無窮。海下根根短鬚，使一柄鋼叉一百五十勸。"（415頁）同前第三十四回："穆夫人一看，這道人生得臉如硃砂，一面殺氣，海下一爪長長血紅鬚。"（423頁）同前第四十回："一看魏化，身高體大，海下无鬚，圓環大眼，浩氣揚揚。"（491頁）《集成》清刊本《後宋慈雲走國全傳》第二十五回："當時到了中堂，偷看賊王：面如紫色，兩目神光，年紀四十餘，海下根根短鬚。"（478頁）《集成》清刊本《說唐演義全傳》第二回："閃出一位英雄，坐在馬上，面如滿月，海下一部美髯。"（24頁）同前第七回："年紀五旬上下，一張銀盆大臉，海下五綹花白長髯。"（119頁）"海"就是"頦"的方俗記音字①。《集成》清刊本《兒女英雄傳》第三十九回："翁身中周尺九尺，廣顙豐下，目光炯炯射人，頦下鬚如銀，長可過臍，臥則理而束之。"（1989頁）《集成》明刊本《新平妖傳》第十回："眉端抹雪，頦下垂絲。"（251頁）

三、從整體的角度探討詞義

我們平時研究詞義，一般偏重從單個的詞去考釋。但詞與詞之間是存在整體聯繫的，詞義的探討還可以從類義詞之間的關係、同義詞、反義詞等來探討，還有類似的構詞法的比較等。我們可以觀察詞的相對待出現等情況去研究詞義，往往能夠更清楚地理解詞義。

（一）直/倨/矩/句

"直""倨""矩""句"這幾個詞的義域是有一定的模糊性的，它們相對待出現，各有意義範圍，放在一起能看出它們的詞義區別。《說文》："倨，不遜也。"段

---

① 周志鋒《明清小說俗字俗語研究》有論（2006：250）。

注：" 引伸之，凡侈曰倨，凡斂曰句（音鉤）。《大戴禮》：'與其倨也，寧句。'《樂記》：'倨中矩，句中鉤。'《左傳》：'直而不倨，曲而不屈。'《淮南子》：'句爪倨牙。'凡言侈斂之度謂之倨句。《考工記》：'倨句一矩有半。'又曰：'倨句磬折。'即謂一矩有半也。又曰：'倨句外博'，謂侈於一矩而不及一矩有半也。又曰：'句於矩'，謂斂於一矩也。《管子·弟子職》曰：'倨句如矩'，謂正方也。"《說文》："句，曲也。"段注："凡曲折之物，侈為倨，斂為句。《考工記》多言'倨句'，《樂記》言'倨中矩，句中鉤'，《淮南子》說獸言'句爪倨牙'。"由此可見，線如180°的直，稱為"直"，而鈍角為"倨"，直角為"矩"，小於直角為"句""勾"。當然，語言不是數學，詞義有模糊性，如"直"與"倨"之間並無截然分別，"倨"接近180°時，在有的語境中，就跟"直"的意思差不多了。"倨"接近90°時，就跟"矩"意思差不多了，即"倨中矩"。明白這幾個詞之間的關係，閱讀文獻就了然於胸了。《漢語大字典》"倨"字條："直。《周禮·考工記·冶氏》：'已倨則不入，已句則不決。'鄭玄注：'已倨，謂胡微直而邪多也。'《大戴禮記·勸學》：'其流行瘴下倨句，皆循其理。'清王聘珍解詁：'倨，直也。句，曲也。'"按：此"倨"義項準確的解釋，即使是表示直的意思也應是"略直"，即接近180°。《左傳·襄公二十九年》："直而不倨，曲而不屈。"從整體的角度來看"直""倨""矩""句"這些詞，它們的詞義就很清楚。

（二）~把

《現代漢語詞典》"把³"字條："＜助＞加在"'百、千、萬'和'里、丈、頃、斤、個'等量詞後頭，表示數量近於這個單位數（前頭不能再加數詞）：個~月/百~塊錢/斤~重。"現代漢語有下列組合：個把人、百把人、千把人、萬把人。現代漢語缺"十把人"這樣的組合關係，是不是漢語史中就真的缺這樣的組合呢？我們看下面近代漢語的例子：

（1）《醒夢駢言》第一回："你且在這裏歇下半個把月，纔放你。"（4頁）

（2）《儒林外史》第十一回："你老人家因打這年把官司，常言道得好，三年被毒蛇咬了，如今夢見一條繩子，也是害怕。"（390頁）

（3）《集成》明刊本《關帝歷代顯聖誌傳》卷三："近前把他袖子一捏，好有十把兩銀子。"（161頁）

（4）《近報叢譚平虜傳》卷一："常常殺死十把個，却不甚多。"（78頁）

（5）《近報叢譚平虜傳》卷二："百把個奴酋，便統率了三四百個降兵百姓，搖旗搖鼓。"（186頁）

可以看出，在近代漢語中，這種"把"的使用是很整齊的，但到現代漢語"十把"不用了。

（三）一上/一下

现代汉语可以说"一下喝了三碗酒"，跟"一下"相对待的是"一上"，在现代汉语中一般不用了。例如：

（1）《集成》明末刊本《三教偶拈·释》："王公便与济公到对门方家店裏，济公一上喫了十五六碗。"（279頁）《钱塘湖隐济颠禅师语录》同（56頁）。

（2）《集成》明刊本《钱塘湖隐济颠禅师语录》："当时行童将隻大碗，放在济公面前，一上喫了三十餘碗。"（50頁）《三教偶拈》亦作"一上"（273頁）。

（3）《集成》明刊本《钱塘湖隐济颠禅师语录》："济公大喜，一上喫大半碗。"（70頁）《三教偶拈》作"一上"（295頁）。

（4）《集成》明刊本《钱塘湖隐济颠禅师语录》："二人走入酒店坐定，沈乙筛酒，济公一上喫了几碗。"（77頁）《三教偶拈》同（305頁）。

（5）《集成》明刊本《钱塘湖隐济颠禅师语录》："济公一上喫了十餘碗，已有醉意。"（80頁）《三教偶拈》同（308頁）。

（6）《集成》明刊本《钱塘湖隐济颠禅师语录》："便买一埕酒请济公，一上喫了十餘碗。"（86頁）《三教偶拈》作："买一罈酒请济公，一上喫了十来碗。"（315頁）

同书也有写"一下"的，例如：

（7）《集成》明刊本《钱塘湖隐济颠禅师语录》："便将一块砖打开泥头，但闻水气，大怒，一下打碎了埕。"（88頁）

参考文献

古本小说集成编纂委员会. 古本小说集成. 上海：上海古籍出版社，1990—1995.

蓝立蓂. 彙校詳注关汉卿集. 北京：中华书局，2006.

李国庆. 杂字类函. 北京：学苑出版社，2009.

陆德明. 日藏宋本莊子音义. 上海：上海古籍出版社，1996.

沈璟. 沈璟集. 上海：上海古籍出版社，1991.

石玉崑. 三侠五义. 北京：人民文学出版社，2001.

汤显祖. 牡丹亭. 北京：人民文学出版社，1963.

王力. 龙虫并雕斋文集. 北京：中华书局，1980.

王先谦. 释名疏证补. 上海：上海古籍出版社，1984.

行均. 龙龛手镜（高丽本）. 北京：中华书局，1985.

臧懋循. 元曲选. 杭州：浙江古籍出版社，1998.

曾良. "甩"、"踩"的历时来源//汉语史学报：第12辑. 上海：上海教育出版社，2012.

曾良. 明清小说俗字研究. 北京：商务印书馆，2017.

張永言. 語文學論集. 北京：語文出版社，1992.

張玉來，耿軍. 中原音韻校本. 北京：中華書局，2012.

周叔迦，蘇晉仁. 法苑珠林校注. 北京：中華書局，2003.

周志鋒. 明清小說俗字俗語研究. 北京：中國社會科學出版社，2006.

朱慶之，汪維輝，董志翹，等. 漢語歷史語言學的傳承與發展. 上海：復旦大學出版社，2016.

Brief Studies of Several Aspects of Chinese Historical Vocabulary

Zeng Liang, Zhang Weiwei

Abstract：There are a lot of things to do to study Chinese language history from the perspective of lexicology. The source and evolution of common words and colloquial words are deserved to be explored with great efforts, including lexcial relationships of form, sound and meaning of words. Historical vocabulary cannot be seperated from ancient books, and relationships between characters and words should be systematically combed. Vocabulary is systematic, so the study of and individual word must be conducted from an overall point of view.

Keywords：Chinese history vocabulary；method；word relation；system

（曾良，安徽大學文學院；張薇薇，阜陽師範學院文學院、安徽大學文學院）

論後置詞"所"的功能、形成途徑和動因

梁銀峰

提　要：當後置詞"所"位於指人名詞或人稱代詞之後表動作發生的處所時，其功能是指示以參照物所在處為中心的大致範圍，由於其本身沒有距離意義，因此是一個中性的處所指示詞；漢代萌芽、中古漢譯佛經中發展成熟的表示動作對象的後置詞"所"是一個名詞格標記，它是由後置的中性處所指示詞"所"進一步虛化而來的，而不是直接由實義名詞"所"虛化而來的；大量指人名詞或人稱代詞占據"於＋NP＋所"結構中"NP"的位置是名詞格標記"所"形成的先決語義條件，而大量心理動詞充當句中的主要動詞，則導致動詞和"於＋NP＋所"結構中的"NP"的語義關係發生重新分析，再加上佛經原典語言中名詞屬格形式的影響，使後置的處所指示詞"所"迅速蛻變為一個名詞格標記。

關鍵詞：後置詞；處所指示詞；格標記；"所"

一、上古、中古漢語裏"所"的兩種後置詞用法

（一）後置詞"所₁"

太田辰夫（1991：12）較早注意到中古時期"所"有兩種助名詞用法，其一為"處""跟前"之義，指近的場所、近處（類似的詞有"邊"）。後來失去實義，僅僅表示"對於……"，類似於元代"行"的用法。試比較：

（1）前至門所，看額"靈隱寺"。（《太平廣記》卷99，"靈隱寺"條，出侯君素《旌異記》）

（2）後二十餘年，有一遠方人過趙所門外。（《太平廣記》卷320，"趙吉"條，出《幽明錄》）

（3）于父母所，少作供養，獲福無量；少作不順，獲罪無量。（北魏·吉迦夜共曇曜譯《雜寶藏經》，《大正藏》4/450c。數字和字母分別指《大正藏》

卷數、頁碼和欄數，下文引例同。）

(4) 王於佛所，生尊重心。（隋·闍那崛多譯《佛本行集經》，《大正藏》3/666c）

前兩例的"所"仍殘留實義；後兩例的"所"主要用來引出動作的對象，已經完全虛化。

董秀芳（1999）發現上述兩種不同用法的"所"在西漢文獻《史記》中已經產生。根據董文的分析，前一種用法的"所"位於名詞性成分之後，具有方位詞的性質，其作用是使前面的名詞性成分（表實體）具有表示處所的功能（下文用"所₁"表示）①；後一種用法的"所"是從前一種用法的"所"引申虛化而來的，具有名詞格標記（case marker）的傾向，其作用是表示動作的來源或對象（下文用"所₂"表示）②。在我們看來，將"所₁"看作方位詞固然有其合理之處，但與一般的方位詞不同的是，"所₁"並沒有給前面的名詞性成分（本文用"NP"來表示，包括人稱代詞和准人稱代詞）的所指增添明確的方位信息。先來看一些董文中舉過的例子：

(5) 書及璽皆在趙高所，獨子胡亥、丞相李斯、趙高及幸宦者五六人知始皇崩，餘群臣皆莫知也。（《史記·李斯列傳》）

(6) 有一老父，衣褐，至良所，直墮其履圯下。（《史記·留侯世家》。良，張良。）

(7) 晉唐叔得嘉穀，獻之成王，成王以歸周公於兵所。（《史記·周本紀》。歸，饋。兵所，指周公駐軍之處。）

(8) 後人來至蛇所，有一老嫗夜哭。（《史記·高祖本紀》。後人，後面的人。）

(9) 夫魏齊者，勝之友也，在，固不出也；今又不在臣所。（《史記·范雎蔡澤列傳》）

董文認為上面例子中"所"的意思是"那兒（那裏）"或"這兒"③，"所"應看作方位詞，但另一方面又承認這個後置的"所"與一般的方位詞（如"上""下"等）有區別。一般的方位詞會指出所表示的處所與參照物之間的確定的方位關係（如"門外"所表示的區域與參照物"門"的位置關係是確定的），而"所₁"卻不能明

---

① 例 (2) 的"趙"指趙吉，是指人的專有名詞，也屬於名詞範疇。
② "所"表示動作對象的用法確實具有格標記的傾向，但表示動作來源的用法是否看作格標記我們持保留態度，關於對這一問題的詳細分析詳見下文。
③ 董文認為例 (5) — (8) 中的"所"可以理解為"那兒（那裏）"，例 (9) 中名詞"臣"是說話人自稱（指"平原君"），所以後面的"所"應理解為"這兒"，不過說話人在說這句話的時候正在秦國，而他的住處遠在趙國，所以將"臣所"理解為"我那兒（那裏）"也可以。

確地指出所表示的處所與參照物之間的方位關係,它只是指示一個以參照物所在處為中心的大致範圍。

我們認為,方位詞在語義上表示某一個客體(人或某物)與另外一個客體(人或事物)之間的參照關係,屬於廣義的指示詞①。為避免引起不必要的誤會,與其說上面例子中的"所₁"表方位,還不如說它主要用來表指示。如現代漢語的例子:

(10) 我去<u>她那兒</u>。

"那兒"是對她所在位置的回指,是一個典型的後置指示詞。我們認為,上面例子中的"NP+所₁"大致相當於現代漢語的"NP+那兒","所₁"與"那兒"相當(唯一的區別是"那兒"兼有距離意義,而"所₁"沒有),由"所₁"指示"NP"所處的位置。

為了佐證後置詞"所"的性質和功能,董秀芳(1999)、趙長才(2009)都提到了宋元明文獻中的後置詞"行"。據江藍生(1998)的研究,後置詞"行"大多用在代詞(包括疑問代詞和人稱代詞)、指人的身份名詞之後(偶爾用在指事或指物的名詞之後),可以表示動作行為發生的處所,也可以表示動作行為的對象(這時也可以看作格標記),這一特點與後置詞"所"極為相像。不過據江先生的研究,後置詞"行"是"上"的白讀音的變音,也就是說,"行"的本字是"上",它本來就是個方位詞。因此,說"所"和"行(上)"在漢語史上都用作後置詞是可以的,但不能拿來證明"所"在語法性質上也是方位詞。②

綜上所述,中古漢語的"所₁"作為一個後置詞,其主要功能是指示,由於其在句子中更加偏向於實現其指示功能,而在指示時又不附加距離意義,因此可以將其視為中性的處所指示詞。

我們的論斷還有來自現代漢語某些方言的支持。據施其生(1999)的研究,在汕頭方言中,"只塊 [tsi^{53}ko$^{213-31}$]""許塊 [hɯ^{53}ko$^{213-31}$]"分別是表示近指和遠指的複合處所指示詞,其中"只""許"是指示性語素,"塊"是處所性語素。"只塊""許塊"既可用於直指,又可用於篇章中的回指。而單用的"塊 [ko$^{213-31}$]",施先生認為是個處所指示詞,它放在處所詞之後,只用於篇章中的回指,這時只表示某個特定的處所,而不區分遠指(不能用普通話中的"這"或"那"來對譯)。例如:

(11) A. 票在阿林老師<u>只塊</u>。(票在林老師這兒)

---

① 一般所說的指示詞是以說話人作為參照點的,這樣的指示詞屬於狹義指示詞,如現代漢語中基本的指示詞"這、那"以及由"這、那"構成的複合指示詞"這裏/這兒、那裏/那兒"(表處所),"這時、那時"(表時間),"這樣/這麼、那樣/那麼"(表性狀、方式)等,表示位移趨向的"來、去"也可歸入此類。

② 除了後置詞"行"以外,趙長才(2009)還提到了元明時期的後置詞"根底/跟前"、現代普通話的"這兒/那兒、這裏/那裏"(如"昨天我跟王老師那兒借了幾本書")等,趙文認為這些成分的前身都是後置的方所詞。我們認為,方位和處所畢竟是兩個不同的概念,將它們混在一起討論不太合適。

B. 票在阿林老師許塊。(票在林老師那兒)
　　C. 票在阿林老師塊。
(12) A. 支掃帚在走馬樓只塊。(掃帚在陽臺這兒)
　　B. 支掃帚在走馬樓許塊。(掃帚在陽臺那兒)
　　C. 支掃帚在走馬樓塊。

另據項夢冰(1997：114，120) 的研究，在連城 (新泉) 方言裏，"這角 [tʂa˩ kau]""解角 [kuə˩ kau]" 相當於北京話的 "這裏(兒)""那裏(兒)"，指代處所分別表示近指和遠指。與此同時，指代處所還有個指示詞 "田角 [t'a˩ kau]"，表示定指某處，它不包含空間距離觀念，北京話沒有跟它相當的說法。項先生認為，如果把 "這角""那角" 叫做距離指示，則 "田角" 可以叫做非距離指示。"爾這角 [ŋ tʂa˩ kau]" 是你這裏，"爾解角 [ŋ kuə˩ kau]" 是你那裏，"爾田角 [ŋ t'a˩ kau]" 是你處，近指、遠指和非距離指示涇渭分明。當說話人不想給聽話人提供更多的信息時就採用非距離指示。例如：

　　(13) 我田角有。(我處有)

上例可用於這樣的場景：甲問大夥誰有某件東西，乙有而且就在他的身邊，但不太願意借出，就可以說出面的話。如果乙回答 "我解角有"(我那兒有) 或者 "我屋底有"(我家裏有)，那是撒謊，因為東西就在身邊；如果回答 "我這角有"(我這兒有)，甲就知道東西在這兒了，可能會馬上向乙借，這是乙不願意看到的，所以最好的回答是 "我田角有"，因為 "我田角有" 不包含空間距離觀念，提供的信息不多。

項夢冰先生指出，在連城(新泉)方言裏，"田角" 不能單獨充當主語、賓語和定語，受指人的名詞、人稱代詞和疑問代詞 "那[35]人" [nai ɲieŋ]、"那儕" [nai su] 等的修飾後才能做主語、賓語和定語。做定語時必須帶定語標記 "個"。"田角" 具有附著性這一語法特點與上古、中古漢語裏的 "所₁" 也是很類似的。下面轉引一些例句：

　　(14) 去廠長田角。(去廠長處。做賓語)
　　(15) 王老師田角借得倒這本書。(王老師處能借得着這本書。做主語)
　　(16) 我東西搭著爾田角呆ha？？(我的東西寄放你處好嗎？做賓語)
　　(17) 佢田角個柑子樹時一下都開花咘。(他處的橘子樹呀全都開花了。做定語)
　　(18) 鎖匙著那[35]人(或：那儕) 田角？(鑰匙在誰處？做賓語)

還需要指出的是，董秀芳(1999) 主要是以《史記》中的語料為基礎對後置詞

"所"進行考察，我們發現在先秦文獻中也有類似"所$_1$"的用例。例如：

(19) 備使奉屍將命，苟我寡君之命達於君所，雖隕於深淵，則天命也，非君與涉人之過也。(《左傳·哀公十五年》。備使，指副使。奉屍將命，奉著靈柩完成使命。涉人，划船人。)

(20) 城守司馬以上，父母、昆弟、妻子有質在主所，乃可以堅守。(《墨子·雜守》)

(21) 衛有士十人於吾所。(《呂氏春秋·期賢》)

(22) 其勢不俱適，與其死夫人所者，不若賜死君前。(《韓非子·姦劫弒臣》)

上面四例中的"所"與例(5)—(9)中的"所"基本相同，因此可以將"所$_1$"的出現年代往前推至先秦。

(二) 後置詞"所$_2$"

董秀芳(1999)認為"所$_2$"已經發展為名詞的格標記，其作用是表示動作的來源或對象。為便於討論，下面將董文所舉的例句轉引如下：

A

(23) 叔喜劍，學黃老術于樂巨公所。(《史記·田叔列傳》。樂巨公：樂，姓；巨公，名。)

(24) 晁錯者，潁川人也。學申商刑名于軹張恢先所。(《史記·袁盎晁錯列傳》。先，先生。)

(25) 御史大夫韓安國者，梁成安人也，後徙睢陽。嘗受《韓子》、雜家說于騶田生所。(《史記·韓長孺列傳》。騶，騶縣。)

(26) 臣意言王曰："才人女子豎何能？"王曰："是好為方，多伎能，為所是案法新，往年市之民所，四百七十萬，曹偶四人。"(《史記·扁鵲倉公列傳》。豎，才人女子之名。是，回指豎。曹偶，猶"等輩"也。)

B

(27) 趙人舉之趙相趙午，午言之趙王張敖所，趙王以為郎中。(《史記·田叔列傳》。之，指田叔。)

(28) 王召視之，其顏色不變，以為不然，不賣諸侯所。(《史記·扁鵲倉公列傳》)

(29) 公孫光曰："吾方盡矣，不為愛公所。吾身已衰，無所復事之。是吾年少所受妙方也，悉與公，毋以教人。"(《史記·扁鵲倉公列傳》。不為愛公所，司馬貞《索隱》："言於意所，不愛惜方術也。"[筆者按，"意"指淳于意，人名]。)

A 組例句中的"所"是董文所謂表來源的用法，B 組例句中的"所"是董文所謂表對象的用法。

我們認為，把 A 組例句中的"所"看作表來源的格標記還有些牽強，表來源的功能未嘗不可看作是由"NP＋所"結構前面的介詞"於"帶來的〔例（26）"市之民所"意猶"市之於民所"，可以認為省略了介詞"於"〕，"所"仍殘留一定的處所指示詞性質（這與上古漢語中"於"字介詞短語經常後置於謂詞〔句法上作補語〕的語序相一致），因此這組例句中的"所"還未完全脫離處所指示詞範疇，本質上仍是"所$_1$"，或者最多看作由"所$_1$"向"所$_2$"的過渡。如例（23）"學黃老術于樂巨公所"可以理解為在樂巨公那裏學習黃帝、老子的學術，也可理解為從樂巨公那兒學習黃帝、老子的學術，但不管作何理解，"所"都還殘留處所指示詞的痕跡。例（24）"學申商刑名于軹張恢先所"意謂曾經在軹縣張恢先生那裏（或住處）學習過申不害、商鞅的刑名學說，"軹張恢先所"一句，唐·司馬貞《索隱》云："軹張恢生所。軹縣人張恢先生所學申商之法。"可見司馬貞是把"所"當處所詞講的。在例（25）中，"嘗受《韓子》、雜家說于騶田生所"一句，司馬貞《索隱》云："案：安國學《韓子》及雜家說于騶縣田生之所。"很顯然，司馬貞同樣是把"所"當成處所詞的。

我們發現，類似上述 A 組例句在中古漢譯佛經中也存在，區別僅在於介詞短語由動詞後移到了動詞前，有時介詞"於"被新興介詞"從"所代替。例如：

（30）其人不獨於一佛，所作功德不於二若三若十，悉<u>於百佛所</u>聞是三昧。（東漢·支婁迦讖譯《般舟三昧經》，《大正藏》13/907c）

（31）釋提恒因<u>從佛所</u>聞般若波羅蜜，即受誦。（東漢·支婁迦讖譯《道行般若經》，《大正藏》8/433c）

（32）若前<u>從我所</u>聞受者，今悉棄捨，是皆不可用也。（東漢·支婁迦讖譯《道行般若經》，《大正藏》8/455a）

至於 B 組例句中的"所"，我們認為它的處所指示性確實很弱，已經開始向表動作對象的格標記發展，可以看作"所$_2$"[①]。如例（27）"午言之趙王張敖所"意謂趙午向趙王張敖報告，例（28）"不賣諸侯所"意謂不賣給諸侯[②]，例（29）"愛公所"意謂對公（你）沒有絲毫吝惜，三例中的"所"都已經虛化。

在董文之後，趙長才（2009）對中古漢譯佛經中後置詞"所$_2$"的用法進行了更加細緻的考察。據趙文的考察，位於"所"前的名詞性成分絕大多數是指人名詞

---

① 董文也承認 A、B 兩組例句中的"所"在語義上有區別：A 組例句中的"所"可以譯成現代漢語的"那兒""那裏"，B 組例句中的"所"不能譯成現代漢語的"那兒""那裏"，虛化程度更高。

② 把"諸"理解為"之於"（兼詞）似乎也說得通。

或人稱代詞，只有少數是其他名詞性成分。下面轉引一些例句：

（33）比丘問言："何緣致是？"餓鬼答言："我雖佈施，心常慳惜，于諸沙門、婆羅門所，無恭敬心，橫加罵辱，今受是報。汝今若能為我設供，施佛及僧，為我懺悔，我必當得脫餓鬼身。"（三國吳·支謙譯《撰集百緣經》，《大正藏》4/225a—225b）

（34）是人無理，得生人中，忘恩背義，反於我所而生毒害，如妙香華置之死屍。（三國吳·支謙譯《菩薩本緣經》，《大正藏》3/67c）

（35）爾時世尊便作是念："滔此愚惑人自作制限，彼制限者，無有恭恪心於如來所。"（前秦·僧伽跋澄等譯《僧伽羅刹所集經》，《大正藏》4/137c）

（36）王聞是偈已，身毛皆豎，於三寶所生信敬心。（後秦·鳩摩羅什譯《大莊嚴論經》，《大正藏》4/275b）

趙文認為，上面例子中的"於＋NP＋所"結構不再表示動作行為或事件發生的處所，而是表示動作對象或對待關係，"所"在這樣的句子裏已不再是具有實在意義的方所詞，而已經語法化為表示對象關係的後置詞。後置詞"所"與前置介詞"於"組成"框式介詞"（circumposition）結構，二者共同標記對象格。

另據趙文的考察，除了"所"以外，中古漢譯佛經中"邊""許"也有類似的用法，不過無論在出現時間、使用頻率還是句法分佈上，"邊"和"許"都無法和"所"相比。例如：

（37）若比丘于比丘尼邊強行淫者，比丘得波羅夷；若比丘尼受樂者，亦波羅夷。若比丘尼于比丘邊強行淫者，比丘尼波羅夷。（東晉·佛陀跋陀羅共法顯譯《摩訶僧祇律》，《大正藏》22/237c）

（38）波婆伽梨雖害於我，我于其邊，永無瞋恨。（北魏·慧覺等譯《賢愚經》，《大正藏》4/414a）

（39）即生恭敬心向般特比丘，乃不殷勤於五百人許。（後秦·竺佛念譯《出曜經》，《大正藏》4/713a）

趙文指出，"所""邊"的後置詞用法主要出現在中古漢譯佛經中，唐代以後此種用法已很罕見。在晚唐五代的文獻如敦煌變文和《祖堂集》中未發現這種用法，這說明"所""邊"的後置詞用法已趨式微。

不過我們注意到，在唐五代的文獻，如王梵志詩和敦煌變文中尚有這種用法的零星用例，這可能與這兩種文獻深受佛教、佛經語言的影響有關。例如：

(40) 妻兒嫁與鬼，你向誰邊告？（《王梵志詩校注》，第 286 首[①]）

(41) 相公前世作一個商人，他家白莊也是一個商人，相公遂于白莊邊借錢五［百］貫文。（《敦煌變文校注·廬山遠公話》）

(42) 吾今怨屈何申，向王邊披訴。（《敦煌變文校注·降魔變文》[②]）

(43) 假使身肉布地，尚不辭勞，況復小小輕財；敢向佛邊怪（吝）惜！（《敦煌變文校注·降魔變文》）

二、後置詞"所₂"的形成途徑和形成動因

（一）後置詞"所₂"的形成途徑

關於"所₂"的來源，董秀芳（1999）認為是由"所₁"引申虛化而來的，虛化的機制是隱喻（metaphor）。按董文的說法，"所₁"向"所₂"的演變"是由指示客觀世界中存在的處所變為指示主觀心理世界中存在的處所"。

趙長才（2009）則認為，"所₂"是在"Prep.＋NP＋所"結構中發生語法化的：在這種結構中，"NP＋所"作介詞賓語，當句子中的主要謂詞為非位移、存現或見聞類動詞時，處於狀語或補語位置的介詞結構"Prep.＋NP＋所"會發生語義變化，"所"由原來表示處所義向表示對象義轉變。介詞結構"Prep.＋NP＋所"本來表示在某一處所發生某個事件，或某種（些）動作、行為在某一處所產生、出現，"所"是處所詞；而當介詞結構"Prep.＋NP＋所"表示動作行為所關涉的對象時，"所"已由處所詞變為後置詞。"NP＋所"本來是定中關係的偏正結構，"所"是中心詞；"所"變為後置詞以後，前面的"NP"成了中心詞，表層形式未變，而內部結構關係變了，這經歷了語法化理論所說的重新分析的過程。上述演變過程可圖示如下：

(44) Prep.＋[NP＋所]　　＞　Prep.＋NP＋所
　　　　定語＋中心語　　　　　　中心語＋後置詞

趙文還指出，與這種重新分析相伴隨的，其中的"NP"在語義上經歷了一個轉喻（metonymy）過程：處所→對象。即"NP"由指稱處所到指稱實體。他舉了兩個現代漢語的例子：

(45) 北京就售臺武器一事向華盛頓提出抗議。

(46) 對於你提出的這個問題，上面沒有給出明確的答覆意見。

[①] 本文所用王梵志詩版本為：項楚《王梵志詩校注》（增訂本，全二冊），上海古籍出版社，2010 年。
[②] 本文所用敦煌變文版本為：黃征、張涌泉《敦煌變文校注》，中華書局，1997 年。

我們注意到，對於"所₂"的來源和形成途徑，董文和趙文在觀點上有一些出入。董文認為"所₂"是由"所₁"進一步虛化而來的，但兩者都是後置詞，至於"所₁"，董文特別指出，它與作為名詞的義為"處所、地方"的"所"不是一回事（前面可以受其他成分修飾）；而趙文認為在"所₂"產生以前，位於名詞性成分之後的"所"都是處所詞（與作為附著形式的後置詞"所"相對）。根據趙文的論述，"所₂"的形成沒有經過"所₁"的階段，是處所詞"所"經過重新分析直接變成了後置詞"所"。

為了說明問題，下面舉出幾例前面受動詞性成分或名詞性成分修飾（句中作中心語）的自由形式"所"（後兩例轉引自董秀芳1999）：

(47) 逝將去女，適彼樂土。樂土樂土，爰得我所。（《詩經·魏風·碩鼠》）

(48) 帝曰："雖然，意所欲，欲於何所王之？"（《史記·三王世家》）

(49) 母曰："往年吳公吮其父，其父戰不旋踵，遂死於敵。吳公今又吮其子，妾不知其死所矣。是以哭之。"（《史記·孫子吳起列傳》）

上面三例中，"我所"意即我的居所，"何所"意即什麼地方，"死所"意即死的地方，前後兩個成分為定中關係，"所"的實詞義明顯，這類"所"與上文所舉用作後置詞的"所₁"還是有所區別的。

在上古漢語中，有時定語和中心語"所"之間可以插入結構助詞"之"，這說明"所"確實用作中心語。例如：

(50) 豫讓欲殺趙襄子，滅鬚去眉，自刑以變其容，為乞人而往乞于其妻之所。（《呂氏春秋·恃君》）

(51) 南榮趎贏糧，七日七夜至老子之所。（《莊子·庚桑楚》）

(52) 以適父母、舅姑之所。（《禮記·內則》）

我們注意到，當"所"用作實義名詞時，前面的修飾成分除了是人稱代詞［例(47)］外，還可以是疑問代詞［例(48)］或者動詞性成分［例(49)］，而後置詞"所₁"前面的成分一般是指人的名詞或人稱代詞（例外很少見）。我們認為這一變化很重要，這說明將實義名詞"所"和處所指示詞"所"區分開來還是有必要的。另外，修飾成分從名詞性成分和動詞性成分均可發展為只是指人名詞或人稱代詞，這也為日後"所"進一步發展為表示動作對象（一般是人）的格標記提供了語義條件。

由上述可知，"所"經過了從實義名詞"所"，到處所指示詞"所₁"，再到格標記"所₂"的演變。就演變路綫來說，董文的觀點更加符合語言事實。基於此，可以將(44)所示的"所₂"的形成途徑細化如下（為了行文方便，本文將實義名詞

"所"表示為"所。")①：

(53) NP＋所₀   →   NP＋所₁   →   NP＋所₂
    定語＋中心詞   中心詞＋後置詞   中心詞＋後置詞
    "所"為實義名詞   "所"為處所指示詞   "所"為格標記

(二) 後置詞"所₂"的形成動因

董秀芳（1999）用隱喻引申來解釋從"所₁"向"所₂"的演變，趙長才（2009）用轉喻來解釋"所"由表示處所義到表示對象義的轉變，但這兩種解釋都不夠深入。需要進一步解釋的是：是什麼因素導致了前面的"NP"隱喻或轉喻的發生？其中的演變過程究竟是怎樣的？我們的看法是，正是句子中主要動詞語義類型的不同以及"所"與"NP"之間語義關係的變化，才導致了"所"迅速虛化，最終成為一個表示動作對象的格標記。

在初始的"NP＋所₀"階段，"所₀"是所在結構中的核心，它作為一種凸顯的語義重心而出現，而"所₀"在不同的句子中表示具體處所時，需要借助前面的定語 NP 以及語境信息來表達某一場所。後來，隨着"NP＋所₀"結構大量、廣泛地使用，指人名詞和人稱代詞經常性地進入該結構從而占據"NP"的位置，由於語義重心逐漸轉移到前面的指人名詞或人稱代詞，"所₀"作為結構中心語的句法地位發生了動搖，於是出現了重新分析的可能，"所₀"表達處所的能力減弱，指示處所的功能增強，於是向"所₁"演變。

我們注意到，凡是可以被認定為已經虛化了的格標記"所₂"（如上文例（33）—（36）），前後的動詞以大多是"生（有/無/起）某心""恭敬""敬重""孝順""殷勤""（不）敢惜"之類。這類動詞的特點是，發出相應的動作或做出相應的行為不需要在某一個特定的場所中，只要對象"NP"所代表的人物客觀存在於交談現場或是僅僅存在於說話人的主觀意識中，這類動作和行為便均能如願完成，這樣就會造成"NP"所代表的人物由表示動作行為發生的處所變成了動作直接涉及的對象（即事件的參與者），也就最大化地過濾掉了"所"字語義結構中的處所指示義，而只保留其標記對象的功能。上述演變是通過語用推理（轉喻）實現的，而語用推理（轉喻）之所以能夠發生，正是由於"NP＋所"結構前後主要動詞的語義類型的擴大（類推）。也就是說，隱喻或轉喻過程是演變的結果，動詞語義類型的

---

① 不可否認的是，由於後置的處所指示詞"所₁"也有處所義，因而它與自由使用的實義名詞"所₀"有時不易分辨。如上文所舉例（9）的前後文是這樣的：秦昭王聞魏齊<u>在平原君所</u>，欲為范雎必報其仇。……夫魏齊者，勝之友也，在，固不出也，今又不在<u>臣所</u>。……王之弟在秦，范君之仇魏齊<u>在平原君之家</u>。……趙孝成王乃發卒圍<u>平原君家</u>，急，魏齊夜亡出，見趙相虞卿。(《史記·范雎蔡澤列傳》) 聯繫後文"平原君之家""平原君家"（"家"當為實義名詞），前文"平原君所""臣所"的"所"實際上是兩解的：既可以理解為後置的處所指示詞（"那兒""那裏"），也可以理解為實義名詞（"住所""家裏"）。

擴大（類推）才是演變的真正動因。

另外需要探討的一個問題是："處所→對象"這種隱喻或轉喻機制是怎麼發生的？這種隱喻或轉喻的發生有什麼人類的心理認知基礎？我們認為，"處所→對象"的本質是人們在認識客觀事物時對某一處所進行"物質化"的結果（即對某一處所賦予一定的内涵）。在我們看來，"處所"和"對象"這兩個概念可以相互轉化，投射到語言層面，就是處所詞和實體名詞的相互轉化。可表示如下：

(54) 處所　　　↔　　　對象
　　 處所詞　　　　　　實體名詞

漢語史上有類似的演變。如中古漢語的"著"由處所介詞"著"（"到"義）發展為結果補語就是一個典型的個案。六朝時期，"著"作為處所介詞使用有"到"的意思，後面跟處所詞，表示位移動作到達的終點或目的地。例如：

(55) 王獨在輿上，回轉顧望，左右移時不至，然後令送著門外，怡然不屑。（《世說新語·簡傲》）

(56) 太極殿始成，王子敬時為謝公長史，謝送版使王題之，王有不平色，語信云："可擲著門外。"（《世說新語·方正》）

(57) 至於中路，有一大河，既深且廣。即留大兒，著于河邊；先擔小兒，度著彼岸，還迎大者。（北魏·慧覺等譯《賢愚經》，《大正藏》4/367c）

梅祖麟（1988）有幾句很精當的論述："介詞'著'在'負米一斛，送著寺中'這種句子裏可以換成'到'字……'送'這樣有動向的動詞是從起點趨向目的地。如果達到了目的地，'送'這個動作算是完成了。""'送著'中的'著'字在語法意義方面像結果補語，有變成完成貌詞尾的潛能。"由於處所詞和實體名詞在認知上存在一定的共通性，後來處所介詞"著"的後面也可以跟實體名詞，這時"著"就逐漸演變為前面動詞的結果補語（參見梁銀峰，2010）。例如：

(58) 遷父靈柩就洛州，於埏道掘著龍窟，大如甕口。（《太平廣記》卷420"王景融"條，出《朝野僉載》）

(59) 村正知其魅，射之，若中木聲，火即滅，聞啾啾曰："射著我阿連頭！"（《太平廣記》卷369"華陰村正"條，出《酉陽雜俎》）

在例（58）中，"掘著龍窟"就是"掘到龍窟"的意思，一方面固然可以把"龍窟"看作"掘"這個位移動作到達的終點，但另一方面也可以把它看作"掘"這個動作的受事對象。例（59）的"射著我阿連頭"也可如此分析，"阿連頭"還勉強能看作"射"這個帶有位移義特徵的動作到達的目的地，不過在這裏它更適合看作"射"這個動作的受事對象。

三、後置詞"所₂"的形成：由於語言的接觸而引發的語法化

趙長才（2009）認為，"NP＋所"格式表示處所早在佛經傳入中國以前就已存在（如上文所舉"NP＋所₀""NP＋所₁"的諸多例證），但"所"作為後置詞表示對象關係的格標記用法則是在中古時期才出現的，而且這種新用法又集中出現在該時期的漢譯佛經中，這說明它在一定程度上受到了原典語言的影響。趙文通過梵漢對勘的材料發現，"於＋NP＋所"在表示對象關係時與梵文文本中的名詞屬格形式相對應，梵文名詞的屬格既可以表示處所或領屬關係，也可以表示對象關係。趙文認為這種影響並非直接借用，"所"表示對象關係的用法主要還是來自於自身從表示處所的功能擴展，來自原典語言的影響更多的是一種催化和推動作用。由董秀芳（1999）的研究可知，其實"所"表示動作對象的格標記用法在《史記》中已有萌芽，趙先生在寫作時大概沒有參考董文。不過有一點仍不可忽視，那就是"所"用作表示動作對象的格標記在中古漢譯佛經中發展得更為成熟，董文所舉的《史記》中的三個例子［(27)—(29)］多少還有點處所指示詞的影子①。我們認為，中古漢譯佛經後置詞"所₂"的形成實際上是一種由於梵漢兩種語言的接觸而引發的語法化現象（contact-induced grammaticalization），是佛經原典語言引發了漢語的後置詞"所"發生了語法化。

董文提到了宋元明文獻中後置詞"行"的來源，她同意江藍生（1998）關於後置詞"行"表動作對象的用法更多受到了蒙古語格助詞的影響，或者說是後者對譯的結果（參見余志鴻1983，1987）。不過後置詞"行"的形成與後置詞"所"有所不同，據江先生的研究，後置詞"行"在表示動作的對象時可以出現在A式"動/介＋N行（＋VP）"和B式"N行＋VP"兩種句型中，A式是漢語自古就有的，B式是元代漢語受蒙古語語序的影響而產生的。也就是說，B式"N行＋VP"這種新興句型完全是蒙古語影響漢語的結果，B式產生於元代，隨著元朝統治的結束，這一句型也就衰落以至于消失了。而後置詞"所"就不同了，不管是作為處所指示詞使用的"所₁"，還是作為格標記使用的"所₂"，在中古漢譯佛經以前都已經出現或者萌芽了，至於"所₂"在中古漢譯佛經中大量出現並運用成熟，就像趙長才先生所說，"原典語言的影響更多的是一種催化和推動作用"。

漢語史上的其他類似演變也可以支援上述論斷。據筆者的研究，中古漢譯佛經和敦煌變文中的標補詞（complementizer）"於"的產生便屬於此類演變。標補詞"於"的產生不是完全引進，而是在佛經原典語言（書面文獻）的基礎上進一步發

---

① 我們注意到，在趙文列舉的例句中，"所"表示動作的對象時，介詞結構"於＋NP＋所"位於動詞之前作狀語的例句遠遠多於該結構位於動詞之後作補語的例句，而董文所引的三例典型的格標記"所"，句中介詞結構"於＋NP＋所"均位於動詞之後作補語，我們感覺這不僅僅是語序的不同，恐怕還反映了"所"字虛化程度的不同。

展出來的，其發展的動因來自人類語言跨語言的共性。中古的佛經譯師們先將上古漢語中位於動賓之間的語用標記"於"激活，使之迅速成為一個語法標記，然後這個語法標記進一步獨立發展為標補詞（參見梁銀峰，2016：192－213）。我們發現，位於動詞和受事賓語之間的介詞"於"在西漢以後以及中古時期的中土文獻中雖然趨於消失，但在東漢以後的漢譯佛經中卻得到了急劇的擴張。這不僅體現在使用頻率比上古漢語時期大大增加，而且"於"字前面動詞的語義類型也比上古漢語時期大大擴展。例如：

（60）時頻婆娑羅王，於其晨朝，來詣佛所白言："世尊，昨夜光明，<u>照於世尊</u>，為是釋梵轉輪聖王二十八部鬼神將耶？"（三國吳·支謙譯《撰集百緣經》，《大正藏》4/228c）

（61）告諸童子："汝等見此髡頭道人<u>食於甘美肴膳</u>不？"（東漢·康孟祥譯《佛說興起行經》，《大正藏》4/172a－b）

（62）是時王子常為眾生思惟是義，妻常入山<u>采於果蓏</u>以自供給。（三國吳·支謙譯《菩薩本緣經》，《大正藏》3/59b）

（63）譬如渴人<u>飲於鹹水</u>，如秋增熱，春多涕唾。（三國吳·支謙譯《菩薩本緣經》，《大正藏》3/63b）

姜南（2008，2009）基於梵漢對勘的角度，揭示出漢譯佛經中位於動詞和受事賓語之間的"於"字跟佛經原典語言表現受事的賓格（accusative）、屬格（genitive）等格尾存在一定的對應關係，另外，有時整個"動＋於＋受事"結構對譯的是佛經原典中的依主釋複合詞，而依主釋複合詞的前一字有時採用賓格的形式。

跨語言研究的結果表明，前置詞和標補詞關係密切，因為前者介引的是名詞性成分，後者引導的是名詞性從句，既然被引介的都是名詞性成分，那麼由前置詞發展為標補詞就是很自然的功能擴展。例如：

（64）於是調達手執牽象來入城門，見諸釋集欲現其術，即以右手牽象頭，左手持鼻撲捏殺之。于時難陀與諸等類共出城門，<u>見於大象當路而死</u>，問："誰殺乎？"答曰："調達害之。"（西晉·竺法護譯《普曜經》，《大正藏》3/501a）

（65）迦葉<u>見於池側有兩好石</u>，問佛："云何而得此石？"佛言："吾欲浣衣曬之，帝釋奉上使吾用之，是以然矣。"（西晉·竺法護譯《普曜經》，《大正藏》3/531b－c）

（66）王復出遊，<u>見於人民各各競共作諸樂器</u>。（北魏·慧覺等譯《賢愚經》，《大正藏》4/403b）

（67）轉復前行，到放缽城。迦毗梨婆羅門<u>聞於菩薩海中吉還</u>，歡喜踊躍。（北魏·慧覺等譯《賢愚經》，《大正藏》4/408c。放缽，城鎮名）

英語的不定式小品詞 to 也是如此。最初 to 用作前置詞，意為"向""到"（引出表示目的地的處所詞），或者"給"（引出表示間接賓語的名詞或代詞），後來發展為引出不定式動詞賓語補足語。試比較下面三例中 to 的用法：

(68) a. We came **to a picturesque cottage.**
b. We handed the box **to the officer.**
c. We want **to ask you a few questions.**

四、結　語

漢語史上的後置詞"所"是一個很有特色的語法成分，它很早就引起了學界的注意，不過在其功能、形成途徑和動因等問題上至今還有很多表述不清和有待加強論證之處。本文認為：第一，後置詞"所"位於"NP"之後，在表示動作行為發生的處所時，雖然可以使前面的實體名詞具有表示處所的功能，但由於"所"字本身表示具體處所的能力很弱，也不能明確地指出所表示的處所與參照物之間的方位關係，它在語義上主要是指示以參照物（"NP"的所指）所在處為中心的大致範圍，是個後置的處所指示詞。在以往的研究中，不管是把這種用法的後置詞"所"看作方位詞還是把它和其他後置的指示詞合稱為方所詞，都有失嚴謹。第二，實義名詞"所"是"處所""地方"的意思，由於在語義上具有概括性，早在先秦時期就經常跟在指人的名詞或人稱代詞之後，句法位置逐漸固定下來，成為一個後置詞，表示動作發生的處所（構成"NP＋所"格式）；西漢以後，指示處所的後置詞"所"衍生出了表示動作對象的用法，到了中古漢譯佛經中，由於受到原典語言中名詞屬格形式（該屬格形式在語法功能上既表示處所或領屬關係，也表示對象關係）的影響，處所指示詞"所"加速語法化為成熟的名詞格標記。第三，後置詞"所"從處所指示詞發展為名詞格標記，過去學界用隱喻或轉喻來解釋其形成動因，但並未解釋隱喻和轉喻過程發生的原因以及具體細節，我們認為，大量指人名詞或人稱代詞占據"NP"的位置是格標記"所"形成的先決語義條件（"所"用作處所指示詞時前面的"NP"就經常由指人名詞或人稱代詞充當，這時就已經奠基了語義基礎），而大量心理動詞充當句中的主要動詞，則導致"於＋NP＋所"結構很難被解讀為動作行為發生的處所（因為心理活動的實現不一定要靠具體處所），這就造成其中"NP"的所指由表示處所變成了動作直接涉及的對象（即事件的參與者），這是典型的語用推理的結果。

參考文獻

董秀芳. 古漢語中的後置詞"所"：兼論古漢語中表方位的後置詞系統. 四川大學學報（哲

學社會科學版），1999（2）．

江藍生．後置詞"行"考辨．語文研究，1998（1）．

姜南．漢譯佛經音節襯字辯說．語言研究，2008（4）．

姜南．佛經翻譯中格範疇的系統對應//漢語史研究集刊：第十二輯．成都：巴蜀書社，2009．

梁銀峰．論漢語持續體標記"着"和進行體標記"着"的語法化路徑//語言研究集刊：第七輯．上海：上海辭書出版社，2010．

梁銀峰．漢語史主從句和從屬句的產生及其演變．上海：上海人民出版社，2016．

梅祖麟．漢語方言裏虛詞"著"字三種用法的來源//中國語言學報：第 3 期．北京：商務印書館，1988．

施其生．汕頭方言的代詞//李如龍，張雙慶．代詞：中國東南部方言比較研究叢書：第四輯．廣州：暨南大學出版社，1999．

太田辰夫．漢語史通考．江藍生，白維國，譯．重慶：重慶出版社，1991．

項夢冰．連城客家話語法研究．北京：語文出版社，1997．

項夢冰．清流方言的代詞系統//李如龍，張雙慶．代詞：中國東南部方言比較研究叢書：第四輯．廣州：暨南大學出版社，1999．

余志鴻．元代漢語中的後置詞"行"．語文研究，1983（3）．

余志鴻．元代漢語"～行"的語法意義．語文研究，1987（2）．

趙長才．中古漢譯佛經中的後置詞"所"和"邊"．中國語文，2009（5）．

The Function, Evolution and Cause of the Postposition *Suo*

Liang Yinfeng

Abstract：The paper argues that the postposition *suo* in the construction of "NP+*suo*" is used to identify the area surrounding the object of reference, and it is a neutral locative demonstrative, while "NP" refers to the person's identity or personal pronouns. The case marker *suo* results from the neutral locative demonstrative *suo*, but not directly from the location noun *suo*. Once psychological verbs enter into the construction of "prep+NP+*suo*" and are used as the main verbs in sentences, the relationship between the main verb and the NP will undergoes reanalysis, and the postposition *suo* developed rapidly into a noun case marker, because of, to some extent, the influence of genitive of noun in original Buddhist language.

Keywords：postposition；neutral locative demonstrative；case marker；*suo*

（梁銀峰，復旦大學中國語言文學系）

"好＋V"的詞彙化考察*
——以"好看、好聽、好笑"為例

姜　夢　崔宰榮

提　要：漢語中已發生詞彙化的"好＋V"，如"好看、好聽、好笑"中的"好"與表"適合、容易"義的助動詞"好"有密切關係，而這類助動詞"好"的來源正是上古漢語中表"喜愛、愛好"義的動詞"好"（hào）。"好＋V"的詞彙化軌跡可大致分為"AV好＋V"的語法化和"M好＋V"的詞彙化兩大階段。即"V好(喜愛義)＋V"結構首先發生語法化形成"AV好(適合義)/AV好(容易義)＋V"結構，在此基礎上進一步演變為"AV好(值得義)＋V"結構，最終發生詞彙化形成"M好(值得義)＋V"。其中"AV好(值得義)"在"好＋V"的詞彙化過程中起關鍵作用。

關鍵詞："好"；"好＋V"結構；語法化；詞彙化；重新分析

一、引　言

漢語中有一類"好（hǎo）＋V"結構已經發生高度詞彙化[①]，被當作形容詞使用。《現代漢語詞典》（第六版）和《現代漢語規範詞典》（第三版）中記錄的這類形容詞"好＋V"總共有十個，分別爲：好看、好聽、好笑、好玩兒、好使、好過、好處（chǔ）、好找、好走和好受。此外，"好吃、好聞、好辦"這三個詞雖未被上述兩本詞典作爲單獨的詞條列入，但網絡資源"漢典""百度百科""百度詞典"均作爲正規的詞條收錄在內，説明其作爲詞的使用頻率也很高，因此將其處理爲準形容詞"好＋V"。至此，若我們取併集，即確定關於成詞的"好＋V"的可能的最大考察範圍。這十三個形容詞"好＋V"中，"好"多數表示效果好或使人

---

* This work was supported by Hankuk University of Foreign Studies Research Fund of 2018.
① 關於語法化和詞彙化的關係，本文認爲語法化發展到深層階段接軌詞彙化，詞彙化可以理解爲"詞＋詞"的繼續深化，即形成"詞內因素＋詞內因素"的過程。簡言之，實詞發生語法化形成虛詞，虛詞繼續發生詞彙化形成某個詞的詞內因素（語素）。

滿意的性質在哪方面，但也可表示容易或舒服、愉快。若按照語素（Morpheme）"好"（下文作 $M_{好}$）的語義特徵，利用義素分析法可將這十三個詞分類如下（表1）。

表1 "$M_{好}+V$"的語義分類

$M_{好}$的語義特徵		具有該語義特徵的成員
[＋主觀評價] [＋值得]	[＋使人滿意，效果好]	好看、好聽、好玩兒、好笑、好使、好吃、好聞
	[＋容易，不費力]	好過₁①、好處、好找、好走、好辦
	[＋舒服、愉快]	好過₂、好受

根據表1，$M_{好}$具有［＋值得］和［＋主觀評價］這兩個共同的語義特徵，可理解爲 $M_{好}$ 體現説話人對 V 這一行爲進行主觀評價，評價結果即認爲值得 V。此外 $M_{好}$ 的語義特徵還可以再細分爲三類，其中，前兩類具有［＋使人滿意，效果好］和［＋容易，不費力］語義特徵的"$M_{好}+V$"數量占優勢，而後一類義素［＋舒服、愉快］和［＋使人滿意，效果好］聯繫密切，有"因爲使人滿意所以舒服、愉快"的因果關係。因此，研究"好＋V"的詞彙化重點要弄清楚前兩類"$M_{好}+V$"是怎麽來的。

關於"好＋V"結構，要承認的是其存在歷時久遠，發展至今語法化程度不一。上面談到的是已經完全發生詞彙化的詞，同時還存在未發生詞彙化的短語。而其中一類短語"好＋V"中"好"也表示"容易"義，如"這本書好讀、這個手機好用"中的"好讀、好用"。關於這一類"好"的詞性問題，太田辰夫（1958/2005）、朱德熙（1982）、李明（2001）、李晋霞（2005）等學者稱其爲情態助動詞（Auxiliary Verb）"好"（下文作 $AV_{好}$），本文同意這一觀點，並將"好＋V"看作述賓結構。這一類"好＋V"還未被規範詞典收錄，即未固定成合格的詞，説明詞彙化程度較低，但語義上卻與形容詞"$M_{好}+V$"有一定聯繫，即均含有［＋容易，不費力］這一語義特徵。若按照詞彙化程度高低可將這兩種"好＋V"整理如下（表2）。

關於表2的分類依據還要再説明一下。我們認爲詞彙化程度較高的"$M_{好}+V$"是詞，而詞彙化程度較低的"$AV_{好}+V$"是短語，根據除了是否被規範詞典收錄以外，還有語義上是否可分割。董秀芳（2009）曾用"語義的曲折性"來概括短語固化成詞之後的語義特徵，這種曲折性表現在成分義的組合不等於整體義，即整體義在成分義的組成上發生了變化。也就是説短語成詞後詞義不等於兩個詞的意義的簡

---

① 根據《現代漢語詞典》（2012：603）和《現代漢語規範詞典》（2014：522），"好過₁"表示生活上困難少，日子容易過了，如"她家現在好過多了"。"好過₂"和"好受"類似，表示（身心）愉快、舒服，如"感冒了，渾身不好過"。

單相加，而是語素義複雜融合而成的一個比較凝固的新義。而"$M_{好}+V$"的意義就不等於"$M_{好}$"和 V 的詞義之和，比如"好看"不是"好"和"看"意思的相加，而是"看了使人滿意、舒服，有美感，值得看"；但"$AV_{好}+V$"相對來說可理解爲"容易"與 V 的語義的綫性組合，比如"好讀"可理解爲"容易讀"。因此共時層面上我們視"$M_{好}+V$"爲詞，"$AV_{好}+V$"爲短語。

表 2　"好+V"詞彙化程度高低分類①

詞彙化程度	分類	"好"的語義特徵	舉例
（短語）較低	$AV_{好}+V$	［＋容易，不費力］	好讀、好用、好騎、好回答、好解決等
（詞）較高	$M_{好}+V$	［＋容易，不費力］	好過₁、好處、好找、好走、好辦
		［＋使人滿意，效果好］	好看、好聽、好玩兒、好笑、好使、好吃、好聞

另根據表 2，"$AV_{好}+V$"和"$M_{好}+V$"中"好"均含有［＋容易、不費力］這一語義特徵，我們有理由相信這一類"好+V"是隨着人們使用頻率的增加逐漸由短語固化成詞的，也就是說形容詞"好過、好處、好找"等在爲成爲詞之前是短語結構"$AV_{好}+V$"，同理可知短語"好讀、好用、好騎"等隨着使用頻率的增加日後也有可能被規範詞典收錄，成爲合格的詞"$M_{好}+V$"。

那麼剩下的這類具有［＋使人滿意，效果好］語義特徵的"$M_{好}+V$"是怎麼來的呢？即我們口語中常說的"好看、好聽"這類詞的詞彙化過程是如何發生的呢？這是本文要探討的問題。爲叙述方便，下文中 $M_{好}$ 默認爲指［＋使人滿意，效果好］這一語義特徵的語素"好"。其實作爲高頻出現的詞，這一類"好+V"之前就引起過學者們的注意，如呂叔湘（1980/2005）提到"好"用在"看、聽、聞、吃、受、使、玩兒"等動詞前表示效果（形象、聲音、氣味、味道、感覺等）好，結合緊密，像一個詞。許丕華（1996）、申惠仁（2009）補充，這類"好"表示使人滿意的性質在哪方面。關於 $M_{好}$ 的歷時演變，則通常以"好看"爲研究對象，以宋代《朱子語類》爲研究材料，根據語義上的演變考察形容詞"好+V"的形成。代表文章有張海媚（2009）、趙振紅（2010）和鍾蔚蘋（2011）。總體來看，三篇文章的核心觀點爲形容詞"好+V"中的"好"來源於上古漢語中表"美好"義的形容詞"好"。例如"好看"是由"好好地看"發展而來，根據爲"好看"與"好好地看"有語義關聯。但以此類推，"好笑"語義上很難理解爲"好好地笑"，既然"好看、好聽、好笑"屬於同一類形容詞"好+V"，演變軌迹理應類似，若"好

---

① 這裏要排除因 V 的多義性而造成"好+V"結構和語義的多義現象。王爲民（1989）、申惠仁（2009）等學者均討論過"好+V"的"同形異構"現象。比如"好吃"可能是詞"$M_{好}+V$"，表示"味道好"；也可能是短語"$AV_{好}+V$"，表示"容易吃"；還可能是"$V_{好}+V$"，表示"喜歡吃"。因此，嚴謹地說，只能在具體的語境中判斷"好+V"的結構和"好"的語義。

看"來源於"好好地看",那麼"好笑"難道來源於"好好地笑"？這樣的解釋未免有些牽強。我們認爲單純從語義上解釋"好＋V"詞彙化還不夠，還需理清其客觀句法結構上的演變軌迹。基於以上考量，本文展開探討。

先來看共時角度的"S＋［M$_{好}$＋V］"結構分析。首先來看 V 和 M$_{好}$ 的句法語義特徵。能進入該結構的 V 是可數的，如前文所述只有十三種，多爲自主、及物①、單音節動詞②。③而作爲詞内語素的 M$_{好}$ 主要體現主觀評價性"值得"意義。即言者主語經過對 S 的動作行爲和對該動作行爲的感受後認爲 S 某方面具有使人滿意、值得去 V 的性質。比如"這個電影很好看"，實際上指的是言者主語看過"這個電影"之後，對其的評價是"好"，認爲值得看。更具體來看，"值得"意義又有顯性和隱性之分。比如"好笑"可直接理解爲"值得笑"，因此"好"具有顯性"值得$_1$"義。而"好吃"整體來指"食物的味道鮮美可口"，不能直接理解爲"值得吃"，"好"引申爲指"V 這個方面具有使人滿意的性質"，同時依然具有"（某種事物）值得吃"的估價意義，因此具有隱性"值得$_2$"義。本文認爲"值得$_2$"義是在"好＋V"詞彙過程中由"值得$_1$"義的進一步深化所得到的引申意義（下文2.2 章節將具體解釋）。

再來看 S 的特點。"S＋［M$_{好}$＋V］"結構中實則包含兩個主語，一爲常常隱含不出現的言者主語，二爲作爲 V 受事出現的語法主語 S（如"這個電影很好看"中言者主語爲講話人"我"，語法主語爲"電影"，即"看"的受事賓語），可標作"S$_{受事}$＋［M$_{好}$＋V$_{及物}$］"。而表"V 起來容易"的"S＋AV$_{好}$＋V"中同樣也包含言者主語和語法主語，且 S 也爲 V 的受事（如"這本書好讀"中言者主語爲講話人"我"，語法主語爲"書"，即爲"讀"的受事賓語），而該結構中的 V 也爲及物動詞，因此可標作"S$_{受事}$＋AV$_{好}$＋V$_{及物}$"。由此可見，"M$_{好}$＋V"與"AV$_{好}$＋V"的深層結構相似。而語義方面，"M$_{好}$"語用層次上也有"容易"義的用法，如"好吃"作動詞用時常比喻某種工作容易做（如"教師這碗飯可不好吃"）。此外，王爲民（1989）還曾

---

① "好笑"相對於"好看、好聽"的差異性表現爲"笑"多作爲不及物動詞使用，且不能理解爲 S 具有使人滿意的性質，而是 S 具有值得或促使人們去做"笑"這個動作的性質。但共時層面上看"好笑"與其他"M$_{好}$＋V"存在重要的共性，即"好"均體現出評價性"值得"意義。且李明（2016：135）認爲發生詞彙化之前"好看、好聽、好笑"中的"好"均爲估價類助動詞，因此歷時層面上看其演變軌迹也類似。因此我們將"好笑"與"好看、好聽"等一同歸爲"M$_{好}$＋V"類。關於"好笑"與"好看、好聽"的具體差異將在後面 2.2 章節詳細解釋。

② 從韻律角度看，這一特點與現代漢語雙音節化的特點有關。根據馮勝利（1996）和董秀芳（1997），同樣結構的詞組，雙音節比多音節更容易發生詞彙化。爲了能使"M$_{好}$＋V"最終成爲一個穩定的雙音節形式，V 在韻律上應且只應爲單音節的動詞性語素。

③ 我們認爲一些文章中提到的形容詞"好＋V"中 V 多爲感官動詞的表述不嚴謹。理由爲上述十三種 V 中只有"看、聽、笑"三種爲感官動詞，因此只能説"V"爲感官動詞的形容詞"好＋V"使用頻率相對較高。

以"好穿"爲例論证過特定條件下"AV_好＋V"語義上可轉化爲"M_好＋V"。① 綜上所述，共時層面短語"AV_好＋V"與詞"M_好＋V"有一定聯繫，整理如下（表3）。

表3　共時層面"S＋［M_好＋V］"與"S＋AV_好＋V"相似點整理

	S＋［M_好＋V］	S＋AV_好＋V
句法結構	①都含有言者主語　②句法主語S均爲受事	③V均爲及物
語義	①"好"均體現主觀性評價意義	②一定條件下M_好可轉換爲AV_好

歷時層面上，李明（2016：9）將助動詞分爲"認識、道義、條件、估價"四類，認爲表"適合、容易"義"好"是條件可能類助動詞，表"值得"義"好"是估價類助動詞，並根據助動詞的演變規律，提出條件可能類助動詞發展爲估價類助動詞是自然的轉化方向。也就是說，若從歷時角度上看，"AV_好＋V"也具有演變爲"M_好＋V"的可能性。因此我們推測"AV_好"在"好＋V"的詞彙化過程中起關鍵作用。接下來的具體論证本文將使用窮盡式調查的方法，通過對兩漢至明代歷史文獻（後附所調查的具體歷代文獻目錄）的統計和分析，理清"M_好＋V"的演變軌迹。

二、"好V"的詞彙化

如前文所述，具有［＋使人滿意，效果好］語義特徵的形容詞"M_好＋V"總共有七個。爲研究方便，我們根據這七個詞在歷代文獻中的出現次數，選擇使用頻率最高的三個詞作爲研究對象，調查結果如下（表4）。

表4　兩漢至明代"M_好＋V"的出現次數統計

朝代	文獻	好看	好笑	好吃	好聽	好使	好聞	好玩
兩漢	《史記・本紀》	×	1	×	×	×	×	×
	《論衡》	×	×	×	×	×	×	×
魏晉南北朝	《齊民要術》	×	×	×	×	×	×	×
	《世說新語》	×	×	×	×	×	×	×
	《三國志》	×	1	×	×	×	×	×
	《顔氏家訓》	×	×	×	×	×	×	×

---

① 王爲民（1989）將"M_好＋V"稱爲A式，將"AV_好＋V"稱爲B式。並認爲若單獨說"好吃/好吃的東西"是指A式；"好穿/好穿的衣服"是指B式。但當人們將二者放在一起，即說"好吃、好穿、好玩兒/好吃的東西、好穿的衣服、好玩兒的地方"時，由於A式和B式並列，B式（好穿）被A式（好吃）所同化，向A式靠攏，最終也轉化爲A式，即指"衣服穿起來具有美感，氣派，使人滿意、舒服"，不再指"穿起來容易"。因此可以說特定條件下"AV_好＋V"語義上具有轉化爲"M_好＋V"的可能性。

續表 4

朝代	文獻	好看	好笑	好吃	好聽	好使	好聞	好玩
唐	《祖堂集》	2	1	×	×	×	×	×
	《敦煌變文集》	1	×	×	1	×	×	×
	《全唐詩》	13	7	×	7	1	2	×
宋	《朱子語類》	80	10	×	3	×	×	×
	《近代漢語語法資料匯編（宋代卷）》	8	7	×	×	×	×	×
元	《新校元刊雜劇三十種》	×	×	×	×	×	×	×
	《全相平話五種》	3	×	1	×	×	×	×
	《通制條格》	×	×	×	×	×	×	×
明	《金瓶梅詞話》	25	3	26	8	2	×	1
總 計		133	30	27	19	3	2	1

根據表 4，"好看、好笑、好吃、好聽"出現次數最多。但"好吃"在明代集中出現，之前僅出現過一例，對研究歷史演變軌迹的參考性不大，因此本文選取"好看、好聽、好笑"作爲研究對象。通過對研究對象的歷時語料的統計分析，本文發現"好＋V"的詞彙化過程整體上可大致分爲"AV$_{好}$＋V"的語法化和"M$_{好}$＋V"的詞彙化兩大階段。具體來看，"V$_{好(喜愛義)}$＋V"首先發生語法化形成"AV$_{好(適合義)}$／AV$_{好(容易義)}$＋V"，進一步演變爲"AV$_{好(值得義)}$＋V"，在此基礎上詞彙化形成"M$_{好(值得義)}$＋V"。其中"AV$_{好(值得義)}$"在"好＋V"的詞彙化過程中起關鍵作用。演變軌迹如下（圖1）。

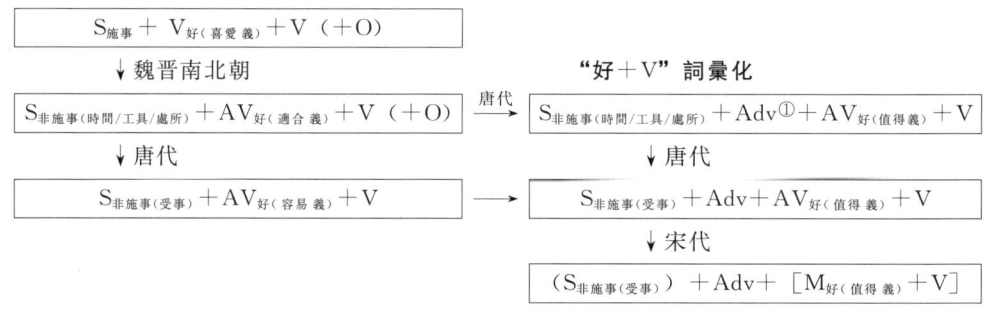

圖 1 "好＋V"詞彙化過程示意

（一）"好＋V"的語法化

要弄清"好＋V"的詞彙化過程，需要先弄清"好"的來源和"好＋V"的語

---

① 狀語（Adverbial），本文作 Adv。

法化過程。① "好"在先秦兩漢時期就有形容詞、動詞、專有名詞和副詞等多種用法。那麼現代漢語中的助動詞"好"來源於何,又是怎樣產生的呢?本文認爲 AV好 來自古漢語中表"喜愛、愛好"義的動詞"好"(hào),在連動結構中語法化而成。"好+V"經歷了由"實義動詞+動詞性賓語"重新分析爲"情態助動詞+實義動詞"的演變過程。理由爲:①古漢語中"喜愛、愛好"義動詞"好"的使用頻率遠高於性質形容詞"好"②;②動詞"好"後面常帶謂詞性賓語,構成連動結構。使用頻率越高的實詞發生語法化的可能性越大③,因此處於連動結構中的"好"由動詞演變爲助動詞具有充分的可能性。總體來看,"好+V"的語法化先後經歷了"S施事+V好(喜愛義)+V(+O受事)""S非施事(時間/工具/處所)+ AV好(適合義)+V(+O受事)"和"S非施事(受事)+ AV好(容易義)+V"三個階段,唐代以後"好"的動詞和助動詞用法并存發展。

具體來看,先秦兩漢時期,動詞"好"後面常帶謂詞性賓語,構成"S施事+V好(喜愛義)+V(+O)"結構,意爲"喜愛或愛好VP"。此時主語爲施事,"好+V"的深層結構爲"V+O"。這一時期"好"還未開始從動詞向助動詞演變。

真正的助動詞"好"產生於魏晉南北朝時期。產生條件爲充當 S 的成分擴大,由施事擴展到時間、工具、處所等非施事。此時動詞"好"通過無標化重新分析④發生第一次語法化,"好+V"的深層結構由"V+O"重新分析爲"AV+V",語義上"好"由"喜愛"義演變爲"適合"義,形成"S非施事(時間/工具/處所)+ AV好(適合義)+ V(+O受事)"結構。這一階段動詞後面可帶賓語,但賓語必須爲受事。例如:

(1)羔有死者,皮好作表褥,肉好作乾臘,及作肉醬,味又甚美。(《齊民要術》卷六《養羊第五十七》)(S"皮"和"肉"=工具)

(2)種桑法:五月取椹著水中,即以手漬之,以水灌洗,取子陰乾。治肥田十畝,荒田久不耕者尤善,好耕治之。(《齊民要術》卷五《種桑柘第四十五》)(S"久不耕的荒田"=處所)

(3)師曰:"病與不病,總不干他事。速道?速道!"山曰:"道得也與他沒交涉。"僧問:"萬里無雲未是本來天,如何是本來天?"師曰:"今日好曬麥。"(《景德傳燈錄》卷十四《潭州道吾山圓智禪師》)(S"今日"=時間)

---

① 關於本章節"好+V"的語法化的探討基於崔宰榮、姜夢(2017)對助動詞"好"的語法化過程的論證。
② 崔宰榮、姜夢(2017)對《史記·本紀》本文中出現的 376 個"好"的用例進行分析,發現動詞性"好"(hào)的出現頻率最高,其次是形容詞性"好"和其他詞性。
③ 參考 Bybee(2002)。
④ 劉丹青(2008)提出"重新分析的無標化解釋",認爲促使重新分析實際發生并且具有單向性的根本原因是人類語言對無標記狀態的根本追求。而表達需求的無限擴展和表達方式的新奇性追求總會誘發語言的有標記現象。

唐代隨着"適合"義用法的增多，又出現了"容易"義的用法。此時充當 S 的成分由表時間、工具、處所的非施事繼續擴展到受事，助動詞"好"發生第二次語法化。受事賓語由動詞後面移動到 S 的位置上，語義上由"適合"義演變爲"容易"義，形成"S$_{非施事(受事)}$＋AV$_{好(容易義)}$＋V"結構。例如：

（4）賞心無遠近，芳月好登望。（錢起《紫參歌》）

（5）也都知是善**好**做，惡不**好**做。（《朱子語類》卷九《學三》）

"好＋V"的兩次語法化的機制和動因可通過圖 2 來形象說明。

S$_{施事}$＋V$_{好(喜愛義)}$＋V（＋O）	[V＋O]	無標記狀態
↓		
？S$_{非施事(時間/工具/處所)}$＋V$_{好(喜愛義)}$＋V（＋O）	？[V＋O]	有標記狀態
↓通過重新分析發生第一次語法化		
S$_{非施事(時間/工具/處所)}$＋AV$_{好(適合義)}$＋V（＋O）	[AV＋V]	無標記狀態
↓		
？S$_{非施事(受事)}$＋AV$_{好(適合義)}$＋V（＋O）	？[AV＋V]	有標記狀態
↓通過重新分析發生第二次語法化		
S$_{非施事(受事)}$＋AV$_{好(容易義)}$＋V	[AV＋V]	無標記狀態

圖 2　助動詞"好"兩次語法化的機制和動因

如圖 2 所示，"S＋好＋V"發生兩次語法化的根本動因爲人類語言的無標化推力，直接動因則是充當 S 的成分的不斷擴展而造成的有標記狀態。第一次 S 由施事擴展到表時間、工具、處所的非施事，結構上"好＋V"的深層結構由"V＋O"重新分析爲"AV＋V"。語義上"好"在隱喻（metaphor）機制作用下，所指意象由"人"域投射到"非人"域：某人喜愛做某事→？某時/某地/某物'喜愛'做某事→某時/某地/某物適合做某事。最終"好"獲得"適合"義。第二次 S 繼續擴展到受事，結構上受事賓語由動詞後移到 S 的位置上。語義上"時間/工具/處所"與"受事"概念的鄰接性誘發這樣的語用推理：某時/某地/某物適合做某事→？某事物適合（被）做→某事物容易做。最終"好"獲得"容易"義。通過兩次語法化，"S＋好＋V"的結構和語義均發生改變，"好"由最初的"喜愛、愛好"義動詞演變爲"適合、容易"義助動詞。

（二）"好 V"的詞彙化

董秀芳（2013：257）曾以"可惡、可愛、可憐"等爲例分析過助動詞"可"與後面動詞性成分詞彙化爲雙音詞的現象。我們認爲"好＋V"和"可＋V"類似，首先"好"作爲助動詞與動詞結合爲自由的短語結構"AV$_{好}$＋V"，在此基礎上"好"與"看、聽、笑"等動詞的組合高頻使用進而發生詞彙化，從句法層面轉入了詞彙層面。下面結合例句具體來看，首先"AV$_{好(適合義)}$＋看/聽/笑（＋O）"結構作爲"好＋V"詞彙化的源結構在唐代文獻中廣泛存在。

（6）二妃樓下**宜**臨水，五老祠西**好**看山。（楊巨源《酬裴舍人見》）

（7）稽古**堪**求己，觀時**好**笑渠。（齊己《荊渚病中，因思匡廬，遂成三百字，寄梁先輩》）

（8）汲水和煙酌，栽松帶雪移。**好**聽玄旨處，猿嘯嶺南枝。（常達《山居八詠》）

（9）荊門歸路指湖南，千里風帆興可諳。**好**聽鷓鴣啼雨處，木蘭舟晚泊春潭。（齊己《送人往長沙》）

例（6）、（7）中的"AV$_{好（適合義）}$＋看/笑＋O"結構做謂語，符合"S$_{非施事（時間/工具/處所）}$＋AV$_{好（適合義）}$＋V（＋O）"結構特點，並與語法功能相近的"宜、堪"等助動詞對舉出現。例（8）、（9）中的"AV$_{好（適合義）}$＋聽＋O"結構做定語，修飾後面的處所名詞，受詩歌韻律限制 S 位置後移，構成"AV$_{好（適合義）}$＋聽（＋O）＋S$_{非施事（時間/工具/處所）}$"結構。總之，以上四例中"好"仍可理解爲表"適合"義的助動詞，此時"好＋V"屬於短語結構，還未發生詞彙化。直到接下來"值得"義助動詞出現，"好＋V"開始向詞彙化邁進。具體來看，伴隨着"AV$_{好（值得義）}$"的產生和使用，"好＋V"詞彙化過程可以分爲以下"準備、發生、發展"三個階段。

1. 詞彙化準備階段（唐代）："S$_{非施事（時間/工具/處所）}$＋Adv＋AV$_{好（值得義）}$＋V"的出現

唐代隨着"AV$_{好（適合義）}$"的使用頻率增加，"好＋V"所處的句法環境再次發生改變，"好＋V"前面開始出現狀語修飾，且動詞後面不出現賓語，形成"S$_{非施事}$＋Adv＋好＋V"結構。此時"好＋V"語義也發生變化，傾向於表現"值得 V"的評價意義，"好"由表"適合"義的條件可能類助動詞開始向表"值得"義的估價類助動詞轉變。尤其是與六朝時就已出現的表估價意義的助動詞"堪"[①]對舉出現時，"好"所體現的"值得 V"的評價意義更加明顯。例如下面"好聽"的例句：

（10）①江近**好**聽菱芡雨，徑香偏愛蕙蘭風。（李中《留題胡參卿秀才幽居》）

②聲聞坐畔雖<u>**堪**聽</u>，菩薩臺邊更<u>**好**聽</u>。（《敦煌變文·妙法蓮華經講經文二》）

例（10）兩句中的"好聽"均不能看作一個詞。①中 S "江邊"表處所，"好聽"後面爲賓語"菱芡雨"，"好"爲表"適合"義的助動詞，屬於"S$_{非施事（時間/工具/處所）}$＋AV$_{好（適合義）}$＋V＋O$_{受事}$"結構。②相對於①，"好聽"前面出現狀語成分"更"，後面不再出現賓語。但此時仍和現代漢語的"好聽"不同，因爲 S "菩薩臺邊"表處所，而非聽的內容。另外，受"堪聽"對舉影響，"好聽"結構上更傾向於分析爲"AV＋

---

① 根據李明（2016：62），助動詞"堪"在六朝時期就有表估價意義的用法。

V"結構。此時"好"與"堪"的估價意義相對應，體現出"值得 V"的評價意義，可理解爲"在菩薩臺邊聽起來聲音更舒服，值得聽"。因此綜合結構和語義來看，②中的"好＋V"結構上可看作"AV＋V"，語義上傾向於評價性"值得"義，可標作"S_{非施事（時間/工具/處所）}＋Adv＋AV_{好（值得義）}＋V"結構。再看下面一組例句：

(11) ①稽古**堪**求己，觀時**好**笑渠。（齊己《荆渚病中，因思匡廬，遂成三百字，寄梁先輩》）

②冷眼静看真**好**笑，傾懷與説却**爲**冤。（徐夤《上盧三拾遺以言見黜》）

與例（10）類似，例（11）①中 S"觀時"表時間，"好笑"後面爲賓語"渠"，"好"表"適合"義，屬於"S_{非施事（時間/工具/處所）}＋AV_{好（適合義）}＋V＋O_{受事}"結構。②中 S"冷眼静看（的時候）"也表時間，但"好笑"後面受事賓語不出現，"好"與"笑"結合變緊密，并且前面狀語成分程度副詞"真"的使用突出了"好笑"的主觀評價意味，可看作"S_{非施事（時間/工具/處所）}＋Adv＋AV_{好（值得義）}＋V"結構。

通過考察例句發現，助動詞"好"由"適合"義演變爲"值得"義，即"S_{非施事（時間/工具/處所）}＋Adv＋AV_{好（值得義）}＋V"結構產生的句法條件主要有以下兩點：第一，"好＋V"後面不出現受事賓語；第二，"好＋V"前面出現狀語修飾成分。

2. **詞彙化發生階段（唐代）："S_{非施事（受事）}＋Adv＋AV_{好（值得義）}＋V"的重新分析**

表達需求促使充當 S 的成分不斷發生擴展，S 由表時間、工具、處所的非施事繼續擴展到受事，形成與現代漢語類似的"S_{非施事（受事）}＋Adv＋好＋V"結構。此時"好"與 V 之間的緊密程度不好判斷，且"AV＋V"結構和形容詞均可做句子的謂語和定語，因此出現這兩個位置上的"好＋V"在一定條件下具有分析爲"AV_{好（值得義）}＋V"或形容詞"M_{好（值得義）}＋V"的雙重可能性。

一是"AV＋V"作謂語的情況。唐詩中，在不與"AV＋V"結構對舉出現的情況下，"S_{非施事（受事）}＋Adv＋好＋V"中的謂語"好＋V"可以分析爲短語結構"AV_{好（值得義）}＋V"和形容詞"M_{好（值得義）}＋V"兩種情況，如下面一組例句：

(12) ①潯陽物景真**難**及，練瀉澄江最**好**看。（李中《和潯陽宰感舊絶句五首》）

②誰共觀明月，漁歌夜**好**聽。（孟貫《春江送人》）

例（12）①中，S"練瀉澄江"爲"好看"的賓語，但謂語"難及"很明顯爲短語結構，"好看"因受對舉出現的"難及"影響，句法層面上不容易看作一個詞，更適合分析爲短語結構"AV_{好（值得義）}＋V"。但②中的謂語"好聽"則不存在"AV＋V"對舉的限制，因此存在重新分析的可能性。具體來看，②中 S"漁歌"爲"好聽"的賓語，時間名詞"夜"作爲狀語修飾"好聽"，可以理解爲"夜晚時更適合、值得聽漁歌"，此時"好＋聽"爲短語結構"AV＋V"作謂語；也可以理解爲"夜晚時漁歌（聲音）聽起來讓人舒服、愉快"，此時"好聽"爲形容詞作謂語。到了宋代，文章形式更加自由，受詩歌對舉的限制相對減少，"S_{非施事(受事)}＋Adv＋好＋V"結構中"好＋V"做謂語存在雙重分析的情況增多。例如：

（13）子思且就總會處言，此處最**好**看。(《朱子語類》卷四《性理一》)

（14）所舉程子曰"非禮仁知之深者，不能如此形容"，此語極**好**看。(《朱子語類》卷三十二《論語十四》)

以上二例若從結構上看，"好看"均存在分析爲"AV＋V"和形容詞這兩種可能性。但從語義上看，此時的"好看"已經出現了語義深化，即由最初指外觀漂亮（外部評價）引申到指内容精彩、值得閱讀（内部評價），即整體語義出現抽象化和專指化，説明詞彙化程度較高。因此雖然結構上存在雙重分析的可能性，但結合語義變化綜合來看，此時"好"與V的結合已相當緊密，"好＋V"更傾向於分析爲形容詞。

二是"AV＋V"作定語的情況。"好＋V"結構做定語修飾、限制後面的中心名詞N，且N爲V的受事，即"好＋V＋N_{非施事(受事)}"結構中，"好＋V"也具有分析爲"AV_{好(值得義)}＋V"或形容詞"M_{好(值得義)}＋V"兩種可能性。但這類情況唐代和宋代均不多，主要以"好笑"爲主：

（15）大有**好**笑事，略陳三五個。張公富奢華，孟子貧軱軻。(《寒山詩》127)

（16）須得其辭意，方見**好**笑處。(《朱子語類》卷八十《詩一》)

以上兩例中"好"體現主觀評價意味的"值得"義，"好笑"爲定語，修飾限制後面的名詞"事、處"，句法層面上既可以看作短語結構"AV＋V"，也可以看作是已經發生詞彙化的形容詞。但需注意的一點是，此時"好＋V"後面的中心名詞N必須爲V的受事，因此要區别受詩歌韻律限制"S_{非施事(受事)}"後移所形成"（Adv＋）AV_{好(值得義)}＋V＋N_{非施事(受事)}"結構。①

以上討論爲"好＋V"作謂語或定語時可分析爲"AV＋V"結構和形容詞兩

---

① 要注意一些例句與"好＋V"做定語的情況形式類似但深層結構不同，比如以下"好笑"的例句：
  （1）**好**笑王元不量力，函關那受一丸泥。（胡曾《咏史詩·隴西》）
  （2）馬嵬**好**笑當時事，虛賺明皇幸蜀川。（羅虬《比紅兒詩》）
  （3）**好**笑裏王大迂闊，曾卧巫雲見神女。（秦韜玉《吹笙歌》）
  （4）**好**笑五陵年少客，壯心無事也沾纓。（韋莊《黄藤山下聞猿》）
  當"笑"的賓語過長時，受詩歌韻律規則制約和爲避免頭重腳輕，"好笑"多出現於詩歌開頭，構成"（Adv＋）AV_{好(值得義)}＋V＋N_{非施事(受事)}"結構。這裏"好笑"不能看作是後面名詞的定語，理由是若爲偏正關係，"好＋V"和後面名詞中間可插入結構助詞"的（底）"（如例19）。但"好笑"和後面名詞之間若插入結構助詞，則與詩歌文意不符。因此以上四例中的"好＋V"不是定語，而是一種"S_{非施事(受事)}＋（Adv＋）AV_{好(值得義)}＋V"變式，不存在重新分析的可能性。

種情況的現象。唐代作爲"好+V"詞彙化的開端，總得來看"好"與 V 的結合不算緊密，"好看、好聽、好笑"的使用頻率還不高，大部分"好+V"更傾向於分析爲"AV$_{好(值得義)}$+V"結構。

3. 詞彙化發展階段（宋代）："（S$_{非施事(受事)}$）+Adv+[M$_{好(值得義)}$+V]"的普遍化

到了宋代，"好+V"所處的句法環境再次發生改變——S$_{非施事(受事)}$常常省略，形成"Adv+好$_{(值得義)}$+V"結構。如以下例句：

(17) 傳注，惟古注不作文，却**好**看。(《朱子語類》卷十一《學五》)

(18) 因笑云："說到此，自**好**笑。"(《朱子語類》卷五《性理二》)

(19) 如誠實底人彈，便雍容平淡，自是**好**聽。(《朱子語類·卷三十九·論語二十一》)

此時狀語修飾"好+V"這個整體，"好"與 V 結合愈加緊密，傾向於分析爲一個詞。之所以這樣説是因爲在非主謂句中，"AV+V"做謂語或補語單獨出現的情況並不多見，但形容詞做謂語確是常見現象，因此結構上宋代出現的"好+V"更傾向於理解爲形容詞"M$_{好(值得義)}$+V"。語義上看，此時"好+V"的詞義已不能單純理解爲"值得 V"，而是有了進一步的深化發展。綜合來看，我們認爲宋代"好+V"的詞彙化已經完成。

接下來進一步證明。董秀芳（2013）指出的判斷"AV+V"詞彙化的兩條標準——語義變化和出現頻率。首先從出現頻率變化的角度來看，唐代、宋代"好看、好聽、好笑"的出現次數及頻率對比如下（表5）。

表5 唐代、宋代"好看、好聽、好笑"的出現次數及頻率

朝代	文獻	好看	好笑	好聽	小計		總計
唐	《祖堂集》	2	1	×	3	33/660 (5%)	133/1313 (10.1%)
	《敦煌變文集校注》	1	×	1	2		
	《全唐詩》	14	7	7	28		
宋	《朱子語類》	73	10	3	86	100/653 (15.3%)	
	《近代漢語語法資料匯編（宋代卷）》	7	7	×	14		

根據表5，宋代"好看、好聽、好笑"的使用頻率明顯高於唐代。根據董秀芳（2013：141），使用頻率常與詞彙化程度的高低成正比。當兩個成分不構成詞時，它們的同現具有偶然性，因此頻率不會太高；但當兩個成分變成一個詞，它們就比較固定地結合在一起，共現頻率自然就提高了。因此成詞的"好+V"的使用頻率要高於自由短語結構"好+V"。又根據表5，唐代到宋代，"好看、好聽、好笑"的使用頻率由5%增至15.3%，符合發生詞彙化的頻率變化標準。

再來看語義變化。相比於唐代，宋代的"好看"和"好聽"均出現不同程度的深化和抽象化。最初"好看"指景色美麗，可看作對事物的外部評價，如例（20）。宋代開始也用來指内容好，值得閲讀，如例（21）；或指光彩、體面，如例（22）。後兩種均屬於内部評價。

  （20）第一早歸春欲盡，廬山**好**看過湖風。（熊孺登《送舍弟孺復往廬山》）

  （21）卦中説"剛中"處最**好**看。（《朱子語類》卷七十《易六》）

  （22）却見數中楊員外道："不可打他，這四山五嶽人看見，不**好**看！（《清平山堂話本》）

"好聽"最初指聲音本身聽着舒服、悦耳，可看作外部評價，如例（23）。宋代開始也指説話内容使人滿意，屬於内部評價，如例（24）。

  （23）誰共觀明月，漁歌夜**好**聽。（孟貫《春江送人》）

  （24）曰："如此教人，只**好**聽耳。（《朱子語類》卷六十七《易三》）

"好笑"的語義變化相對特殊，最初是作反語形容令人嗤笑、可笑，可看作一種反面評價，如例（25）。後來也從正面形容令人發笑、有趣，可看作一種正面評價，如例（26）。

  （25）大有**好**笑事，略陳三五個。張公富奢華，孟子貧轗軻。（《寒山詩》127）

  （26）每常思量著，極**好**笑。（《朱子語類》卷十七《大學四或問上》）

按照"好看"和"好聽"從正面到反面的語義發展邏輯，"好笑"的語義發展似乎背道而馳。究其根源，皆因"笑"本身的句法特點不同於"看"和"聽"。"看"和"聽"最初就是及物動詞（下文作 Vt）且詞義單一。但"笑"最初爲不及物動詞（下文作 Vi），不帶賓語，表示"因喜悦開顔或出聲"，構成"S$_{施事}$＋Vi$_{(喜悦而笑)}$"，如例（27）。同時上古漢語中"笑"也存在 Vt 的用法，表示"譏笑"，含有"諷刺"的反面意義，構成"S$_{施事}$＋Vt$_{(譏笑)}$＋O$_{受事}$"。如在先秦，《斷句十三經經文》[①]中，含有"笑"的例句有 45 例，其中 Vt 的用法共出現 5 例（占 11.1%），如例（28）。

  （27）同人先號咷而後**笑**。（《周易·同人》）

  （28）或百步而後止，或五十步而後止，以五十步**笑**百步，則何如？（《孟子·梁惠王上》）

---

 ① 十三經是指十三部儒家經典。分别是《詩經》《尚書》《周禮》《儀禮》《禮記》《易經》《左傳》《公羊傳》《穀梁傳》《論語》《爾雅》《孝經》《孟子》。

隨着使用頻率的增加，受不及物用法的影響，及物用法中也類推擴展出"因喜悦、有趣而笑"的正面意義，如《史記》中含有"笑"的例句有136例，其中及物用法有27例（占19.9%）；及物用法中有4例（占3%）的語義無"諷刺"義，貼近正面意義，如例（29）、（30）。

（29）昌嘗燕時入奏事，高帝方擁戚姬，昌還走，高帝逐得，騎周昌項，問曰："我何如主也？"昌仰曰："陛下即桀紂之主也。"於是上**笑**之，然尤憚周昌。（《史記·張丞相列傳第三十六》）

（30）二世立，又欲漆其城。優旃曰："善。主上雖無言，臣固將請之。漆城雖於百姓愁費，然佳哉！漆城盪蕩，寇來不能上。即欲就之，易爲漆耳，顧難爲蔭室。"於是二世**笑**之，以其故止。（《史記·滑稽列傳》）

同理，"好笑"結構中，當"笑"進入"S_{受事}＋好＋Vt"結構時，作爲及物動詞最初自然表示"譏笑"義，此時"好笑"順應體現"令人嗤笑"義；宋代隨着"好笑"使用頻率的增加，"S_{受事}＋好＋Vt_(譏笑)"中"Vt_(譏笑)"的位置上類推擴展出"Vi_(喜悦而笑)"用法，此時"好笑"順應體現"令人發笑"的正面評價意義。這就解釋了爲何"好笑"先出現反面評價意義，後出現正面評價意義。

綜合來看，"好看、好聽、好笑"的語義變化如圖3所示。

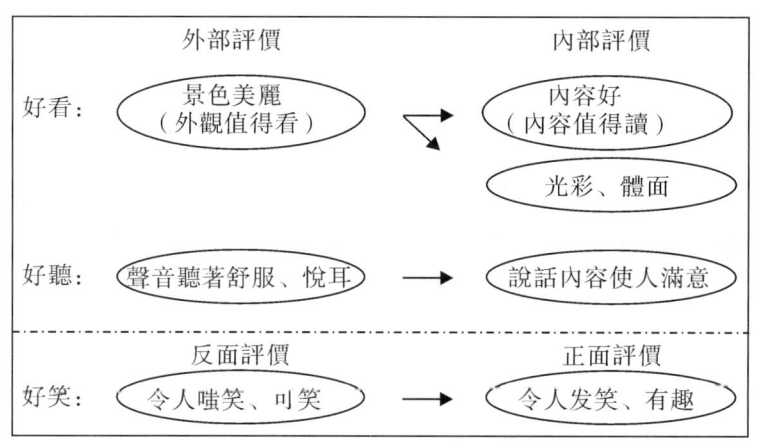

圖3 "好看、好聽、好笑"的語義演變

根據圖3，伴隨着詞彙化的發展，"好看、好聽"的語義由外部評價向內部評價演變，"好笑"的語義由反面評價向正面評價演變。其在不同時期的語義的使用頻率對比如下（表6）。

根據表6，宋代"好看、好聽、好笑"的語義出現深化和多樣化，尤其是"好看"，深化後的新語義一經形成便被廣泛接受。董秀芳（2013：140）提到兩個組成成分的整體意義出現抽象化或專指化，失去其語義透明性時，其詞彙化程度進一步提高。因此我們認爲宋代"好看、好聽、好笑"已達到較高的詞彙化程度。

表6 唐代、宋代"好看、好聽、好笑"不同語義的出現次數及頻率

	好看			好聽			好笑		
	外部評價景色美麗	内部評價内容好光彩體面	其他①	外部評價聲音聽着悦耳	内部評價内容使人滿意	其他	反面評價令人嗤笑	正面評價令人發笑	其他
唐	2 (11.2%)	×	15 (88.2%)	1 (12.5%)	×	7 (87.5%)	×	2 (25%)	6 (75%)
宋	2 (2.5%)	64 (72.7%)	14 (17.5%)	1 (33.3%)	2 (66.7%)	×	5 (29.4%)	10 (58.8%)	2 (11.8%)

綜上所述，宋代，主語"S_{非施事(受事)}"常常省略不出現，"（S_{非施事(受事)}）＋Adv＋M_{好(值得義)}＋V"結構中"好"與V結合緊密，普遍發生詞彙化。值得注意的是，宋代開始，"AV_好＋V"和"M_好＋V"并存發展，不存在一種結構替代另一種結構的情況，這才有了現代漢語中"好＋V"多種結構語義百花齊放的局面。

（三）機制和動因

作爲語法化的深化階段，"好＋V"詞彙化的機制和動因與語法化相類似，其根本動因均爲人類語言對無標記狀態的根本追求。關於直接動因，總得來看爲"S＋好＋V"結構中因句法環境改變而造成的有標記狀態。具體來看，第一次爲"S_{非施事(時間/工具/處所)}＋AV_{好(適合義)}＋V＋O"結構中後面受事賓語不出現且前面出現狀語修飾成分；第二次爲"S_{非施事(時間/工具/處所)}＋Adv＋AV_{好(值得義)}＋V"結構中充當S的成分由時間、工具、處所等非施事擴展到受事；第三次爲"S_{非施事(受事)}＋Adv＋AV_{好(值得義)}＋V"結構中主語"S_{非施事(受事)}"可省略不出現。詞彙化過程中句法結構的演變機制爲重新分析，"好"由助動詞重新分析爲詞内語素。語義演變機制主要爲類推和隱喻，即，"好"由"適合"義類推獲得"值得"義，再由"值得"義類推獲得"性質好"的語素義，後在隱喻機制作用下，所指意向由"事物外部"域投射到"事物内部"域。以"好看"爲例②：某時/某地適合看某物→某時/某地（非常）值得看→某物（非常）值得看→評價某物外部性質看起來好→評價某物内部性質看起來好。

三、結 語

本文通過對"好＋V"詞彙化的探討，從歷時層面上得出以下結論：

---

① "其他"包括同時存在短語結構"好＋V"，"好＋看/聽/笑"的語義還同時包括"喜歡看/聽/笑""適合看/聽/笑"等。

② 現代漢語中"好看"的使用頻率非常高。其語義發展過程中，詞彙化之前常是多義形式，可以表示"適合看""容易看"和"值得看"等意義；而詞彙化以後的語義主要是從"值得看"這一意義發展出來的，并且可以發現詞彙化前後"好看"的語義之間聯繫密切。從助動詞結構到形容詞經過了一個範疇的改變，這種範疇的改變在"好＋V"的語義上沒有明顯的反映，是由於漢語中形容詞和動詞均可作謂語或定語，在句法性質上的差異不明顯（董秀芳 2013：260）。

第一,"好+V"的語法化過程與詞彙化過程緊密相連。首先"V$_{好}$+V"語法化爲"AV$_{好}$+V","AV$_{好}$+V"進一步詞彙化爲"M$_{好}$+V"。"AV$_{好}$"在"好+V"的詞彙化過程中起關鍵作用。

第二,"AV$_{好}$+V"詞彙化爲"M$_{好}$+V"的過程可以分爲三個階段,分別包括產生"AV$_{好(值得義)}$"的準備階段,"AV$_{好(值得義)}$"重新分析爲"M$_{好(值得義)}$"的發生階段和形容詞"M$_{好(值得義)}$+V"普遍使用的發展階段。最後我們將形容詞"好+V"的詞彙化過程整理如下(圖4)。

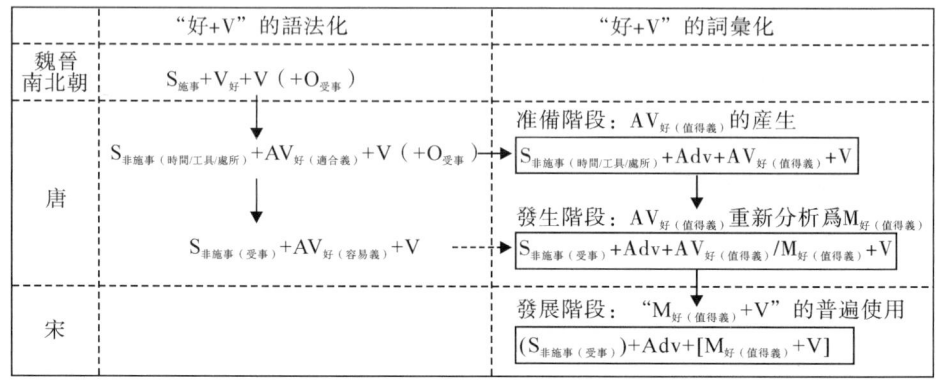

圖4 "好+V"詞彙化過程示意(二)

根據圖4,唐代是"好+V"結構發生語法化和詞彙化的主要時代,這一時期"S$_{非施事(受事)}$ + Adv + AV$_{好(值得義)}$/M$_{好(值得義)}$ + V"結構中的"S$_{非施事(受事)}$"由"S$_{非施事(時間/工具/處所)}$"擴展而來,但也不能排除受同時期"S$_{非施事(受事)}$+AV$_{好(容易義)}$+V"結構影響的可能性,這也解釋了爲何現代漢語中完全詞彙化的"好+V"中依然保留着"容易V"(如"好走、好找")的語義。

參考文獻

曹宏. 中動句的語用特點及教學建議. 漢語學習,2005(5).

崔宰榮,姜夢."S+好+V"結構中"好"的詞性再議:以"這本書好讀"爲例. 中國學研究,2016(75).

崔宰榮,姜夢. 助動詞"好"的語法化:以"適合、容易"義爲例. 漢語學習,2017(6).

董秀芳. 跨層結構的形成與語言系統的調整. 河北師範大學學報(哲學社會科學版),1997(3).

董秀芳. 漢語的句法演變與詞彙化. 中國語文,2009(5).

馮勝利. 論漢語的"韻律詞". 中國社會科學,1996(1).

李晋霞."好"的語法化與主觀性. 世界漢語教學,2005(2).

李明. 漢語助動詞的歷時演變研究. 北京:商務印書館,2016.

李行健. 現代漢語規範詞典. 3版. 北京:外語教學與研究出版社,2014.

劉丹青. 重新分析的無標化解釋. 世界漢語教學, 2008 (5).

呂叔湘. 現代漢語八百詞：增訂本. 北京：商務印書館, 2005.

申惠仁. 現代漢語四種"好V"結構. 語文學刊, 2009 (9).

太田辰夫. 中國語歷史文法. 蔣紹愚, 徐昌華, 譯. 北京：北京大學出版社, 2005.

王爲民. "好V"和"好VN". 漢語學習, 1989 (2).

許丕華. "好V"式討論. 瀋陽師範學院學報, 1996 (1).

張海媚.《朱子語類》中"好看"的詞彙化及使用. 石河子大學學報, 2009 (1).

趙振紅. "好看"的詞彙化及其詞義發展. 才智, 2010 (6).

鍾蔚蘋. "好看"的詞彙化及其語素"好"的語法化. 中山大學研究生學刊, 2011 (3).

中國社會科學院語言研究所. 現代漢語詞典. 6版. 北京：商務印書館, 2012.

朱德熙. 語法講義. 北京：商務印書館, 1982.

Bybee, Joan. "Cognitive processes in grammaticalization", *The New Psychology of Language* (volume Ⅱ). New Jersey: Lawrence Erlbaum Associates Inc., 2002.

調查文獻

先秦兩漢：《斷句十三經經文》《史記·本紀》《論衡》。

魏晉南北朝：《世説新語》《顔氏家訓》《齊民要術》《三國志》。

唐代：《祖堂集》《敦煌變文集》《全唐詩》。

宋代：《朱子語類》(1—8册)、《近代漢語語法資料匯編（宋代卷）》。

元代：《新校元刊雜劇三十種》《全相平話五種》《元典章》《通制條格》。

明代：《金瓶梅詞話》。

語料來源

中國哲學電子書計劃, http://ctext.org/zhs/。

"中央研究院"漢籍全文資料庫, http://hanchi.ihp.sinica.edu.tw/ihp/hanji.htm。

北京大學中國語言學研究中心現代漢語語料庫, http://ccl.pku.edu.cn:8080/ccl_corpus/index.jsp?dir=gudai。

A Study on the Lexicalization of "*hao*（好）＋verb"
—The Case Study on the Diction "*hao kan*（好看）, *hao ting*（好聽）, *hao xiao*（好笑）"

Jiang Meng, Choi Jaeyoung

Abstract: The "*hao*（好）" of "*hao*（好）＋verb" in Chinese, such as "*hao kan*（好看）", "*hao ting*（好聽）", "*hao xiao*（好笑）", has high correlation with the auxiliary verb "*hao*（好）" which represents "suitable" and "easily". This type of auxiliary verb "*hao*（好）" originally comes from the verb "*hào*（好）" represents "liking" in ancient Chinese. The lexicalization trajectory of "*hao*（好）＋verb" could be classified into two main stages according to grammaticalization of "auxiliary$_{hao}$＋verb" and lexicalization of "morpheme$_{hao}$＋verb". It is the structure of "verb$_{hao(liking)}$＋verb" which is grammaticalized at first into the structure of "auxiliary$_{hao(suitable)}$/auxiliary$_{hao(easily)}$＋verb", and then evolved into the one of "auxiliary$_{hao(worthy)}$＋verb". Finally, lexicalization generated the one of "morpheme$_{hao(worthy)}$＋verb". And "auxiliary$_{hao(worthy)}$" played the critical role in the process of lexicalization of "*hao*（好）＋verb".

Keywords："*hao*（好）"；"*hao*（好）＋verb"；grammaticalization；lexicalization；reanalysis

（姜　夢，韓國外國語大學中語中文學科；
崔宰榮，韓國外國語大學中國語通翻譯學科）

推測義副詞"想 X"的形成模式[*]

匡鵬飛　武梅琳

提　要：表示推測意義的語氣副詞"想 X"共有四個：想必、想應、想來、想是。它們在漢語史上產生和存在的時間不太相同。由於內部結構、X 詞性及詞義的差異，四個詞詞彙化和語法化的具體模式有同有異，但它們的演變過程大致遵循相似的路徑。從認知動詞到推測義副詞，其虛化路徑具有一定的規律性。

關鍵詞：推測義副詞；認知動詞；副詞化；虛化路徑

在漢語史上，表示推測意義的語氣副詞"想 X"共有四個：想必、想應、想來和想是。四者的語法性質略有差異："想必"、"想應"和"想是"是副詞，"想來"是動詞兼副詞[①]。關於這四個"想 X"的歷時發展過程，前賢的研究已或多或少有所涉及：高育花（2013）、劉紅妮（2014）探討過"想必"；李宗江（2007）、梁銀峰（2009）論及了"想來"；吳福祥（1996）簡略分析過"想應"；王燦龍（2009）詳細研究了"想是"。不過，已有研究基本都是針對這四個詞的個案研究，尚未見

---

[*] 本文為教育部人文社會科學重點研究基地重大項目"漢語詞彙和語法關聯互動的理論探討與專題研究"（14JJD740006）階段性成果。本文曾在第十七屆全國近代漢語學術研討會暨閩語演變國際學術討論會（閩南師範大學，2016 年 11 月）上宣讀，得到吳福祥等先生的指點，特此致謝。文中尚存謬誤，概由作者負責。

[①]《現代漢語詞典》（第七版）對於"想來"只標注了動詞一種詞性，釋義為：表示只是根據推測，不敢完全肯定。這一意義，不少虛詞詞典將其判定為副詞。如：曲阜師範大學編寫組《現代漢語常用虛詞詞典》（浙江教育出版社，1992：499）和侯學超《現代漢語虛詞詞典》（北京大學出版社，1998：597）都將其標注為副詞，前者釋義為：表示對某種行為或情況的推測或估計，這種推測或估計是側重於肯定的，含有"根據推想，可能……"的意思。後者釋義為：表示估計發生的可能性，不能完全肯定。齊瀘揚主編《現代漢語語氣成分用法詞典》（商務印書館，2011：432）進一步將其認定為"語氣副詞"，釋義為：表示根據一些情況進行推測，不太肯定，把握不大。我們贊同大多數虛詞詞典的詞性標注，認為這一意義應是副詞。不過，"想來"的本義"思考"，是動詞性的，此義在現代漢語中也沒有消失，比如下面兩例中的"想來"（均來自北京大學 CCL 語料庫）：（1）賽後細細想來，我們的目標基本實現。（2）其實，現在想來，我也挺難為女兒的。因此，"想來"應是動詞、副詞兼類詞。《現漢》對於"想來"的義項設立及詞性標注尚可進一步斟酌修改。

到對"想X"歷時演變的整體和比較研究；大多研究主要側重演變過程的描寫，而對其詞彙化和語法化的關係及其語境、機制和特點則還有進一步探討的空間。

本文感興趣的問題是，同為由"想"派生出的推測義副詞，"想X"形成發展的過程和原因有何異同？其副詞化路徑是否具有規律性？其演變是否具有理論價值？

一、"想X"副詞化的不同模式

副詞"想X"的"想"，義為"估計"，此義由"思考、思索"義引申而來。由於"X"詞性、詞義的差別以及"想"與"X"語義和結構關係的不同，推測義副詞"想必"、"想應"、"想來"和"想是"的副詞化方式及動因都不太相同，分述如下。

（一）想必：賓語小句主語零形回指與跨層結構的黏合成詞

王燦龍（2009）曾指出，表示"估計"義的"想"，其使用常以言者為主語，且在句法上言者主語總是隱而不現。從"想"在漢語史中的實際用法來看，這一觀察是非常準確的。

劉紅妮（2014）認為，作為"動＋副"類跨層結構，"想必"的線性連用，最早出現在漢魏六朝，其內部結構應分析為［想［必VP］］。這一分析大體正確，但還不能回答"為什麼副詞會直接出現在動詞之後"這一問題。實際上，立足於整個句子，"想必"之所以能成詞，是因為兩者最初的連用所在的句法結構為：S，(N_1) 想＋(N_2) 必＋VP。這一句式有三個特點：首先，有一個先行句S表明後文所作"必"這一肯定判斷的依據；其次，句子主要動詞"想"的言者主語 N_1 被省略；第三，"想"後賓語小句的主語 N_2 由於與S的有關成分同指而採取了零形回指形式，在句子表層並不出現，這才給動詞"想"與副詞"必"跨層連用創造了條件，從而導致兩者後來黏合成詞。例如：

(1) 孛i素仁慈，憂念十方，知我國荒，想ø$_i$必來也！（吳‧支謙《佛說孛經抄》）

(2) 正禮元子i，致有志操，想ø$_i$必有以殊異。（《三國志‧劉繇傳》）

(3) 以足下i明識淵見，想ø$_i$必不俟終日。（《宋書‧殷琰傳》）

上述各例中，"想"和"必"之間都有一個零形回指，指代上文提到的人物，如例（1）中回指"孛"，例（2）中回指"正禮元子"，例（3）中回指"足下"，它們都是"想"小句賓語的主語。"必"之前的零形回指，既確保了表義明確又符合避免重複的表達需要，同時給"想""必"的跨層組合提供了條件。高育花（2013）曾正確指出這類句式中賓語小句的主語省略現象，但其論證尚有不足之處。其一，該文認為省略的小句主語是"聞者"即聽話人,但實際上,此處省略屬於零形回指,回指對象是上文出現的先行語,既可能是聽話人,也可能是不在場的第三者。如上述三例中,只有例(3)的零形回指指代聽話人,其他2例均指代對話中提到的第三者。其二,若上文沒有出現先行成分,"必"之前的主語就無法採取零形回指形式,必須在句法層面出現,且主語和"必"之間還可有其他狀語性成分。例如:

(4) 足下功存步驗,而還伐所知,想信道為心者必不至此。(梁·僧祐《弘明集》卷第四)

(5) 文舉曰:"想君小時必當了了。"(《世說新語·言語第二》)

例(4)中"必"之前出現了主語"信道為心者",從而將"想"和"必"隔開,例(5)中"必"之前除了主語"君"還有時間狀語"小時"。

可見,漢魏六朝時期,"想"和"必"共現的各種用法中,只有"S,(N_1)想+(N_2)必+VP"這類句式才是誘發"想必"成詞的環境。在這類語境中,"想必"逐漸完成了從跨層短語到邊界模糊再到凝固成一個表示推測義副詞的過程。通過對高育花(2013)和劉紅妮(2014)的有關觀點進行修正和綜合,我們認為,判斷"想必"凝固成語氣副詞的標準,分別可以著眼於功能和意義兩個方面。

從功能上,"想必"如果可以出現在較複雜的成分而非簡單短語之前,說明"想"和"必"在結構上變得更加緊密;若在言者主語隱含的同時,句中還有一個主語,"想必"已居於同一句法層次並出現在主謂之間作狀語,更說明"想"已不再充當謂語而與"必"融為一體,在句中主要表達說話人對命題的主觀態度。例如:

(6) 又問:"行旅酬時,祭事已畢否?"曰:"其大節目則已了,亦尚有零碎禮數未竟。"又問:"想必須在飲福受胙之後。"曰:"固是。古人酢賓,便是受胙……"(《朱子語類》卷六十三)

(7) 此處想必是人稱道聖人無所不知,誨人不倦,有這般意思。(《朱子語類》卷三十六)

同是《朱子語類》中的用例,前一例"想必"之後的成分"須在飲福受胙之後"實際上是一個承前省略了主語的完整小句,"想""必"在語音上結合更緊密,且"想必"與小句之間存在語音停頓,說明其詞化程度已很高;後一例"想必"位於無生性主語"此處"和判斷動詞"是"之前,"想"不再是謂語,"想必"已融合為一個整體,成為表達說話人主觀態度的修飾性成分。

從意義上看,"想必"完成了從"想+必"表"一定"到"想必"表"可能"的演變。跨層短語"想+必",雖然"想"也表"估計",但其語義重點在"必",

是一種語氣相對比較強烈的肯定，意義上大致相當於"一定"。表現在語法形式上，就是"想＋必"之前一般都有一個先行句S表明所下"必"這一判斷的依據，如例（1）中的"字素仁慈，憂念十方"。成詞後的"想必"，由於"想"和"必"意義的融合，"必"表示絕對肯定的意義消失，整個詞不再表示強烈肯定，而變為表示偏於肯定的推測，在意義上大致相當於"可能"。而且"想必"之前一般不必再出現表示判斷依據的先行句，其判斷的主觀性進一步增強。這樣，"想｜必VP"就完成了被重新分析為"想必｜VP"的進程。一般認為，這一演變完成于宋代，本文對這一演變過程不再贅述。

（二）想應：成分移位與跨層結構的凝固融合

《漢語大詞典》、《辭源》等大型歷時性辭書均未收錄"想應"。就筆者管見所及，僅雷文治（2002：478）收有該詞，解釋為：表示揣測的語氣副詞，意為"大概"。所舉唯一例證為《西遊記》中的例子。我們贊同該書對於"想應"一詞的確認及定性，並在此基礎上對其形成發展過程稍作探討。

"想應"是"動詞＋助動詞"跨層結構，因此與"想必"的形成機制比較類似，只是造成跨層結構線性連用的原因稍有不同。

唐以前，"想"與助動詞"應"在句子中很少共現。若兩者共現，一般不在一個句法層面，"想"是主句的謂語，"應"則位於賓語小句中主要動詞之前，形成"想＋（NP＋應＋VP）"之類結構。"應"之前，還可以出現其他修飾性成分。例如：

（8）想今日大眾，已應聞知。（《全梁文》卷七）

如果"應"之前沒有其他成分，由於某些語用動因，賓語小句的主語前移至句首，或者"應"前移至賓語小句之前、"想"之後，便為"想"和"應"線性連用提供了條件。例如：

（9）灌瓜之美，久敕邊吏，拾橡之尤，想應無忽。（《全陳文》卷七）
（10）想應百年後，人世更悠悠。（唐・胡玢《廬山桑落洲》）

例（9），賓語小句主語"拾橡之尤"前移，既是為了與上句對仗，也是話題化的需要；例（10）"應"從賓語小句主語"人世"之後前移，是由於詩歌中每句字數的限制而做的語序調整。此外，唐代還出現了少數言者主語和賓語小句主語同時省略的情況，例如：

（11）想應重會面，風月又清秋。（唐・李中《送智雄上人》）

此例除了言者主語省略之外，賓語小句的主語"我們"因屬於明顯可推知的信息，再加上詩句字數的限制，也被省略。

在上述語境中，基於與"想必"大致相同的原因，"想｜應VP"被重新分析為"想應｜VP"，"想應"逐漸凝固成一個推測義副詞。五代至宋，"想應"已有凝固成詞的趨勢，但用例較少。例如：

（12）弟子尚自如斯，師主想應不煞。（《敦煌變文·維摩詰經講經文（四）》）①

（13）何事相逢不展眉，苦將情分惡猜疑，眼前行止想應知。（五代·孫光憲《浣溪沙》）

（14）擲果風流，謫仙才調，佳婿想應堪羨。（宋·無名氏《喜遷鶯》）

其真正發展成熟，是在明代。除了雷文治（2002）所舉例子，再如：

（15）其餘的想應都也精細，心中大悅。（明·羅懋登《三寶太監西洋記》第三十三回）

（16）國師道："貧僧適來也看見前面這個國，一道白氣騰空而起，想應還有個妖僧、妖道在這裡，須則是著實仔細一番。"（同上第八十回）

不過，"想應"存在的時間較短。明代以後，大概主要受與其來源、意義和用法都大致相同且早已廣泛使用的"想必"的壓制，漸趨消亡。

（三）想來：從認知動詞虛化為語氣副詞

梁銀峰（2009）指出，包括"想來"在內的"V來"式合成詞來源於動趨式"V來"的泛化，"V來"中的"來"已虛化為一個類詞綴。"想來"本為動詞，與"想"的基本意義大致相同，都表示"思考"。李宗江（2007）將"想來"的本義稱作"認知動詞"，列舉了很多元代用例，并細緻描寫了它從認知動詞虛化為推測義副詞的歷程，認為這一虛化過程完成於清代，其演變為副詞的主要標誌是"想來"從高層謂語挪至下一層謂語之前。這些研究富有啟發性，但我們同時認為，該文的某些論述還可進一步完善。

首先，當"想來"在句中不再是主要動詞而只表主觀推測，失去了陳述性，就可以看作已演變為推測義副詞。判斷"想來"已演變為副詞，可以確立以下兩個標準：第一，"想來"之前不再出現言者主語，言者主語被隱含起來；第二，"想來"能被移至下一層主語之後充當狀語，句子仍能成立且意義不變。例如：

---

① 袁賓（2003）指出此例中"煞"為形容詞，義為"強"，此句為主謂結構"師主煞"之間加進了插入語"想應"與否定詞"不"，這為我們準確理解句意提供了幫助。吳福祥（1996：156）通過此例，認為"想應"為測度副詞"想"和"應"的連文，這無疑為探討"想應"的來源提供了一種很好的思路。不過，從"想"與"應"共現的更早、更常見用例來看，"想應"應來源於"想＋（NP＋應＋VP）"之類結構。此例中"想應"位於主謂之間，是初步凝固為推測義副詞後的用法，似不宜以此為據來分析"想應"的來源及其原始結構。

(17) 劉基對說："……夜觀天象，西北上殺氣，甚是不祥，應當一國之主，想來陳友諒合當覆亡。"（明·《英烈傳》第三十七回）

此例中，"想來"之前未出現言者主語；即使省略"想來"，前後仍然具有推斷關係，句子仍能成立；如將"想來"移至"陳友諒"之後充當狀語，句子也能成立且意義不變。可見，此句中"想來"已可以判定為推測義副詞。李宗江（2007）所引明代的各個例證，除了文中例（18）"想來"仍具有動詞性外，其他各例基本都可作同樣分析，比如：

想來他這一死，必然不明。→他這一死，想來必然不明。

看看斗轉參橫，管中沒得瀉下，想來囷中已空。→看看斗轉參橫，管中沒得瀉下，囷中想來已空。

如果"想來"之後沒有主語，並不代表它不能移位至下一層，而是因為下一層主語承前省略了，如李宗江（2007）中的例子：

剛說扈家莊有個女將，好生了得，想來正是此人。→剛說扈家莊有個女將，好生了得，（這個女人）想來正是此人。

可見，這些例句中，"想來"其實並非如李宗江先生所分析"不能挪至下一層謂語之前"。而且，在明代語料中，已出現了"想來"直接在下一層謂語之前的例句：

(18) 只看我等投東，他便把那燭燈望東扯；若是我們投西，他便把那燭燈望西扯。只那些兒，想來便是號令。（《水滸全傳》第四十七回）

此例是典型的"想來"作副詞的例子，雖然這類用例較少，但綜合考慮上述分析可知，"想來"至遲應在明代已完成虛化過程。李宗江（2007）認為"比較典型的作副詞的例子，到清代可以見到"，這一結論稍顯保守。

其次，李宗江（2007）對"想來"的語義演變過程作出了如下梳理：在元代，"想來"主要表示"思考"之義，當"想來"後沒有思考的過程，只是對某一事件的看法，這時就是一種判斷，"想來"就具有了"認為"義；在明代，"想來"可以用於"X，想來Y"這種推斷性句式，X為論據，Y為結論，"想來"就表示"由此可見"，也就是"估計"之義。我們對"想來"表示"估計"義的來源有不同的看法。由於"想"已有"估計"義（王燦龍 2009），那麼，"想來"從"思考"義到表示判斷、估計的推測意義是很容易自然引申的，所以，"想來"未必一定要出現在某種特定推斷句式中才能表示"估計"義，在論據省略、直接表示推測結論的語境中同樣也可以表達這一意義。例如：

(19) 馬到關前，高聲大叫："我是宋江手下軍師吳用，欲待來尋兄長，被

宋兵追趕得緊，你可開關救我！"把關將道："想來正是此人！"（《水滸全傳》第八十五回）

（20）便道："做怪了！此時是甚麼人敲門？想來沒有別人。姐姐不要心慌，門是關著的，沒事。"（《二刻拍案驚奇》卷九）

上述 2 例中，"想來"之前都沒有表示論據的成分，"想來"仍表示"估計"義。關於"想來"的這一句法語義特點，我們贊同《現代漢語常用虛詞詞典》（第499頁）的概括，即"想來"的詞義結構中，"含有'根據推想，可能……'的意思"。也就是說，只要使用"想來"一詞，詞義結構中就已包含"根據推想"的含義，至於推想的依據，不一定非要體現在句法層面，它既可以出現在句子之中，也完全可以不出現。因此，"想來"從認知動詞到推測義副詞的演變過程，是先詞義引申再詞性轉變的過程。從"思考"義到"估計"義是詞義引申，此後，從表示"估計"的動詞演變為副詞則是語法化，語法化的動因在於"想來"不再是句子謂語而充當了狀語，失去了陳述性，只表達說話人的某種主觀態度。充當狀語，是大多數實詞虛化為副詞的重要途徑，具有一定的普遍性（張誼生 2000）。

（四）想是：推測義動詞與判斷動詞的疊加組合

王燦龍（2009）指出，"想是"由表"估計"義的動詞"想"和判斷動詞"是"詞彙化而成。"想"後本已可以出現小句賓語，但當言者推測的命題內容並非以完整小句形式來表現，"想"無法與之組成句子，就需要借助判斷動詞"是"構成"想＋是"以更順暢地成句。例如：

（21）孟子如此說，想是如此。（《朱子語類》卷五十二，轉引自王燦龍2009）

由於"如此"並非完整句子，"想如此"無法成句，只能添加"是"將其改造成一個判斷句後句子才能成立。

"想"所表"推測"本是一種判斷，但"想"帶賓能力有限，"是"作為判斷動詞，與"想"組合成"想是"，不僅擴大了"想"帶賓語的範圍，而且強化了句子所表判斷的主觀性。可見，"想是"是由推測義動詞與判斷動詞疊加組合而成。王燦龍（2009）認為它至遲在南宋時期已發展成熟，清代仍很常用。現代漢語中，"想是"由於在與"想必"和"想來"的競爭中處於劣勢而基本瀕臨消亡。

不過，王燦龍（2009）對於"想是"的研究，尚存兩點美中不足。

首先，對於"想是"到底是否是詞的態度似有矛盾之處：一方面，認為"想"和"是"在漢語史上已經結合為一個相對穩定的詞項；另一方面，從現代漢語中"想""是"各自都是常用詞的角度，認為"想是"既像詞又像短語，算不上一個典型的詞。我們認為，對一個語言單位的定性，不能僅依據它現在的語言特點，某個單位若在不同時代表現出不同特點,可以按時代不同對其分別進行定性。在近代漢語中,"想是"已凝固為一個韻律單位,"想"和"是"的意義也已融合,說明"想是"已完成詞彙化和語法化的過程,從疊加連用的兩個語言單位演變為一個表示推測意義的副詞。雷文治(2002)、白維國(2011,2015)、鍾兆華(2015)等近代漢語詞典都收錄了"想是"一詞,其中雷文治(2002:478)和鍾兆華(2015:673)更是標明它為副詞。因此,雖然"想是"在現代漢語中瀕臨消亡,但在近代漢語中仍可確定為一個表示推測義的副詞。

其次,未能揭示作為動詞的"想"和"是"詞彙化和語法化的機制。"想"與"是"一開始疊加連用,在句中充當謂語,義即"估計是"。從句子主語的類型來說,可以分為兩類:一類是言者主語,一般都省略不出現,"想是"後接小句賓語,如例(22);另一類是非言者主語,"想是"居於主語和賓語之間表示判斷,賓語既可以是體詞性成分,如例(23),也可以是小句形式,如例(24)。例如:

(22) 或曰:"想是聖人稟得清明純粹之氣,故其死也,其氣上合於天。"(《朱子語類》卷三)

(23) 曰:"書序想是紀事之詞。"(《朱子語類》卷八十一)

(24) "誦數"云者,想是古人誦書亦記遍數。(《朱子語類》卷十)

當命題內容中的相關成分由於話題化的需要挪至句首成為主語,原來小句賓語中的謂語上升為句子謂語,居於主謂之間的"想是"便成為狀語,"想"和"是"都失去了陳述性,於是逐漸凝固虛化為表示推測意義的副詞。例如:

(25) 或曰:"五峰稱妾母為'少母',南軒亦然。據《爾雅》,亦有'少姑'之文。五峰想是本此。"(《朱子語類》卷八十七)

(26) 廣云:"如此則杜佑想是理會得樂。"(《朱子語類》卷九十二)

上述兩例中,由於處在低層謂語之前充當狀語,說明"想是"在南宋已是一個副詞。

二、"想 X"形成發展模式的比較

(一)"想 X"內部結構的差異

表推測義的"想 X"式副詞,從內部結構上看,各不相同:"想必"是"動詞＋副詞"跨層結構,"想應"是"動詞＋助動詞"跨層結構,"想來"是"動詞詞根＋類詞綴"附加式結構,"想是"是"動詞＋動詞"並列式結構。"想 X"產生的共同初始條件都是"想"由"思考"義引申出表推測的"估計"義,並且,在它們的形成過程中都伴隨著主觀性不斷增強的現象以致最終都成為一個具有主觀性表達功能的標記詞,但由於"想 X"內部結構的差異,特別是 X 詞性的不同,導致它們形成發展的具體模式各不相同。

(二)"想 X"形成模式的異同

"想必"由跨層結構黏合成詞,當"想必"出現於"S,(N1)想+(N2)必+VP"這類句式中,由於言者主語隱而不現,賓語小句主語零形回指,造成"想"和"必"跨層連用,進而凝固成一個推測義副詞。

"想應"也由跨層結構黏合成詞,由於某些語用動因,賓語小句的主語前移至句首,或者"應"前移至賓語小句之前、"想"之後,使"想"和"應"跨層連用,並進而凝固成一個推測義副詞。

"想來"本為動詞,義為"思考",該詞由"思考"義引申為"估計"義,表"估計"義動詞"想來"在句中充當狀語以後,失去了陳述性,便逐漸虛化為推測義副詞。

"想是"本是動詞"想"和"是"的疊加組合形式,義為"估計是",在句中充當謂語,當它處於狀語位置時,失去了陳述性,從而凝固虛化為推測義副詞。

可見,推測義副詞"想 X"的形成模式可以概括為兩大類:一類由"想"和"X"直接凝固而來,具體來說,又分為由跨層結構凝固而來("想必""想應")和由並列短語凝固而來("想是")兩種情況,它們一經成詞就是個副詞,其形成過程既是詞彙化也是語法化;另一類成詞是動詞,後經動詞虛化為副詞("想來"),其副詞化只是單純的語法化過程。

(三)"想 X"的產生及存廢

"想必"大致于宋代成詞,現代漢語中仍在使用;"想應"于五代至宋代開始萌芽,成熟於明代,但明代以後就漸趨消亡;"想來"約於明代從動詞虛化為副詞,之後一直沿用至現代漢語;"想是"產生于宋代,至明清時期還較常用,但在現代漢語中瀕臨消亡。由於"想應"與"想必"的來源、意義和用法都大致相同,大概主要受"想必"同時也受"想來"和"想是"的壓制,"想應"在明代以後就漸趨消亡;而"想是"在現代漢語中的消亡,則由於"想"和"是"都是極為常用的單音詞(王燦龍 2009),干擾了人們對於"想是"作為詞的身份的認知,因而在與高頻使用的"想必"和"想來"的競爭中逐漸處於劣勢而瀕臨消亡。

三、相關問題的理論思考

推測義語氣副詞"想 X"形成發展的過程,蘊含了一定的理論價值,基於這些現象進行理論總結,對於深化語言的歷史演變研究、深入探討語言演變規律具有一定的意義。

(一) 關於跨層結構的來源

跨層結構也稱"非結構性排列"（彭睿 2007）。關於跨層結構的詞彙化和語法化現象，學界已進行了大量較為深入的研究。不過，已有研究主要都是著眼於跨層結構的類型、跨層結構如何凝固為一個詞彙和語法成分等問題，卻較少關注跨層結構的來源問題。實際上，跨層結構有不同的形成方式，既有直接形成的，也有間接形成的，據此，可以把跨層結構分為"原生性跨層結構"和"非原生性跨層結構"。所謂"原生性跨層結構"，是指兩個成分雖不在同一句法層次上但本來就線性連用的跨層結構，如"極其""的話"等；所謂"非原生性跨層結構"，是指兩個成分本來並不相鄰，由於某種語用原因導致其線性連用而形成的跨層結構，如本文所研究的"想必"和"想應"。"原生性跨層結構"是典型的跨層結構，相對較容易發生演變；"非原生性跨層結構"則是不太典型的跨層結構，其形成具有一定的偶然性，它最終能發生詞彙化或語法化，相對而言，具有更為複雜的演變過程和動因。

(二) 認知動詞演變為推測義副詞的路徑

認知動詞是推測義副詞的重要來源。"想 X"的第一個語素"想"單用時為認知動詞，它作為認知動詞的語義句法特點，決定和制約了"想 X"演變為推測義副詞的可能性和方向性。首先，"想"表達"估計"的認知意義時，言者主語常常隱而不現，這就為作為謂語的"想 X"留下了句首空位。其次，"想 X"所表達的認知意義，決定了其認知對象既可以是簡單事物也可以是複雜的認知成果，若是後者，體現在句法層面，就是謂詞性賓語，而"動詞＋謂賓"結構是一種常見的誘發動詞虛化為副詞的句法環境（張誼生 2000）。第三，"想 X"句首留下的空位，因各種語用動因加以填補，使句子除了言者主語之外又新增一個主語，"想 X"便由高層謂語變為下一層狀語，徹底失去陳述性，只表達說話人主觀意義，從而虛化為副詞。這一路徑可以圖示如下：

言者主語省略→"想 X"帶謂賓→新增句子主語→"想 X"成為狀語，虛化為副詞

不同的"想 X"，在各自的演變過程中，其差異主要體現為"想 X"作為整體帶謂賓之前的來源不同，有的是由跨層短語凝固而來，有的是由並列短語凝固而來，有的本已是動詞。除了"想 X"，其他由認知動詞演變而來的推測義副詞，如"看來""恐""怕""恐怕""只怕""怕是"等，其形成演變，雖然具體細節可能有些出入，但大致都可以概括為這一路徑。因此，從認知動詞演變為推測義副詞，其演變路徑具有一定相似性和規律性。

參考文獻

白維國. 白話小說語言詞典. 北京：商務印書館，2011.

白維國. 近代漢語詞典. 上海：上海教育出版社，2015.

高育花. 揣測類語氣副詞"X必"的詞彙化與主觀性. 北方論叢，2013（6）.

雷文治. 近代漢語虛詞詞典. 石家莊：河北教育出版社，2002.

李宗江. 說"想來""看來""說來"的虛化和主觀化//漢語史學報：第九輯. 上海：上海教育出版社，2007.

梁銀峰. 現代漢語"X來"式合成詞溯源. 語言科學，2009（4）.

劉紅妮. "勢必""想必"和"量必"的跨層詞彙化//語言研究集刊：第十二輯. 上海：上海辭書出版社，2014.

彭睿. 構式語法化的機制和後果：以"從而"、"以及"和"極其"的演變為例. 漢語學報，2007（3）.

王燦龍. 一個瀕於消亡的主觀性標記詞：想是. 當代語言學，2009（1）.

吳福祥. 敦煌變文語法研究. 長沙：岳麓書社，1996.

袁賓. 唐宋"煞"字考. 中國語文，2003（2）.

張誼生. 論與漢語副詞相關的虛化機制：兼論現代漢語副詞的性質、分類和範圍. 中國語文，2000（1）.

鍾兆華. 近代漢語虛詞詞典. 北京：商務印書館，2015.

The Model of Formation of Speculative Adverbs "*Xiang X*"

Kuang Pengfei, Wu Meilin

Abstract：The speculative modal adverbs "*xiang X*", including *xiangbi*（想必）, *xiangying*（想應）, *xianglai*（想來）and *xiangshi*（想是）, emerged in different timeline in the history of Chinese language. Because of differences in internal structures, properties and semantic meanings of "X", there are both similarities and differences in patterns of lexicalization and grammaticalization of the four words, whereas the evolution process of them generally follow the same path. Concretely, their grammaticalization process from the cognitive verbs to the speculative adverbs, follows certain rules.

Keywords：speculative adverbs；cognitive verbs；adverbialization；grammaticalization path

（匡鵬飛、武梅琳，華中師範大學語言與語言教育研究中心）

《干祿字書》語用態度對語言規範的啟發

俞理明　周豔梅

提　要：《干祿字書》把當時社會上使用的漢字分為俗、通、正三體，注意到三者與使用者社會身份的關係。作者明確導向，提倡正體，寬容通俗字體。當今漢語詞彙語法成分，也存在類似的用語與群體的關係，可以借鑒《干祿字書》的做法，展開規範。同時，我們看到，文獻對用字的收錄，並不意味著承認這些用字的典範性，與此相應，漢語詞彙語法的規範，也可以分為兩個層面：程式性規範和典範性規範。

關鍵詞：規範層級；用語的社會身份；程式性規範；典範性規範

唐代學者顏師古撰寫《字樣》，"字樣"就是字的樣板、楷模的意思，可見這是一種正字的著作，意在規範漢字的使用。由此興起了"字樣之學"，新作不斷。影響較大的有：杜延業《群書新定字樣》、顏元孫《干祿字書》、張參《五經文字》和《開成石經》、玄度《新加九經字樣》，等等。其中顏元孫《干祿字書》把當時使用的漢字分為俗體、通體、正體三類，它們各有不同的使用範圍和適宜人群：

> 且字書源流，起於上古，自改篆行隸，漸失本真。若總據《說文》，便下筆多礙；當去泰去甚，使輕重合宜。不揆庸虛，久思編緝，項因閒暇，方契宿心。遂參校是非，較量同異，其有義理全僻，罔弗畢該，點畫小虧，亦無所隱。勒成一卷，名曰《干祿字書》。以平上去入四聲為次（每轉韻處，朱點其上），具言俗、通、正三體（大較則有三體，非謂每字總然），偏旁同者不復廣出（謂"總、殳、氐、回、臼、召"之類是也）。字有相亂，因而附焉（謂"彤肜、宄究、襌禪"之類是也）。所謂俗者，例皆淺近，唯籍帳文案券契藥方，非涉雅言，用亦無爽，儻能改革，善不可加。所謂通者，相承久遠，可以

---

* 本文為國家語委2015年重點課題"詞語縮略規範研究"（ZD1125—52）前期成果。

施表奏箋啟尺牘判狀，固免詆訶（若須作文，言及選曹，銓試兼擇，正體用之尤佳）。所謂正者，並有憑據，可以施著述文章對策碑碣，將為允當（進士考試，理宜必遵正體；明經對策，貴合經注本文。碑書多作八分，任別循舊則）。有此區別，其故何哉？夫筮仕觀光，惟人所急，循名責實，有國恒規。既考文辭，兼詳翰墨，昇沈是繫，安可忽諸？用捨之間，尤須折衷，目以"干祿"，義在茲乎？綆短汲深，誠未達於涯涘，歧多路惑，庶有歸於適從。如曰不然，請俟來哲。（唐顏元孫《干祿字書序》）

漢字是建立在象形基礎上的表意文字，文字在創制過程中，由於取象不同和記錄表達方式的不同，在缺乏溝通和協調的情況下，對同樣的語言成分，採用不同的書面符號，在所難免；同時，文字在流傳和使用的過程中，由於沒有強有力的規範手段約束，使用者對文字的不同理解、不同認識和不同的類推以及記憶偏差，也都會導致字形的變化。因此，在甲骨文中，就存在大量的異體字，這對漢字的學習和使用提出了挑戰。

漢字是文化教育的基礎內容，古代王室建立了良好的教育體制，王族子弟受到全面系統的教育：

> 保氏掌諫王惡而養國子以道，乃教之六藝。一曰五禮，二曰六樂，三曰五射，四曰五馭，五曰六書，六曰九數。（《周禮·地官·保氏》）

古代統治者把政治統治和文化教育密切結合，重視對下一代統治者的全面教育，包括禮儀、音樂、射箭、駕車、文字、數學曆法等多方面，使他們的後代能夠在各個方面都成為社會的優秀分子和模範，成為理所當然的社會管理者。在這些教育中，"六書"就是在文字構造理論指導下的漢字教育和文化學習。"六書"解釋漢字結構的理據，指導人們正確書寫和使用漢字，並直接用於學童識字教學的實踐，它對漢字的規範作用是明顯的。這一理論在實踐中不斷深化，最終產生了《說文解字》這一用"六書"理論對當時所用漢字作逐一分析的文字學巨著[①]，流芳千古，成為漢字正字的典範。

換一個角度來看，"六書"的提出，或許與大量異體字的存在有關。面對同一個字的不同形體，應該有一個正確的判斷和選擇，這種判斷選擇的標準，就是"六書"理論。但是，在缺乏強有力的規範制約的時代，語用實踐中的文字變異仍然層出不窮，缺乏文字學根據的各種字形在社會上仍然大量使用。面對這樣複雜的現實，唐人採取了一種既相容並蓄，又有明確取向的態度，文字俗體、通體、正體的

---

① 許慎《說文解字》收字9353個，包括了當時文獻中出現的絕大部分漢字，但有少數當時使用的字未被收錄，見《說文新附》。

提出，反映了這樣的一種態度，對於當時社會文字的應用具有非常積極的意義。

文字可以克服口頭語言轉瞬即逝的不足，是促進社會成員之間相互溝通、保存各類信息的重要手段，有利於社會經濟文化活動的正常運行。但是，在文化教育遠未普及的時代，社會上識字的人數量有限，識字的人中，因所受教育不同，對漢字的掌握和使用能力有很大的差異，相當一部分人只掌握有限的一些漢字，勉強使用。因此，如果過度強調"正字"，禁止不符合正字規範的用字，或不讓那些寫"錯字"的人使用漢字，就剝奪了一部分人的文字使用權，造成本來數量不多的社會識字用字人數的減少，影響公共交際，妨礙社會經濟文化生活的正常運行。

同時，如果有人仍然使用這些字形，就觸犯了禁令。對於違禁使用不規範字的人，若加懲處，可能犯禁者眾、罰不勝罰，而且這樣的懲罰實際上是罰不當罰，社會效益不佳。但如不處罰，則後果更嚴重，會直接導致法紀不明，削弱執政者的權威性和公信力，而且造成社會"錯字"普遍流行，用字領域是非不分或沒有是非的狀況。

面對這樣的情況，唐人採取一種寬容的態度，承認這些在社會上已經有了相當影響的、不符規範的字形的公共交際功能，適應文化教育程度不高的社會下層的實際，滿足他們的迫切需要。當然，一個社會不能無限度地向某一部分人群作無限止的遷就，尤其是向低水準低層次的人群遷就。所以，承認下層群體使用"俗字"的權利，並不等於贊同全社會都接納這些俗字，社會在容忍這些用字的同時，必須明白它們的局限性，並加以限制。對此，顏元孫解釋說："所謂俗者，例皆淺近，唯籍帳文案券契藥方，非涉雅言，用亦無爽，儻能改革，善不可加。"俗字適用於記帳、契約、藥方等日常小範圍非正式的場合，但如果俗字使用者能夠改用正體，就"善不可加"，其中積極鼓勵人們少用或不用俗字的意向非常明確。

此外，社會上還有一些長期使用、流傳廣泛"相承久違"的不規範用字，顏元孫稱為"通體"，由於這些字已經廣泛使用，因此可以允許它們在公共度比較高的場合，如"表、奏、箋、啟、尺牘、判狀"等比較正式的應用性公文中使用，不過，這種使用並不受到鼓勵，只是"固免詆訶"，不受指責而已。至於到了寫文章，或者參加正式的考試考查時，"正體用之尤佳"，即最好用正體。

社會的用字需要有一個具有主流色彩的、正確的導向，這個導向，就是顏元孫所說的"正體"。判斷"正體"的標準是有"憑據"，即有文字構造的理據，以及前代經典使用的範例，這樣的字，適宜用在"著述、文章、對策、碑碣"等各種正式典雅的嚴肅場合。他尤其強調，科舉考試中水準最高的進士科參試者，必須嚴格使用正體文字，否則不足以顯示它的高水準；明經科的聲望不及進士，用字不必那麼嚴，但在涉及古代經典時，仍然要遵照前代經注的用字，不能隨意。

顏元孫把他的書題為"干祿字書"，其中的"干祿"就是干求俸祿、出仕當官、參與社會管理的意思，他把用"字"與"干祿"聯繫在一起，可見他以正體為典範、兼容通體和俗體，並主張通體俗體的使用者向正體靠攏的主導傾向。

當今時代，借助於國家明確的語言文字政策、高普及率的教育、相關部門積極的措施以及先進的技術保障，漢字的規範已經有了定局，我們無須再為漢字列出俗、通、正三體來兼顧各方需求，但是，它對於我們的語言規範工作仍然頗具啟發，比如符渝（2002）就認為："此書所體現的注重來源與理據的正字觀念和變通、彈性的規範原則在今天仍有現實意義。"此外，《干祿字書》中面對複雜語言文字應用狀態的層級觀念，也值得我們借鑒。

當代漢語規範中，也有學者提出層級觀念，比如姚佑椿（1989）主張對普通話應該有兩套標準，一套從嚴，作為典範，為上限；一套從寬，適用於方言區，為下限。周一農（1990）提出漢語規範化的層次可以從言語活動中的主體（據不同的人群提出不同規範要求）、非規範的表現（語音文字語法的使用失誤和不同場合用語不當）等劃分不同的層次。趙懷印（1993）則提出漢語詞彙規範的規律層次、理論層次、教學層次。這些分析，都從不同的角度，對規範工作中可能涉及的層級關係作了分析。《干祿字書》中把不同類別文字，與使用群體的社會層次相對應，它的層次觀，也可供漢語規範工作的借鑒。

從語言本體來看，語言成分不僅具有概念義，還帶有不同的色彩，由此形成語言成分雅俗的區別，傳達不同的情感，適於不同的表達場合，也反映人的不同素養。曾有人對"屌絲"一詞未能進入年度流行詞表示不滿，從評選者的角度來看，排斥這樣帶有粗俗色彩的詞，是有著社會道德、社會責任和語用導向的考慮的，不過，由於沒有從理論上把這一意識作清晰的梳理，提出明確的標準，結果"理直"而未能"氣壯"。在一些討論中，新穎性、生動性或刺激性成為評判語言成分的標準，很多在嚴肅、莊重和雅潔程度上存在明顯不足的成分，受到了過度的追捧，語言的道德標準被忽略了。語言色彩的多樣性，是多樣化社會的反映，具有消極色彩的詞語，反映了社會的消極面，在客觀上有存在的依據。但是，這並不意味著大量消極的表達方式可以在社會上通行無阻，相反，它們的使用應該受嚴格限制，不能隨意越界使用，損害語言文明。語言文明是社會文明的重要組成部分，個人用語的文明程度，也是個人品德修養的展示，更是個人在社會上自我定位的手段。在這一點上，唐人主張不同用字適用於不同的交際場合，體現不同群體的社會身份，可以為我們提供借鑒。需要在漢語規範工作中，對不同的語言成分的色彩作分析，在語用中，堅持通用性，倡導典雅性，限制和排斥低俗性成分的使用，提高全民的語言文明素養。

通常人們把辭書收錄作為規範的標誌，這也是對規範層級缺乏認識的表現。規範應該有兩個層面，一是程式性規範，一是典範性規範。在《干祿字書》作者的眼裡，並非所有收錄其中的字都是規範的，書中對正、通、俗三體的區分，顯示其中兼有規範和不規範的字形，書中收錄的字形，是對現實的反映，其中只有正體，才是符合典範的成分。同理，辭書描寫社會用詞的現實，為不同的詞彙單位確定字形、讀音和意義或用法，能夠滿足大眾查檢方便，具有一定的規範意義，但這種規範，只是程式性的，在這個層面上被描寫的成分，並不一定就是漢語中的典範成分，因此，規範還有一個任務，就是確定具有典範意義的規範成分。一些辭書中對某些詞標出了方言、口語、書面語或文言詞，就是用排除法標明這些成分的非規範特點。不過，規範性辭書中未標示的非規範成分還有不少，辭書編寫中若能增強典範意識，更多地關注詞語的雅俗差異，會有助於規範工作的進一步深入。

參考文獻

符渝.《干祿字書》的正字觀及現實意義. 北京師範大學學報，2002（4）.

姚佑椿. 應該展開對"地方普通話"的研究. 語文建設，1989（3）.

張先亮. 漢語規範化的柔性原則. 語文建設，1993（9）.

趙懷印. 規範化應具有層次觀念. 語文建設，1993（4）.

周一農. 論漢語規範化的層次性. 語文建設，1990（3）.

The Implications for Language Norms
Ganluzishu's Pragmatic Attitudes

Yu Liming, Zhou Yanmei

Abstract：*Ganluzishu* divides the Chinese characters used in the society into positive, common and vulgar characters, noting the relationship between the three and the social identity of the users. This author clearly advocates official form and tolerate popular form. Nowadays, Chinese vocabulary and grammatical elements also related to groups who use them. We can learn from the *Ganluzishu*, to carry out specification. At the same time, we see that the documentation of different form doesn't equal to the admit of them. Correspondingly, the normalization of Chinese vocabulary and grammar also can be divided into two aspects：the stylistic and the canonical.

Keywords：normative hierarchy；social identity of words；stylistic norm；cananical norm

（俞理明、周豔梅，四川大學中國俗文化研究所）

明清聖諭宣講與通語傳播探論*

徐時儀

提　要：明初以"六條聖諭"作為教化百姓的準則，清代修改充實為"聖諭十六條"，又用通俗語言注釋敷衍為《聖諭廣訓》。聖諭的宣講以官話為主，兼采民間口語、方言俚語、白話句式等，目的是讓廣大民眾家喻戶曉。這不僅維持了社會的和諧穩定，而且借助聖諭的權威在全國各地傳播官話，提升了白話文在社會上的地位，促進了白話使用的規範化、正統化，進而漸推廣成為通語，在某種程度上也潛移默化地促成了南北通語的融合，漸漸地把其時通行的官話傳播到全國各地，客觀上則為我們現在推廣的普通話奠定了基礎。

關鍵詞：聖諭宣講；《聖諭廣訓》；官話；通語傳播

　　明初朱元璋建都南京，以南京話為基礎的南方官話居優勢地位。朱棣遷都北京，以北京話為基礎的北方官話漸融合南方官話而成為全民共同語。清代滿族入主中原，滿語雖然被定為國語，但一齊人習之，眾楚人咻之，現實中通行的不是滿語而是漢語。清代統治者為了維持其統治，也不得不學習漢語，而所學的漢語自然也是當時通行的口語白話。雍正六年（1728）又仿前朝而建立"正音書院"，專授官話。雍正帝諭曰："朕每引見大小臣工，凡陳奏履歷之時，惟有閩廣兩省之人仍係鄉音，不可通曉……赴任他省，又安能宣講訓諭，審斷詞訟，皆歷歷清楚，使小民共曉乎。但語言自幼習成，驟難更改，必徐加訓導，庶幾歷久可通。應令福建、廣東兩省督撫轉飭所屬各府州縣有司及教官，遍為傳示，多方教導，務期語言明白，使人通曉，不得仍前習為鄉音。"（黎錦熙 1990：26）雍正所說"宣講訓諭，審斷詞訟"等，表明官話作為清代通語的地位已經確立。[①]值得指出的

---

*　國家社會科學基金項目"古白話詞彙研究"（13BYY107）、上海高校高峰學科建設計劃資助"中國語言文學"階段性成果。

[①]　來華傳教士利瑪竇曾說："這種國語的產生可能是由於這一事實，即所有的行政長官都不是他們所管轄的那個省份的人，為了使他們不必需學會那個省份的方言，就使用了這種通用的語言來處理政府的事務。官話現在在受過教育的階級當中很流行，並且在外省人和他們所要訪問的那個省份的居民之間使用。……這種官方的國語用得很普遍，就連婦孺也都聽得懂。"（《利馬竇中國劄記》）

是，明清定期宣講的聖諭在某種程度上也潛移默化地促進了通語的傳播。在宣講聖諭的進程中，明清的各級官府、宗族組織、士人社團等多種社會力量借助聖諭的權威，在日常生活中落實"孝順""仁愛"等倫理，成就"和諧家邦"，不僅維持了社會的和諧穩定，也為通語的大範圍傳播和我們現在推廣的普通話奠定了基礎。

一、明代聖諭的宣講

明初開國皇帝朱元璋頒佈了"孝敬父母，尊敬長上，和睦鄉里，教訓子弟，各安生理，無做非為"的六條聖諭，以此作為教化百姓的準則。這六條聖諭內容通俗質樸，源自朱熹的勸諭榜文。① 宋儒多用白話解釋理學，《朱子語類》便用白話，甚至是閩南語記錄。因而，聖諭也需要用人民喜聞樂見的白話來解說，方可使盡可能多的人接受儒家教義，維護國家的長治久安。據文獻記載，從遼東的錦州到海南的儋州，從浙、閩到山、陝，許多地方舉行過聖諭宣講。凡有宣講處，都要製作一面聖諭牌，寫上太祖的六句話，民眾須對聖諭牌行跪拜之禮，高聲誦讀聖諭六條。然後，宣講者還要選擇六條中的一二句作為題目，給予闡釋、分析、舉例，用通俗淺明的話為鄉民講解。② 如講"孝順父母"，一般要講為什麼要孝順、如何去孝順、孝順的善報、不孝順的惡報等內容。一場宣講就是一個主題演講，不僅要援引經典，還要輔之律例、徵之善書，所講全是以情致情、將心比心的家常話。有時還要編寫一二首俚語韻文，朗朗上口，便於鄉民記誦（趙克生 2012）。如萬曆十五年（1587）曾下令各地督學推行鄉約，宣講聖諭六條，要求各地著圖說，編俚語，俾閭巷士民易遵循。"每月初二、十六，查集鄉民，講明聖諭，雜以為善陰騭、為善陰報等言，令其通曉。仍申以孝弟之義，儆以律例之條，利害並陳，禍福具列。即鄉鄙小民，目不知書，口不道舊，亦將聞言醒心，赤面汗背，善者固能自信，惡者亦必自新。"（方揚《方初庵集》卷一六《鄉約示》，第 683 頁）又如萬曆四十二年（1614），高攀龍等人在無錫創立了同善會，除慈善救濟，還勸善教化。聚會之日，例有演講。講會設"六諭牌"，講者在此牌前宣講聖諭。高攀龍曾多次登壇宣演聖諭，呼籲人們依"高皇帝六言"，成就"極好的風俗，家家良善，人人良善"。如《同善會講語·第三講》：

> 只看這牌上寫著六句，一生也做不盡，一生也受用不盡……高皇帝就是

---

① 朱熹《朱文公文集》卷一〇〇《勸諭榜》："孝順父母，恭敬長上，和睦宗姻，周恤鄉里，各依本分，各修本業，莫作奸盜。"(1986：405)

② 永樂二年（1404）朱逢吉《牧民心鑒》中提及設善俗堂，其教長"以所頒教民之文，朗然解說，令聽之"。黃虞稷《千頃堂書目》收錄有許贊《聖訓衍》三卷、湛若水《聖謨衍》一卷、尤時熙《聖諭衍》、馬樸《聖諭解說》一卷和金立敬《聖諭注》一卷。趙克生《明朝聖諭宣講文本匯輯》（黑龍江人民出版社，2014 年版）彙編標點了 12 種現存的比較重要的注釋文本。

天，這言語便是天的言語。順了天的言語，天心自然歡喜。逆了天的言語，天心自然震怒，我輩豈能當得上天震怒。他的言語原是我們家常日用，最安樂的事。人人有父母，人人隨分孝順他；人人有長上，人人隨分尊敬他；人人有鄉里，大家要和氣些；人人有子孫，大家要教訓他。生理是該做的。人人做自家該做的事……從今日這一點念頭上起，原是好念頭的人愈要堅固，原是不好念頭的人就要轉變。苦海無邊，回頭是岸。（《高子遺書》卷一二，第 721 頁）

從中可見高攀龍所說皆為家常日用的口語白話。由於在鄉村進行聖諭宣講的對象多為不識字或文化程度不高的鄉民百姓，宣講時就用當時鄉村民眾所說的能為鄉村民眾聽懂的口語白話進行演繹疏解。如嘉靖時唐琦編《聖訓演》以古今事例來詮釋六諭，鍾化民"繪圖衍義，述事陳歌"以演聖諭六言。又如崇禎時流行於四明、宣州等地的《太祖聖諭演訓》，"編中所述，又皆家常茶飯，閭巷俚言，無論賢愚，悉皆了曉"（趙克生 2012）。

嘉靖時又以六諭為核心構建鄉約。如鄒守益《敘永新鄉約》① 云："乃詢于大夫士之彥，酌俗從宜，以立鄉約，演聖諭而疏之。凡為孝順之目六，尊敬之目二，和睦之目六，教訓之目五，生理之目四，毋作非為之目十有四。市井山谷之民，咸欣欣然服行之。"又如甯國府知府羅汝芳在嘉靖四十二年（1563）撰《甯國府鄉約訓語》，用白話演說六諭，如講孝順父母："凡此許多孝順，皆只要不失了原日孩提的一念良心，便用之不盡，即如樹木，只培養那個下地的些種子，後日千枝萬葉、千花萬果，皆從那個果子仁兒發將出來。"

明代地方官員演繹疏解六諭還將律法及報應思想融入其中，通過講述善惡故事的方式來教化百姓（吳震 2011）。如甯國府知府羅汝芳所撰《太祖聖諭演訓》，在演說六諭時援引《大明律》，舉有善惡報應的事例。又如萬曆三十八年（1610）河南布政使司編纂的《皇明聖諭訓解》"將聖諭六言備開於前，略采歷朝宗室獎戒事實及《宗藩要例》《大明律例》復綴于後，集成一帙"（第 547 頁）。

二、清代聖諭的宣講

（一）順治六諭和"聖諭十六條"的宣講

清代仿行明代制度，順治九年（1652）頒佈順治六諭，內容與明代朱元璋的六條聖諭相同。十六年（1659）正式成立鄉約，每月朔望兩次講解六諭。康熙九年（1670）又修改充實為"聖諭十六條"："敦孝弟以重人倫，篤宗族以昭雍睦，和鄉黨以息爭訟，重農桑以足衣食，尚節儉以惜財用，隆學校以端士習，黜異端以崇正

---

① 《敘永新鄉約》爲陸粲任江西永新知縣時所撰。

學，講法律以儆愚頑，明禮讓以厚風俗，務本業以定民志，訓子弟以禁非為，息誣告以全良善，誡窩逃以免株連，完錢糧以省催科，聯保甲以弭盜賊，解仇忿以重身命。"內容自綱常名教、忠孝節義，到耕桑作息，無不具備。康熙還多次下令，要求各地方官和儒學教官親抓聖諭宣講。如三十九年（1700）諭："直省奉有欽頒上諭十六條，每月朔望，地方官宣讀講說，化導百姓。今士子亦應訓飭，恭請御制教條，發直省學宮，每月朔望令儒學教官傳集該學生員，宣讀訓飭，務令遵守。如有不遵者，責令教官及地方官詳革，從重治罪。"（霍有明，郭海文 2009）地方官及紳士通過注解和演繹聖諭，把儒家的禮教規範和道德觀念通俗化和大眾化，又輯入前人嘉言以作宣講時的輔助材料（李孝悌 1990：325），"演作俚言。一宣而人皆樂聞，不講而人亦必曉。不拘乎地，不擇乎人，不限以時，不滯以禮，宣之而如歌詞曲，講之而如道家常"，致力於推廣庶民教化，"固較之設學謹教，尤便於家喻戶曉也"（張岸登《宣講拾遺序》①）。如乾隆十一年議准："轉飭各鄉約正、直月朔望宣講聖諭之後，即以方言諺語，為愚民講說。"乾隆二十三年（1758）議准："宣講聖諭務須實力奉行……或不妨以土音諺語，敬謹詮解，明白宣示。"（《清會典事例》卷三九七，第 443 頁）

其時編撰出版有各種用白話解釋聖諭十六條的著作。② 如安徽繁昌知縣梁延年（1673—1681 年在任）編纂《聖諭像解》20 卷，收錄 260 條事例，附有圖像，康熙二十年（1681）刊行。又如李來章任廣東連山縣知縣時（1703—1706），面對不同的聽眾和不同的宣講區域，以半文半白的俗語先後撰寫了《聖諭圖像衍義》《聖諭宣講儀注》《御制訓飭士子文衍義》和《聖諭衍義三字歌俗解》。《聖諭圖像衍義》"或用文語，間以鄉音。雅俗並陳，總期演布聖意，昭如日月"，"俾深山窮谷翁媼童稚，言下了然"（《連陽八排風土記》，第 147 頁）。《聖諭宣講儀注》把宣講分為"在城宣講""在鄉宣講""在館宣講""在排宣講"。"在城宣講"以縣堂為講所，由知縣主持，每逢朔望宣講聖諭，"聽講紳衿齊集儀門內，百姓人等俱立大門外，候印官率儒學、營官、僚屬于龍亭前焚點香燭畢，同紳衿至甬道下，分東西兩班行三跪九叩頭禮，講正、講副隨班行禮，百姓跪大門外，俟官紳禮畢乃起立。""在館宣講"由館師主持，以"諸生中年長一人"為執事生，"率同諸生灑掃講堂"，並負責擊"雲板"，宣講的對象主要是在館"諸生"，尤其是"約束幼童"。"在鄉宣講"以"通衢要會之地，擇其房屋高敞者"為講所，選"耆民中德行素著之人"充講正，"通曉文理、循良服眾者"為講副，宣講的對象主要是連山七村"里民"。"在排宣

---

① 原載《宣講拾遺》同治十一年刻本，今據王見川，林萬傳 1999：545。

② 主要有《上諭十六條直解》《上諭合律直解》《上諭合律注解》《恭釋聖諭十六條》《上諭解義》《上諭十六條注解》《聖諭衍義三字歌俗解》等，還有呂守曾、盧裕、歐陽梁等以"聖諭廣訓直解"冠名的官話或方言的直解版本。詳參周振鶴 2006。

讲"的主要对象是连山五排瑶人（黄新华 2011）。《圣谕衍义》和《圣谕衍义三字歌俗解》，"杂用土音，略为批注，使言下洞晓，一如家常说话"（第 221 页）。如《圣谕衍义三字歌俗解》释圣谕第一条："免怀保，必三年。父母恩，等昊天。俗解：这四句是说，父母生子一二岁时，含饭抱育，何等关心。冬月只怕他寒，夏月只怕他热，甚至云耕种或取柴薪，父母皆缱负同去，不肯丢在家下，何等辛苦。直到三年，口能说话，脚能行走，方稍免怀保之劳。父母之恩，就如上天一般。昊天，即上天也。"俗解部分用的是通俗大白话。

（二）雍正《圣谕广训》的宣讲

张岸登《宣讲拾遗序》称：雍正二年（1724），雍正帝又在康熙所颁圣谕用通俗语言加以注释，逐一寻绎其义，每条敷衍为六百字左右的文章，并附载简明律例，长达万言，称《圣谕广训》，颁发全国各地。① 王又朴将其译为白话，编成《讲解圣谕广训》，后名为《圣谕广训衍》。

如圣谕第一条："敦孝弟以重人伦。"《广训》演绎为："我圣祖仁皇帝临御六十一年，法祖尊亲，孝思不匮，钦定《孝经衍义》一书，衍释经文，义理详贯，无非孝治天下之意，故圣谕十六条，首以孝弟开其端。朕丕承鸿业，追维往训，推广立教之思，先申孝弟之义，用是与尔兵民人等宣示之。夫孝者，天之经、地之义、民之行也，人不知孝父母，独不思父母爱子之心乎？……圣人之德本于人伦，尧舜之道不外孝弟，孟子曰：'人人亲其亲、长其长而天下平。'尔兵民其毋视为具文焉。"（周振鹤 2006：12—13）

又如第十三条："息诬告以全善良。"广训演绎为："国家之立法，所以惩不善而儆无良，岂反为奸民开讦告之路，而令善良受倾陷之害哉……"六百十九字，王又朴又衍写为："天下有好人就有不好人，朝廷立下法度，原为治那不好的人，但凡没良心的，为非作歹的，有官府们处治他，叫他知道儆戒，可改过自新，难道设立下个衙门，倒叫奸诈人去害好人不成……"（周振鹤 2006：306）

雍正还谕令"俾服诵圣训者咸得晓然于圣祖牖民觉世之旨，勿徒视为条教、号令之虚文"，规定每月朔（初一）、望（十五）日各地官员召集官民人等定点宣讲，特别是雍正帝在《钦颁州县事宜》中要求州县官亲讲圣谕后，圣谕宣讲成为有清一朝地方施政的要目之一，《圣谕广训》的乡约宣讲成为检验各级官员教化能力的标准，各级官员皆需于每月两次（朔望或初二、十六）举行公开集会，对百姓进行宣讲，并解释《圣谕》。《钦颁州县事宜》规定"直省各州县大乡、大村，人居稠密之处，俱设立讲约之所。于举、贡、生员内，拣选老成者一人，以为约正。再选朴实

---

① 《清会典》："雍正二年，御制《圣谕广训》万言，颁发直省督抚学臣，转行该地方文武各官暨教职衙门，晓谕军民生童人等，通行讲读。"

謹守者三四人，以為值月。每月朔望，齊集鄉之耆老、里長及讀書之人，宣讀《聖諭廣訓》，詳示開導。務使鄉曲愚民，共知鼓舞向善。"① 雍正帝並規定儒童應縣、府覆試，須背誦《廣訓》一條，不能背誦者不予錄取。

三、聖諭宣講與通語傳播

(一) 聖諭宣講典範化

從康熙至光緒的二百餘年間，聖諭宣講逐漸制度化、規範化，成為朝廷訓令向民間傳播的一種典範。② 《大清十朝聖訓》之《清宣宗聖訓》卷 52 載道光曾云："我朝列聖相承，聖諭廣訓十六條久垂功令，地方官每月朔望敬謹宣讀，俾眾著於愛敬睦姻之義，百數十年來，海澨山陬，罔不奉行惟謹然。"(第 7561 頁) 宣講聖諭有一定儀規：開始"鳴金擊鼓"，講者、聽者要向"聖諭臺"行三跪九叩禮。後由"引贊生""代讀（諭）生"帶領眾人誦讀"聖諭"，並"宣講壇規十條"，然後"司講生"登臺宣講。十條"宣講壇規"是：壇內安排停妥禮儀潔淨；入壇身體潔淨衣冠整齊；宣講言語溫文明白暢曉；每日黎明即起誦維聖訓格言；于訓語虛心體會不可自作聰明；于同人勸善規過不可口是心非；於出入進退禮義不可自矜富貴；于師尊禮儀隆重不可狎侮老成；見人婦女若姊若妹不可稍起邪心；于退壇時靜坐默揣不可浮言妄動。

定期舉行的聖諭宣講旨在讓平常百姓遵行《廣訓》的條文規約，為便於一般鄉野間不識字的百姓們得以通曉瞭解，各地出現了一些《廣訓》白話解釋本，這些口語化的《廣訓》版本也便於各級官員宣講使用，從中可見當時人們說的話。如第七條："黜異端以崇正學。"王又樸所編《聖諭廣訓衍》為："萬歲爺意思說：天下的風俗，最怕的是刻薄，但是人心不好，如何風俗能夠厚道呢？就是這個人心，本來也是極端正的，只因為有了邪教，人都習學得不好了。所以要人心好，先要把習學的事業講究個正道，這人心方才能夠好啤。你們想一想，一個人頂天立地，在萬物裡頭稟受的一團正氣，難道分外有什麼稀罕的事？不過是君臣、父子、夫婦、兄弟、朋友這五倫的道理。"

有清一朝，《聖諭廣訓》作為教化的典型訓諭文本，其作用已不遜於四書五經等儒家經典的核心文本。沿至清末民初，大到一省有宣講總局，小到一縣有宣講所（周振鶴 2006：625—626）。宣講人員有地方官吏，也有鄉紳儒士；地點有公廟祠

---

① 《欽頒州縣事宜》"宣講聖諭律條"："凡為州縣者父母斯民首先教導，每遇朔望兩期，務須率同教官佐貳雜職各員，親至公所齊集兵民，敬將聖諭廣訓逐條講解，淺譬曲喻，使之通曉。"
② 《大清十朝聖訓》之《清宣宗聖訓》卷 52 載道光曾云："我朝列聖相承，聖諭廣訓十六條久垂功令，地方官每月朔望敬謹宣讀，俾眾著於愛敬睦姻之義，百數十年來，海澨山陬，罔不奉行惟謹然。"

堂，也有鄉社街市。宣講從官方不遺餘力地大力推行，到漸在民間流行開來。如"光緒末，濟南有李鳳林者，生而貧，為車夫以自給。……李目睹無教育者之多，風氣之閉塞也，乃創宣講所。應用物品均備，顧難得講師，乃親跪請宣講員沈公臣、張玉生等五人，每月按三、六、九日，分班蒞所宣講"（《清稗類鈔》，第 564 頁）。據乾隆十三年（1748）陝西省的調查，從該省設立的講約所數量，粗略估計當時全國至少有萬處以上。聖諭在民間的宣講與傳播，一方面引導民風，彰顯庶民的道德意識與秩序觀念，在某種程度上也具有傳播知識，提高民眾素質的作用，相當於啟蒙的實質，另一方面旨在更有效地向廣大民眾灌輸官方價值理念，普及官方的思想文化，傳播朝廷政令，維護社會穩定。二者呈現雙向互動。而使用白話，用白話文表達思想，主要是為了便於廣大民眾理解官方的價值理念，即解決廣大民眾由於語言水準有限而不懂文言文的問題，客觀上也促進了通語的普及。這雖不是官方主觀表達的需要，但以政府的名義頒佈這些白話文作品，顯示了白話文當時已在民眾間普遍流行的現象，標誌著政府認為提供白話文體的宣講材料有助於提升宣講效果，客觀上則提升了白話文在社會上的地位，促進了白話使用的規範化、正統化，進而漸推廣成為通語。

（二）聖諭宣講通俗化

清代由宣講聖諭衍變出說善書，將宣講聖諭與勸善結合。這類宣講本明白淺顯，通俗易懂，講者娓娓道來，聽者喜聞樂聽。上至士大夫，下至販夫走卒，莫不通曉其義。如乾隆年間在民間流布的《感應篇直講》已訂定一套完整的講解方法，目的是使"四方善士見收是編，講時只消照文口念，略加申說，人人都曉，甚覺便易"①。嘉慶年間編的《聖諭靈徵》由聖諭、《聖諭廣訓》、《聖諭廣訓衍》和果報故事組成（周振鶴 2006：623－624）。又如白話宣講小說《孝逆報》卷二中之《善惡報》記載嘉慶年間，有楊篤儒者，本分持家，"每逢朔望，請人宣講，而四方感化者亦多"（汪燕崗 2014）。再如直到民國末年，每逢陰曆七月的初一到十五的這半個月中，武昌、漢口、漢陽三鎮的大街小巷內的善堂，在太陽西下之際都要臨時用桌子搭一小臺，臺前擺一長方桌，桌子的左右方各站一身著白色夏布長衫的先生，一宣一講地在那裡說善書，聽眾則是自帶板凳前去聽書的市民。當時最有名的善書段子為《打蘆花》，內容是說後娘替前妻之子所做的寒衣，鋪的不是棉花而是蘆花，因而孩子凍得發抖。其父用棍子去打小孩，結果寒衣被棍子打破後，發現衣內不是棉花而是蘆花，因而父子抱頭痛哭，恨那婦人心太毒。其他的善書段子有《四下河南》《磨坊產子》等（萬澄中 2005）。

天下之物凡動人耳目者最易入人心，清代小說中省三子編的《躋春台》和邵彬

---

① 《感應篇直講》卷首《講法》，同治十二年（1873）重刊本。

儒編的《俗話傾談》《俗話傾談續集》亦源於聖諭宣講和說善書。這類小說多基於宣講"聖諭十六條"時使用的故事底本，通過敷衍因果報應故事，旨在勸善懲惡，以便百姓潛移默化地接受聖諭的思想觀念。① 如《躋春台》卷二所載《平分銀》描寫了清代民間宣講的真實圖景。②《平分銀》故事講述兩位同鄉郭安仁、江正宗挑糧上街去賣時見一人在公廟行禮，衣冠儼然，進去一看，知是講聖諭的，便坐下去聽。那講生念了王章神戒，上臺坐下，講的"重農桑以足衣食"那條，講到後頭又念一篇歌詞，與眾人一聽："今日裡坐講臺來把善勸，無非是說報應先哲格言。勸男子敦孝悌改惡從善，勸女子守六戒名節要全。勸富貴破銀錢來把善辦，勸貧賤安本分莫壞心田。勸商賈做生意切勿欺騙，勸農工久晴雨莫怨蒼天。勸僧道守清規苦把經念，勸醫巫把性命莫當戲玩。讀書人先品行後講文翰，當家師明句讀學規要嚴。有三教和九流人人都勸，還須要勸雇工月活長年。像你們在前世都未修善，到今生支落得將力賣錢。就該要立志向忠厚勤儉，主家事須當做己事一般。每日裡起得早睡得遲晏，切不可當主勤背主耍奸。緊工月大齊家多把勁展，莫只徒喊主人去請天天。主人喊主母喚手足靈便，身未去聲先應莫裝癡憨。待火房與牧童站高望遠，切不可因些小就映祖先。空閒時搓腳馬逢雨施散，夜晚些紮火把送與客官。莫殺龜與打蛇莫食牛犬，遇古墓有崩頹壘土還原。礙道上有荊棘見了就剪，當途中有瓦石除去一邊。凡高坡與陡坎有些缺憾，拿亂石和泥土補砌完全。這都是爾雇工當行方便，善雖小功德大又不要錢。果能夠久遵行天爺照看，保佑你不久日就把稍翻。"這些善書在街頭巷尾、茶樓酒肆的宣講流通，在強化道德教育的同時，也潛移默化地傳播了通語。

四、聖諭宣講與南北通語的融合

無論古今，白話都是民眾的基本語言，也是通語的主體。知識分子的日常語言也主要是白話，儘管官場上的"公文"是文言的，但口語交流卻是通行的"官話"，亦即白話，白話通行的範圍非常廣泛。

古白話從秦漢發展至清代已和我們今天說的話大致相似（徐時儀 2015），凝固成為現代漢語書面語。③ 現代漢語是在融合"南染吳越，北雜夷虜"的南北通語基

---

① 周振鶴《聖諭廣訓：集解與研究》一書中收集的這類聖諭宣講小說有《聖諭靈徵》（嘉慶年間）、《宣講集要》（同治十年，1872）、《宣講拾遺》（同治十一年，1873）、《聖諭廣訓集證》（光緒四年，1878）、《宣講醒世編》（光緒三十四年，1908）等，大多以淺白文言和白話寫成，用字簡單易懂，間雜方言土語。

② 張一舟（1998）說："本書同一般供人閱讀的'擬話本'不同，實際上是供'讀聖諭'的宣講生宣講時用的底本。"

③ 平田昌司（2000）說"明清時期的南人一直保持文化上的優越意識"，認為"'南音'才是標準官話"，"'北音'失去了傳統音類的區別"，"滿人社會通行的漢語以關外的官話為基礎"，"應是遼東、幽燕一帶的官話"，"清代北京官話的強勢語言化趨勢，僅限定在口語的範圍"，但是發展至乾隆十七年，百官朝會唱贊明確規範為"直隸"音，北京官話在"宮廷裡享有權威性語音的地位"。

礎上演變發展而成的，而"南染吳越，北雜夷虜"的語言接觸也是多元文化的融合。其中既有不同地域方言與通語的融合，如南宋所轄南方各地方言與通語的接觸，清代北京官話、南京官話和西南官話與通語的接觸①；又有周邊民族語與通語的融合，如北魏鮮卑語、遼契丹語、金女真語和清滿語與通語的接觸；還有異域與中土語言的融合，如漢唐中亞語言與西域語言及中土語言的接觸，清末民初西學東漸至今印歐語與漢語的接觸②。值得一提的是，明清政權易手造成政治和權力中心的南北轉移對通語的使用也有較大影響。清代的漢語白話承明代而大同中有南北之分③，據日本外務省 1874 年 3 月 17 日向太政官遞交的報告，其首任駐中國公使柳原前光來到北京後曾說："清代疆域廣大，土語鄉談到處各異，楚人語齊人咻之俗，由來已久。滿清建國後，苦於漢人之語吱唔不規則，另定北京官話，使滿漢官吏一體遵用，爾來都鄙之差益遠，始以官吏能京話方能上堂。堂上之官吏聽鄙人俚語，以至同國人用翻譯。……從清國政務上之諭示奏疏至照會獻牘，稱吏文體，不用經史縕奧之詞，務平俗易通，行文亦有別一派句法。明經之大儒亦不嫻熟於吏務，似易實難，尤當習學。"（六角恒廣 1992）又據英國外交官威妥瑪在 1867 年出版的《語言自邇集》序言所說，其時"在總理各國事務衙門服務的初學者，用不了多久就會發現，他正在學習的語言恰是帝國政府主要官員所說的話。同時，他的老師、僕人，他所接觸的十之八九的人，都很自然地講這種話。最後，不論是不是事實，據說北京話的特徵正逐漸滲入官話通行區域的所有各地方言。學生可以放心，如果講好了北京話，他跟任何講官話的本地人之間，相互理解就不會有什麼困難，只要對方的方言不是明顯地偏離標準"。由此可知以北京話為基礎的北方官話漸具有強勢地位④，而明清聖諭的宣講也是促成南北通語融合成為現代漢語通語的一個不可忽略的重要因素。

明清聖諭的宣講以官話為主，兼采民間口語、方言俚語、白話句式等，目的是讓廣大民眾聽得懂。《聖諭廣訓》《聖諭廣訓直解》等是白話宣講的書面化，一定程度上也是文言的白話翻譯，其在語言上的最大突破就是把作為口語且僅在日常交流

---

① 俞正燮《癸巳存稿》："雍正六年，奉旨以福建、廣東人多不諳官話，著地方官訓導，廷臣議以八年為限，舉人、生員，貢、監、童生，不諳官話者，不准送試。福建省城四門設立正音書館。"

② 如"廣場"本義指"面積廣闊的場地，特指城市中寬廣的場地"，又融合英語詞 plaza 的"購物中心、大型商場"義，可指那些中央有寬敞而高聳的空間，四周有多層連片的商店，集購物、娛樂、辦公於一體的商業大廈或大商場。又如"城"有"城市"義，又融合英語詞 city 的"商業中心"義而產生"美食城""家具城""圖書城""電子城""數碼城"等詞。

③ 莎彝尊《正音咀華·十問》："何為正音？答曰：遵依欽定《字典》《音韻闡微》之字音即正音也。何為南音？答曰：古在江南省建都，即以江南省話為南音。何為北音？答曰：今在北燕建都，即以北京城話為北音。"莎彝尊所說正音、南音、北音雖皆為共通語，但略有差異。

④ 李葆嘉（2003：343）認為現代北京話是以中原正音為基礎，以明代北遷江淮官話為主體，又受到不同時期的阿勒泰語影響的一種方言。

中使用的白話書面化，客觀上則藉聖諭的權威而傳播推廣了官話，進而促成了南北通語的融合，為廣大民眾最終接受在南北通語基礎上形成的官話作了鋪墊。

《聖諭廣訓》《聖諭廣訓直解》等書面化的白話宣講也是明清來華傳教士藉以習得漢語的捷徑（廖振旺 2008）。1892 年傳教士鮑康寧主持編寫翻譯了《聖諭廣訓直解》的中英對照本，序言中指出，從 19 世紀中後期流傳各地的《聖諭廣訓直解》中不僅可瞭解中國老百姓的日常生活倫理、社會規範與文教法律，而且該書給傳教士學習漢語口語提供了絕佳的材料。傳教士翻譯的白話《聖經》實質上也是仿《聖諭廣訓》《聖諭廣訓直解》的白話書面化文本。

值得指出的是，聖諭作為士民必讀必曉之道德教化教本，清代還規定凡求取科甲功名的士子，必需熟讀，無論縣考、府考或科考，考試中必有《聖諭廣訓》的默寫，且規定凡童子應試與初入學者也要默寫無遺乃為合格。① 清末白話書面化的聖諭宣講還進入學校，成為教育學生的必讀教材。據 1902 年頒佈的《欽定小學堂章程》，官方學制規定從初小一年級起每年級都要學習講官話，所用教材即以北京官話寫就的《聖諭廣訓直解》，一星期一次（吳履平 2001）。《聖諭廣訓》作為童子應試和學生的必讀教材，這對通語的傳播與普及也有極大的推動作用。

五、結　語

《聖諭廣訓》《聖諭廣訓直解》等將聖諭的白話宣講書面化，充分繼承了晉人書劄、《世說新語》、敦煌曲子詞、敦煌變文、佛經、禪儒語錄、元雜劇、元代典章、《西遊記》、《水滸傳》等古白話作品的傳統，又大量吸收了民間方俗口語和明清產生的新詞新義，尤其是用單音詞組合的方式創造出大量的白話形式的複音新詞語，標示著漢語發展的白話方向。而明清南北通語相融後形成的通語已經不是單純的白話"官話"，而是一方面充分繼承古白話，另一方面又有新變，整合了包括文言文、古白話及西學東漸的譯語新詞的新白話。誠如胡適（1978）曾指出："我們的老祖宗在兩千年之中，漸漸地把一種大同小異的官話推行到了全國的絕大部分：從滿洲里到雲南，從河套到桂林，從丹陽直到川邊，全是官話區域。"而明清聖諭的白話宣講對窮鄉僻壤及識字不多的民眾推廣通語來說則具有"潤物細無聲"的功效，在家喻戶曉過程中日積月累地"漸漸地把一種大同小異的官話推行到了全國的絕大部分"。現在我們推行的普通話就是在這種"大同小異的官話"基礎上發展起來的現

---

① 其時科考及童子應試考題與現今高考出題的風向標和指揮棒作用在某種程度上極其相似。學子耳濡目染《聖諭廣訓》所用官話，官話亦藉以廣泛傳播，由此亦可見科考應試默寫聖諭在普及通語中所起作用之一斑。

代漢語通語。①

參考文獻

成文出版社. 中國方志叢書：第一一八號. 臺北：成文出版社，1967.

方揚. 方初庵集//四庫全書存目叢書：集部第 156 冊. 濟南：齊魯書社，1996；683.

高攀龍. 高子遺書//景印文淵閣四庫全書：第 1292 冊. 臺北：臺灣"商務印書館"，1986；721.

河南布政使司. 皇明聖諭訓解//域外漢籍珍本文庫. 北京：人民出版社，2011；547.

胡適. 中國新文學運動小史. 臺北：臺灣偉文圖書公司，1978.

黃新華. 論康熙朝聖諭宣講制度的地方實踐：以廣東連山縣爲例. 漳州職業技術學院學報，2011（4）.

霍有明，郭海文. 欽定學政全書校注. 武漢：武漢大學出版社，2009.

黎錦熙. 國語運動史綱. 上海：上海書店出版社，1990.

李葆嘉. 中國語言文化史. 南京：江蘇教育出版社，2003.

李來章. 連陽八排風土記. 黃志輝，校注. 廣州：中山大學出版社，1990；147.

李孝悌. 從中國傳統士庶文化的關係看二十世紀的新動向. "中央研究院"近代史研究所集刊，1990（19）.

利馬竇，金尼閣. 利馬竇中國劄記. 何高濟，等，譯. 北京：中華書局，2010.

廖振旺. 萬歲爺意思說：試論十九世紀來華新教傳教士對《聖諭廣訓》的出版和認識. 漢學研究，2008（3）.

六角恒廣. 日本中國語教育史研究. 王順洪，譯. 北京：北京語言學院出版社，1992.

平田昌司. 清代鴻臚寺正音考. 中國語文，2000（6）.

羅汝芳. 耿中丞楊太史批點近溪羅子全集//四庫全書存目叢書. 濟南：齊魯書社，1997.

莎彝尊. 正音咀華. 刻本. 廣州：塵談軒，1853（咸豐三年）.

田文鏡. 欽頒州縣事宜. 刻本. 蘇州：江蘇書局，1868（同治七年）.

萬澄中. 漢川善書與武漢//漢川文史資料叢書：第 21 輯. 武漢：漢川文史資料委員會，2005.

汪燕崗. 論清代聖諭宣講與白話宣講小說：以四川地區為考察中心. 文學遺產，2014（6）.

王見川，林萬傳. 明清民間宗教經卷文獻：第 12 冊. 臺北：新文豐出版公司，1999.

威妥瑪. 語言自邇集. 張衛東，譯. 北京：北京大學出版社，2002.

吳履平. 20 世紀中國中小學課程標準·教學大綱彙編. 北京：人民教育出版社，2001.

吳震. 陽明心學與勸善運動. 陝西師範大學學報，2011（1）.

---

① 美國傳教士狄考文（1909：xxix）曾說："毫無疑問，和口語一樣豐富的、正確的、高雅的官話也將成為中國的書面語。"原文為："The seis little doubt that ultimately Mandarin, enriched, correctedand dignified, will come to be the written, as wellas the spoken, language of China."

徐珂. 清稗類鈔：第二冊. 北京：中華書局，1984：564.

徐時儀. 漢語白話史. 北京：北京大學出版社，2015.

張一舟.《躋春臺》與四川中江話. 方言，1998（3）.

趙克生. 從循道宣誦到鄉約會講：明代地方社會的聖諭宣講. 史學月刊，2012（1）.

趙之恒. 大清十朝聖訓. 北京：北京燕山出版社，1998.

中華書局. 清會典事例：卷三九七. 影印本. 北京：中華書局，1991：443.

周振鶴. 聖諭廣訓：集解與研究. 顧美華，點校. 上海：上海書店出版社，2006.

朱熹. 朱文公文集//景印文淵閣四庫全書：第 1146 冊. 臺北：臺灣"商務印書館"，1986.

鄒守益. 鄒守益集. 南京：鳳凰出版社，2007.

Mateer, Calvin Wilson, *A Course of Mandarin Lesson*, *Based on Idiom*. Shanghai: American Presbyterian Mission Press，1909.

The Preaching of Decrees in Ming and Qing Dynasties and the Spread of Common Language

Xu Shiyi

Abstract：At the beginning of Ming Dynasty, the six ordinances were used as guidelines for the moralization of common people. The dominator of Qing Dynasty enriched it to 16 pieces, and published a pamphlet named *The Sacred Edict*（《聖諭廣訓》）by using common language to explain them. The preaching of the holy ordinances were mainly delivered by official language, combining with the colloquialism, dialect, slang and vernacular sentence, with the purpose of making it become a household name. This not only maintained social harmony and stability, but also enhanced the position of vernacularization in society by means of the authority of the holy ordinances, promoted the standardization and orthodoxization of the use of vernacular language, and gradually promoted it to common language. It partly facilitated the integration of the north-south common language and gradually spread the prevailing official language to all parts of the country, objectively laying the foundation for the Mandarin we now promote.

Keywords：preaching of the decrees；*The Sacred Edict*；Mandarin；spreading common language

（徐時儀，上海師範大學人文與傳播學院）

甲骨文"㞢"新考

羅紅昌

提 要：甲骨文"㞢"釋爲"有"爲確論，但其六書類型無定論。"㞢"字的六書類型爲會意，即"从牛省，从一"，主要有三方面的證據："㞢"字上部字形與甲骨文"牛"字上部極爲相似，下部之"一"形實爲承載犧牲的墊物；上古以牛祭祀，牛所代表的人類學—比較文化學內涵爲祈盼土地出產豐饒；按照"㞢"字"从牛从一"的六書類型分析出的意義體系可以與後起的"有"字的主要義項形成對應關係。

關鍵詞：甲骨文；㞢；有；六書類型

甲骨文的"㞢"字，郭沫若、胡厚宣等釋讀爲"有"，已成學界定論。然"㞢"與"有"，字形相去甚遠，其"六書"類型以及得義之由，尚付闕如。李孝定《甲骨文字集釋》"有"字條云："郭氏所說亦與胡先生同，確不可易，至㞢之字形則無可說。"（1969：2263）《甲骨文編》列"㞢"字於"有"下，云："此字不知偏旁所从，以文義核之，確與有無之有同義。"（1965：294）徐中舒《甲骨文字典》亦認爲該字"字形結構不明。"（1989：745）本文因此提出一種假說，認爲"㞢"字"从牛省，从一"，與古代以牛爲犧牲的祭祀—祈福傳統有關。如有不當之處，敬請大方之家批評指正。

一、"㞢"字"从牛省，从一"

（一）"㞢"字具有牛的構形

從字形來講，"㞢"字上部所从之形狀，與甲骨文"牛"字上部最爲相似，相似度以目力言之，實難分辨。先看下表（表1）：

表 1 "屮" 與 "牛" 字甲骨文字形比較

字條	甲骨文字形①	備註
屮	(字形)	另有(字形)等形
牛	(字形)	
牢	(字形)	另有從羊等動物的字形，因與本文無關不錄
告	(字形)	另有(字形)等形
牡	(字形)	

根據上表，儘管"屮"字另有他種寫法，但並非主流，而且中國文字在發展過程中往往有變形的寫法，因此可認為"屮"形為正式寫法。如表 1 所示，此形與甲骨文"牛"字上部如出一轍；更進一步的證明是，以"牛"為偏旁的牢、告、牡等字，其中的"牛"字形上部亦形似"屮"字。

但"屮"字所从之牛並非"牛"字形全部，而是省形。我們對此的解釋有三。其一，如表 1 所示，"告"字亦从牛，但也可省形如"屮"字之上部，這說明"屮"也可視為省形。其二，在甲骨文中，"屮"為高頻字，所以它的省形很容易被固定下來，不似"告"之類還有不省形的寫法。其三，古人以牛為犧牲，下文將述"屮"字的含義與此有關，則牛既已解，自然可以不用完整之形來表示，這也可以算是一種造字時的"像似性"。如果把"屮"字之上部看成牛頭，以民俗考之，今普通漢人祭祀，以少牢之豬為祭品，也往往貢獻豬頭；上古文獻缺乏，以牛祭祀的辦法並不詳盡，或以牛頭獻之，也是可能。學界熟知漢藏同源，今藏人尚有在山川要塞之處放置牛頭，以祭奠天地而求平安的習俗，或是古人遺俗。

(二) 牛在上古祭祀中的使用與"从一"之意

"屮"字所含的"一"之構形，在古文字中有多種含義，只有綜合考慮上古文獻，才能合理推測"屮"字"从一"之意。

《左傳·成公十三年》有言："國之大事，在祀與戎。"② 祭祀必有祭品，其中最重要者就是牛，一般重要的場合都必須用牛，比如祭天、祭五帝先王，或者諸侯之間的重要儀式，如盟誓。甲骨卜辭中記載了大量的以牛祭祀先王的例子，此不一一贅述。胡厚宣先生（1944：624）總結："殷人祀祖，每用牛祭，且用牛之多，每

---

① 本表甲骨文字形皆取自《甲骨文編》(1965)。
② 本文所引經文及注疏皆見阮元校刻《十三經注疏》(中華書局 1980 年影印本)，不一一說明。

駭人聽聞。……計祭用一千牛者一次，五百牛者一次，四百牛者一次，三百牛者三次，百牛者九次，五十牛者一次，四十牛者一次，……未詳牛數及不言牛數者一百九十八次。"又《周禮·大司徒》記載："祀五帝，奉牛牲，羞其肆。享先王，亦如之。"《周禮·小司徒》又言："凡小祭祀，奉牛牲，羞其肆。"鄭玄注："小祭祀，王玄冕所祭。"王國維《殷周制度論》云"殷周皆帝嚳後，宜殷周爲親"（《觀堂集林》第 288 頁），則商周兩代以牛爲祭祀之"大牢"是一脈相承的。由於祭祀活動的頻繁，必須有隨時備用之牛，故在制度上也有專門負責養牛的機構。《周禮·牛人》記載："牛人掌養國之公牛，以待國之政令。凡祭祀，共其享牛、求牛，以授職人而芻之。"

既然牛在古人祭祀中具有重要作用，則我們可以合理推測"㞢"之字形所表達的象徵意義正是以牛祭祀；"从一"之"一"，則是承載犧牲的墊物。置犧牲於薦，古之常式，以古文字證之，比如"祭奠"之"奠"，甲骨文作 ⿱酉丌、⿱酉一、⿱酉丁、⿱酉丌、⿱酉一、⿱酉丌，金文作 ⿱酉丌、⿱酉丌、⿱酉丌，都像酒樽在墊物上（金文有繁化傾向）（湯可敬 1997：645）。

二、"㞢"與"有"意義的系統聯繫

（一）"㞢"字"以牛祭祀"的含義

上文已述"㞢"字"从牛省，从一"。那麼，這種六書構造如何與後起的"有"字發生意義上的聯繫呢？這必須從以牛爲犧牲的祭祀之本質目的方面來理解。

張光直在《商文明》一書中引漢學家吉德煒（David N. Keightley）的話："商代的宗教與商代國家的起源和合法化不可避免地纏結在一起。都認爲，'帝'能夠賜授豐碩的收穫，在戰爭中給予神靈的保佑，商王的祖先們能代向'帝'求情賜福，而商王們又可與祖先們進行溝通。"（2013：218）這一段話點明了祭祀之本質：神靈，即天帝，能夠給予祭祀者所需要的一切。而在祭祀的過程中，祭品對於達到祭祀之目的具有重大作用。按照廣泛承認的對華夏文明的一種描述，"中國文明是所謂薩滿式的（shamanistic）的文明"，也就是說，中國古人"把世界分成不同的層次，其中最主要的便是'天'和'地'。不同層次之間的關係不是嚴密隔絕、彼此不相往來的。中國古代許多儀式、宗教思想和行爲的很重要的任務，就是在這種世界的不同層次之間進行溝通"。而"在薩滿文化裏，通天地的最主要助手就是動物"。換言之，上古時代，不同的動物有不同的文明（文化）内涵；在人向神（天帝、祖先）祭祀求福的活動中，人所求之目的是通過動物祭品來向神表達的。《説文解字》卷二"物"字條云："牛爲大物；天地之數，起於牽牛，故从牛。"雖然王國維認爲許慎解釋"物"字"說甚迂曲"，以爲"物本雜色牛之名"（《觀堂集林》，第 175 頁），但"牛爲大物"的看法却是古人的通識；古代動物祭品分爲大牢和少牢,二者的區别就是牛之有無。《老子》二十五章則曰:"道大,天大,地大,人亦大。域中有四大,而人居其一焉。"(第169頁①)《說文解字》亦云:"天大,地大,人亦大。"(第213頁②)"大"所蘊含的,則是天、地、人生生不息的精神;而"牛爲大物",則牛與天地同質,按照薩滿的精神,正好溝通天地。

限於文獻的缺乏,薩滿意義上牛的文明(文化)内涵至今含糊。不過,藉助典籍的零星記載以及比較人類學的研究成果,我們還是可以窺見其中的文化内核。葉舒憲先生認爲比較人類學所提供的跨文化的旁證材料,與國學大師王國維提倡的傳世文獻(第一重證據)和地下材料(第二重證據)一樣具有同等價值,是語言、歷史、文化等研究的"第三重證據";而比較文化視野中的"物質文化"及其圖像資料則被稱爲"第四重證據"。經過"第三""第四"雙重證據的詳細論證,葉舒憲先生(2008)得出結論:"從比較神話學的視野看,牛角和牛頭的象徵非常普遍地出現在世界各地的神話想象和造型藝術之中,通常都是女神、母神的象徵。"比如,法國出土的舊石器時代的"持牛角的維納斯"、古埃及的牛頭造型的生育女神哈托爾、古希臘荷馬史詩中的"牛眼的天后"赫拉、古希臘神話中象徵豐饒的牛角杯、中國的紅山文化牛角玉雕,等等。

把上述研究成果映射到中國的牛祭,則在中國文化中,牛也應該代表豐饒或者繁衍之類的意義。惜乎古代典籍中關於以牛祭祀的記載很多,但對其意義語焉不詳。不過,我們仍可以從古代文獻的記述中發現一些有用信息。《周易·繫辭下》云:"有天道焉,有人道焉,有地道焉。"即所謂三才。在中國傳統文化中,此三者構成一個相互影響的等級結構:

天的層次是最高的,一切主宰於天。

地主要的功能是"厚德載物",生產萬物養育人民,但地的產出受控於天,這就有所謂的"靠天喫飯"。

人立於天地之間:受命於天,則爲天子,成爲人間的代表,天子與天的溝通方式是祭天,天與人的溝通方式是地上的灾祥饑饉;而各色人等皆靠五穀爲生,五穀生於地,"民以食爲天",則說明了天地人之間的基本關係。

上述結構很明顯是一個薩滿式的結構,其中天人關係對人最重要,因爲地上的灾祥饑饉全靠天的意志,所以祭祀之目的在於贏得天的祝福。那麼,牛在這個結構中居於什麼位置呢?

牛應該是對應"三才"中的"地"的。中華文明很早就步入農耕社會。夏不可考,但是商代有文獻和出土資料可徵。于省吾先生曾經詳論商代多有黍、稷、稻、

---

① 據陳鼓應2012,下同。
② 據湯可敬1997,下同。

麥等作物。因此，胡厚宣先生（1944：624）斷言："殷代北方多牛，殷人種田，已知牛耕。"《天問》："該秉季德，厥父是臧。胡終弊於有扈，牧夫牛羊？"（《楚辭補注》，第106頁）"牧夫牛羊"的"該"，王國維認爲是商代重要的先公之一，即王亥（《觀堂集林》，第263－265頁）。而且王亥還發明"朴牛（服牛）"，使得先民可以使用牛車，方便轉運貨物——在殷商時期，多爲糧草。這樣，牛便與生養萬物（尤其是五穀）的大地緊密聯繫起來了。

《周易·説卦》云："坤爲地，爲母，爲布，爲釜，爲吝嗇，爲均，爲子母牛，爲大輿，爲文，爲衆，爲柄，其於地也爲黑。""地"生五穀，"布"爲泉幣流通萬物，"釜"爲鍋鼎以供人食，"吝嗇"言地藏財用，"均"與"大輿"指地無不載，"文"意指地有草木，"衆"指地所育人民衆多，而"柄"則爲根本。至於"黑色"之意，則指土地之顏色；此外，筆者拙文《論中國文化的"生命－黑色"意象》，通過對"玄""娩冥""幼黝""昏""母晦""墓暮"的繫聯，得出上古時代存在一種"黑色"象徵生命的觀念（羅紅昌2011）。大地爲黑色，正象徵大地的繁育功能。而牛處於這一系列事物中間，正好可以看出牛與以大地爲代表的諸多養育生民的事物之間的關係，也可以印證上文所言牛代表豐饒或者繁衍之意。

除此之外，《山海經·西次三經》中的一段話，也有助於對牛的文化内涵的理解。其文云："有獸焉，其狀如犬而豹文，其角如牛，其名曰狡，其音如吠犬，見則其國大穰。"（第45頁）①郭璞注云："豐穰收熟也。《韓子》曰：'穰歲之秋。'"（第40頁）"其角如牛"的這種動物出現就能夠帶來豐收，則牛的文化内涵不言而喻。

（二）"㞢"字意義體系（圖1）與"有"主要義項的對應

如前所述，"㞢"字即"有"爲確論。我們既已論述"㞢"字"从牛从一"，又分析了"从牛"之意，如果我們根據"以形索義"的訓詁原則可以確定"㞢"字的意義體系與"有"字的主要義項可以形成對應的話，那麼我們所確定的"㞢"字的六書類型就是可信的。

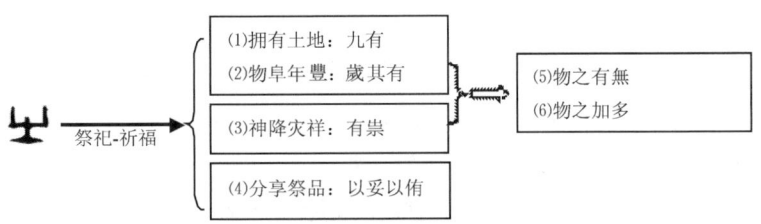

圖1 "㞢"字的意義體系

根據上文所述的牛的文化内涵，"㞢"字"从牛从一"體現出的核心意義應該是與土地及其出産有關，這也與"有"字的意義對應，即：

---

① 據袁珂2014，下同。

（1）向天帝祈求擁有（保有）土地，進而引申出國家（區域）之意，對應於"九有""有天下"之"有"。所謂"國之大事，在祀與戎"，"祀"通過向天帝進獻犧牲使得"國"存續並興旺，"戎"則是以武力保衛國家，二者皆指向"國"。傳統以"社稷"指代"國家"，所體現的也是這種思維模式：國家以土地養育人民爲大。"㞢"字所含的結構，正是以象徵土地和豐收的牛作爲犧牲來祭祀，則"㞢"也可以擁有"社稷"的詞義。而"㞢"字更暗含"社稷（國家）"由天命所授的意味；在古代文獻裏面，受命之君得天下一般言"有天下"，其中的動詞"有"，應該是和原初的"㞢"字有關。甚者，上古漢語裏面，"有"和"國（域）"讀音相近（鄭張尚芳2013：538，359－360），這更加强了我們的論斷。

（2）向天帝祈求物阜年豐，進而引申爲豐收、富有之意。卜辭常有"受年"的説法，《説文解字》："年，穀熟也。"則"受年"爲"莊稼有收成"之意。而卜辭又有"受㞢年"的説法，正好對應《春秋經·宣公十六年》"大有年"的説法（《説文解字》"年"字條同引）；又《穀梁傳》曰："五穀大熟爲大有年。"《詩·有駜》："自今以始，歲其有。"毛傳："歲其有，豐年也。"《詩·魚麗》："君子有酒，旨且有。"末章又言："物其有矣。"朱熹注曰："有，猶多也。"（《詩集傳》，第143頁）此外，《周易》有"大有"之卦，卦名的含義按朱熹所言是"所有之大也"，也是"豐收、富有"之意。之所以"大有"，按照《彖》傳的解釋，是因爲該卦一陰爻居六五之位，即"柔得尊位大中，而上下應之"；按照《象》傳的解釋，是因爲"君子以遏惡揚善，順天休命"。因此，可以推知，古人明白，"大有"，即卜辭所言"受㞢年"，是因爲自己可以"遏惡揚善"，而上天"應之"纔可能得到。故此卦上九爻辭言："自天祐之，吉，無不利。"

除此之外，"㞢"還有其他的引申意義與"有"構成對應關係：

（3）向神祈福，若神不聽，則可能降下灾祥，所以可以引伸出"有不好的事情發生"之意。甲骨卜辭裏面有諸多的"有NP"結構，後面的NP代表的都是不好的事情，比如"有祟""有禍""有來艱"等。此外，《説文解字》釋"有"云："不宜有也。《春秋傳》曰：'日月有食之。'"（第141頁）按許慎編纂《説文解字》，"博采通人，至於小大，信而有證"，"言必遵修舊文而不穿鑿"（第316頁），估計其所本的"有"的含義，也與此有關。

（4）祭祀之後，分享祭品，則"㞢"字也可以理解爲"侑"。按甲骨文無"有"字形，一般寫作"㞢"形，但間或又出現"又"字形。王國維《戩壽堂所藏殷墟文字考釋》云："又之言侑。《楚茨》：'以妥以侑。'猶言祭也。"（第1211頁）又云："又與有通。"（第1238頁）郭沫若《卜辭通纂》也斷言："又讀爲有。"因此，可以認爲"侑"祭之"侑"與"又（有）"實爲古今字，正好對應於"㞢"字的這一引申含義。

（5）"有"在先秦漢語（甚至迄今的現代漢語）裏面有個基本的含義，即"有無"之"有"。這一義項也可以從"㞢"字表示的"以牛祈福"引申出來：本來没有，神賜而有，這一引申是很自然的。

（6）"有"還有一個表示"加多"的義項，例如"二十有六"。一般解釋其中的"有"爲"又"，實際上該例表示"在二十的基礎上加六，即二十六"。這一義項也可以很自然地從"㞢"字表示的因祈福而土地、糧食加多引申出來。

誠然"有"字還有其他的義項，例如作爲詞頭（如有夏、有梅、有家）等，但上述 6 個義項實包含了其主要的義項。從以上的分析可以看出，根據"㞢"字"从牛从一"的六書類型，按照"以形索義"的訓詁原則，都可以很合理、很自然地得出與後起"有"字相對應的義項。這就從系統聯繫的角度説明了"㞢"字"从牛从一"的合理性。

三、餘　論

通過上述分析，我們充分相信"㞢"字的六書類型爲會意："从牛从一"，以牛祭祀。實際上，與"㞢"對應的後起"有"字，也有相似的結構，也可以作爲"㞢"字"从牛从一"的一個佐證。《説文解字》分析"有"字結構云："从月又聲。"（第 141 頁）按《説文》以"有"字从"月"，學者多論其不妥，"月"應該是"肉"之誤。故《金文編》云："有，从又持肉，會意。當在肉部下，《説文》从月，非。"（容庚 1985：479）"从又持肉"何以可以表示出上文所述的"有"的 6 種主要的義項呢？這應該也是和从"持肉"來祭祀有關聯。比較"有"字、"祭"字古字形即可了解這一點（見表 2）。

表 2　"有"字、"祭"字古字形一覽①

	有	祭
甲骨文	㞢㞢㞢㞢	（甲骨文字形）
金文	（金文字形）	（金文字形）
《説文》	（篆文）	（篆文）
《説文》段注	（篆文）	（篆文）

據表 2 所示，甲骨文"有（㞢）"字、"祭"字有獨立體系，與篆書（金文）體系不一樣，後起的"有"字字形應該本於篆書（金文）體系。比較"有"字、"祭"

---

① 本表字形取自中國社會科學院考古研究所編《甲骨文編》、《説文解字》（中華書局 1963 年版、段玉裁《説文解字注》（上海古籍出版社 1981 年版、李圃主編《古文字詁林》（上海教育出版社 2004 年版。

字的金文寫法，很明顯可以看出二者的相似之處，差別在於後者多了一個"示"。如此，則後起的"有"字字形理解爲"持肉"祭祀是很合理的，否則無法合理解釋上文所述的"有"的 6 種主要的義項。

本文之目的是證明甲骨文的"屮"字字形的六書類型，所呈示出的證據有內在的字形比較，也有外在的人類學－比較文化等多重證據，還有詞語義項所構成的系統聯繫。任何一個單一的證據並不能有效證明本文的觀點，但是，當這些證據融合在一起的時候，我們就得到了關於"屮"字字形的一幅完整拼圖。基於這一點，我們確信"屮"字"从牛省，从一"，而它與後起"有"字發生成體系的意義聯繫，則是基於古人以牛祭祀、祈盼土地出産豐饒的文化心理。

參考文獻

陳鼓應. 老子今注今譯. 北京：商務印書館，2012.

郭沫若. 卜辭通纂. 北京：科學出版社，1983.

洪興祖. 楚辭補注. 北京：中華書局，1983.

胡厚宣. 殷代卜龜之來源//甲骨學商史論叢初集. 濟南：齊魯大學國學研究所，1944.

李孝定. 甲骨文字集釋. 臺北："中央研究院"歷史語言研究所，1969.

羅紅昌. 論中國文化的"生命－黑色"意象. 中華文化論壇，2011（1）：149－153.

容庚. 金文編. 北京：中華書局，1985.

阮元. 十三經注疏. 影印本. 北京：中華書局，1980.

湯可敬. 説文解字今釋. 長沙：岳麓書社，1997.

王國維. 戬壽堂所藏殷墟文字考釋//王國維先生全集續編：第三册. 臺北：大通書局，1976.

王國維. 觀堂集林. 石家莊：河北教育出版社，2001.

徐中舒. 甲骨文字典. 成都：四川辭書出版社，1989.

許慎. 説文解字. 北京：中華書局，1963.

葉舒憲. 牛頭西土母形象解說. 民族藝術，2008（9）：87－93.

于省吾. 商代的穀類作物. 吉林大學社會科學學報，1957（1）：81－107.

袁珂. 山海經校注. 北京：北京聯合出版公司，2014.

張光直. 考古學專題六講. 北京：三聯書店，2013.

張光直. 商文明. 北京：三聯書店，2013.

鄭張尚芳. 上古音系. 上海：上海教育出版社，2013.

中國社會科學院考古研究所. 甲骨文編. 北京：中華書局，1965.

朱熹. 詩集傳. 北京：中華書局，2011.

（羅紅昌，宜賓學院語言研究所）

《周易》經文詞義時代考*

周寶宏　王珊珊

提　要：本文以確鑿的證據證明《周易》經文中"夷（台）"字用為"我"義、"遇"字用為"遇見"義、"防"字用為"防備"義、"婚媾"用為"婚姻"義和"屋"字用為"房屋"義產生的時代為西周晚期甚至春秋戰國時期，從而也證明了《周易》經文最後寫成的時代不能早於西周晚期。

關鍵詞：《周易》；經文；詞義；時代

《周易》經文寫成時代是《周易》經文研究中重要問題之一。目前，《周易》經文寫成時代主要有兩種說法：一為西周早期說，一為西周晚期說。而《周易》經文寫成於西周早期的說法，不但是古人的說法，而且是現在主流的說法。大部分現代的《易》學著名學者都主張西周早期說。但是，他們往往根據傳統的說法和經文的內容，其實，他們的根據並不可靠。《周易》經文除了卦畫之外，還有卦辭、爻辭，它們畢竟是語言文字作品。既然卦辭、爻辭是用語言文字寫成的，就必須按語言文字的規律去尋找證據，去證明經文是在什麼時代寫成的。最起碼，從語言文字的角度來判斷經文寫成的時代是主要的非常可靠的方法。而最可靠最令人信服的方法是從詞義的角度去尋找證據，因為有些詞義不能在西周早期產生，只能在西周晚期產生。如果可以確定《周易》經文某些詞的詞義，只能產生於西周晚期，那麼證明《周易》經文寫成時代在西周晚期的證據就更為有力和充分。本人曾經詳細考證了"天""地""再""戶""禽""高尚""富""童""莫""快""帝""履""時"十三個詞在《周易》中的用法的產生時代，是在西周晚期，以此證明《周易》經文為西周晚期寫成。本文再續考"夷"（台）"遇""防""婚媾"和"屋"五個詞的詞義在《周易》經文中的用法，認為它們的用法也只能產生於西周晚期。

---

* 本文為國家社科基金重大項目"商周金文字詞集注與釋譯"（項目號：13&ZD130）、國家社科基金重點項目"西周金文地名集證"（14AZD112）的成果。

一、《周易·渙》"夷（台）"字詞義時代考

《周易·渙》卦"匪夷所思"之"夷",古往今來的學者皆釋為"平""平常""平常之人"。馬承源主編《上海博物館藏戰國楚竹書（三）·周易》作"非台所思","台"原文作▨,隸定作刮,讀為"台"。上博楚簡《周易》的《釋文考釋》既訓"台"為"我",又讀"台"為"夷",兩說並存。此後,不少學者讀"台"為"夷",仍沿傳統說法。但是也有很多學者訓"台"為"我"。鄭萬耕《楚簡〈周易〉釋讀六則》對楚簡《周易》"非台所思"之"台"作了專門考釋,但他以《尚書·湯誓》"台小子"與《詩經·大雅·江漢》"予小子"等為例,說"台"表自謙之稱,因此訓"台"為"我"之說沒有得到更多的人贊同,因為鄭萬耕所說的證據不是很有說服力。

吳辛丑《楚竹書〈周易〉訓詁劄記》從語法角度作了分析：

> "夷所思"是一個名詞性的片語,中心語是"所思","夷"作定語。從語義關係上看,代詞"所"指動詞"思"的對象,"所思"意即"所想的東西"。而"思"的施事,即"思"這個動作的發出者,則是位於"所"字前面的"夷"。按漢語語法的一般規律,施事性成分通常由名詞和代詞類詞語充當,故將"夷"讀為"台"（"台"作"我"解,是第一人稱代詞）,是符合古漢語的語法規律的。"夷所思"就是"我所思";"匪夷所思",就是"不是我所想到的"。

吳辛丑訓"台"為"我"的證據是有說服力的,是可信的。

侯乃峰《〈周易〉文字彙校集釋》對鄭萬耕、吳辛丑訓"台"為"我"之說不以為然,並據王引之《經傳釋詞》（卷三）釋《詩經·大雅·瞻卬》"蟊賊蟊疾,靡有夷屆。罪罟不收,靡有夷瘳"之"夷"為語氣詞,也訓楚竹簡《周易》之"台"為語氣詞。《瞻卬》兩"夷"字,毛傳鄭箋皆訓為"平常",只有王引之《經傳釋詞》在"夷,語助也"條下引用《瞻卬》兩"夷"字。其實,曾運乾《毛詩說》"夷猶攸也,攸,所也",最為可信,"靡有夷屆"即"靡有攸（所）屆","靡有夷瘳"即"靡有攸（所）瘳"。由此可知,《瞻卬》兩"夷"字之用法還不足以證明"匪夷所思"之"夷"用為語氣詞。

馬王堆漢墓帛書《周易》此句作"[非]娣所思"。其實,查張政烺《馬王堆帛書周易經傳校讀》和湖南省博物館、復旦大學文字中心《長沙馬王堆漢墓簡帛集成》,所謂"娣"作▨,右邊所剩僅一撇的最末端的一點殘畫,而馬王堆漢墓帛書《周易》的"夷"和"弟"字旁形體非常接近,特別兩字形下部基本相同（參見《秦漢魏晉篆隸字形表》）。因此單從殘畫上看不出是"夷"還是"弟"。查上引張政

烺所作之釋文原字跡,其《六十四卦釋文》"娣"字的"弟"旁明顯為後來所加,先寫的"女"字旁,過了一段時間才加"弟"字旁。《六十四卦校勘記》先寫:

　　□如所思
　　　王弼本作"匪夷所思"。帛書或是"非姨所思"。

後來在"王弼本作'匪夷所思'"後加《釋文》云:"匪夷,荀作匪弟。"又將"帛書或是非姨所思"之"姨"改為"娣"。

將"□如"釋為"匪娣"是可信的,現在所有帛書《周易》釋文注本皆釋為"娣"。

今本《周易》"非夷所思",未見西漢時代的版本,如漢帛書本作"■",而阜陽漢簡《周易》、熹平石經《周易》皆有殘缺,不見此句。而從注本看,最早見於魏王弼注本和李鼎祚《周易集解》所引約南北朝間人盧氏注。

總之,戰國竹簡《周易》作"非飴(台)所思",馬王堆漢墓帛書作"娣"、已佚本作"弟",至魏王弼注本始見"匪(非)夷所思"。從兩漢時"弟""夷"二字形體相近看,傳本"夷"當為"弟"字形體之訛,而漢代本《周易》之"娣""弟"為借字。竹簡本字作飴,飴習見于戰國楚簡,用為"詞""辭"等,也用為"始"等,"飴"所從之"台"和"司"(司)皆為聲符。因此既可用為"詞"也可用為"始",當然也可以用為"台"訓為"我"。由此可知,"非夷所思"之"夷"原本作"台"訓"我",從"夷"字上理解原文都是錯誤的。

關鍵問題是,"台"字用為"我"最早見於東周初年金文,而習見於春秋戰國出土文獻和傳世文獻,西周金文和西周文獻均未見。"台"見於《尚書·湯誓》篇:"非台小子敢行稱亂。"《爾雅·釋詁》:"台,我也。"又:"台,予也。"台字是東周金文出現的新字體,與"以"字的用法相同。在東周金文中又借用為第一人稱代詞,鄭侯載簋銘文:"祗敬橋祀,休台馬齊皇母""永(詠)台馬母"。在東周金文中又借"辭"為第一人稱代詞。陳夢家先生《尚書通論·尚書講義·湯誓》:"《爾雅·釋詁》:吾、台、予、朕並訓我。金文'余小子',今文《尚書》作'予小子',鄭玄《曲禮》下注所謂'予、余古今字'是也。《殷本紀》集解云:'馬融曰台,我也'。東周金文'台'用為領格第一人稱,以代'朕'與'我':晉姜鼎:'用召辭辟',徐王義楚鍴:'永保飼身',楚冉鐘:'余以行飼師,余以政飼徒。'邾公牼鐘:'鑄辭穌鐘',齊鮑氏鐘:'于飼皇祖考',齊叔夷鎛:'女敬共飼命……余命汝司辝鄯',齊縛鎛:'世萬至于辝孫子'。以上皆春秋時器,而南土係諸國方言也。以台為主格,當在春秋後戰國時期。其字從司從辛(聲如宰、梓),皆如其聲也。"根據以上陳夢家先生的考證,東周金文中先借辝等為第一人稱代詞,義同"余",後來又借"台"為第一人稱代詞,義也同"余",在古籍中皆用"台",不用"辝"等。

辭，《金文詁林》引周法高說："方濬益、楊樹達讀為《爾雅·釋詁》'台，我也'（《釋文》'台音怡'）之台，是也。拙著《評高本漢原始中國語為變語說》謂：'在金文中則毫無例外的余字不用於領格……在東周的金文中第一人稱代名詞有台字，第二人稱代名詞有而字，都只用於領格，我疑心是余之和汝之的合音。'台'為'余之'二字之合音，'而'為'汝之'二字之合音，似無可疑。"由陳夢家先生和周法高先生的考證可知，台用作第一人稱代詞領格是春秋時代的用法，用作主格，應是戰國時代的用法。如果《湯誓》是商代或西周早期中期以前寫定的，那時代的文獻是不可能用"台"字為第一人稱代詞的。又按：近出戎生編鐘銘文有"至于台皇考昭伯"等語，用"台"為"我的"之義。戎生編鐘之時代，李學勤先生等定為與晉姜鼎同時，東周初年；裘錫圭先生等定為屬王時代，為西周晚期。但從用語用詞方面看，應屬東周初年為宜。

二、《周易·睽》等卦"遇"字詞義時代考

《周易》經文"遇"字為常見字，《睽》卦上九"往遇雨則吉"、《同人》卦九五"同人先號咷而後笑，大師克相遇"、《小過》九四"無咎，弗過遇之，往厲必戒，勿用永貞"、《睽》九二"遇主於巷，無咎"、《豐》卦九四"豐其蔀，日中見斗，遇其夷主，吉"、《夬》卦九三"君子夬夬獨行，遇雨若濡，有慍，無咎"。以上這些"遇"字都是遇到，都是不期而遇，是偶然的相遇。與上引《周易》經文"遇"字相同的用法也常見於《詩經》，但《國風》四見，《小雅·巧言》一見，顯然不是西周早中期的用法。《巧言》最早為西周晚期，而《國風》為東周時代。

在殷墟甲骨文、西周金文中用來表示偶然相遇、不期而遇的意思，不用"遇"字，而是用"遘"字。姚孝遂先生在《甲骨文字詁林》"冓、遘"字條後按語說：

遘：遇

"今日不冓雨"

"今日辛，王其田，不遘大風"

"甫弗其冓舌方"

"戉重義行，用遘羌方，又戈；弜用義行，弗遘方"

《說文》訓遘為遇。卜辭"冓風""遘雨"，即遇風、遇雨。至於"冓方"，則指與敵方相遭遇而言。此種遭遇戰在當時常發生，故有時卜問在與敵方遭遇時有無俘獲，如：

"冓方不隻"

占問田獵時能否遇見野獸亦謂之冓，如：

"冓虎"

"遘又虎"

"遘又鹿"

"又"讀作"有",乃于田獵前貞問是否遇虎或鹿。

《尚書》今文有兩篇用"遘"字,《金縢》:

史乃冊,祝曰:"惟爾元孫某,遘厲瘧疾。"

《洛誥》:

惠篤敘,無有遘自疾,萬年厭于乃德,殷乃引考。

西周金文也有"遘"字:

用乍(作)文父癸宗寶尊彝。遘于三(四)方迨王大祀,祐于周。(保卣)

隹(唯)九月既望庚寅,楷白(伯)于遘王,休亡尤。(獻簋)

《詩經》中冓(包括構、覯)用為偶遇之義非常習見,如:

"我日構禍,曷云能穀。"(《小雅·四月》)

"覯閔既多,受侮不少。"(《邶風·柏舟》)

"多我覯痻,孔棘我圉。"(《大雅·桑柔》)

上引文獻可知,遘字用為遇見之義從商末一直使用到西周末年以至春秋時代。現在所知,遇字未見於甲骨文、西周金文,西周文獻《尚書》也未見遇字,遇在古籍中最早出現是在《詩經》的《小雅》和《國風》,而《小雅》只一見,如《小雅·巧言》:

躍躍毚兔,遇犬獲之。

《國風》四見,如:

《鄭風·野有蔓草》:

邂逅相遇,適我願兮。

《王風·中谷有蓷》:

嘅其歎矣,遇人之艱難矣。

由上列所述可知,遇字用為不期而遇、偶然相遇、遇見之義,最早當在西周晚期,目前,商、西周早期傳世文獻和出土文獻均不見遇字,而只見用為遇見之義的遘字。在西周早中期只見"遘"不見"遇"這種情況可證,遇字當產生於西周晚期而習見於春秋戰國,從而代替了遘字。

三、《周易·小過》"防"字詞義時代考

《周易·小過》卦經文："九三，弗過防之，從或戕之，凶。"此爻"防"字，諸家皆訓為"防備"之義，是符合文意的。但是，"防備"之義起源較晚，不是西周時代的詞義。"防"字未見於西周金文，也未見於西周文獻，"防"字的本義是"堤防"，即"水壩"。"防"字的"防備"之義顯然是"堤防"之義的引申，那麼這個引申義顯然產生在本義之後。在文獻中用作"堤防"之義最早見於《詩經·國風》，《陳風·防有鵲巢》："防有鵲巢，邛有旨苕。"《左傳·襄公三十一年》："然猶防川，大決所犯，傷人必多。"《國語·周語上》："防民之口，甚於防川。"後兩例"防"字用為動詞築壩堵塞之義。到了戰國文獻才習見"防"用為防備、防止之義。

防字用為堤防之義正反映了我國上古時代科學治理河流築堤防水的歷史事實，西周時代還沒有普遍築堤防水的記載，到了春秋戰國時代才有這方面的文獻記載。楊寬《戰國史》說：

> 我國堤防的建築起源很早，到春秋時代，黃河、濟水等大河流旁已築有部分堤防，例如黃河旁邊周地有名堤上（今河南洛陽西南）的，濟水旁邊齊地有名防門（今山東平陰東北）的。

> 戰國時代所建築的堤防，規模也較前為大，在許多大河流上都已建築有比較長的堤防。但是，戰國時代已形成了七大國割據並列的局面，大國建築大規模的堤防只是為了本國的利益，所謂"蓋堤防之作，近起戰國，壅防百川，各以自利"。當時齊和趙魏是以黃河為界的，趙魏兩國的地勢較高，齊國的地勢低下，黃河氾濫時齊國所遭受的災害就較嚴重，因而齊國首先沿著黃河建築了一條離河二十五里地的長堤防，以防止黃河的氾濫。自從齊國沿黃河築了長堤防，"河水東抵齊堤，則西迄趙魏"，使得黃河氾濫的水流沖向趙魏兩國去，於是趙魏兩國也沿著黃河建築了一條離河二十五里地長堤防。從此，在黃河兩岸，堤防間五十里寬闊地帶，河水也就時來時去。

從上引楊寬先生的研究可知，河流堤防的建築到了春秋戰國時代才大規模興建，字義反映的這個概念也產生在這個時代，即使西周末年有堤防的建築，由於剛剛開始並且不會大量地建築，因此，不會馬上產生堤防這個詞義，更不會馬上產生防備這個詞義。

四、《周易·屯》等卦"婚媾"詞義時代考

《周易·屯》卦經文："六二，屯如邅如，乘馬班如，匪寇，婚媾。""六四，乘馬班如，求婚媾。"《賁》卦經文："六四，賁如皤如，白馬翰如，匪寇，婚媾。"

上引《周易》經文"婚媾"一詞,從目前發現的古文字資料看,最早見於西周晚期金文,如伯季良父壺"用享孝于兄弟婚媾諸老"、乖伯簋"用好宗廟,享夙夕,好朋友,雩(與)百諸婚媾"、膳夫克盨"唯用獻于師尹朋友婚媾"、燮公盨"好德婚媾"等,可見"婚媾"一詞為西周晚期常用詞。從傳世文獻看,《尚書》真正的西周文獻未見"婚媾"一詞,只有《盤庚·上篇》有"婚友"一詞。《詩經》未見"婚媾"一詞,但習見"婚姻"一詞,二者為同義詞,但最早也只見於《小雅》,如《小雅·我行其野》:"昏姻之故,言就爾居。"《小雅·正月》:"洽比其鄰,昏姻孔云。"《小雅·角弓》:"兄弟昏姻,無胥遠矣。"《鄘風·蝃蝀》:"乃如之人也,懷昏姻也。"《小雅》和《國風》是西周末年至春秋時代的作品,可見"婚姻"一詞在西周末年至春秋時代就已經成為常用詞了。從上引的資料看,二詞的時代,好像"婚姻"一詞晚於"婚媾"一詞。但是春秋末年至戰國初年的文獻仍然習見"婚媾"一詞,如《國語·晉語四》:"今將婚媾以從秦。"《左傳·隱公十一年》:"如舊昏媾,其能降以相從也。"可見"婚媾"一詞至遲在春秋戰國時代還是常用詞。"婚媾"是雙音詞,二字當為近義詞,而合成一個雙音詞。這樣的雙音詞,無論是出土文獻還是傳世文獻中,產生都比較晚,一般在西周中晚期,這是漢語由單音詞向雙音詞發展的普遍規律。由此可知《周易》經文"婚媾"一詞不會產生於西周早期。

五、《周易·豐》"屋"字詞義時代考

《周易·豐》卦"上六:豐其屋,蔀其家"之"屋"目前所見古今注本一律解釋為房屋。從上下文看,訓"屋"為"房屋"是可信的。但是,屋字的本義卻不是房屋,而是屋頂、屋蓋。孫克東《"屋"字義釋》說:

> 人們最初是用"室"字指整座的房屋,《詩·小雅·斯干》:"築室百堵,西南其戶。"

"屋"字最初不指整座房屋。半地穴式的建築,使"屋頂"成為房屋的突出特徵和重要部位。段玉裁注《說文解字》屋字云:"屋者,室之覆也,引申之凡覆於上皆曰屋。天子車有黃屋。"段氏闡明了"屋"字的本義,這可從以下大量的語言事實中得到證實:

《詩·小雅·正月》:"瞻烏爰止,于誰之屋。"《詩·大雅·抑》:"相在爾室,尚不愧于屋漏。"("室"、"屋"含義不同。)《詩·召南·行露》:"誰謂雀無角?何以穿我屋?"《左傳·桓公二年》:"是以清廟茅屋。"孔穎達疏:"正義曰,冬官考工記有茸屋、瓦屋,則屋之覆蓋或草或瓦。"《穀梁傳·文公十三年》:"大室屋壞。"晉范寧注:"屋者,主於覆蓋,明廟不都壞。"《楚辭·九歌·湘夫人》:"築室兮水中,葺之兮荷蓋。"又曰:"芷葺兮荷屋。"(其中"荷

屋"即是"荷蓋")。又《九歌·河伯》:"魚鱗屋兮龍堂,紫貝闕兮朱宮。"王逸注:"言河伯所居以魚鱗蓋屋,堂畫蛟龍之文。"

"屋"由指房子的覆蓋部分,引申指整個房屋的意義,在詩經時代已經出現了,如《詩·小雅·正月》:"佌佌彼有屋,蔌蔌方有穀。"

王鳳陽《古辭辨》說:

先秦不稱宮室為"屋","屋"僅僅是宮室的一部分,就是房蓋。《詩·召南·行露》"誰謂雀無角,何以穿我屋",雀於屋頂、簷下作窩,所以說"穿我屋";又《豳風·七月》"晝爾于茅,宵爾索綯,亟其乘屋,其始播百穀",這裡說的是修繕房屋,"乘屋"是登上房頂。原始的居室,據考古發掘,黃土地帶是穴地為室上覆屋蓋的;用柱支撐加椽覆茅所形成的頂部即"屋"。《詩·大雅·抑》"相在爾室,尚不愧于屋漏。"所謂"屋漏"就是在屋頂開的天窗。……"愛屋及烏"、"高屋建瓴"、"聲振屋瓦"、"屋上架屋"之類的成語所以用"屋",就是因為"屋"是房蓋的緣故。

周按:上引孫克東、王鳳陽二位關於"屋"字用為"屋頂"之義的辨析非常精確。"屋"字雖未見於商西周甲骨文、金文,但《說文》"屋"字的古文形體見於西周中晚期金文㝅匜。上引《詩經》用"屋"為屋頂、屋蓋之義的詩篇,最早也在西周中晚期。但是《周易·豐》卦"豐其屋"之"屋"用的不是本義屋蓋之意,而是引申義房屋。屋字用為房屋之義最早見於《詩經·小雅·正月》,而《正月》詩已提到"赫赫宗周,褒姒滅之",說明《正月》詩是在剛剛東遷成周之後所作之詩。當然不能說"屋"字"房屋"之義就產于東周初年,可以推斷,"屋"發展引申為"房屋"之義當產生於西周晚期,但絕對不會產生於西周早期。

總之,通過上文對《周易》"夷(台)""遇""防""婚媾"和"屋"五個詞的詞義產生時代的討論,可知"夷(台)"用為"我"義、"遇"用為"遇見"義、"防"字用為"防備"義、"婚媾"用為"婚姻"義以及"屋"用為"房屋"義,產生的時代最早在西周晚期,甚至產生在春秋戰國時代。而《周易》經文使用了這五個詞義,說明《周易》經文文獻產生的時代不可能早於西周晚期。

參考文獻

漢語大字典字形組. 秦漢魏晉篆隸字形表. 成都:四川辭書出版社,1986.

侯乃峰.《周易》文字彙校集釋. 合肥:安徽大學,2007.

湖南省博物館,復旦大學文字中心. 長沙馬王堆漢墓簡帛集成:第一冊. 北京:中華書局. 2014.

李道平. 周易集解纂疏. 北京:中華書局,1994.

馬承源. 上海博物館藏戰國楚竹書（三）：周易. 上海：上海古籍出版社，2002.

濮茅左. 上海博物館藏楚竹書《周易》釋文//上海博物館藏戰國楚竹書（三）：周易. 上海：上海古籍出版社，2002.

孫克東. "屋"字義釋. 中國語文，1983（3）.

王鳳陽. 古辭辨. 長春：吉林文史出版社，1993.

吳辛丑. 楚竹書《周易》訓詁劄記//古文字研究：第二十六輯. 北京：中華書局，2006.

楊寬. 戰國史. 上海：上海人民出版社，2003.

于省吾，姚孝遂. 甲骨文字詁林：第四冊. 北京：中華書局，1996.

張政烺. 馬王堆帛書周易經傳校讀. 北京：中華書局，2008.

鄭萬耕. 楚簡《周易》釋讀六則. 中國歷史文物，2005（2）.

周寶宏.《周易》經文詞義時代考（十二則）. 周易研究，2016（6）.

The Accomplishment Era of *Zhouyi*'s Scriptures according to It's Words' Meaning

Zhou Baohong，Wang Shanshan

Abstract：In this paper，conclusive evidence was used to expose that in *Zhouyi* "夷（台）" means "I"；"遇" means "meet"；"防" means "prevent"；"婚媾" means "marry" and "屋" means "house". All of them emerged in the late Western Zhou Dynasty or the Estern Zhou Dynasty，which proves that the times of *Zhouyi* cannot be earlier than the late Western Zhou Dynasty.

Keywords：*Zhouyi*；scripture；the meaning of a word；times

（周寶宏、王珊珊，天津師範大學文學院）

《尚書正義》引《說文》研究

王彤偉

提　要：《尚書正義》引《說文》共20條。其中全同者5條，基本相同者2條，字句參差者8條，訓釋語中用字不同者5條。對比二者對深入理解和進一步研究這兩部著作以及段玉裁的《說文解字注》都大有益處。

關鍵詞：《尚書正義》；《說文》；《說文解字注》；訓詁；校勘

《五經正義》之撰，蓋緣起於唐太宗崇尚儒學。孔穎達等所撰《五經正義》的內容重在從紛繁的說解中釐辨出關於經籍說解的統一標準，以便於科舉及士子傳習。《尚書正義》為《五經正義》之一，注者在其撰修前的調查中認為："其諸公（按，指前代注疏者）旨趣，多或因循，怙釋注文，義皆淺略。"從而制定了這樣的撰修原則："今奉明勅，考定是非，謹罄庸愚，竭所聞見，覽古人之傳記，質近代之異同，存其是而去其非，削其煩而增其簡，此亦非敢臆說，必據舊聞。"（《尚書正義序》）

在這一原則的指導下，《尚書正義》對《說文》多有引用。以阮元《十三經注疏》版統計，正義部分共引用《說文》20條，主要用於說明意義。因為引《說文》的目的是為了說明詞義，因此在引用時一般只引關於意義的說解，而不引"讀若""從某從某、從某某聲""古文、篆文"之類關於讀音、字形結構以及重文等方面的解釋。我們將《正義》所引與今大徐本《說文》比較，據其異同分為五種情況。下面分類逐條論之。

一、《正義》所引與今《說文》完全相同，共5條

《益稷》正義引曰："《說文》云：'粒，糂也。'"今《說文‧米部》："粒，糂

---

* 本文為四川省社會科學研究"十三五"規劃年度課題（sc16B042）、四川大學中央高校基本科研業務費青年學術人才項目（skqx201606）的階段性成果。

也。从米、立聲。🈳，古文粒。"①

《禹貢》正義引曰："《說文》云：'齒，口齗骨也。'"今《說文·齒部》："齒，口齗骨也。象口齒之形，止聲。凡齒之屬皆从齒。"

《禹貢》正義引曰："《說文》云：'羽，鳥長毛也。'"今《說文·羽部》："羽，鳥長毛也。象形。凡羽之屬皆从羽。"

《禹貢》正義引曰："《說文》云：'銍，穫禾短鎌也。'"今《說文·金部》："銍，穫禾短鎌也。从金、至聲。"

《太甲上》正義引曰："《說文》云：'顧，還視也。'"今《說文·頁部》："顧，還視也。从頁、雇聲。"

二、二者訓釋詞語順序顛倒，1條

《伊訓》正義引曰："樂酒曰酣，言耽酒以自樂也。《說文》亦云：'酣，樂酒也。'"今《說文·酉部》："酣，酒樂也。"

按：《正義》作"樂酒"，對照今大小徐、段注均作"酒樂"而無異文。"酒樂"者，飲酒之樂也。《戰國策·齊策六》："貂勃從楚來，王賜諸前，酒酣。"南宋鮑彪注亦曰："酣，酒樂。"可知《正義》所引另有原因和出處。查《正義》原文作："曰敢有恒舞于宮，酣歌于室，時謂巫風。常舞則荒淫，樂酒曰酣，酣歌則廢德事，鬼神曰巫，言無政。○正義曰：酣歌常舞並為耽樂無度，荒淫廢德，俱是敗亂政事。其為愆過，不甚異也。恒舞酣歌乃為愆耳。若不恒舞、不酣歌，非為過也。樂酒曰酣，言耽酒以自樂也。《說文》亦云：酣，樂酒也。"其中，所謂"樂酒言耽酒以自樂"即"溺於酒而樂"。由此可見《正義》所疏正是為了維護孔傳"樂酒曰酣"之語，乃"疏不破注"之傳統；其所引乃據《玉篇》而非《說文》，《玉篇·酉部》："酣，樂酒也。"若真據《說文》，恐為緊挨著"酣"之下一條"酖"之誤，《說文·酉部》："酖，樂酒也。"段注辨之曰："酒樂者，因酒而樂。樂酒者，所樂在酒。其義別也。"

三、《正義》所引無今《說文》訓釋之例證部分

《周書·召誥》正義引曰："《說文》云：'朏，月未盛之明。'故爲明也。周書月令云，三日粵朏。朏字從月出，是入月三日明生之名也。"今《說文·月部》："朏，月未盛之明。从月、出。②《周書》曰：丙午朏。"

按：今《說文》"《周書》曰：丙午朏"六字恐為摻入的後人註語。《說文》一

---

① 為便於理解，這一部分列舉今《說文》的全解，後文只列舉用於比較對照的釋義部分。
② 大徐本字形曰"從月、出"，小徐本曰"從月、出聲"，《正義》亦曰"朏字從月出"，當從大徐本分析為會意字。徐鍇自己在小徐本下已經註曰："臣鍇曰：本無聲字，有者誤也。"

書形音義兼釋，唯以其體例，恐不舉書證①。《正義》未引即其一證②；另據《故訓匯纂》，"朏"字的早期文獻用例唯有《尚書·召誥》此例。故推其情形，恐是"朏"字古書罕見，後人閱至此處而添其用例。另《漢書·律曆志下》："《召誥》曰：惟三月丙午朏。孟康曰：朏，月出也，音敷尾反。古文《月采》篇曰：三日曰朏。師古曰：《月采》說月之光彩，其書則亡。"故《正義》此條中"周書月令"四字有誤，當云"古文《月采》云，三日曰朏"。

四、二者訓釋意思相同，但字句有參差

（1）《尚書序》正義曰："許慎《說文》言，自秦有八體：一曰大篆；二曰小篆；三曰刻符；四曰蟲書；五曰摹印；六曰署書；七曰殳書；八曰隸書。亡新居攝，以應制作，改定古文，使甄豐校定。時有六書：一曰古文，孔子壁內書也；二曰奇字，即古字有異者；三曰篆書，即小篆，下杜人程邈所作也；四曰佐書，秦隸書也；五曰繆篆，所以摹印也；六曰鳥蟲書，所以書幡信也。"

《正義》所引出自《說文敘》。今《說文》卷十五"敘"曰："自爾秦書有八體：一曰大篆；二曰小篆；三曰刻符；四曰蟲書；五曰摹印；六曰署書；七曰殳書；八曰隸書。……及亡新居攝，使大司空甄豐等校文書之部。自以為應制作，頗改定古文。時有六書：一曰古文，孔子壁中書也；二曰奇字，即古文而異者；三曰篆書，即小篆，秦始皇帝使下杜人程邈所作也；四曰佐書，即秦隸書也；五曰繆篆，所以摹印也；六曰鳥蟲書，所以書幡信也。"

按：兩相對照可見，《正義》所引述除了省掉《說文敘》中"漢興有草書"至"群書所載略存之矣"這一大段外，還有多處省改；特別是"時有六書：一曰古文……二曰奇字，即古字有異者"一句，前曰"古文"而後稱"古字"，似以口語而行文，不若《說文》嚴謹，《正義》此引恐是疏解者憑記憶進行的間接引用。

（2）《禹貢》正義引曰："《說文》云：'匚，受物之器。象形也。凡匚之屬皆從匚。'"今《說文·匚部》："匚，受物之器。象形。凡匚之屬皆从匚。讀若方。"

按：《說文》曰"象形"，《正義》曰"象形也"。依《說文》通例不當有"也"字，《正義》此引乃以口語行文。

（3）《禹貢》正義引曰："《說文》云：'鹵，鹹地也。東方謂之斥，西方謂之鹵。'"今《說文·鹵部》："鹵，西方鹹地也。从西省，象鹽形。安定有鹵縣。東方謂之𠩽，西方謂之鹵。"

---

① 《說文》在什麼情況下出例證，值得進一步研究。
② 唐人引《說文》者，引語中有例證者亦有之。如《說文·夊部》："㚻，治稼㚻㚻進也。从田、人，从夊。《詩》曰：㚻㚻良耜。"唐寫本孫愐《唐韻》："㚻，《說文》云：理稼㚻之進也。《詩》云：㚻㚻良耜。"（此例引自徐朝東 2011：166—171）我們認為，《說文》中例證恐是歷代竄注的結果。

按：今《說文》"安定有鹵縣"，語似摻入的後人注解。① 《中國歷史地名大辭典》："鹵縣，西漢置，屬安定郡。約在今甘肅東部或寧夏回族自治區南部。東漢廢。"（史爲樂 2005：1255）《漢書·地理志》記載，西漢安定郡本設有鹵縣等 21 縣，元始二年增安民縣而有 22 縣，到《後漢書·郡國志》中安定郡僅有 8 縣。東漢時代安定郡省廢 14 縣，鹵縣就在其中。據張多勇（2012）考察，東漢郡縣省廢的時間大多在羌亂以後，鹵縣的省廢在永初五年（111）以後。《說文》最終完稿於 121 年，其時鹵縣已廢而許慎不會不知道，故說"安定有鹵縣"似摻入之語。

（4）《禹貢》正義引曰："《說文》云：'獸皮治去其毛為革。'"今《說文·革部》："革，獸皮治去其毛，革更之。象古文革之形。"

按：段玉裁注："革，獸皮治去其毛曰革。各本獸皮治去其毛革更之，象古文革之形。文義、句讀皆不可通。今依《召南》、《齊風》、《大雅》、《周禮·掌皮》四疏訂正。" 段注《說文》時，經典注疏是其重要的校勘依據，不過限於當時的檢索條件，段氏在排比歸納有時未能窮盡，例如此條所據如加上《禹貢》正義就更有說服力了。"革更之"或為摻入的後人注解。

（5）《五子之歌》正義引曰："《說文》云：'羿，帝嚳射官也。'"今《說文·弓部》："羿，帝嚳躲官，夏少康滅之。从弓、开聲。《論語》曰：羿善躲。"

按：《正義》作"羿"、《說文》作"羿"。《論語注疏》阮元校勘記曰："羿善射，《說文》引羿作羿。案《汗簡》載羿之古文為 𢎘，云出《古尚書》，𢎘 即羿之變體，蓋《古論》則作羿也。" 可知《正義》所用乃後起字。"夏少康滅之"或為摻入的後人注解。《論語注疏·憲問》"奡盪舟"下注曰："孔曰，羿有窮國之君，篡夏后相之位，其臣寒浞殺之，因其室而生奡。奡多力，能陸地行舟，為夏后少康所殺。"② 可知少康所殺的乃奡而非羿，許慎號稱"五經無雙"，不當犯這種錯誤。

（6）《五子之歌》正義引曰："《說文》云：'彈者，射也。'"今《說文·弓部》："彈，躲也。从弓、畢聲。《楚詞》曰：弓焉彈日。"

按："射"字甲文作 𢎘③，字形從弓從矢；金文加義符"又"作 𢎘；《說文》字頭从矢、身作 𢎘，說解曰："𢎘 篆文从寸。" 可知從身、寸的"射"乃後起字形。《正義》用"射"，《說文》以古籀為字頭，顯示了兩種不同的訓詁理念和風格。羿

---

① 《說文敘》曰："此十四篇，五百四十部，九千三百五十三文，重一千一百六十三，解說凡十三萬三千四百四十一字。" 段注："今依大徐本所載字數覈之，正文九千四百三十一，增多者七十八文，重文千二百七十九，增多者百一十六文，此由列代有沾注者，今難盡為識別。……今依大徐本所載解說字數，凡十二萬二千六百九十九，較少萬七百四十二字。此可證說解中歷代妄刪字、奪取字至於如此之多。篆文多於本始，說解少於厥初，其增損皆由後人，今未可強說耳。"

② 在查閱資料的過程中發現《論語》邢疏與《尚書》孔疏常有雷同（如此 5、6 兩條字句基本相同），以為有趣而記之。

③ 甲骨文、金文字形依據《古文字詁林》，後文未說明者皆同此。

射十日的故事在《五子之歌》正義以及《論語·憲問》邢疏中都有詳細的解釋，而且兩疏中都有"《楚辭·天問》云：羿焉彈日，烏解羽"句，今《說文》"《楚詞》曰：羿焉彈日"恐源於此，而非許慎原文。

（7）《微子》正義引曰："《說文》云：'酗，醬也。'然則酗、醬一物，謂飲酒醉而發怒。"今《說文·酉部》："酗（酌），醉醬也。从酉、匃聲。"

按：《尚書·微子》："我用沈酗于酒，用亂敗厥德于下。"孔傳："我，紂也。沈，湎。酗，醬。敗亂湯德於後世。"陸德明《經典釋文》曰："酗，況具反，以酒為凶曰酗，《說文》作酌，云'酒醬'。醬，音詠，《說文》于命反，酗酒也。"段玉裁依據《經典釋文》校改為"酒醬也"，曰："酗，酒醬也。依尚書釋文訂。書作酌。某氏傳曰：以酒爲凶曰酗。周禮司救注亦云酗醬。"今《說文·酉部》："醬，酗也。"段注亦有校改，曰："醬，酗酒也。《無逸》曰，酗于酒德。"查《尚書·無逸》曰："無若殷王受之迷亂，酗于酒德哉。"孔傳："以酒為凶謂之酗，言紂心迷政亂，以酗酒為德，戒嗣王無如之。"

為了清晰起見，列表對比如下：

今大徐本	小徐本	段注	孔傳	《經典釋文》	《尚書正義》
酗，醉醬也。	酗，醉醬也。	酗，酒醬也。	酗，醬。	《說文》云：酒醬。	《說文》云：酗，醬也。
醬，酗也。	醬，酗也。	醬，酗酒也。	—	醬，《說文》：酗酒也。	—

可知段氏此處校改源於《經典釋文》。陸德明（550—630）和孔穎達（574—648）基本是同時代人，對於這種不同，段玉裁為什麼取《經典釋文》而不取與孔傳相同的《正義》，是需要進一步研究的。①

（8）《微子》正義引曰："《說文》云：'犧，宗廟牲也。'"今《說文·牛部》："犧，宗廟之牲也。从牛、羲聲。賈侍中說：此非古字。"

按：《說文古本考》已經發現《微子正義》此條與《說文》的細微差別，而曰："正義當是傳寫奪之字。"《正義》注解口語性比較強，引書時既有直接引用，又有間接引用，所以直接認為奪字亦無不可。不過，今《說文》的訓釋語體例并不統一，既有"某某＋名"的形式，如"醫，治病工也""酗，酒色也""璽，王者印也"②，又有"某某＋之＋名"的形式，如"帝，諦也。王天下之號也""禁，吉凶之忌也""觡，骨角之名也"。所以直接認為奪字證據不足，不如兩說先並存。"賈

---

① 實際上段注"醬"下曰"《無逸》曰，酗于酒德"，并非校改依據，乃是無用或用以自炫的衍文，其校改依據仍是《微子釋文》。

② 段注改為"璽，王者之印也"。

侍中說：此非古字"，實似摻入的後人注語。不過在《經典釋文·尚書序》中陸德明也有引用："伏犧氏，伏古作虙，犧本又作羲，亦作戲，辭皮反。《說文》云，賈侍中說，此犧非古字。"可知唐人所見已有此語。

五、二者訓釋意思相同，但訓釋中所用字的字形不同

（一）二者皆不算誤

（1）《禹貢》正義引曰："《說文》云：'牙，牡齒也。'"今《說文·牙部》："牙，牡齒也。"

按：阮元校勘記曰："宋板牡作壯。按壯字不誤。《說文·士部》曰：壯，大也。壯齒，謂齒大者。"段注校改曰："牙，壯齒也。壯各本譌作牡。今本《篇》、《韻》皆譌。惟石刻《九經字樣》不誤。而馬氏版本妄改之。士部曰：壯，大也。壯齒者，齒之大者也。"可知諸家皆以"牡"為"壯"之誤。《慧琳音義》卷三十五《一字頂輪王經》"牙頷"注引《說文》亦曰："壯齒也。象上下相錯之形。"

其實手寫體中"壯"亦有寫作"牡、扗"等形者，蓋"爿、牛、扌"以及"土、士"在手寫體中常常混而不分①。如《廣碑別字·七畫·壯字》引《隋元禕墓誌》寫作"牡"；《偏類碑別字·士部·壯字》引《隋張貴男墓誌銘》寫作"牡"；《碑別字新編·七畫·壯字》引《隋呂胡墓誌》寫作"牡"；《廣碑別字·七畫·壯字》引《魏郭顯墓誌》寫作"牡"；《偏類碑別字·士部·壯字》引《魏長平縣男元液墓誌》寫作"扗"；《佛教難字字典·土部》寫作"扗"。再如，《金石文字辨異·平聲·陽韻·將字》引《唐郭思訓墓誌》"將"寫作"将"，漢《楊淮表記》、梁《蕭憺碑》、唐《麓山寺碑》"將"字皆寫作"将"（陳光憲 2009：58）。

徐朝東先生（2011：166－171）有言："《說文》在唐代可能存在不同的寫本，大徐本只是宗其一本而已。"結合上述異體字情況看來，大徐本寫作"牡齒"（小徐本亦作"牡齒"）、段注所依據的石刻《九經字樣》，只是兩種異體版本而已，算不得錯誤。段注改為通行字體"壯齒"沒問題，但說"各本譌作牡"就是囿於見聞之不當了。

（二）《正義》所引有誤

（1）《禹貢》正義引曰："《說文》云：'犛，西南夷長旄牛也。'"今《說文·犛部》："犛，西南夷長髦牛也。"

按：《正義》所引字形不確，"旄"當作"髦"。"旄、髦"義本不同。"旄"本指以牦牛之尾加於竿頭的一種旌旗，其狀童童然；"髦"本指毛髮。《說文·髟

---

① 本段所引異體字均出自網絡版台灣異體字字典：http://140.111.1.40/start.htm。

部》:"旄,幢也。"《說文新附·巾部》:"幢,旌旗之屬。"《說文·毛部》:"氂,髮也。"《說文·毛部》本有"毛"字:"毛,眉髮之屬及獸毛也。"根據文字的發展規律,"氂"當為加注義符"髟"而成的累增字,"旄"當為音義合成的形聲字,段玉裁在"旄"下注曰:"以犛牛尾注旗竿,故謂此旗為旄,因而謂犛牛尾曰旄。謂犛牛曰旄牛,名之相因者也。"在"氂"下注曰:"犛牛之尾名氂。以氂爲幢曰旄,因之呼氂爲旄,凡云注旄干首者是也;呼犛牛爲旄牛,凡云旄牛尾者是也。"① 雖然"旄、氂"音義相通,但從形義相依的原則來看,今《說文》比《正義》更準確。

(2)《禹貢》正義引曰:"《說文》云:'璣,珠不圓者。'"今《說文·玉部》:"璣,珠不圜也。"

按:段玉裁依據《正義》此文,認為"不圓也"當作"不圓者"。段注之改或為不必②。原因在於:第一,小徐《繫傳》、《廣韻·微韻》皆同大徐;第二,依據《說文·玉部》通例,當許慎以"屬名(大名)"加"特性"的方式來解釋"種名(小名)"時,常用"屬名+之+特性+者",如"瑪,石之似玉者""珥,石之次玉者""碧,石之青美者",即"者"和"之"要相配使用,釋義重點在首先展示給讀者其類屬,其次才是特性(意義之細微差別)。如不加"之",就不需加"者",而直接用"屬名+特性(+也)"的方式,重在首先展示其特性,如"瑳,玉色鮮白""玼,玉色鮮也""璊,玉經色也""瑕,玉小赤也"。因此,"璣,珠之不圓者"或"璣,珠不圜也",才是《玉部》的訓釋通例。前文有言,《正義》引書有"用俗語、用俗字、後起字、當代通行字"的習慣。此處《正義》所引之"璣,珠不圓者",並不符合《說文·玉部》本身的訓釋格式,或是唐人按當時的語言習慣改造的結果。

(3)《洛誥》正義引曰:"《說文》云:'頒,分也。'"今《說文·頁部》:"頒,大頭也。从頁、分聲。一曰:鬢也。《詩》曰:有頒其首。"

按:《正義》所引不同於今《說文》,《正義》乃誤引。

查《洛誥》經文曰:"乃惟孺子,頒朕不暇,聽朕教汝于棐民彝。"孔傳:"我為政常若不暇,汝為小子當分取我之不暇而行之,聽我教汝於輔民之常而用之。"《經典釋文》:"頒音班。"《正義》:"小子當分取我之不暇而行之,言己所不暇行者,欲令成王勉行之。鄭玄云:成王之才,周公倍之猶未。而言分者,誘掖之言也。生民之為業,雖復志有經營不能獨自成就,須王者設教以輔助之。聽我教汝輔民之常

---

① 《禹貢》正義曰:"《說文》云:'犛,西南夷長旄牛也。'此犛牛之尾,可為旌旗之飾,經傳通謂之旄。《牧誓》云'右秉白旄',《詩》云'建旐設旄',皆謂此牛之尾,故知毛是旄牛尾也。"
② 段注"璣"下曰:"各本作'也'。今依《尚書音義》、《後漢書注》作'者'。"其實,查今《後漢書·賈琮傳》李賢注引《說文》正為:"璣,珠之不圓者。"段氏未注意到"之、者"乃配合使用的,《後漢書》注作為校改證據并不恰當。

法而用之,謂用善政以安民。說文云:頒,分也。"可知孔傳在串講中訓"頒"為"分"。《正義》引《說文》之目的是為了證成孔傳之說。然而,今《說文·頁部》曰"頒,大頭也",與"分"義無涉。

《洛誥》之"頒"實為通假字,本字當為"分(攽)"。今《說文·攴部》:"攽,分也。从攴、分聲。《周書》曰:乃惟孺子攽。亦讀與彬同。"段注:"《雒誥》文,今《尚書》作頒,蓋孔安國以今文字易之。《周禮》亦作頒,當是攽為正字,頒為假借字。鄭司農云:頒讀為班布之班。據許所偁古文則當云頒當為攽。不爾者,漢時攽字不行也。馬注《尚書》,頒猶分也。云猶者,頒訓大,大則必分,非可徑訓分也,故云猶。"

從漢字發展的規律看,"分、攽"為古今字,"攽"乃是在"分"的基礎上加義符"攴"而分化出的今字。《說文》此引,正以《洛誥》文為證。

"頒、分(攽)"上古音相同,具備通假使用的條件,上古典籍中有不少例子。再如,《禮記·祭義》:"古之道,五十不為甸徒,頒禽隆諸長者。"鄭玄注:"頒之言分也。隆,猶多也。及田者分禽,多其老者。"

(三)《說文》有誤

(1)《商書·高宗肜日》正義引曰:"《說文》云:'雊,雄雉鳴也。雷始動,雉乃鳴而雊其頸。'"今《說文·隹部》:"雊,雄雌鳴也。雷始動,雉鳴而雊其頸。"

按:今本《說文》有誤,當依《正義》曰:"雊,雄雉鳴也。雷始動,雉乃鳴而雊其頸。"

原因在於,第一,依理推之,"雄雌鳴"即"鳴",不必贅言"雄雌"二字。第二,全文檢索上古漢語語料庫,未見有"雄雌鳴"或"雌雄鳴"的用例。① 第三,《說文·鳥部》另有一個專門表示"雌雉鳴"的"鷕"字②,則此處當為"雄雉鳴"。第四,《詩·匏有苦葉》:"有瀰濟盈,有鷕雉鳴。濟盈不濡軌,雉鳴求其牡。"毛傳:"鷕,雌雉聲也。"《正義》:"下言雉求其牡,則非雄雉,故知鷕,雌雉聲也。又《小弁》云'雉之朝雊,尚求其雌',則雄雉之鳴曰雊也。"則為"雊,雄雉鳴"的又一證據。

綜上,在"覽古人傳記,質近代異同,竭所聞見,非敢臆說,必據舊聞,考定是非"這一總原則的指導下,《尚書正義》為了達到"存其是而去其非"的目標,徵引、保存了大量的古代文獻。《說文》到宋初徐鉉時代已失其真,徐鉉儘量恢復的大徐本肯定已非《說文》原貌。那麼,今大徐本在多大程度上接近原貌,在其他資料匱乏的情況下,寫成于唐初的《五經正義》毫無疑問具有重要的參考價值。從

---

① 臺灣"中央研究院"歷史語言研究所"漢籍電子文獻資料庫"。
② 《說文·鳥部》:"鷕,雌雉鳴也。从鳥、唯聲。《詩》曰:有鷕雉鳴。"

《尚書正義》所引的 20 條看來，《正義》所提及的條目，今大徐本都有，其中二者完全相同者 5 條，基本相同者 2 條，字句參差者 8 條，訓釋語中用字不同者 5 條。對比二者，不但可知今大徐本《說文》是有來源的，而且可推測唐初《說文》可能有不同的抄本。

反過來，通過比較《正義》及其所引的《說文》，對《正義》本身的認識也會進一步加深。例如，注疏體的《正義》在引用《說文》時，並非每一條都完全準確地逐字引用，常會在基本保持原貌的情況下略作改造，最終使得引文及用字呈現出口語化、當代性，用通行字、後起字等面貌。《五經正義》雖由孔穎達一人掛名，其實書成眾手，這在《舊唐書》中已有明確記載①。《尚書正義》亦然。從引用《說文》的情況看，《尚書》今古文共 58 篇，注疏中引用《說文》的頻率大不相同，除了《尚書序》1 處外，《虞夏書》部分有 12 處、《商書》5 處、《周書》2 處；而且篇目也相對集中，依次為《禹貢》9 處，《五子之歌》2 處，《微子》2 處，《益稷》《太甲上》《伊訓》《高宗肜日》《洛誥》《召誥》各 1 處。孔穎達在《尚書正義序》中說，《正義》先由自己和王德韶、李子雲詮敘初稿②。從《尚書正義》引《說文》的情況推測，王、李二人必當是先分定篇目而後注疏，其中一人屬意《說文》，其所疏篇目的引用數量自然就比較多了。

參考文獻

陳光憲. 一切經音義引說文考. 臺北：花木蘭文化出版社，2009.

段玉裁. 說文解字注. 上海：上海古籍出版社，1981.

李圃. 古文字詁林. 上海：上海教育出版社，1999—2004.

阮元. 十三經注疏. 上海：上海古籍出版社，1997.

史為樂. 中國歷史地名大辭典. 中國社會科學出版社，2005.

徐朝東. 唐寫本《唐韻》引《說文》考. 辭書研究，2011（4）.

徐鍇. 說文解字繫傳. 北京：中華書局，1987.

許慎. 說文解字. 北京：中華書局，1963.

張多勇. 漢代鹵縣古城遺址考察研究. 寧夏師範學院學報，2012（5）.

---

① 《舊唐書·儒學上》："詔國子祭酒孔穎達與諸儒撰定五經義疏，凡一百七十卷，名曰《五經正義》，令天下傳習。"

② 見孔穎達《尚書正義序》。《正義》初修之後，至貞觀十六年（642）再由前修疏人及朱長才、蘇德融、隨德素、王士雄校對初稿，由趙弘智終審而成。

Cites from *Shuowenjiezi* (《說文解字》) in *Shangshuzhengyi* (《尚書正義》)

Wang Tongwei

Abstract：There are 20 cites from *Shuowenjiezi* (《說文解字》) in *Shangshuzhengyi* (《尚書正義》). Comparing them, we can find similarities, differences, changes and misunderstanding. This study is beneficial to further understanding and study of these two works and *Shuowenjiezizhu* (《說文解字注》).

Keywords：*Shangshuzhengyi* (《尚書正義》); *Shuowenjiezi* (《說文解字》); *Shuowenjiezizhu* (《說文解字注》); paraphrase; emendation

(王彤偉，四川大學文學與新聞學院，延世大學中國研究院)

《廣韻》稱引《說文》同字術語釋讀*

趙 庸

提 要：《廣韻》有 127 處用"上同"或"同上"搭配"《說文》"來表示上下字的同字關係。這樣的術語共五類，據其實際效用又可分作三大類。不同的術語有不同的功用，同字關係的具體所指涵蓋甚廣。《廣韻》在字形關係的處理上兼顧字形的《說文》來源與唐宋漢字實際的使用情況，且於後者有更多關注。

關鍵詞：《廣韻》；《說文》；術語；同字；字形關係

《廣韻》一書作爲宋朝的官修韻書，因内容兼及漢字的形音義，且爲科舉所範，故其功用實不止於語音正讀，而亦可以字書視之。受唐代正字運動影響，宋代字書編修於字形頗多著意，《廣韻》亦有不少體現，如不單於《切韻》系前書的基礎上增多收字，同時還勤於辨析字形關係，其中，所見最夥者即標示字與字之間的同用關係，即所謂"同字"。

《廣韻》有 1613 處字頭下以"上同"或"同上"注明，表示該字與上一字同字，可惜多數未敘他言，今人無從瞭解析辨之根據，難知"同字"所"同"的實際所指是單純的異體關係，還是包括更多樣的字形關係。另外，"上同""同上"字序有異，是否對應不同的字形關係，也未可知。

料之，編修者必不能隨意著墨，同字的判斷當有理據。好在《廣韻》不少地方注有文獻出處，涉及各類經史典籍，其中又以《說文》爲巨。《說文》本是字學之圭臬，《廣韻》稱引《說文》又是延《唐韻》之續，有所增益和勘正，《廣韻》所載《說文》同字當可信。

梳理《廣韻》此類語料，借助《說文》來考察漢字的同用實質，不僅可以使今人便讀《廣韻》引注《說文》的條目，還可推此及彼，有助於把握《廣韻》大量僅

---

* 本研究得到國家社科基金項目（16CYY048）、中央高校基本科研業務費項目華東師範大學青年預研究項目（2017ECNU－KXK004）資助。

注"上同"或"同上"的字的字形關係。由於漢字形音義之間固有對應關係，因此字形關係的確定對《廣韻》語音的識讀來說也是基礎工作。

我們通檢《廣韻》，共得"上同"條目1547條，"同上"條目66條，其中論及"《說文》"的分別爲85條和42條，共127條。我們對這127條條目逐一考察，發現不同術語用於揭示不同的字形關係，共可分爲五類，下逐類述之。

一、"《說文》同上"與"《說文》上同"

注"《說文》同上"的共42條，含變例"《說文》並同上"1條。"《說文》同上"者如"菔""稂"上下字，"菔"字注："《說文》曰'禾粟之穗生而不成者謂之董菔'。""稂"字注："草名，似莠。《說文》同上。"餘者有：杶櫄①、番蹞、它蛇、皤頠、鵻鶴、厃厊、蒸烝、函肣、閶壝、薆薱、敄鼙②、厎砥、綊俠、雒隼、宛窓、鏗鎢、宋寚、鹽檻、饎餥糦、彙蝟、訴愬遡、汢遡、獒③獘、聜聟、線綫、皃貌、柄棅、音歆、倈鼙、漉渌、篭篆、厷厷、嘖讀、緆楊、冪歷、翼糞、鬑毴、緁緝。"《說文》並同上"者："谷""唊謰"上下字，"谷"字注："《說文》曰'口上阿也'，一曰笑皃。""唊謰"字並出，注："《說文》並同上。"

注"《說文》上同"的共6條，含變例"《說文》亦上同"1條。"《說文》上同"者如"玩""貦"上下字，"玩"字注："弄也。""貦"字注："《說文》上同。"餘者有：蟹蠏、蚓螾、蹴躠、髮髽。"《說文》亦上同"者："臣""䁈""頤"上下字，"臣"字注："《說文》曰'顄也'。""䁈"字注："籀文。""頤"字注："頤養也。《說文》亦上同。"

此兩類表述"同上"與"上同"異序，但統攝的字形關係一致，均爲前字形於《說文》是字頭正字，後字形爲《說文》另出字形。如"緁緝"：

《廣韻·葉韻》："緁，連緁。《說文》曰'縫衣也'。""緝，《說文》同上。"
《說文·糸部》："緁，緶衣也。从糸，疌聲。緝，緁或从習。"

又如"蟹蠏"：

《廣韻·蟹韻》："蟹，水蟲。《仙方》云'投於漆中，化爲水，服之長生。以黑犬血灌之三日，燒之，諸鼠畢至'。""蠏，《說文》上同。"
《說文·虫部》："蟹，有二敖八足，旁行，非蛇鱓之穴無所庇。从虫，解聲。蠏，蟹或从魚。"

---

① 下畫浪綫者，表示該字下語出"《說文》同上"，後仿此。
② 字原誤作"𣪠"。
③ 字原俗作"獒"。

如上，《廣韻》收字字序如《說文》，正字在前，另寫位後。例外者唯四例：線綫、餗鬺、翼𩙪、蚓螾。《說文·糸部》"綫"字注："線，古文綫。"《說文·鬲部》"鬺①"字注："餗，鬺或从食。"《說文·飛部》"𩙪"字注："翼，篆文𩙪。"《說文·虫部》"螾"字注："蚓，螾或从引。"《廣韻》將此四例另寫居前。例外甚少，應爲《廣韻》術語冠用之疏失。

二、"上同，見《說文》"與"上同，出《說文》"

注"上同，見《說文》"的共 20 條，含變例"並上同，見《說文》" 4 條，"並同上②，見《說文》" 1 條。"上同，見《說文》"者如"斑""辡"上下字，"斑"字注："駮也。文也。""辡"字注："上同，見《說文》。"餘者有：羖羭、全仝、抽搯、鮛鮂、摽攩、寎㝱、霧霚、怖悑、爛燗、耄薹③、射躲、粟㮚、塞𡫳、寒𡫼。"並上同，見《說文》"者如"獮""玃祾"上下字，"獮"字注："秋獵曰獮。獮，殺也。""玃祾"字並出，注："並上同，見《說文》。"餘者有：拯抍撜、氣餼槩、刖跀趴。"並同上，見《說文》"者："臀""𡰪脾臋"上下字，"臀"字注："《廣雅》云'臀謂之脽。亦謂之䑗也'，《說文》作尻，髀也。""𡰪脾臋"字並出，注："並同上，見《說文》。"

注"上同，出《說文》"的共 15 條，含變例"並上同，出《說文》" 1 條，"上同，亦出《說文》" 1 條。"上同，出《說文》"者如"壏""壍"上下字，"壏"字注："坑也。遼城水也。""壍"字注："上同，出《說文》。"餘者有：星曐、尋𢒫、廬瘖、友㕛、晉瑨、噢嚘、浸濅、眗阺、鎬鐰、鰯䱒、雪䨮、涉𣥿。"並上同，出《說文》"者："替""朁普𣊬"上下字，"替"字注："廢也。代也。滅也。《說文》本作朁，廢，一偏下也。""朁普𣊬"字並出，注："並上同，出《說文》。""上同，亦出《說文》"者："耨""鎒"上下字，"耨"字注："《說文》曰'薅器也'。《篆文》曰'耨，如鑃，柄長三尺，刃廣二寸，以刺地除草'。""鎒"字注："上同，亦出《說文》。"

此兩類表述語言結構相同，僅"見"與"出"字異，共同的特點是後字形是《說文》的字頭字形。前字形情況比較複雜。

（1）有的前字形《說文》無，如"羖羭"：

《廣韻·桓韻》："羖，山羊，細角而形大也。""羭，上同，見《說文》。"

---

① 《廣韻》作"鬺"，爲"鬺"之省書。
② 據體例看，"同上"二字當乙正，此《廣韻》編修之疏誤。
③ 《說文》作"薹"，"从老，从蒿省"。

《說文·莧部》:"莧,山羊細角者。从兔足,苜聲。凡莧之屬皆从莧。讀若丸。寬字从此。"

按:《說文》無"羦"字。此類餘者有:斑辬、鱗魿、獮玁㺿、寖寴、寒𡧟、塹槧、呴㖪、鏶鍱、觿鱵。

(2) 有的前字形《說文》有,但不是字頭字形,如"雪霅":

《廣韻·薛韻》:"雪,凝雨也。《元命包》曰'陰凝爲雪'。《釋名》曰'雪,綏也,水下遇寒氣而凝,綏綏然下也'。又拭也,除也。""霅,上同,出《說文》。"

《說文·雨部》:"霅,凝雨,說物者。从雨,彗聲。"

按:《說文》字頭無"雪",文句中有。如《說文·白部》:"皚,霜雪之白也。"此類餘者有:摽擽、爛燗、蚝薹、粟㮚、塞𡨄、臋屍脾臀、尋𢒫、友叐、晉𦘼、浸濅。

(3) 有的前字形爲籀文,如"尰瘇":

《廣韻·腫韻》:"尰,足腫病。亦作瘇。""瘇,上同,出《說文》。"

《說文·疒部》:"瘇,脛气足腫。从疒,童聲。《詩》曰'既微且瘇'。尰,籀文从允。"

(4) 有的前字形爲篆文,如"涉㳒":

《廣韻·葉韻》:"涉,歷也。徒行渡水也。亦漳水別名,涉縣是也。又姓,《左傳》晉大夫涉佗。""㳒,上同,出《說文》。"

《說文·沝部》:"㳒,徒行厲水也。从沝,从步。涉,篆文从水。"

按,此類餘者有:全仝、射躲。

(5) 有的前字形爲或體,如"怖悑":

《廣韻·暮韻》:"怖,惶懼也。""悑,上同,見《說文》。"

《說文·心部》:"悑,惶也。从心,甫聲。怖,或从布聲。"

按,此類餘者有:抽搯。

(6) 有的前字形爲省書,如"星曐":

《廣韻·青韻》:"星,星宿。《說文》曰'萬物之精,上爲列星'。《淮南子》曰'日月之淫氣,精者爲星辰也'。又姓,《羊氏家傳》曰'南陽太守羊續娶濟北星重女'。""曐,上同,出《說文》。"

《說文·晶部》:"曐,萬物之精,上爲列星。从晶,生聲。一曰象形。从口,古口復注中,故與日同。㬕,古文星。星,曐或省。"

（7）有的前字形爲俗形，如"霧霚"：

《廣韻·遇韻》："霧，《元命包》曰'陰陽亂爲霧'。《爾雅》曰'地氣發天下應曰霧'。《釋名》曰'霧，冒也，氣蒙冒覆地之物也'。""霚，上同，見《說文》。"

《說文·雨部》："霚，地气發，天不應。从雨，敄聲。"大徐注："臣鉉等曰今俗从務。"

按，此類餘者有：拯抍撜①、刖跀跇②、替朁暜朁③。

（8）有的前字形爲《說文》新附字，如"喚嚾"：

《廣韻·換韻》："喚，呼也。""嚾，上同，出《說文》。"

《說文·口部》新附："喚，評也。从口，奐聲。古通用奐。"《說文·品部》："嚾④，呼也。从品，萈聲。讀若讙。"

審之，《廣韻》將《說文》認爲的正形置後，是有意爲之，正形相對僻用⑤，而《廣韻》置前者，雖類目繁多，但均爲唐宋習用字形。如此可知，編修者未囿於《說文》，而是據實際用字習慣斟酌字序，"上同，見《說文》""上同，出《說文》"非隨意的表述，而是專門的術語，用於提示後置的爲《說文》字頭字形。

例外也有，《廣韻》"氣""餼槩"上下字，"槈""鎒"上下字，《說文》"氣""槈"爲字頭字形，"餼槩""鎒"爲或體。個別例外，無礙總體規律。

三、"上同，《說文》曰""上同，《說文》云"與"上同，《說文》"

注"上同，《說文》曰"的共21條，含變例"上同，又《說文》曰"1條。"上同，《說文》曰"者如"辭""辤"上下字，"辭"字注："辭訟。《說文》曰'辭，訟也'。""辤"字注："上同，《說文》曰'不受也，受辛宜辤之'。"餘者有：眠瞑、蛔蚘、樺檴、鞃縠、螯盦、針鍼、諶訦、箝鉗、偉俾、沚沢、网兩、繝屬、塊凷、銎蛩、帆颿、麹麴、獲夒、蹢跖、覓⑥覛。"上同，又《說文》曰"者："菑甾"上下字，"菑"字注："《說文》曰'不耕田也'。《爾雅》曰'田一歲曰菑'。""甾"字注："上同。又《說文》曰'東楚名缶曰甾'。"

---

① 《說文》以"抍"爲字頭字形，"撜"爲或體，大徐以"拯"爲俗別字。
② 《說文》"刖""跀"實爲各字。《說文·刀部》："刖，絶也。"《說文·足部》："跀，斷足也。跇，跀或从兀。"後世"斷足"義"刖"混用於"跀"。
③ 《說文》以"朁"爲字頭字形，"暜朁"爲或體，大徐以"替"爲俗寫。
④ 《廣韻》"嚾"爲《說文》"嚾"之同構異位字。
⑤ 一些《說文》小篆楷化後的字形尤其提示了這一點，如"攩䙷槀塞塞""受晝"《廣韻》均置後，以"上同，見《說文》""上同，出《說文》"關聯上一字形。
⑥ 此爲"覓"之俗訛。

注"上同,《說文》云"的共 4 條。如"蚰""蠢"上下字,"蚰"字注:"蚰螋,蟲。""蠢"字注:"上同,《說文》云'多足蟲也'。"餘者有:昆䖍、願顠、畜蓄。

注"上同,《說文》"的共 5 條,含變例"亦上同,《說文》"1 條。"上同,《說文》"者如"瑴""瞉"上下字,"瑴"字注:"懸擊也。""瞉"字注:"上同,《說文》'棄也'。"餘者有:觜觜、奆奆、鐯轈。"亦上同,《說文》"者:"瞋""嗔""謓"上下字,"瞋"字注:"怒也。《說文》曰'張目也'。又作嗔。""嗔"字注:"上同。本又音填。""謓"字注:"亦上同。《說文》'恚也'。"

此三類表述語言結構類似,差異僅在"說文"二字後是"曰""云",還是不綴字,共同點是"說文"二字後均引《說文》釋義。此三類關聯的上下字,字形關係主要是(1)兩字於《說文》是各字,《廣韻》以爲同字,如"网兩":

《廣韻·養韻》:"网,《說文》曰'再也。《易》云"參天网地"'。今通作兩。""兩,上同,《說文》曰'二十四銖爲一兩'。"

《說文·网部》:"网,再也。从一,闕。《易》曰'參天网地'。凡网之屬皆从网。""兩,二十四銖爲一兩。从一、网,平分,亦聲。"

按,此類餘者有:辭辝、薔牆、蠅虻、湛訦、箝鉗、沚渚、繃䋌、鎣瑩、獲矱、蹠跖,昆䖍,願顠,瞋謓,瑴瞉,觜觜,奆奆。

除上舉外,餘字字形關係同上文第二大類。

(2)有的前字形《說文》無,如"鞧繡":

《廣韻·尤韻》:"鞧,車鞧。""繡,上同,《說文》曰'馬紂也'。"
《說文·糸部》:"繡,馬紂也。从糸,酋聲。"

按:《說文》無"鞧"字。此類餘者有:徘俳、麴䴷、鐯轈。

(3)有的前字形爲或體,如"塊凷":

《廣韻·隊韻》:"塊,土塊。""凷,上同,《說文》曰'墣也'。《禮》曰'寢苫而枕凷'。"
《說文·土部》:"凷,墣也。从土,一屈象形。塊,凷或从鬼。"

按,此類餘者有:螢蛮、畜蓄。

有的《說文》未言或體,但仍可以或體視之,如"蚰蠢":

《廣韻·尤韻》:"蚰,蚰螋,蟲。""蠢,上同,《說文》云'多足蟲也'。"
《說文·蚰部》:"蠢,多足蟲也。从蚰,求聲。蚕,蠢或从虫。"

按:"蚰""蚕"爲同構異位異寫字,"蚰"不見於《說文》,《說文》既以"蚕"

爲"蠹"之或體，"蛋"亦可準而視之。此類餘者有：覔覰。

（4）有的前字形爲俗形，如"眠瞑"：

《廣韻·先韻》："眠，寐也。""瞑，上同，《說文》曰'翕目也'。又音麵。"

《說文·目部》："瞑，翕目也。从目、冥，冥亦聲。"大徐注："臣鉉等曰今俗別作眠，非是。"

按，此類餘者有：樿樳、針鍼、帆颿。

上述小類，就字形關係與字序來看，主要仍是熟形居前，僻形居後，特別是（2）（3）（4）小類，出自《說文》字頭的字形基本都放在了後面①。（1）小類的情況複雜一些，由於上下字在《說文》中都是字頭，本各自獨立，《廣韻》所謂的"同"是後來在長期的實際使用過程中發生的混同，韻書編修者摘字排序似乎只是連類而及，看不出明顯的區別熟僻的意圖。不過，編修者並非模糊各字的界限，相反，倒是可以看出編修者有意區分上下字字形、字義區別的用心，如"繝屬"：

《廣韻·祭韻》："繝，氎類，織毛爲之。《說文》曰'西胡毳布也'。""屬，上同，《說文》曰'魚网也'。"

《說文·糸部》："繝，西胡毳布也。从糸，屬聲。"

《說文·网部》："屬，魚网也。从网，剡聲。剡，籀文銳。"

按：兩字《廣韻》均引《說文》，以示義本劃然，《廣韻》注爲同字，當是時人已混用。

總體而言，此三類稱引《說文》，主要用意並非借《說文》辨別字形關係，而是引《說文》義以正字義之本。

四、"上同，《說文》作此""上同，《說文》本作"與"上同，《說文》又作"

注"上同，《說文》作此"的共3條。如"亥""子"上下字，"亥"字注："無左臂也。""子"字注："上同，《說文》作此。"餘者有：栗㮚、粥鬻。

注"上同，《說文》本作"的共2條。如"酬""醻"上下字，"酬"字注："周也。報也。以財貨曰酬。又酬酢。""醻"字注："上同。《說文》本作醻，主人進客也。"餘者有：犇獎。

---

① 唯"畜茲"反之。《說文·田部》"畜""茲"連及而書，作："畜，田畜也。《淮南子》曰'玄田爲畜'。茲，《魯郊禮》畜从田，从茲。茲，益也。"段注曰："此許據《魯郊禮》文證古文从茲乃合於田畜之解也。"故《廣韻》"畜""茲"之列序仍合熟前僻後之規。

注"上同,《說文》又作"的 1 條。"鷛""鴯"上下字,"鷛"字注:"水鳥也。《博物志》曰'鷛,雄雌相視則孕,或曰雄鳴上風,雌鳴下風,亦孕'。""鴯"字注:"上同,《說文》又作䳑、鷉。"

此三類表述語言結構類似,均在"說文"後續以"作"字,以引徵《說文》字形。區別在於,"上同,《說文》作此"與"上同,《說文》本作"均關聯上下字字形,如上舉"亥""子"、"酬""醻";"上同,《說文》又作"非關聯上下字字形之用,而是引入其他字形,如上舉"鷛""鴯","鴯"下《說文》又作䳑、鷉","䳑""鷉"爲另形,已溢出本文討論之範圍,此存而不論。

"上同,《說文》作此""上同,《說文》本作"均屬爲字形正本清源之術語。《廣韻》注此二者,上字均爲當時通用之形,爲《說文》所無或《說文》字頭所無,下字源自《說文》小篆字形,如"獎獎":

《廣韻·養韻》:"獎,勸也。助也。成也。譽也。屬也。""獎,上同,《說文》本作獎,嗾犬厲之也。"

《說文·犬部》:"獎①,嗾犬厲之也。从犬,將省聲。"

按:"獎"爲"獎"之俗形,"獎"又爲"獎"之俗形,"犬""大""廾"遞相而誤於唐宋多見。《說文》無"獎"形。《廣韻》"獎"來源於《說文》"獎"字之形,構件位置有所調整。

又如"栗㮚":

《廣韻·質韻》:"栗,堅也。又果木也。《漢書》曰'燕秦千樹栗,其人與千戶侯等'。又姓,漢長安富室有栗氏。""㮚,上同,《說文》作此。"

《說文·卤部》:"㮚,木也。从木,其實下垂,故从卤。𣡌,古文㮚,从西,从二卤。徐巡說'木至西方戰㮚'。"

按:"栗"唐宋已爲通用字形,《說文》字頭無,文句中有,如《說文·木部》:"羬,果,實如小栗。"《廣韻》"㮚"爲《說文》"㮚"之楷化。

可見,上舉兩類稱引《說文》,主要意在辨正字形。《廣韻》位後之字承《說文》小篆之正統,然時移世遷,小篆字形已鮮用,演變之另形反爲日常書寫通用。《廣韻》將通用字形居前,源自《說文》小篆的字形存後,當出兼顧之心,願溯源其本且便利其用。

五、"上同,《說文》某某切"與"上同,《說文》音某"

注"上同,《說文》某某切"的共 5 條,含變例"上同,《說文》本某某切"2

---

① 爲敘述方便,本條"獎"及下條"㮚""𣡌"錄《說文》小篆字形,全文餘處徑錄楷體字形。

條，"上同，《說文》又某某切" 2 條。"上同，《說文》某某切" 者："艤""檥" 上下字，"艤" 字注："整舟向岸。""檥" 字注："上同，《說文》魚羈切，榦也。""上同，《說文》本某某切" 者如 "鏉""鉈" 上下字，"鏉" 字注："短矛。""鉈" 字注："上同，《說文》本食遮切。" 餘者有：冫冰。"上同，《說文》又某某切" 者如 "弣""𢧵" 上下字，"弣" 字注："弓把中也。""𢧵" 字注："上同，《說文》又方九切，刀握也。" 餘者有：矩榘。

注 "上同，《說文》音某" 的共 2 條。如 "樅""櫼" 上下字，"樅" 字注："木名，似松。《爾雅》又作枞。""櫼" 字注："上同，《說文》音尖，楔也。" 餘者有：髶髻。

此兩類表述語言結構類似，都在 "上同" 後標注《說文》音切。不過，此兩類音注並非《說文》許慎音。取反切法者，許氏時反切注音尚未發明，"某某切" 自非出自許氏之手。取直音法者，"音某" 不見於今本《說文》，如非今本竄脫，此音亦非許氏所注。如 "櫼" 字今本《說文》但注 "楔也。从木，韱聲"，無 "音尖" 字，《廣韻》"《說文》音尖" 非許慎音。

考之，此兩類音注於《說文》大徐音都可依托。同大徐音者如："鉈" 大徐 "食遮切"，《廣韻》"《說文》本食遮切"，餘者有："冰""檥""𢧵①""榘"。輾轉亦同大徐音者有：櫼，大徐 "子廉切"，《廣韻》"《說文》音尖"，音尖即音子廉切；髻，大徐注："臣鉉等曰今俗別作剃，非是。他計切。"《廣韻》"《說文》音剃"，音剃即音他計切，《廣韻》有以俗字為正字注音之法（趙庸 2009），大徐既以 "剃" 為 "髻" 之俗寫，故《廣韻》注 "《說文》音剃"。

"上同" 後所稱《說文》音在文獻來源上相對晚近，可據以窺得《廣韻》編修者於字形關係的拿捏。

（1）此兩類表述無用讀音辨別字形的一致取向，但仍有多數例子可作這樣的理解，如 "冫冰"：

《廣韻·蒸韻》："冫，水凍也。《說文》本作仌。筆陵切。""冰，上同，《說文》本魚陵切。"

《說文·仌部》："仌，凍也。象水凝之形。凡仌之屬皆从仌。" 大徐注："筆陵切。""冰，水堅也。从仌，从水。" 大徐注："魚陵切。臣鉉等曰今作筆陵切，以為冰凍之冰。"

按："仌""冰" 本各字，"仌" 象水凝之形，即今 "冰" 字義，"冰" 義水堅之態，即今 "凝" 字義，《說文》"冰" 下有 "凝，俗冰" 句。故 "仌" 讀筆陵切，

---

① 《說文》作 "䩜"，《廣韻》"𢧵" 為俗形。

"冰"本當讀魚陵切，筆陵切爲用作"仌"後改易的讀音。《廣韻》於筆陵切下出"仌""冰"上下字，"冰"下注"上同，《說文》本魚陵切"，是《說文》音意在提示上下本二字，各有音讀，後人用"冰"作"仌"，遂成同字異形。此類餘者有：樹檥、艤檥、弣䚃、矩榘、髳鬏。

（2）此兩類表述上下字有的看不出明顯的正形與非正形的區別，如"鏦鉈"：

《廣韻·支韻》："鏦，短矛。""鉈，上同，《說文》本食遮切。"

《說文·金部》："鉈，短矛也。从金，它聲。"大徐注："食遮切。"

《方言》卷九："矛，吳揚江淮南楚五湖之間謂之鏦。"

按：《說文》有"鉈"無"鏦"，《方言》有"鏦"無"鉈"，《廣韻·麻韻》視遮切下"鉈""鏦䩉"上下字，"鏦䩉"注"並上同"，與《廣韻·支韻》相反。"鏦""鉈"一爲也聲，一爲它聲，二聲上古均入歌1部，"鏦""鉈"當爲上古已有之方言異寫，《說文》食船遮切與《廣韻》視禪遮切爲吳地遺音，中古時期吳地聲母船禪不分，韻母支部字多留有麻韻讀。大徐食遮切蓋據《方言》郭璞注"嘗禪蛇反"及是時吳地實際讀音。《廣韻》"鉈"字注"上同，《說文》本食遮切"，非謂"鉈"爲"鏦"之正。此類餘者有：矩榘。

（3）有些同字關係是後來形成的，與《說文》無關，如"弣䚃"：

《廣韻·麌韻》："弣，弓把中也。""䚃，上同，《說文》又方九切，刀握也。"

《說文·刀部》："䚃，刀握也。从刀，缶聲。"大徐注："方九切。"

按：《說文》有"䚃"無"弣"，但並非"弣"字後起，《儀禮·大射儀》："挾乘矢於弓外，見鏃於弣。"《禮記·曲禮上》："右手執簫，左手承弣。"鄭玄注："把中。"孔穎達疏："弓末也。""弣"從弓，合鄭注、孔疏、《廣韻》注，"䚃"從刀，合《說文》義，二字義近，均指把，僅弓、刀之殊。"弣""䚃"爲上古已有之形聲字，"付""缶"爲聲符。付聲上古入侯部，中古三等上聲入麌韻，缶聲上古入幽1部，中古三等上聲入有韻。故"弣"字《廣韻》入麌韻，是，"䚃"字當如大徐音方九切。然《廣韻》有韻方九切未收"䚃/䚃"字，將"䚃"字附於麌韻"弣"字下，當是因"弣""䚃"義近且麌、有音近而混，也即二字的異體關係是後世形成的。此類餘者有：仌冰、樹檥、艤檥、髳鬏。

總之，此兩類舉稱"《說文》"，並不是說其後的讀音就是《說文》時期的。這些所謂《說文》音對上下字並無以音別義、以音別字的主導意圖，不過據以作大概率推論倒也可行。涉及的字形關係及其形成模式較多樣，需做逐一考求。這些兼及注音的術語利用價值不像前四大類那樣一目瞭然，但仍是可見的。

六、總　結

通過對《廣韻》標注的與《説文》有關的同字進行考察，可得結論如下。

（1）五類術語可據實際效用分作三大類。第一類術語爲第一大類，"《説文》同上""《説文》上同"用於引録《説文》收存的同字關係。第二類術語爲第二大類，"上同，見《説文》""上同，出《説文》"用於提示《説文》字頭字形及其與習用字形的關係。第三、四、五類術語屬第三大類。第三類術語"上同，《説文》曰""上同，《説文》云""上同，《説文》"，第四類術語"上同，《説文》作此""上同，《説文》本作""上同，《説文》又作"，第五類術語"上同，《説文》某某切""上同，《説文》音某"，均引《説文》及大徐注，專注點分別在漢字的義、形、音，都於辨明上下字的字形關係有助益。

（2）《廣韻》用"上同""同上"表示上下字的同字關係，具體實質涵蓋甚廣，包括一般的異體關係，正俗關係，籀文、古文、篆文等與時用字形間的歷時差異關係，等等。

（3）《廣韻》用"上同""同上"關聯上下字且言及"《説文》"，不一定指上下字在《説文》中有同字關係的體現。祇有"《説文》同上"或"《説文》上同"是必然性的表達，如遇這兩個術語，通常《廣韻》居前的是《説文》正字，居後的是《説文》另寫。

（4）"上同"和"同上"意思無大差別，不具有方向上的指向性。即兩個術語都表示上下字的同字關係，不區分上字與下字同，還是下字與上字同。總體而言，"上同"的使用較"同上"多得多，但"《説文》上同""《説文》同上"反之。

（5）《廣韻》在字形關係的處理上會理合時。除"《説文》同上"和"《説文》上同"外，其他術語《廣韻》基本都將當時行用更廣的字形置前，將《説文》字頭字形置後。原爲各字的兩字或幾字後世在使用上混同了，《廣韻》便將它們關聯爲同字關係。

（6）本文涉及檢索的條目中，未見《廣韻》稱引《説文》而今本《説文》未見者，《廣韻》所引内容與今本《説文》合轍，《廣韻》"《説文》同上""《説文》上同"條目對正字的認定與今本《説文》幾近完全吻合，據此可推測今本《説文》與《廣韻》所據《説文》面貌一致度很高。

參考文獻

段玉裁. 説文解字注. 杭州：浙江古籍出版社，1998.

潘悟雲. 漢語歷史音韻學. 上海：上海教育出版社，2000.

裘錫圭. 文字學概要. 北京：商務印書館，1988.

阮元. 十三經注疏. 北京：中華書局，1980.

余迺永. 新校互注宋本廣韻：定稿本. 上海：上海人民出版社，2008.

張涌泉. 漢語俗字研究. 長沙：岳麓書社.

趙庸.《廣韻》"又音某"中"某"字異讀的取音傾向//漢語史研究集刊：第12輯. 成都：巴蜀書社，2009.

周祖謨. 方言校箋. 北京：中華書局，1993.

Terms of *Tong-zi* Notes Cited from *Shuowen*（《說文》）in *Guangyun*（《廣韻》）

Zhao Yong

Abstract：There are 127 notes in *Guangyun*（《廣韻》）in the form of *shang-tong*（上同）or *tong-shang*（同上）with *Shuowen*（《說文》）to mark the relationships of the former noted characters that can be seemed as the different shape of the same word. These expressions can be classified into five kinds, and furthermore, three categories according to their functions. Different terms have different meanings and *tong-zi* covers several kinds of the relationships between the similar characters. The writers of *Guangyun* paid a lot of attention both to the characters' origin of *Shuowen* and the real writing in Tang and Song Dynasty, and to be objective, the latter was attached greater importance.

Keywords：*Guangyun*（《廣韻》）；*Shuowen*（《說文》）；terms；*tong-zi*（同字）；the relationship of the characters' shapes

（趙庸，華東師範大學國際漢語文化學院）

《史記》修訂本不明通假誤校六例*

王建勇

提　要： 古籍中因語言使用習慣等出現的通假現象，不同於寫刻流傳過程中產生的訛誤，在整理校勘時不能一并校改，而應區別對待。修訂本《史記》對於通假的處理多有失當者，今列舉"謂"與"爲"、"取"與"聚"、"問"與"聞"、"乃"與"仍"、"驛"與"譯"、"接"與"捷"等六例略加勘正。

關鍵詞：《史記》；修訂本；通假；誤校

修訂本《史記》自 2013 年的精裝本、2014 年的平裝本（對精裝本略有修訂）面世以來，便受到社會各界廣泛關注，同時也得到學界普遍好評。然而，西漢至今已逾二千年，時代懸隔久遠，語言古今變遷，加之文獻在流傳過程中極易訛誤失真，故古書校勘實非易事，而疏漏失誤之處自然在所難免。據《修訂後記》交代，此次修訂校改"較爲嚴格地貫徹了'無版本不改字'的原則"①，計撰寫校勘記三千四百餘條。但筆者發現，其對於通假問題往往過於尊崇他説或他校材料而據改原文。今擇取數例略加勘正，謹就正於時哲。

一、"謂"與"爲"

《高祖本紀》："（沛公）西過高陽，酈食其爲監門。"校勘記："'爲'，原作'謂'。《漢書》卷一上《高帝紀上》作'爲'，本書卷九七《酈生陸賈列傳》云'爲里監門吏'。今據改。"（第 497 頁）

按："謂"字，古音匣紐歌部；"爲"字，古音匣紐物部。二字同屬匣紐，歌、物韻旁對轉，音近通用。王念孫《讀書雜志·淮南內篇第十八·人間》"居智所謂"

---

* 本文寫作得到導師武秀成教授的審閲和修訂，《漢語史研究集刊》匿名審稿專家也提出非常寶貴的修改意見，謹此致謝。

① 下文凡引《史記》，均據中華書局 2014 年平裝本，僅標注頁碼，不詳出注釋。

下注:"謂,猶爲也。……《莊子·讓王篇》'其何窮之爲',《呂氏春秋·慎人篇》'爲'作'謂'。《呂氏春秋·精諭篇》'胡爲不可',《淮南·道應篇》'爲'作'謂'。《漢書·高帝紀》'酈食其爲里監門',《史記》'爲'作'謂'。皆語之轉耳。"王引之《經傳釋詞》卷二引王念孫曰:"'謂',猶'爲'也(此'爲'字讀平聲)。《易·小過》上六曰'是謂災眚',《詩·賓之初筵》曰'醉而不出,是謂伐德','是謂',猶是爲也。莊二十二年《左傳》'是謂觀國之光',《史記·陳杞世家》作'是爲',是其證也。"《易·繫辭下》:"小人以小善爲無益而弗爲也,以小惡爲無傷而弗去也。"漢王符《潛夫論·慎微》引之,"爲無益""爲無傷"二"爲"字俱作"謂"。《左傳·哀公十六年》:"失志爲昏,失所爲愆。"《漢書·五行志》引後"爲"字原作"謂",點校本誤改作"爲"。《墨子·天志下》:"因以爲文義,此豈有異蕢白黑甘苦之別者哉?"孫詒讓閒詁:"爲與謂通。"又《經說下》:"其爲仁内也、義外也。"孫詒讓閒詁:"爲、謂字通。"《韓非子·解老》:"多費之謂侈。"王先慎集解:"盧文弨曰:'謂,張本作爲。'先慎曰:'爲'、'謂'古通,俗人妄改。"又《内儲説下》:"夫人知王之不以己爲妒也,因爲新人曰:'王甚悦愛子……'"王先慎集解:"'爲'與'謂'古本通。趙本及《御覽》三百六十七引作'謂',後人所改。"《禮記·禮運》:"祝以孝告,嘏以慈告,是謂大祥。"《孔子家語·問禮》"謂"作"爲"。漢王充《論衡·答佞》:"穿鑿垣墻,狸步鼠竊,莫知謂誰。"裘錫圭《論衡札記·爲謂通用》:"末句'莫知謂誰'之'謂'當讀爲'爲'。"(1978:231)《史記·高祖本紀》作"謂監門",而《漢書·高帝紀上》作"爲里監門",亦其證。

"謂監門",猶"爲監門",義即今語"是監門"。"謂""爲"既屬通假關係,且《史記》各本均作"謂"(宋倪思《班馬異同》卷二、金王朋壽《類林雜説·禮賢篇》等亦引作"謂"),修訂本不當據《漢書·高帝紀》《史記·酈生陸賈列傳》改字。

二、"取"與"聚"

《六國年表》:"初聚小邑爲三十一縣,令。爲田開阡陌。"校勘記:"'聚',原作'取'。王念孫《雜志·史記第二》:'取小邑,當爲"聚小邑",字之誤也。《秦本紀》曰"并諸小鄉聚,集爲大縣",彼言"集",此言"聚",其義一也。'今據改。"(第913—914頁)

按:"取"字,古音清紐侯部;"聚"字,古音從紐侯部。二字同屬侯部,齒頭音清、從互爲旁紐,音近通假。清席世昌《席氏讀説文記》卷八"聚,會也"條:"《易·萃·象傳》'聚以正也',荀(按,指荀爽)作'取'。惠氏《九經古義》云:'棟案,古聚字或作冣,或作取。《漢書·五行志》"取不達兹謂不知",注云:"取,讀爲聚。"古文省。'昌按：古書省'聚'作'取'，省母字也。而惠氏又云，《萃·象》'聚以正'當从荀作'取'是，又改正文，而从省文也。《易》荀氏亦非真古文，何必改諸家从荀耶。"席氏又於卷十二"挰，引取也"條辨惠棟之非："古人以'取'爲'聚'者，亦省母字也。如竟以爲古文'聚'字，恐非古義。"所駁爲是，但並未指明二者關係。"取""聚"實乃音近義通。朱駿聲《説文通訓定聲·需部》："取，叚借又爲聚。"《左傳·昭公二十年》："鄭國多盜，取人於萑苻之澤。"《白氏六帖事類集》卷二十八《寇賊門》、《太平御覽》卷六百二十二《治道部三》引作"聚"。王引之《經義述聞》卷十九"取人於萑苻之澤"條："取，讀爲聚。（聚，古通作取。）"胡紹煐《文選箋證》卷三十二《齊故安陸昭王碑文》"葦蒲攸在"："注善曰：'《左氏傳》曰：鄭國多盜，聚人於葦蒲之澤。'今《左傳》'聚'作'取'。杜注：'於澤中劫人。'按：《左傳》多古文，杜本作'取'，'取'即'聚'字。善引作'聚'，蓋服氏本也。古'聚'多假作'取'。"《莊子·天運》："今而夫子亦取先王已陳芻狗，取弟子遊居寢臥其下。"俞樾《諸子平議》卷十八《莊子二》："上'取'字如字，下'取'字當讀爲'聚'。……'聚'、'取'古通用。"《詩·商頌·殷武》"裒荆之旅"毛傳："裒，聚也。"俞樾《群經平議》卷十一《毛詩四》："傳文'聚'字當讀爲取。……古'取'、'聚'通用。"《爾雅·釋詁下》："揫、斂、屈、收、戢、蒐、裒、鳩、摟，聚也。"郝懿行義疏："'聚'，通作'取'。《易·萃》云'聚以正'，《釋文》：'聚，荀本作取。'"《漢書·五行志下》："内取兹謂禽。"顏師古注："'取'，如《禮記》'聚麀'之'聚'。"又《五行志下》："取不達兹謂不知。"顏師古注："取，讀曰聚。"《説文解字·手部》："挰，引取也。"《玉篇·手部》"挰"引《説文》作"引聚也"。皆是其例。

"取""聚"二字古既音近義通，王念孫説不可從，修訂本更不當據王説改"取"爲"聚"。

三、"問"與"聞"

《五宗世家》："於是上聞（劉）寄有長子者名賢，母無寵。"校勘記："'聞'，原作'問'。《漢書》卷五三《景十三王傳》作'聞'。今據改。"（第2560頁）

按："問""聞"古音同屬明紐文部，同音通假。張自烈《正字通·耳部》："聞，與問通。"朱駿聲《説文通訓定聲·屯部》："問，叚借爲聞。"睡虎地秦簡《日書》乙《生》："壬申生，有問邦。"睡虎地秦墓竹簡整理小組（1990：254）注釋："《日書》甲種作'壬申生子，聞'。此處'問'當讀爲'聞'。"《詩·王風·葛藟》："謂他人昆，亦莫我聞。"王引之《經義述聞》卷五"亦莫我聞"條引王念孫曰:"聞,猶問也。謂相恤問也。古字聞與問通。"又《大雅·文王》:"宣昭義問,有虞殷自天。"朱熹集傳:"問、聞通。"又《大雅·緜》:"肆不殄厥愠,亦不隕厥問。"陳奐傳疏:"問,讀爲令聞之聞,古問、聞通用。"《左傳·襄公三十一年》:"故能有其國家,令聞長世。"陸德明釋文:"'令聞',音問,本亦作問。"《墨子·尚同下》:"光譽令聞,先人發之。"孫詒讓閒詁:"《非命下篇》作'光譽令問',問與聞字通。"《莊子·庚桑楚》:"今者吾忘吾答,因失吾問。"陸德明釋文:"'因失吾問',元嘉本'問'作'聞'。"郭慶藩集釋:"問,猶聞也。問、聞古通用。"《史記·秦始皇本紀》:"終不得藥,徒姦利相告日聞。"裴駰集解:"徐廣曰:'一作問。'"①《史記·酈生陸賈列傳》:"酈生問其將皆握齱好苛禮自用。"②《漢書·酈食其傳》則作"食其聞其將皆握齱好苛禮自用"。皆是其例。

梁玉繩《史記志疑》即謂"於是上問寄"之"'問'字乃'聞'之訛",而修訂本未引梁説以爲證。就此問題,李笠《史記訂補》卷五已明辨之:"'於是上問寄有長子名賢。'《志疑》:'問乃聞之訛。'案:《漢傳》'問'作'聞','問'、'聞'字通。《酈生傳》'酈生問其將皆握齱(齷齪同)',《漢書》'問'作'聞'。梁氏謂字訛,非也。""問""聞"古既音同義通,修訂本據《漢書·景十三王傳》改"問"爲"聞",則以不誤爲誤。

四、"乃"與"仍"

《匈奴列傳》:"其明年春,漢復遣大將軍衛青將六將軍、兵十餘萬騎,乃再出定襄數百里擊匈奴。"校勘記:"《漢書》卷九四上《匈奴傳上》作'仍再'。按:本書卷三〇《平準書》:'明年,大將軍將六將軍仍再出擊胡。'"(第3534頁)

按:"乃"字,古音泥紐之部;"仍"字,古音日紐蒸部。泥、日準雙聲,蒸、之對轉,二字音近。《説文解字·人部》:"仍,因也。從人乃聲。"又《乃部》:"卥,驚聲也。……讀若仍。"段玉裁注:"《詩》《書》《史》《漢》發語多用此字作'迺',而流俗多改爲'乃'。""仍"從乃聲,而"迺(乃)"又"讀若仍","乃""仍"同聲而通用。朱駿聲《説文通訓定聲·升部》:"乃,叚借爲仍。"《書·酒誥》:"惟荒腆于酒,不惟自息乃逸。"江聲集注音疏:"乃之言仍也。"《周禮·春官·司几筵》:"凡吉事變几,凶事仍几。"鄭玄注:"故書'仍'爲'乃'。鄭司農

---
① 武英殿本作"問",今從之。百衲本、《史記評林》、汲古閣《十七史》本等作"間"。修訂本《史記》(第330頁)襲原點校本(1959年版,第259頁)作"聞",未出校。
② 百衲本、《史記評林》、汲古閣《十七史》本、武英殿本等皆作"問",倪思《班馬異同》卷十三引《史記》亦作"問",今從之。修訂本《史記》(第3262頁)作"聞",或爲金陵書局本所校改,然未出校。

云：'……乃，讀爲仍。'"《國語·吳語》："吳、晉爭長未成，邊遽乃至，以越亂告。"汪遠孫曰："乃，讀爲仍。《説文》仍從乃聲，二字古同聲通用。《內傳》哀十三年疏引《外傳》作'仍至'。"（徐元誥 2002：546）《漢書·張耳陳餘傳》："乃求得趙歇，立爲趙王。"王念孫《讀書雜志·漢書八》"乃"條："宋祁曰：'乃求，舊本作仍求，非是。'念孫案：《説文》'仍'從乃聲，'仍'、'乃'聲相近，故字亦相通。《周官·司几筵》'凶事仍几'，故書'仍'爲'乃'。鄭司農讀爲'仍'，是'仍'字古通作'乃'也。"《淮南子·道應》："盧敖乃與之語。"①《論衡·道虛》"乃"作"仍"。《史記·匈奴列傳》"乃再"，《漢書·匈奴傳上》作"仍再"，亦其證。

"乃""仍"二字古屬同聲通假，修訂本不煩出校，所出校勘記當刪。

五、"驛"與"譯"

《大宛列傳》："大宛以爲然，遣（張）騫，爲發導繹，抵康居。"校勘記："'繹'，景祐本、紹興本、耿本、《索隱》本、柯本、凌本作'驛'，黃本、彭本作'繹'，疑皆'譯'之訛文。按：《漢書》卷六一《張騫傳》作'譯道'。本傳下文云'烏孫發導譯送騫還'。《漢書》卷九六下《西域傳下》：'故事，給使者牛羊穀芻茭導譯。'"（第 3859 頁）

按，明凌稚隆《史記評林》："'導驛'二字，觀後書'烏孫發導譯送騫還'，則此'驛'亦當作'譯'。"梁玉繩《史記志疑》卷三十五亦曰："下有'導譯'，此訛'驛'字。《漢書》作'譯'也。"李人鑒《太史公書校讀記》亦云："各本或作'導繹'，或作'導驛'。'繹'、'驛'皆當作'譯'。此《傳》下文云：'烏孫發導譯送。'兩處'導譯'二字當同。《漢書·張騫傳》云：'大宛以爲然，遣騫，爲發譯導抵康居。'下文云：'烏孫發譯導送。'兩處皆作'譯導'。《漢書》不作'導譯'而倒作'譯導'，其故不可知，然此《傳》'繹'、'驛'之當作'譯'，則固不難由此而知之也。（'導'謂嚮導，'譯'謂通異國語言者。《索隱》解作'發驛令人導引'，非是。）"（李人鑒 1998：1580－1581）《漢書·張騫傳》"大宛以爲然，遣騫，爲發譯道，抵康居"，王先謙補注："《史記》作'爲發導驛，抵康居'。下'烏孫發譯道送騫'，《史》作'發道譯送騫'。譯、驛並通。然合諸文校之，蓋'譯'字是也。"以上諸家皆以"譯"是而"驛"非。

"驛""譯"古音同爲喻紐鐸部，屬同音通假。《玉篇·馬部》："驛，譯也。"敦煌懸泉漢簡二字使用多不別，可證其關係。如簡 108："始建國二年九月戊子，日

---

① 各本原無"乃"字，據王念孫說補，詳參《讀書雜志》（第 709 頁）。

蚤食時，萬年亭驛騎張同受臨泉亭長陽。"（胡平生，張德芳 2001：90①）又簡110："元平元年十一月癸丑，夜幾少半時，縣（懸）泉驛騎傳受萬年驛騎廣宗，到夜少半時付平望驛騎。"又簡161："九月辛亥，日下鋪時，臨泉譯漢受平望馬益。"又簡193："甘露二年二月辛未，日夕時，受平望譯（驛）騎當富，縣（懸）泉譯騎朱定付萬年譯騎。"敦煌漢簡138："臣☐稽首再拜，謹因驛騎奉。"（吳礽驤 1991：13）《漢書·傅介子傳》："（傅介子）即出金幣以示譯。"《漢紀》卷十六《前漢孝昭皇帝紀》作"多出金幣以示其驛使"。《孝經·聖治章》"是以四海之內各以其職來助祭"鄭玄注："周公行孝於朝，越裳重譯來貢，是得萬國之歡心也。"陸德明釋文："譯，本亦作驛。"《後漢書·和帝紀》："都護西指，則通譯四方。"《藝文類聚》卷十二《帝王部二》、《太平御覽》卷九十一《皇王部十六》皆引作"通驛四方"。又《後漢書·西域傳》："屯田於膏腴之野，列郵置於要害之路。馳命走驛，不絶於時月。"劉攽曰："驛，當作譯。"《後漢書集解》，第1032頁並是其證。

《史記·大宛列傳》云"自大宛以西至安息國，雖頗異言，然大同俗，相知言"②，但"廣地萬里，重九譯，致殊俗"③。爲此，漢庭乃設置"譯官""九譯令"等以便利與西域諸國的溝通交流。《漢書·百官公卿表》："典客，秦官，掌諸歸義蠻夷。……屬官有行人、譯官、別火三令丞及郡邸長丞。"又云："典屬國，秦官，掌蠻夷降者。……屬官，九譯令。"④ "譯官""九譯令"乃擔任語言傳譯的專門人員，與《漢書·西域傳》載西域小國所置"譯長"相同。《資治通鑑》卷三十五《漢紀二十七》："是時西域凡五十國，自譯長至將相侯王皆佩漢印綬。"胡三省注："譯長之官，西域諸國皆有之，所以通其國之語言於中國。""譯官""譯令""譯長"之屬有"譯"或"譯者"。《漢書·傅介子傳》："（傅介子）使譯謂（樓蘭王）曰……即出金幣以示譯，譯還報王。"《太平御覽》卷七百七十七《奉使部一》引作"使譯者謂王曰……即出金幣以示譯，譯者還報王"。《説文解字·言部》："譯，傳譯四夷之言者。"大宛所發"驛"，其職能當與《傅介子傳》之"譯"無異，主要即負責傳譯、奉使。《資治通鑑》卷十八《漢紀十》："大宛聞漢之饒財，欲通不得，見騫，喜，爲發導譯抵康居。"胡三省注："導者，引路之人。譯者，傳言之人也。"《史記·大宛列傳》之"導驛"，應當指"嚮導和譯人，或者一身二任"（王子今 2014：400），嚮導常常可以扮演翻譯的角色，而翻譯也多能充當嚮導。《漢書·張騫傳》"遣騫，爲發譯道"及"烏孫發譯道送騫"兩作"譯道"，即可證明"導驛"

---

① 下文凡引懸泉漢簡皆據此，不詳出注釋。
② "頗"作程度副詞，表程度低或淺，義即稍、略。余太山（1991）："康居人的族屬和語言系屬應和大宛、安息相同或相近。"
③ "重九譯"爲"重譯"的強化形式，故張守節正義："言重重九遍譯語而致。"詳參王子今（2010）。
④ "九譯令"，宋孫逢吉《職官分紀》卷二十"司農"引作"九驛令"。

或是身兼二職,故乃可逆序作"譯道(導)"。

《資治通鑑》卷十九《漢紀十一》:"廣地萬里,重九譯,致殊俗。"宋史炤《資治通鑑釋文》卷三"九譯"條:"傳四夷之言者。譯,猶繹也。如繹絲然,紬其語而繹之。"王利器主編《史記注譯》亦謂"爲發導繹"之"繹"乃"通'譯',即翻譯"。此後,《史記》注家更多以"繹"通"譯"。辭書字典凡言通假者,並引之爲證。"繹""譯"雖古音同屬喻紐鐸部①,然二字先秦兩漢直至唐宋並無相通之例②,史炤乃濫用聲訓強爲之説(然後世如明卓明卿《卓氏藻林》③等頗採用之)。因"驛""繹"字音相同古本通假④,故二字容易混淆致訛。南宋黃善夫本、元彭寅翁本(以黃善夫本爲底本)、清金陵書局本等作"繹"者⑤,當爲"驛"之訛誤。

清程餘慶《歷代名家評注史記集説》於"爲發導繹,抵康居"下注:"驛、譯通。"甚是。司馬貞索隱:"爲發道驛抵康居。發道,謂發驛令人導引而至康居也。"司馬貞所見本猶作"驛",景祐本、紹興本等亦多作"驛",而諸本無作"譯"者。修訂本根據本傳下文及《漢書》懷疑"繹"爲"譯"之訛誤,"繹"本訛字,至疑"驛"亦爲訛字則可商榷。"譯""驛"古本音同相通,司馬遷或本作"驛"。

六、"接"與"捷"

《蘇秦列傳》:"然則王何不使可信者接收燕、趙,令涇陽君、高陵君先於燕、趙?"校勘記:"'接',《戰國策·燕策一》同。《戰國縱橫家書·謂燕王章》作'棲'。裘錫圭《讀戰國縱橫家書釋文注釋札記》:'此句原文當作"捷收燕、趙","捷"當疾速講。帛書本把"捷"字錯成形近的"棲",《蘇秦列傳》等本則把"捷"字錯成音近的"接"。'"(第2769—2770頁)

按:"接"字,古音精紐葉部;"捷"字,古音從紐葉部。精、從旁紐,二字音近通假。《爾雅·釋詁下》:"接,捷也。"《集韻·葉韻》:"接,捷也。"《荀子·大

---

① "譯""繹"因音同而致訛者有之,然時代較晚。《全後周文》卷四有"宇文繹",嚴可均曰:"繹,未詳,疑當作'譯'。"《全後周文》據唐釋道宣《續高僧傳》卷十九錄爲"宇文繹",而釋道宣《廣弘明集》卷十及《佛道論衡》卷乙、唐釋明佺《武周刊定衆經目錄》卷二皆作"宇文譯",是"繹"乃"譯"之訛。王鳴盛《蛾術編》卷三十五《説字二十一》《廣韻》條(1958:509):"'四聲尋譯':'譯',宋本及顧刻作'繹'。其實,宋本未必盡是。"(第509頁)
② 明唐順之《東陳海防經略事疏》:"譯審來寇之端,敕彼國王,令其查治惡逆,斂戢屬夷,使不敢再犯。"《漢語大詞典》:"譯審:尋繹細察,弄明白。譯,通'繹'。"以爲"譯""繹"相通最早用例。
③ 據考證,《卓氏藻林》乃剽竊明嘉靖間王良樞之《藻林》。參睢駿(2005)。
④ 朱駿聲《説文通訓定聲·豫部》:"繹,叚借爲驛。"《詩·大雅·常武》:"匪紹匪遊,徐方繹騷。"鄭玄箋:"繹,當作驛。"《爾雅·釋訓》:"繹繹,生也。"邢昺疏:"繹與驛音義同。"《方言》卷一:"繹,長也。"錢繹箋疏:"繹與驛通。"是"驛""繹"相通之證。
⑤ 張文虎(1977:710)曰:"蔡(南宋蔡夢弼刻本)、中統(元中統本)、王本(明王延喆翻宋三家注合刻本)作'繹',它本作'驛'。"

略》:"先事慮事謂之接,接則事優成。"楊倞注:"接,讀爲捷,速也。"《淮南子·本經》:"接徑歷遠,直道夷險。"高誘注:"接,疾也。"楊樹達(1985:72)證聞:"接,讀爲疌。《説文》云:'疌,疾也。'"《大戴禮記·保傅》:"博聞强記,接給而善對者,謂之承。"賈誼《新書·保傅》作"捷給"。《禮記·曾子問》:"曾子問曰:'當祭而日食,大廟火,其祭也如之何?'孔子曰:'接祭而已矣。'"孔穎達疏:"接,捷也。捷,速也。速而祭之。"又《內則》:"國君世子生,告於君,接以大牢。"鄭玄注:"接,讀爲捷。捷,勝也。"惠棟《九經古義》卷十二《禮記下》:"接與捷通,故訓爲捷。"是其例。

裘錫圭(1992:87):"'接'字古與'捷'通,高亨先生纂著、董治安先生整理的《古字通假會典》的'接與捷'條,舉了大量例證。"裘氏下文云"《蘇秦列傳》等本則把'捷'字錯成音近的'接'",與此處自相矛盾,二字實爲通假關係,非是"捷"錯成"接"。"捷""接"既音近通假,"不宜視爲誤字,況且《史記》此處更有所本"(武秀成2013:9),加上《册府元龜》卷八百八十八《遊説》、蘇轍《古史》卷四十《蘇秦列傳》等均引作"接",若從校勘的精審角度考慮,修訂本此則校勘記當刪。

由於漢字本身的特點以及其他相關原因,先秦兩漢的古籍中都普遍存在着通假現象,這必然會給我們的閱讀、研究帶來極大的困難和阻礙。但是,通假與訛誤並非等同的概念:通假多爲古書原本所有,屬於語言使用習慣等方面的問題;而訛誤則爲後來所產生,屬於古籍寫刻流傳過程中的問題。既然校勘的任務是改正傳寫的訛誤,"恢復一個文件的本來面目,或使他和原本相差最微"(胡適1997:1),那麼,我們整理校勘古籍時就特別需要將通假與訛誤區別開來,不能擅改古書原貌,以致古籍"失真"。另外,對於《史記》這類早期大型典籍,校勘記的撰寫應做到精審恰當,在處理因通假造成的異文時可儘量從簡從略。

參考文獻

班固. 漢書. 北京:中華書局,1962.

段玉裁. 説文解字注. 2版. 上海:上海古籍出版社,1988.

胡平生,張德芳. 敦煌懸泉漢簡釋粹. 上海:上海古籍出版社,2001.

胡適. 元典章校補釋例序//陳垣. 校勘學釋例. 上海:上海書店出版社,1997.

李人鑒. 太史公書校讀記. 蘭州:甘肅人民出版社,1998.

梁玉繩. 史記志疑. 北京:中華書局,1981.

劉又辛. 通假概説. 成都:巴蜀書社,1988.

裘錫圭. 論衡札記//文史:第十五輯. 北京:中華書局,1978.

裘錫圭. 讀《戰國縱橫家書釋文注釋》札記//文史:第三十六輯. 北京:中華書局,1992.

睡虎地秦墓竹簡整理小組. 睡虎地秦墓竹簡. 北京：文物出版社，1990.

司馬遷. 史記. 北京：中華書局，1959.

司馬遷. 史記. 修訂本. 北京：中華書局，2014.

睢駿.《卓氏藻林》辨僞. 古籍整理研究學刊，2005（5）.

王鳴盛. 蛾術編. 北京：商務印書館，1958.

王念孫. 讀書雜志. 上海：上海古籍出版社，2015.

王先謙. 後漢書集解. 北京：中華書局，1984.

王先謙. 漢書補注. 上海：上海古籍出版社，2008.

王引之. 經傳釋詞. 南京：江蘇古籍出版社，2000.

王子今. "重譯"：漢代民族史與外交史中的一種文化現象. 河北學刊，2010（4）.

王子今. 秦漢稱謂研究. 北京：中國社會科學出版社，2014.

吳礽驤. 敦煌漢簡釋文. 蘭州：甘肅人民出版社，1991.

武秀成. 二十一世紀的《史記》通行本. 中華讀書報，2013－11－27.

徐元誥. 國語集解. 修訂本. 北京：中華書局，2002.

嚴可均. 全上古三代秦漢三國六朝文. 北京：中華書局，1958.

楊樹達. 淮南子證聞. 上海：上海古籍出版社，1985.

余太山. 大宛和康居綜考. 西北民族研究，1991（1）.

張文虎. 校刊史記集解索隱正義札記. 北京：中華書局，1977.

Six Examples of *Tongjia*（通假）Errors in the Revised *Shiji*（《史記》）

Wang Jianyong

Abstract：*Tongjia*（通假）is different from errors during the printing and publication of ancient books as it is always related to the use of language, and therefore it should be treated differently. There is some errors in the Revised *Shiji*（《史記》）, among which we select six examples to examine.

Keywords：*Shiji*（《史記》）；revised；*Tongjia*（通假）；errors

（王建勇，南京大學文學院）

年忌及相關民俗語詞考*

譚　偉

提　要：雖然"年忌"一詞只在醫學文獻中出現，但"年忌"的觀念深刻影響了民間文化，並形成了獨特的民間年忌風俗，出現了一些民俗語詞，如明九、暗九、七十三八十四閻王不叫自家去，等等。

關鍵詞：年忌；民俗；語詞

雖然人們在不時地使用"年忌"這個詞，但都不知道這個詞的確切含義，現在的一些辭書也沒有恰當的釋義。我們先看看兩部詞典對"年忌"的解釋。
《漢語大詞典》：

> 年忌：陰陽家指人從七歲起，每隔九年所遇到的大忌。《靈樞經·陰陽二十五人篇》："七歲、十六歲、二十五歲、三十四歲、四十三歲、五十二歲、六十一歲，皆人之大忌，不可不自安也；感則病行，失則憂矣。當此之時，無爲奸事，是爲年忌。"（第275頁）

《辭源》（修訂本）：

> 年忌：古代迷信，謂人從七歲起，每隔九年為一大忌，稱年忌。見《靈樞經》九《陰陽二十五人》。（第1091頁）

這兩部辭典有兩個共同的問題。其一，它們的例證都是《靈樞經·陰陽二十五人篇》，而《靈樞經》是醫學文獻，如果把"年忌"視為"陰陽家"說或"迷信"的話，則視《靈樞經》為"陰陽家"書或"迷信"之書，這顯然是不恰當的。就算《靈樞經》滲入了"陰陽"思想，但和"陰陽家"的思想還是不一樣的。《靈樞經》將陰陽五行學說的哲學思想納入醫學之中，是有其獨特價值的。其二，它們都沒有

---

* 項目支持：教育部人文社科重點研究基地重大項目"中國民間習俗與漢語俗語研究"、國家社會科學基金"唐五代俗語研究"（15BYY121）前期成果。

反映出"年忌"在後世民俗中的變化。臺灣"重編國語辭典"（修訂本）的釋義為：

> 年忌：有災厄的年紀，相傳以七歲為始，以後遞以九歲增之，如十六、二十五等。（第 1329 頁）

沒有把"年忌"的來源說清楚。我們不妨先看看《靈樞經·陰陽二十五人篇》的內容。此篇根據陰陽五行理論，結合五色、五音，歸納分述了二十五類人的不同特性，從而"別而以候，從外知內"。在分述了二十五類人的不同特性後說：

> 黃帝曰："得其形，不得其色何如？"岐伯曰："形勝色，色勝形者，至其勝時年加①，感則病行，失則憂矣。形色相得者，富貴大樂。"黃帝曰："其形色相勝之時，年加可知乎？"岐伯曰："凡年忌，下上之人，大忌常加。七歲、十六歲、二十五歲、三十四歲、四十三歲、五十二歲、六十一歲皆人之大忌，不可不自安也，感則病行，失則憂矣，當此之時，無為奸事，是謂年忌。"（《靈樞經校釋》，第 626 頁）

這段文字還有一些問題，總的意思是說，凡人"形勝色"或"色勝形"就會有生病的可能，需要注意；特別是七歲之後每隔九年之時，即十六歲、二十五歲、三十四歲、四十三歲、五十二歲、六十一歲等更是要謹慎，否則就會出問題。這些年份就是年忌。至於為什麼要從七歲開始，之後要加"九"，明代著名醫學家張介賓（號景岳，1563—1640），是這樣解釋的："此言年忌，始於七歲，以至六十一歲，皆遞加九年者，蓋以七為陽之少，陽數極於九，而極必變，故自七歲以後，凡遇九年，皆為年忌。"（丹波元簡《靈樞識》，第 78 頁）② 無論解釋是否科學，中醫的"年忌"意義是明確的，即指形、色不相合的人，從七歲之後，每隔九年之時，是容易生病、需要謹慎的年份。

在民間風俗中，中醫"年忌"的內容又發生了變化。清董含（1624—1697）③《三岡識略》卷六"遇九逢災"條：

> 今人逢九，云是年必有災殃，俗傳已久，愚夫愚婦皆信以為實然。予每竊笑之，不知此說原本於《靈樞》，其言曰：凡人最患年忌，由九而推之，年忌相加，則感之而病行。故人方七歲，是陽之少也，再加九歲為十六，加九歲為二十五，加九歲乃三十四，加九歲乃四十三，加九歲乃五十二，加九歲乃六十

---

① 年加：《中國醫學大辭典》釋為"年忌相加也"（謝觀 1994：515）。偉按：《黃帝內經》有"年之所加"，指各年主客氣加臨。
② 清代薛雪《醫經原旨》所說同。
③ 董含，松江華亭（今上海金山）人；又說為江南金山衛人，金山衛在華亭縣。

一。九為老陽,陽極必變,皆人生之大忌,勿為姦淫之事①,猶可自勉云云。但以七歲為始,非若今之人,竟以九積算耳。

指出"逢九"的忌諱是從中醫而來的,但沒有說明是如何"積算"(計算)的。清翟灝(?—1788)②《通俗編》卷一《天文》"年忌"條說:

> 《靈樞經》:凡七歲,十六歲,二十五歲,三十四歲,四十三歲,五十二歲,六十一歲,是謂年忌。〔按〕此以七為始,而遞以九數乘之也。今俗以二九、三九相乘之歲,如十八,二十七,以至九十九八十一歲為暗九,謂有疾厄之慮。傳之失其真矣。(第48頁)

所謂"暗九"就是年齡的數字中暗含九。"暗九"之俗,民間流傳甚廣,《五燈全書》卷一一三《湖州弁山龍華久默大音禪師(1592—1642)》:

> 浙西石門(今浙江臨安)姚氏子。……師誕日上堂:"暗九之年,曲不藏直。四十五歲,直不藏曲。且道不落數量者,是甚麼人?"卓拄杖曰:"從來不著孃生褲,自古遭人笑赤條。"③

清曹雪芹(約1715—約1763)《紅樓夢》第八十八回:

> 鴛鴦道:"老太太因明年八十一歲,是個暗九,許下一場九晝夜的功德,發心要寫三千六百五十零一部《金剛經》。"(第1231頁)

民間除"暗九"之說外,還有"明九"之說,即年齡的數字中有九。清代夏敬渠《野叟曝言》第二十九回:

> 石氏大悟道:"姑娘所料,十有八九!但你哥哥與文相公因何並沒信息?你哥哥又在暗九,算命的俱說要防大病;我們畢竟向鎮江店裡討一確信,才得放心。"璇姑道:"明九暗九之說,最是荒唐;命理深微,又豈庸夫所測?"(第862頁)

---

① 把《靈樞經》"無為奸事"理解為"勿為姦淫之事"有些不恰當。《靈樞經》"無為奸事"應該是指不做違犯常理之事,當為"奸"而非"姦",讀"gān"。《說文·女部》:"奸,犯婬也。從女從干,干亦聲。"段注:"此字謂犯奸婬之罪。非即姦字也。今人用奸為姦,失之。引申為凡有所犯之偁。《左傳》多用此字。如'二君有事,臣奸旗鼓'之類。形聲中有會意。干,犯也。故字從干。"王筠《句讀》:"《集韻》引無婬字,是也。婬義自屬姦字。"《廣雅·釋詁》:"奸,犯也。"《左傳·莊公二十年》:"奸王之位,禍孰大焉?"杜預注:"奸,音干。"《左傳·襄公十四年》:"君制其國,臣敢奸之,雖奸之,庸知愈乎?"杜預注:"奸,猶犯也。"《韓非子·定法》:"法者,憲令著於官府,刑罰必於民心,賞存乎慎法,而罰加乎奸令者也,此臣之所師也。"漢陸賈《新語·懷慮》:"邪不奸正,圓不亂方。"宋曾鞏《襄州諸廟祈雨文》:"冬令久行,而寒氣未應。嗟吏治之不善,以奸陰陽。"

② 翟灝,仁和(今浙江杭州)人。

③ CBETA, X82, no. 1571, p. 689, c20—p. 690, a13 // Z 2B: 15, p. 73, a7—b6 // R142, p. 145, a7—b6。

清末西泠野樵《繪芳錄》第五十五回：

> 二郎道："老恩師年高的人，即是無恙，逢到明暗九年及整壽之日，也可置辦。至於醫家所說，他們是防而不備，預先說了，倘有疏虞，即怪不著他們。"（第3頁）

清末平江不肖生《張文祥刺馬案》第十七回：

> 六姨太連忙伸手來掩柳無非的口，說道："快不要說這些客氣話，我們都是年輕輕的人，豈是慶壽的時候？只因我今年二十七歲，正逢暗九。我那生長地方的風俗，每人生日，逢著明九暗九，都有禁忌。據老輩傳說：若這人逢明九或暗九的生日，不依照老例熱鬧一番，這人必不順利，並且多病多煩惱。"柳無非道："我倒不懂得這種風俗。怎麼謂之明九？怎麼謂之暗九？因四川沒有這風俗，不曾聽人談過。"六姨太道："風俗自是一處不同一處。如我今年二十七歲，三九二十七，所以謂之暗九；若再過兩年二十九歲，便是明九了。遇著明九的生日，須在白天安排些酒菜，邀請若干至親密友。男子生日邀男子，女子生日邀女子。已成親的邀已成親的，未成親的邀未成親的。大家圍坐在一處，每人由生日的人敬九杯酒。酒杯可以選用極小的，酒也可以用極淡的，但是少一杯也不行，這就是托大家庇蔭的意思。各人盡興鬧一整日，越鬧得高興越好。暗九就在夜間，一切都依照明九的樣，也是越鬧得凶越好，務必鬧到天明才罷。平常生日做壽，至親密友都得送壽禮，自有逢著明九暗九，無論什麼人，一文錢的禮也不能送。若是明九暗九有人送禮，簡直比罵人咒人還厲害。過了六十歲的人，便沒有這種禁忌了。我今年是暗九，所以特來請兩位妹妹去喝點兒淡酒。務望給我面子，早些光降，最好大家聚飲到天明。"

清末壯者《掃迷帚》第十七回：

> 人之生老病死，壽命久暫，豈不是全由那先天元氣的厚薄，後天體質的強弱，非空言所能挽回麼？世人不知此理，但留心於趨避忌諱，這又何益？中國各省，於人之壽數，禁忌最多，有百日關，有千日關，有痘花關，有四柱關，有四季關，有閻王關，有鬼門關，有鐵蛇關，有急腳關，有鳥飛關，有落井關，有斷橋關，有羅漢關，種種關煞，指不勝屈。子平之法，偏官為關，偏財為煞，取生辰之數斷之，水一、火二、木三、金四、土五。且如甲見庚煞，乃四五歲關。丙見壬煞，一六歲關。戊日甲煞，三八歲關。庚日丙煞，二七歲關。壬見戊煞，五十歲關。陰干亦如此推。據術士所言，人之一身，幾無年、無月、無日、無時能免災悔厄難之虞。而世之最忌者，尤莫如將軍箭及明九、暗九之說。將軍箭者，謂春忌丙戌辰，夏忌未卯子，秋忌午寅丑，冬忌亥申

巳。一箭傷人則三歲殤，二箭傷人則六歲亡，三箭傷人則九歲死，四箭傷人則十二歲難活。明九者，九歲、十九歲、二十九歲等是也。暗九者，二九十八歲，三九二十七歲，四九三十六歲等是也。（第72—73頁）

數術家亦用"暗九"之說，《神相全編》引《風鑒》云："運限並沖明暗九，更逢破敗屬幽冥。倘若得時都他好，順流氣色見光晶。"《圖解面相學》："限運並沖明暗九，更逢破敗屬幽冥。又兼氣色相刑克，骨肉破敗自伶仃。"

佛教亦有以"九"推吉凶的方法，唐僧一行《梵天火羅九曜》卷一："羅睺星以錢供養口決云向丑寅供之，年一、十、十九、二十八、三十七、四十六、五十五、六十四、七十三、八十二、九十、一百大凶。行年至此宿者凶，星隱而不見。"①

民間，用"九"為週期計時之數，明謝肇淛《五雜組》卷二：

> 夏至後九九氣候，諺云："一九二九，扇子不離手。三九二十七，冰水甜如蜜。四九三十六，汗出如洗浴。五九四十五，難戴秋葉舞。六九五十四，乘涼入佛寺。七九六十三，床頭尋被單。八九七十二，思量蓋夾被。九九八十一，階前鳴促織。"冬至後諺云："一九二九，相逢不出手。三九二十七，籬頭吹觱栗。四九三十六，夜眠如露宿。五九四十五，太陽開門戶。六九五十四，貧兒爭意氣。七九六十三，布衲擔頭擔。八九七十二，貓犬尋陰地。九九八十一，犁耙一齊出。"今京師諺又云："一九、二九，相逢不出手。三九、四九，圍爐飲酒。五九、六九，訪親探友。七九、八九，沿河看柳。"按此諺起于近代，宋以前未之聞也。其以九數，不知何故，今吳興人言道里遠近，必以九對，而不言十，亦可笑也。（第25頁）

民間的年忌亦有非用"九"者。這類俗語有：

（1）六十六，閻王請吃肉。

清末壯者《掃迷帚》第十七回：

> 明九、暗九外，又有所謂"六十六，閻王請吃肉"者，倘犯此忌，如有脅，則必舉家皇皇，視為危險，且聚訟紛紜，一若其必不得起，豈非咄咄怪事？新陽有李翁者，僦居江陰某街，家道小康，頗可自給。李今年六十六，適犯吃肉之忌，乃於前歲小除夕，用梅紅紙大書特書曰："自元旦始，不論至親好友，遇請飲宴，一概辭謝不到"云云。防其說出吃肉二字。其子女亦遍告戚友，囑勿邀請，免觸忌諱。入歲以來，精神煥發，毫無疾病，私心竊喜，坦然無憂。前

---

① CBETA, T21, no. 1311, p. 459, b14—26。

月下浣①，有某大令初從俄國旋華，係翁總角之交，折柬邀翁宴敘，情不可卻，應命而往。眷屬大驚，歸咎於某大令，屢命僕人打轎往接，大有生去死歸之懼。推其意，既無理可講，又無憑驗可據，而相率風靡，其愚孰甚。幸而某翁無恙，否則某令必大受責讓，而輾轉附會，諸吃肉中，將又加一新掌故矣。（第 73—74 頁）

這句俗語，所見文獻不多。

（2）七十三，八十四，閻王不叫自家去。

清康熙年間隨緣下士《林蘭香》第五十七回：

自此，棠夫人臥病不起，醫巫罔效，延至夏末秋初，正應了一句俗言：七十三八十四，閻王不叫自家去。遂於景泰五年七月命終，享年八十四歲。（第 7 頁）

也作：七十三，八十四，閻王不叫自個去。韶華《身邊人物志·團圓年》：

老年人愛感傷，竟然像孩子似的哭泣起來："七十三，八十四，閻王不叫自個去。過了節，我八十四了，再見不著重孫子了！"

也作：七十三，八十四，閻王請你商量事。張俊彪《最後一槍》三六章：

俗話說："七十三，八十四，閻王請你商量事。"我今年七十三了，閻王爺還不來請，看來苦還沒受盡。"

閻王，傳說掌管人生死的陰間之神。在民俗中，七十三歲與八十四歲是人生命中的兩個"坎"。其來源大致有兩說，一是與我國古代的兩位聖人孔子和孟子的死亡年齡有關。孔子生於公元前 551 年，死於公元前 479 年，周歲為七十二歲，虛歲是七十三歲；孟子生於公元前 372 年，死於公元前 289 年，周歲是八十三歲，虛歲是八十四歲。古代人的年齡都是以虛歲來計算的，所以孔子是七十三歲死的，孟子是八十四歲死的。我國古代，對孔子和孟子十分推崇，孔孟學說在我國也有巨大的影響，二人被尊為"聖人"和"亞聖"。連聖人和亞聖都無法過去的年齡坎，對普通人來說更是一個巨大的挑戰。二是與八字的沖克相關。人在十三歲、七十三歲、八十四歲的時候，八字容易被沖克，成為生命的關口。

也出現了這樣的俗語，"七十三，八十四，不死也是兒女眼裡一根刺"，形容人老無用，活著惹兒女輩嫌棄。劉江《太行風雲》四二："元他娘把散亂的白頭髮，往耳鬢後邊一收，瓷起兩隻灰蒙朧眼，說：'人老了就不中了。七十三，八十四，

---

① 下浣：亦作"下澣"，指為官逢下旬的休息日，亦指農曆每月的下旬。明楊慎《丹鉛總錄·時序》："俗以上澣、中澣、下澣為上旬、中旬、下旬，蓋本唐制十日一休沐。"清王士禛《香祖筆記》卷三："每月朔望及下浣五日，百貨集慈仁寺。"

不死也是兒女眼裡一根刺。'"

（3）七十三八十四。

還出現了"七十三八十四"這樣的縮略俗語。不過，辭典的釋義似乎有些問題。《漢語大詞典》"七十三八十四"條：

> 形容嘮叨不已。《水滸傳》第二一回："〔唐牛兒〕板壁縫裏張時，見宋江和婆惜兩箇都低著頭，那婆子坐在橫頭桌子邊，口裏七十三八十四隻顧嘈。"（第63頁）

《中國俗語大辭典》"七十三八十四"條：

> 形容說話東拉西扯，嘮嘮叨叨。《水滸傳》二一回："唐牛兒捏腳捏手，上到樓上，板壁縫裡張時，見宋江和婆惜兩個都低著頭；那婆子坐在橫頭桌子邊，口裡七十三八十四只顧嘈。"《醒世恆言》卷一三："當日冉貴見觀察眉頭不展，面帶憂容，再也不來答擾，只管南天北地，七十三八十四說開了去。"梁斌《烽煙圖》七："李德才肝火上旺，不管不顧，七十三八十四地瞎說一陣。"（第685頁）

《醒世姻緣傳》第四十八回："打得那素姐口裡七十三八十四無般不罵。"

其實，唐宋的禪宗語錄已見這種表達，《法演禪師語錄》卷中：

> 上堂云："若要天下橫行，見老和尚打鼓升堂，七十三八十四，將拄杖驀口便築。然雖如是，拈卻門前上馬臺，剪斷五色索，方始得安樂。"①

《圓悟佛果禪師語錄》卷九：

> 所以上古尊宿天下老和尚，拂子邊，拄杖頭，現無量神通。其實與爾諸人，解黏去縛，抽釘拔楔，令汝直下到安閑之地。也無證，也無得，亦無周由者也。七十三、八十四。若也未到，不免搽糊去也。②

"七十三八十四"與死亡之間的關係還是比較虛的，因此以上諸例中的"七十三八十四"更多表達的是不著邊際的意思，而不是"嘮叨不已"或"嘮嘮叨叨"的意思。

在文獻中，"七十三八十四"也有表示與年忌相關的，如明楊文奎《翠紅鄉兒女兩團圓》第二折：

> （當日那）舉穀錢咱親放，（今日個）要文書您家財。（至如我）七十三八十四。（哎。賊醜生每也。慣的您來）千自由百自在。（淨福童云：叔叔，你便

---

① CBETA, T47, no. 1995, p. 661, b9—11。
② CBETA, T47, no. 1997, p. 754, c8—13。

死了，這錢物也是俺兩個的。)

此外，年忌的觀念在民俗中還有擴大，即有年齡的忌諱，如下列俗語：

(1) 六十勿過夜，七十勿過旰。

旰(gàn)：晚、遲。年上六十，不要在別人家住宿；年上七十，不要在別人家逗留太晚。指人上年紀，隨時要防意外。清·范寅《越諺》卷上："'六十勿過夜，七十勿過旰'，言不保朝夕。"

也作：六十不借債，七十不過夜。何卓雲《鄉親》："李二嫂多年不見她，一定要留她在家裡住幾天。可沈大媽說啥也不肯，說是'六十不借債，七十不過夜'，還是回去好。"

也作：七十不留宿，八十不留飯。年上七十的客人，不要挽留他在自己家住宿；年上八十的客人，不要挽留他在自己家吃飯。俞天白《古宅》七："儘管'七十不留宿，八十不留飯'，陪著這把年紀的人外出奔波，擔負著極大的風險，但也只好去冒犯一回了。"

(2) 七十不保年，八十不保月。

人上了七十歲，就難保能活到年底；上八十歲，就難保能活到月底。王金屏《精神貴族和編輯夫人·奶奶啊奶奶》："'七十不保年，八十不保月'嘍。奶奶今年七十三，是'閻王不叫自己去'的關口，說不定哪天就伸腿了。"

一些少數民族，亦有類似的風俗，沈宗元《西藏風俗記》："夫勒與大喜二處，喇嘛之生日即為假日。其滿三歲或二十五歲、四十九歲、六十一歲、七十三歲、八十五歲等時，則為大節日。"

年忌，就是一些特殊年紀的忌諱。最初，中醫指形、色不合的人以七歲為始，以後每隔九年的年份為一次年忌。如十六、二十五、三十四、四十三、五十二、六十一、七十、七十九、八十八、九十七歲等。在民俗中，以為所有人凡歲數遇九或暗含九的年份則當忌諱，如九、十九、二十九、三十九、四十九、五十九、六十九、七十九、八十九、九十、九十九（以上明九），以及十八、二十七、三十六、四十五、五十四、六十三、七十二、八十一（以上暗九）等歲；並進一步指六十以上年紀的所有人都當有忌諱。

年忌作為中醫概念，是否科學，有待進一步探討；當年忌觀念從中醫進入民俗，成為一種民俗文化現象，其深厚的文化內涵也有待進一步挖掘。

參考文獻

曹雪芹. 紅樓夢. 北京：人民文學出版社, 2005.
"重編國語辭典"編輯委員會. "重編國語辭典". 修訂本. 臺北：臺灣"商務印書館", 1981.

丹波元簡. 靈樞識//中國醫學大成：第二冊. 上海：上海科學技術出版社，1990.

漢語大詞典編纂處. 漢語大詞典. 縮印本. 上海：上海辭書出版社，2007.

河北醫學院. 靈樞經校釋. 北京：人民衛生出版社，2009.

商務印書館編輯部. 辭源. 修訂本. 北京：商務印書館，2009.

沈宗元. 西藏風俗記//滿清野史續編. 上海：新興書局，1920.

隨緣下士. 林蘭香//古本小說集成（第四輯）：第027冊. 上海：上海古籍出版社，1991.

溫端正. 中國俗語大辭典. 上海：上海辭書出版社，2011.

西泠野樵. 繪芳錄. 排印本. 上海：申報館，1878（光緒四年）.

夏敬渠. 野叟曝言//古本小說集成（第四輯）：第056冊. 上海：上海古籍出版社，1994.

謝觀. 中國醫學大辭典. 北京：中國中醫藥出版社，1994.

謝肇淛. 五雜組. 上海：上海書店，2001.

翟灝. 通俗編. 北京：商務印書館，1959.

壯者. 掃迷帚. 上海：商務印書館，1909.

楊文奎. 翠紅鄉兒女兩團圓//古本戲曲叢刊四集：第35冊. 上海：商務印書館，1958.

Year Taboo and Related Folk Language

Tan Wei

Abstract：Although the term "year taboo" is only found in medical literature, but year taboo has profound impact on folk culture. Unique folk culture on year taboo was thus formed and the related folk was thus born such as Overt Nine, Covert Nine or go by oneself without *Yanwang*'s call and so on.

Keywords：year taboo；folk culture；language

（譚偉，四川大學中國俗文化研究所）

《諸病源候論校注》辨正*

戚 端

提 要：論文就丁光迪先生《諸病源候論校注》一書中存在的一些問題進行辨正，如"塸大"當校讀為"甌大"；"庡契"非"屈曲不齊、如刀斧鏨刻"，其本字當作"虡嵲"；原"必向壞"，乃"必匄壞"之訛；原"帀帀然"當為"币币然"之訛；又"厭厭欲寐"即"懨懨欲寐"，《校注》誤將其與"如落榆莢"的"櫕櫕"相混淆，宜當改正。

關鍵詞：塸大；庡契；虡嵲；币币；厭厭

《諸病源候論》係隋代巢元方等編撰，成書于隋大業六年（610），全書共50卷，分67門，是我國醫藥學史上第一部病因、病理、症候學專書。全書概括了人身內外、婦兒、五官等輕重緩急的各類病變，可稱為當時收羅最全、敘證最多的劃時代的症候大全，在醫學史上與《內經》《難經》齊名，列為"七經"之一（丁光迪 2013）。其主要版本有南宋坊刻本（日本懷仙閣藏本，今缺四卷）①、日本江戶醫學館影印宋本②、酌源堂藏南宋本影印本③、明汪濟川仿元本、清代胡益謙刊活字本、周學海《周氏醫學叢書》本④、湖北官署刊本、《四庫全書》本等。從其語言的角度看，這部醫書時代可靠、著者明確，其內容包含了很多有價值的語言材料，可為漢語詞彙史的研究提供幫助。

人民衛生出版社出版的丁光迪《諸病源候論校注》（2013年簡體版，以下簡稱《校注》），採用元刊本《重刊巢氏諸病源候總論》為底本，是國內目前最早最善的

---

* 基金項目：國家社科基金重大招標項目"漢語史語料庫建設研究"（10&zd117）、江蘇省普通高校學術學位研究生創新計劃項目"中古醫籍詞語研究"資助。

① 懷仙閣藏本，最早在14世紀（元末）為日本金澤文庫收藏，19世紀又轉入養安院及山田葉廣、森立之等人之手。1884年由太政官文庫收錄，現存宮內廳書陵部，此本為目前能見到的最早的南宋刊本。

② 此本今存日本內閣文庫，最為接近宋本面貌。

③ 此本今存日本內閣文庫，有《東洋善本醫學叢書》影印本。

④ 此本後被人民衛生出版社以及臺北中醫藥研究所等機構影印，即今天所見的人衛社影印本。

版本。《校注》一書的注解廣泛參證其他醫籍文獻，內容豐富詳實，校勘訓詁嚴謹可靠，注釋精當，是不可多得的傳世之作。然白璧微瑕，其中似偶有不當之處，今就其中存在的一些問題舉例，以求證於方家。

一、卷之三十一《癭瘤等病諸候·瘤候》："瘤者，皮肉中忽腫起，初如梅李大，漸長大，不痛不癢，又不結強。言留結不散，謂之為瘤不治，乃至塸大，則不復消。不能殺人，亦慎不可輒破。"《校注》曰："宋本①、汪本②、周本③同；《外臺》作'如盤'；《聖惠方》作'如碗'。'塸'，隆起之沙堆。《集韻》：'塸，沙堆。'在此藉以形容瘤之隆起。"（丁光迪 2013：571）

謹案：此說牽強。原文言"瘤腫起，漸至塸大"。單從文意看，塸當為某一實際的、具體的、可描述腫處大小程度的器物，顯然沙堆可大可小，並不具備這一性狀特徵。我們認為，塸，是"甌"之假借。《說文》無塸字，《集韻》："塸，於口切，音毆，沙堆。一曰墓也。"黃生《義府》卷下："塸，與甌同。"《說文》："甌，小盆也。"《方言》："䥝甌謂之䀇。自關而西或謂之盆，或謂之䀇。其小者謂之升甌，又曰䥝，陳魏宋楚之間謂之題，自關而西謂之甌，其大者謂之甕。"據此可知，古人日常使用的甌指的是一種較小的盆狀容器。李煜《漁父》詞："花滿渚，酒滿甌。"即以甌來盛酒。

其實，典籍中用塸指小盆狀容器的用例也不少見，如北魏賈思勰《齊民要術·炙法》："豎塸中，以雞鴨白手灌之。"又如宋惠洪《冷齋夜話·石土埭》："有狂道士借海鹽，令所畜小兒登小山，山上有屋數椽，道人三四輩相勞苦，其言小兒一不解，但得食一塸如熟艾。"此二例裡的塸均指容器。又原文"塸大"《外臺》作"如盤大"，《聖惠方》作"如碗"，盤和碗都是形容腫處的大小，似乎更加證明"塸"不太可能指"隆起的沙堆"。其實，盤、碗、甌均為盛食物的容器，差別不大。從溫州出土的唐代青銅玉璧型茶甌的形狀來看，甌介於碗和盤之間，比盤稍小稍深，比碗稍大稍淺，形狀大同小異。考《說文》無碗字，其字本作盌，椀、碗字均為其後起俗字，典籍中"碗"最早的用例，可以追溯到六朝時期。可以推測在許慎和其後相當長的時代裡，碗字的使用頻率，遠低於"甌"。而據日本學者水上和則（2009）考證，用於飲茶的瓷碗的出現也晚於茶甌，他說："《茶經》中的'甌'是深腹直口碗，從隋代開始燒製，到了初唐一度停產，盛唐末年又轉盛。"由此可見，在《諸病源候論》的成書年代，人們對"甌"字相對比較熟悉，作為日常習用的飲食器具之名，其應用比"碗"字更為廣泛。其後在隋唐間的一段時間內，因社會上

---

① 《校注》所言宋本即南宋坊刻本，其封面題為宋版《諸病源候論》，總目題為《巢氏諸病源候論》，收入《東洋善本醫學叢書》。
② 《校注》所言汪本即明代汪濟川、江瓘校勘本。
③ 《校注》所言周本即清代周學海校勘本。

甌的生產使用突然減少，人們對其開始逐漸陌生，碗字在典籍中的使用頻率便相應地大大增加，唐代的醫書《外臺秘要》即以常見的"碗""盤"代替"甌"，這與社會生產的實際情況是一致的。《校注》將"塸"解作"沙堆隆起狀"實為曲解，當據改。

二、卷之三十四《瘻病諸候·螲蟷瘻候》："初得之時，如棗核許，戾契。"《校注》曰："宋本、汪本、周本同；《醫心方》無此二字。戾契，喻初起之腫核邊緣屈曲不齊，如刀斧鑿刻。戾，扭曲。《說文》：'戾，曲也。'契，刻也。《呂氏春秋·察今》：'遽契其舟'，注：'疾刻舟識之。舊校云：契，一作刻。'"（丁光迪 2013：653）

謹案：從文意看，"戾契"一詞用以形容螲蟷瘻早期腫核的外觀，這一點是無疑的。《校注》作"腫核邊緣屈曲不齊，如刀斧鑿刻"，於文意似乎頗有乖舛，因為就"腫"的詞義特徵來看，包括了凸起、圓鼓、生硬、發紅等義素，而跟《校注》所描述的"屈曲不齊、如刀斧鑿刻"很難聯繫起來。

"戾契"一詞《漢語大詞典》收錄，列有一個義項，作："頭不正貌。比喻奇邪不正之行。"例取韓愈《試大理評事王君墓誌銘》："（王君）見功業有道路可指取，有名節可以戾契致……乃以干諸公貴人，借助聲勢。"但以"頭不正貌"來描繪螲蟷瘻，似乎也很難解釋清楚。

戾契，《洪武正韻》解作："戾契，不平正貌。"文獻中亦作列挈、劣厥、攦契、攦挈等。《正字通》："俗謂作事不方正曰攦挈；木不方正曰檆楔；人不方正曰儢傑。"可知所謂"戾契"本用以形容高低不平之貌，而列挈、劣厥、攦契、攦挈同樣均為其同音假借。

這些詞何以擁有不平正的意義呢？我們認為，列挈、劣厥、攦契、攦挈、戾契均為"臬臲"之假借。"臬"是一種病態，《說文》："頭衺、骫臬態也。"段玉裁注："頭衺者，頭不正；骫臬者，頭不正之貌也。"余岩先生（1953：180）在《古代疾病名候疏義》卷四中說道："骫臬，即長骨之端與他骨關節之處皆膨大突出，其形不正。"（1953）而"臲"，乃高凸貌，《玉篇》作："臲，仡仡也。"清惠棟《惠氏讀說文記》稱："臲即仡字，《倉頡》云：仡仡也。"而從語音上來看，臬、臲同屬入聲屑韻，當為疊韻連綿詞，形容凸起而不平正之貌。又《集韻·屑韻》："臬臲，多節目也。""多節目"即"不平正貌"的另外一種描述。"節目"一詞《漢語大詞典》釋作"樹木枝幹交接處的堅硬而紋理糾結不順的部分"。在此狀螲蟷瘻的堅硬，不平之貌，正與前文所言"如棗核"的性貌特徵相吻合。《校注》釋為"屈曲不齊，如刀斧鑿刻"無據，當屬望文生義。

三、卷之四十一《婦人妊娠病諸候·妊娠候》："診其妊娠脈，重手按之不散，但疾不滑者，五月也，又，其脈數者，必向壞；胞緊者，必胞阻。"《校注》："壞，

原作'懷',形近之誤,據周本、《脈經》卷九第二改。"(丁光迪 2013:787)

謹案:原文無壞字,《校注》中"壤"當為"壞"之形訛,此其一。其二:"其脈數者,必向壞。"查周本、汪本、四庫本、重訂曹氏大成本、《脈經》諸本,此條下均無異文,然文意不通,殊不可解,今讀者不知何謂"必向壞"。實則"向"乃是"勹"的形訛之字,"向壞"即"勹壞"。

向、勹從形體上看,極為相近。勹,是一個俗字,《篇海·勹部》作:"勹音包,衣也。"《龍龕手鏡·勹部》:"勹或作包,今布交反,裹也。"勹同包,兩字互為異體。考"包"本字當即勹,象人屈形,有所包裹。包的小篆字形作🅱,從形體上看,外邊是"勹",中間是個"巳"字,象子於腹中未成形,其字形早見於睡虎地秦簡。"包"後又作"胞",胞是包的後起專字,《說文·包部》:"胞,兒生裹也,從肉包。"可知胞其義即胞衣。因此,原文"必向壞",乃"必勹壞"之訛,"勹壞"即"包壞"或"胞壞"。又其後文言"脈緊者,必胞阻",亦在言脈象所反映的胎胞的情況,如是則文從義順。此條《脈經》各本均誤,前人校注於此亦均未言明,當據改。

四、卷之七《傷寒病諸候·傷寒發汗不解候》:"陽受病者,其人身體疼痛,發熱而惡寒,敕嗇拘急。"《校注》:"敕嗇拘急,形容身體惡寒,畏縮拘急之狀,敕同敕。《集韻》:'敕,或作勅。'敕,又通縮。《辭通》按:'縮朒'、'敕愵',敕字從束得聲,故與縮字通。"(丁光迪 2013:154)

謹案:敕嗇一詞,《諸病源候論》中兩見。除此之外,在卷之三十一《腫病諸候·毒腫入腹候》亦見,作"勅嗇"。《校注》注"勅嗇"為:"與嗇嗇同,均為形容惡寒之貌。"《校注》或釋"勅嗇"為"惡寒貌",或釋為"畏縮",其說莫衷一是。我們認為,這兩種說法均不妥。

敕,從束從攴,從形體上看,是由束和攴兩個部件組成的。束,從囗從木,《說文》作:"束,縛也。"從其甲骨文字形來看,束寫作✦或作✦,是以物捆縛木柴或禾苗的樣子。從字形上看,敕,從束從攴,會意,以手束物之象。《說文》:"敕,誡也。"誡是言語的動作,從其意義上來看,也是一種抽象的約束。段玉裁注曰:"敕,攴而收束之。"《詩·小雅·楚茨》:"既匡既敕。"《漢書·禮樂志》:"敕身齊戒。"《爾雅·釋詁》"敕勞"郭璞《注》曰:"敕者,相約敕也。"我們認為,約、敕同義,其義同束,本義也表拘緊、束縛,其造字是在束的基礎上,加上代表手部動作的部件"攴",以區別其與束相比而具有的抽象性。又嗇,《說文》作:"嗇,愛濇也。"段玉裁注曰:"嗇濇疊韻,《廣韻》引作澀。澀與濇,皆不滑也。""敕嗇"一詞同"拘急"的詞形結構完全相同,意義也十分相近,均表達肢體拘緊痙攣,或屈伸不利之狀。我們認為,雖然醫籍中敕嗇常常與惡寒連用,然敕嗇之狀或是因風寒而起,其本身並非表示惡寒貌,亦同"縮"並無干涉。

五、卷之四十一《婦人妊娠病諸候·妊娠候》:"妊娠十月,五臟俱備,六腹齊通,納天地氣于丹田,故使關節人神咸備,然可預修滑胎之法也。"《校注》:"然可預修滑胎之法也,宋本、汪本、周本同;《千金要方》作'但俟時而生'。"(丁光迪 2013:789)

謹案:滑胎一詞,校注未注,不當。滑胎,《漢語大詞典》僅收一個義項,作:"習慣性流產。"並引《醫宗金鑒·婦科心法要訣·胎不安小產墮胎總括》"氣血充實胎自安"注:"若懷胎三、五、七月,無故而胎自墮,至下次受孕亦復如是,數數墮胎,則謂之滑胎。"《中醫婦科學》:"凡墮胎、小產連續發生3次以上者,稱為'滑胎',亦稱'數墮胎'。"(張玉珍 2002)然"滑胎"亦有順利生產之義,"滑胎之法"即為了臨產催生以達到順產的方法,此處當出注。

《說文》:"滑,利也。"《周禮·天官·食醫》"調以滑甘"疏曰:"滑者,通利往來,所以調和五味。""滑"有"順""通"等義。"滑胎",在這裡是順產義。所謂滑胎之法,即指通過採取調氣引導等措施,使生產順利的一種方法。《景岳全書》卷三十九:"妊娠滑胎之法,惟欲其坐草之期易而且速。而難易之由,則在血之盈虛,不在藥之滑利。蓋血多則潤,而產必易;血虧則濇,而產必難,故於未產之前,但宜以培養氣血為主,而預為之地如:四物湯、滑胎煎、五福飲、小營煎、八珍湯之類即皆滑胎之要藥。"諸辭書均未收此義,《校注》於此失注,當補。

六、卷之十三《氣病諸候·賁豚氣候》:"診其脈來觸祝觸祝者,病賁豚也。"《校注》:"觸祝觸祝,宋本、汪本、周本同;《外臺》作'祝祝'。'觸祝觸祝',謂脈象陣陣躍動,其來搏手。"(丁光迪 2013:263)

謹案:《校注》中謂"觸祝"為"脈來陣陣躍動",其言不誤,然未明原本。觸祝,醫書中或作觸觸,或作祝祝、觸觸祝祝,蓋無定體,推原其本,當作"築築"。《說文》:"築,所以搗也。從木筑聲。"《慧琳音義》卷十:"築,以杵搗築。"《儀禮·既夕禮》:"甸人築坅坎。"鄭玄注:"築,實土其中,堅之。"醫書中的"築築",多用以形容體腔內擊打、跳躍般的痛感。《醫宗金鑒·張仲景〈金匱要略·痰飲咳嗽病脈證並治〉》"假令瘦人臍下有悸,吐涎沫而癲眩,此水也,五苓散主之"注:"悸者,築築然跳動病也。"《注解傷寒論》卷六:"悸者,氣虛而不能通行,心下築築然悸動也。"《醫學舉要》卷三:"怔忡之證,心胸築築振動,惶惶惕惕,無時得安者是也。"《本草述鉤元》卷七:"肝腎有動氣,臍間築築者,勿服。"或亦用"築築"來形容脈象賁豚、舂杵之象,其本亦從"築"的搗擊義申發,如《針灸甲乙經》卷七:"夫痙脈來,按之築築,而弦直上下行。"《外臺秘要》卷十二:"遣所患人平坐,熟看癖頭,仍將手從癖頭向上尋之,當有脈築築然,向上細細尋至膊上至築築頭,當膊即下火,還與前壯數無別。"

《外臺秘要》卷十二"賁豚氣方四首"引《諸病源候論》作:"溫溫欲嘔,此憂思賁犹之狀也，診其脈來祝祝（一云觸祝）者，病賁犹也。"可見觸祝、祝祝、觸祝觸祝其實無別。

沈澍農先生（1992）認為，"祝祝"是"築築"同音之假借；"築築"羸聲為"觸祝觸祝"，在羸聲的過程中，"觸"轉受了"築"的詞義，故形成了"觸觸"。

我們認為，其說"祝祝"為"築築"同音之假借，固當無疑，而羸聲之說則稍顯無據。"築"與"觸"從語音上看，同為通攝入聲三等韻，其音相近。從其詞義來看，觸，《廣雅·釋詁》作："挨也。"又《文選·謝惠連·〈雪賦〉》："風觸楹而轉向。"劉良注曰："觸，擊也。"故知二字其義亦近，均有碰觸、擊打義。又，醫書中有"築觸"一詞，《仁齋傷寒類書》卷四："動氣者臟氣不調，築觸而動，隨臟所主，而形見於臍之左右上下也。"其義與"築築"無別，形容體腔疼痛的震動跳躍之感。而"築觸"亦作"觸築"，《御藥院方》卷六："忌豬肉、血、無鱗魚，觸築無力。"

因此我們認為，祝祝、觸觸乃築築之假借。"觸祝"則為"觸築"之假借，其義與"築築"渾言無別。

七、卷之二十七《面體病諸候·酒皶候》："此由飲酒，熱勢沖面，而遇風冷之氣相搏所生，故令鼻面生皶，赤皰匝匝然也。"《校注》："赤皰匝匝然，謂遍佈顆顆紅色小皰。"（丁光迪 2013：514）

謹案："帀帀然"于文意不通。《校注》失校，當是"帀帀然"之訛。帀，《說文·帀部》："帀，周也。"《集韻》："帀，子荅切，入合精，盍部。"《廣雅·釋詁》："帀，徧也。"帀帀然，意為四周遍佈之貌。匝是帀的後起俗字，《幼幼新書》瘑瘡第九："巢氏：風濕搏血，氣成瘑瘡，多著手足節腕間，匝匝然，搔之癢痛，浸淫生長，內有細蟲。"另本書卷五十《小兒雜病諸候·瘑候》下帀帀然亦誤，宜從改之。

八、卷之六《解散病諸候·寒食發散候》："欲候知其得力，人進食多，是一候；氣下，顏色和悅，是二候；頭面身癢瘙，是三候；策策惡風，是四候；厭厭欲寐，是五候也。"《校注》："厭厭（yān yān 淹淹）安靜貌。《詩·秦風·小戎》：'厭厭良人'，毛傳：'厭厭，安靜也。'"（丁光迪 2013：112）

謹案：此說非是，《詩經》所謂"厭厭良人"，以"厭厭"狀"良人"嫻靜安適之貌，非此病態之"厭厭"。陳增岳先生（1999）認為，此處上下文均為病狀，"厭厭為氣息微弱、精神不振之義"。此說近是，然未該備。

《諸病源候論》一書中亦有如"厭厭良人"之"厭厭"，見卷之十五《五臟六腑病諸候·肺病候》："肺部，在右手關前寸口是也。平肺脈來，厭厭聶聶，如落榆莢，曰肺平。"（丁光迪 2013：317）考"厭厭聶聶"一詞最早見於《素問·平人氣象論篇》，後世醫書常引。對於"厭厭聶聶"，後世注解較多，吳昆注曰："厭厭聶聶者，翩翩之狀，浮薄而流利也。"馬蒔注曰："蓋厭厭聶聶者，恬靜之意。榆莢非甚粗大，而如落榆莢則有輕虛以浮之意，故謂之平也。"二說大同小異，均強調脈如落葉之輕盈，靜而不亂。日本丹波元簡《素問紹識》又進一步考證："《聖惠方》載《十四難》文作：'擪擪攝攝'，考《廣韻》：'擪，葉動貌，於琰切。'《說文》：'攝，木葉搖白（擺）也。從木，聶聲。'據此，如循榆葉，義似相叶。然要不過蹁躚輕浮之謂。"則考出其本字當作"擪擪攝攝"。

我們認為，此"厭厭聶聶"當與《詩》毛傳"厭厭良人"之"厭厭"意義相同，而與"厭厭欲寐"之"厭厭"無涉。此"厭"的後起之字為"懨"。

厭厭，在文獻中很早就有"微弱"義的用例，《漢書·李尋傳》："列星皆失色，厭厭如滅。"繼而由具體的（光線等）微弱義，引申出形容人的精神不振、萎靡欲睡之貌。《正字通·心部》："懨、懕、猒同。"後世則多用"懨懨"以形容精神不振的病態。唐劉兼《春晝醉眠》詩："處處落花春寂寂，時時中酒病懨懨。"金董解元《西廂記諸宮調》卷五："懨懨愁悶多。"元王實甫《西廂記》第二本第一折："懨懨瘦損，早是傷神，那值殘春。"後世醫書中以懨懨形容精神萎靡欲睡之病態的例子也很多，《醫方考》卷三："一女子，母甚是相愛，既嫁而母死，遂思念不已，精神短少，懨懨嗜臥，諸藥不應。"《臨證指南醫案》："面色痿黃，脈形弦遲，湯水食物，入咽吐出，神氣懨懨，欲如昏寐。"《友漁齋醫話》："鄭子亦飲兩觥，即不能到塾，目瞪神呆，懨懨臥榻。"均以懨懨狀精神萎靡嗜睡之態。《病源》卷六中的"厭厭"即"懨懨"，《校注》誤將其與"如落榆莢"的"擪擪"相混淆，宜當改正。

參考文獻

班固. 漢書. 北京：中華書局，2007.

陳增岳.《諸病源候論校注》補商. 古漢語研究，1999（3）.

成無己. 注解傷寒論. 北京：人民衛生出版社，2013.

丹波元簡. 素問紹識//皇漢醫學叢書. 上海：世界書局，1936.

丁度. 集韻. 上海：上海古籍出版社，1986.

丁光迪. 諸病源候論校注. 北京：人民衛生出版社，2013.

董解元. 西廂記諸宮調. 北京：文學古籍刊行社，1955.

段玉裁. 說文解字注. 上海：上海古籍出版社，1981.

高亨. 詩經今注. 上海：上海古籍出版社，1980.

郭璞，邢昺. 爾雅注疏. 上海：上海古籍出版社，2010.

韓愈. 韓愈全集. 上海：上海古籍出版社，1997.

漢語大詞典編委會，漢語大詞典編纂處. 漢語大詞典. 上海：漢語大詞典出版社，1991.

皇甫謐. 針灸甲乙經. 宋林億，等，校. 北京：商務印書館，1957.

黃生. 義府. 上海：商務印書館，1936.

黃凱鈞. 友漁齋醫話. 上海：上海中醫藥大學出版社，2011.

惠棟. 惠氏讀說文記. 上海：商務印書館，1936.

惠洪. 冷齋夜話//文淵閣四庫全書. 影印本. 上海：上海古籍出版社，2003.

賈思勰. 齊民要術. 北京：中華書局，2015.

金祥恒. 續甲骨文編. 臺北：藝文印書館，1993.

樂韶鳳，宋濂. 洪武正韻. 北京：國家圖書館出版社，2012.

李煜. 李煜全集. 武漢：崇文書局，2015.

劉昉. 幼幼新書. 北京：中醫古籍出版社，1981.

馬繼興. 經典醫籍版本考. 北京：中醫古籍出版社，1987.

馬蒔. 黃帝內經素問注證發微. 田代華，主校. 北京：人民衛生出版社，1998.

沈澍農. 古醫辭解詁之九. 中醫藥文化，1992（4）.

水上和則. 論《茶經》中的"碗"和"甌"的基本形狀. 飲食文化研究，2009（2）.

宋濂. 篇海. 濟南：齊魯社，1997.

王燾. 外臺秘要. 北京：人民衛生出版社，1955.

王懷隱. 聖惠方. 北京：人民衛生出版社，1955.

王實甫. 西廂記. 上海：上海古籍出版社，1978.

吳昆. 黃帝內經素問吳注. 孫國中，主校. 北京：學苑出版社，2001.

吳昆. 醫方考. 北京：中國中醫藥出版社，2007.

吳謙. 醫宗金鑒. 太原：山西科學技術出版社，2011.

蕭統. 文選. 北京：中華書局，1977.

行均. 龍龕手鏡. 北京：中華書局，1985.

許國楨. 御藥院方. 北京：人民衛生出版社，1992.

杨时泰. 本草述鉤元. 上海：上海科技出版社，1958.

揚雄. 方言. 上海：商務印書館，1936.

楊士瀛. 仁齋傷寒類書//文淵閣四庫全書. 影印本. 上海：上海古籍出版社，2003.

葉天士. 臨證指南醫案. 北京：中國中醫藥出版社，2008.

余岩. 古代疾病名候疏義. 北京：人民衛生出版社，1953.

張介賓. 景岳全書. 北京：人民衛生出版社，2007.

張守中. 睡虎地秦簡文字編. 北京：文物出版社，1994.

張玉珍. 中醫婦科學. 北京：中國中醫藥出版社，2002.

張自烈. 正字通. 北京：中國工人出版社，1996.

鄭玄，賈公彥. 儀禮注疏//阮元. 十三經注疏. 北京：中華書局，1980.

鄭玄，賈公彥. 周禮注疏. 上海：上海古籍出版社，1990.

The Analysis and Correction of *Treatise of Souces and Symptoms of Disease* (TSSD)" (《諸病源候論校注》)

Qi Duan

Abstract:This paper gives analysis and correction to some existing problems in the *Treatise of Souces and Symptoms of Disease* (TSSD)"(《諸病源候論校注》). For example:"Ou da"("塸大") should be as "Ouda"("甌大") instead;"Liqi"(戾契) does not mean "rugged like a cutter", and should be written as "Xieqie"(齘齥);" "Bixiangrang" (必向壤) should actually be "Bibaohuai" (必勽壞);"Bibiran"(帀帀然) should be "Zazaran"(币币然);"Yanyanyumei"(厭厭) should be "yanyan"(懨懨欲寐),instead of "Yanyan"(櫔櫔) from "Ruluoyujia"(如落榆莢).

Keywords:Ouda(甌大);Liqi(戾契);Xieqie(齘齥);Yanyan(厭厭)

(戚端,南京師範大學文學院)

近代民間契約文書建築類詞彙考校六則

唐智燕　趙靜怡

提　要：文章針對遺存的近代民間契約文書中幾個富有地域特色的建築類詞進行了考校。其中，浙東慈溪文契中"撤撤披"當為"廈子披"之誤讀，而"廈子披"為"披廈"的別稱。福建廈門、泉州文契中"櫸頭""撵頭"並當為"崎頭"，為"廚房"的俗稱。廣東陽春賣屋契中"紫櫨""梓櫨"實為"子盡"，即指正屋兩端或四周的附屬房屋。雲南昆明、安寧賣屋契中"到夵""道八尺"及"道扒恥"並為"倒八尺"，指進深八尺的倒座。湖北天門賣屋契中"襟牆""經牆"及"徑牆"並為"金牆"的別寫，指房屋的承重牆，又"鼓皮""古皮"當為"鼓壁"的別寫，指隔板牆，而隔板牆尚說作"站板""掛牆"及"風帳"等。

關鍵詞：近代民間契約文書；建築類詞彙；考釋

一、釋"撤撤披"

(1)《嘉慶二十年（1815）慈溪縣曹承周等立造屋合同議據》："立合同議據：曹承周、曹士奇、曹士佩，同議承天等，今因祖堂地基邊青龍首房間、承天己產，起造小屋，上有<u>撤撤披</u>在祖堂地基界。則日後起造，堂前白虎首礤盤石作主，正中步起至青龍首計闊魯班尺一丈六尺，其<u>撤撤折</u>瀉天地筆直。自議之後，各人永無異言，立此合同議據為照。"（張介人 2011：22）

按："撤撤披"之"撤"當為"撒"字寫訛。即因"撒""撤"形近而俗書相亂所致。《越諺》中"撒"多訛作"撤"，便可參照。如《越諺》卷中"花草"之"草芋"曰："此芋撒田，春苗草，開花結籽，其草糞田。"又卷中"風俗"之"撒帳

---

* 基金項目：國家社科基金一般項目"近代民間契約文書方俗字詞研究"（14BYY111）；教育部人文社會科學研究規劃基金一般項目"近代民間契約文書詞彙研究"（13YJA740050）。

果"曰:"新婦入房,羽士祝婚者撤之。"此處三個"撤"字均為"撒"字之訛(周志鋒 2014:311)。"撤撤披"亦當為"撒撒披"。而"撒撒披"又當為"撒子披"。我們推測編者將原契文中"撒子披"之中"子"字誤讀作了疊字符號。① 民間手書"子"或作"𠄌""予"之形,而俗書疊字符號常作"〻""〓""〆""々"等形,于像"〆"與"𠄌""予"之形,乃易相亂。《現代漢語方言大詞典》載"撒子房"曰:"萬榮 一種簡易房子,前面沒有牆,用來堆放雜物或建築材料等。"(李榮 2002:5341)即可參證。"撒子披"與"撒子房"義同。而值得一提的是,其中"撒"當通"廈","撒子披""撒子房"當為"廈子披""廈子房"。《集韻·祃韻》"廈"曰:"旁屋也。"《漢語方言大詞典》"廈"亦曰:"〈名〉旁屋;房子裡靠後牆的部分,在柁之外。中原官話。西南官話。明李實《蜀語》:'旁屋曰～。'貴州遵義。雲南楚雄。"(許寶華,宮田一郎 1999:5982)"廈"指正屋旁的簡陋小屋,故又稱作"廈子","子"表示小稱。《漢語大詞典》"廈子"曰:"披屋。《儒林外史》第二十一回:'把後面天井內搭了個蘆席的廈子做廚房。'"(羅竹風 1997:1973)"廈子"之後綴以語素"房""屋"即為"廈子房""廈子屋",以標顯"房屋"類屬。《漢語方言大詞典》載"廈子屋"曰:"〈名〉廂房。中原官話。"(許寶華,宮田一郎 1999:5982)而"廂房"亦屬"旁屋",專指正房兩旁的房屋。不過,"廈子披"與"廈子房""廈子屋"在構成方式上有所不同。即"廈子房""廈子屋"分別為"廈子"與"房"、"廈子"與"屋"構成偏正式,而"廈子披"為"廈子"與"披"同義並列而成,其中"披"與"廈子"並指"旁屋"。《漢語大詞典》"披(pī)"第一個義項:"傍;靠近。……亦指披屋。茅盾《霜葉紅似二月花》二:'這麼外邊三間,帶這小廂房,裡邊兩個披。'"(羅竹風 1997:3602)《漢語方言大詞典》"披"曰:"〈名〉毗連在大屋子旁邊的小屋子,一般用作廚房或堆放木柴等。吳語。"(許寶華,宮田一郎 1999:3291)在張介人編《清代浙東契約文書輯選》中,亦見"披"表示"旁屋"之例。如:

(2)《咸豐元年(1851)慈溪縣葉標同侄維蘭立分書》:"西相(廂)樓屋基地一間、一披。"(張介入 2011:68)

(3)《咸豐二年(1852)慈溪縣葉標立永遠合同撥單》:"西向樓樓屋壹間、壹披。"(張介人:2011:69)

又《漢語大詞典》"披子"曰:"即披屋。《儒林外史》第三回:'家裡住著一間草屋,一廈披子。門外是個茅草棚。'"(羅竹風 1997:3602)而"披屋"曰:"正屋旁依牆所搭的小屋。"(羅竹風 1997:3603)"披屋"在張介人編《清代浙東契約

---

① 承蒙湖南師範大學蔡夢麒先生賜教,茲深表謝意!

文書輯選》中習見。例如：

(4)《咸豐七年（1857）浙江慈溪縣曹朝佐妻葉氏立分家書》："朝北樓屋邊間乙統間，朝東側披屋在內。"（張介人 2011：29）

(5)《同治九年（1870）慈溪縣柴母裘氏立分書》："議堂前西首披屋半間歸三。"（張介人 2011：95）

(6)《光緒十七年（1891）慈溪縣柴乾高立匯屋契》："情願挽中將祖父遺下分授堂前右首披屋半間，計三架。上連椽瓦，下連基地、門窗戶牒、沉浮石器一應在內。"（張介人 2011：100）

(7)《光緒三十一年（1905）慈溪縣柴賢生出典屋契》："其四址：東至公路，南至祖堂合柱，西至公地，北至披屋為界。"（張介人 2011：101）

"披""披子"及"披屋"並指"旁屋"，具體指正屋旁依牆搭建的小屋。然而值得一提的是，"披"到底是由其"傍；靠近"義引申指"旁屋"還是"披"為"偏"的同音借字？據我們考察，"旁屋"說作"披""披×""×披"等，均見於吳語區文獻，而吳語"偏"讀如"披"，因此，我們認為"披"為"偏"的同音借字。在其他地區"旁屋"說作"偏屋""偏房""偏廈""偏廈子"等，在吳語區便說作"披屋""披房""披廈""披廈子"等。如在近代浙江松陽縣石倉民間賣屋契中，"旁屋"稱作"披廈"，而"披廈"又寫作"披灑""批灑""庀灑""被灑""披曬""被廈"等形，其中"批""庀""被"並與"披（偏）"音近通假，而"灑""曬"並與"廈"音近通假。例如：

(8)《民國四年（1915）闕秉蘭等立賣斷截房屋契》："（其屋）上至買主披灑，下至牆外滴水，左至牆外滴水，右至大路為界。"（曹樹基 2014a：120）

(9)《光緒三年（1877）闕開仁等立出退房屋契》："自情願將祖父遺下樓屋壹間，坐落橫屋下手正屋左手邊間壹間，並及樓盤瓦桷，下並地基門路天井，並批灑一應在內。"（曹樹基 2014a：76）

(10)《道光廿四年（1844）闕書才立賣瓦屋契》："前廳堂天池，出入門路，上瓦桷，下基地，板壁柱石，磉盤門戶，窗扇庀灑等項，一概在內。"（曹樹基 2012b：302）

(11)《道光廿四年（1844）闕書才立杜找絕屋契》："坐西向東右手客軒壹間，並及正屋後向花臺，前廳堂門前路，出入庀灑等項，一概在內。"（曹樹基 2012b：303）

(12)《道光十九年（1839）闕書榮立賣屋契》："（其屋）內至書才客軒為界，外至隨滴水為界，左至廳堂為界，右至書才被灑為界，上瓦桷樑柱，下板壁窗扇，柱石磉盤門戶，以及後向花臺，天井餘坪，出入門路等項，俱概在

內。"（曹樹基 2012b：286）①

(13)《嘉慶七年（1802）胡增山立賣屋契》："自情願將嗣叔公手置造平屋壹堂，……坐西向東，三植貳客軒，……左手披曬壹植。"（曹樹基 2012a：154）

(14)《光緒二十四年（1898）闕振通立退房屋基地字》："自情願將父手遺下自己闥內房屋基地，……小土名下村自己正屋左手小門邊安著披曬基地壹間在內。"（曹樹基 2012c：76）

(15)《民國三年（1914）闕吉寶等立賣斷截火房契》："自情願將祖父遺下火房，坐落本都本莊下包村，安著火房，內接半間，橫屋被廈與正屋牆邊與吉炎對半，點中棟柱為界。"（曹樹基 2014b：95）

又《現代漢語方言大詞典》載"灶披"曰："丹陽、杭州在住房旁搭建的供做飯菜用的小屋〇丹陽也說'灶披間'。""灶披間"曰："蘇州灶下間。廚房，因燒飯的灶常設在披屋中，故稱。""灶偏間"曰："寧波搭建在屋子一邊的廚房。"（李榮 2002：6319－6321）又"偏舍"曰："寧波＝【偏頭】＝【偏頭間】＝【舍頭】＝【舍頭間】＝【舍】依正屋邊牆搭建的小屋：三間一舍。"（李榮 2002：3839）而其中"偏"字讀音，均標注為"pʰi（平聲）"，與"披"字音同。"偏"即為本字，"披"為借字，但因吳語"偏"讀作"披"，故近現代通俗文獻如白話小說、民間契約文書中便習慣寫作"披"，而《漢語大詞典》《漢語方言大詞典》及《現代漢語方言詞典》等工具書也收錄"披""披屋""披房""披廈"及"灶披"等相關說法。

此外，"旁屋"說作"偏屋""偏舍""偏房""偏廈""偏廈子"或"披屋""披舍""披房""披廈""披廈子"等，其中"偏"或"披"一般置於"屋""舍""房""廈"及"廈子"之前，而"廈子披"中"披"置於"廈子"之後，即"廈子＋披"這種組合少見，這又該如何解釋呢？我們認為，"廈子披"的說法見於近代民間契約文書，而這類民間文書多使用底層土語詞，"廈子披"這種說法在近代當地民間口語裡應是存在的。在現代吳語裡仍有"廂披""灶間披"之類說法，可以參證。《現代漢語方言大詞典》"廂披"曰："江蘇丹陽。正房前面兩旁的房屋。"（李榮 2002：3677）

由上所述，上契《嘉慶二十年（1815）浙江慈溪縣曹承周等立造屋合同議據》釋文"上有撤撤披在祖堂地基界"，當為"上有廈子披在祖堂地基界"，"廈子披"即指正屋旁的簡陋小屋。之外，此契釋文"其撤撤折瀉天地筆直"，亦頗為費解。我們初步考察認為，其中"撤撤"亦當為"廈子"之誤釋，而"折"疑為"披"字

---

① 此契中"被灑"，《石倉契約》編者注曰："'被灑'即'披曬'，正屋附屬部分。"筆者按：編者曰"'被灑'即'披曬'"，值得商榷。"被灑"當為"披廈"。

寫訛，故"撒撒折"疑當為"廈子披"。又《漢語大字典》"瀉"第五個義項曰："鑒形。《集韻·馬韻》：'瀉，鑒形。'"（漢語大字典編輯委員會 2010：1908）《廣雅·釋詁三》："鑒，照也。"《漢語大字典》"形"第六個義項："對照；比較。如：相形見絀。"（漢語大字典編輯委員會 2010：916）"鑒照"即為"鑒""照"同義連文，指對照、比較之義。而"天地"用指方位，具體指上、下或北、南。另值得注意的是，該件"造屋合同議據"是協議在祖堂地基邊起造小屋之事。而"祖堂"為祭祀祖先的廳堂，其方位東、西、北、南，分別以"青龍""白虎""天""地"表示。由此，原釋文"其撒撒折瀉天地筆直"疑當為"其廈子披瀉天地筆直"，意指在祖堂旁搭建的小屋，要對照南北向垂直。

二、釋"紫檵/梓檵"

（1）《光緒二十四年（1898）陽春縣陳應明立斷賣青磚瓦鋪契》："立斷賣青磚鋪宇人陳應明，今有自置遺下坐落土名在春城雅鋪街閘內第九間青磚瓦鋪一間，坐南朝北，一連四座，拖尾餘地一所，前至官街，後至水坑為界，左邊牆壁同牆梁搭棟汪姓屋為界，右邊牆青磚到頂，係自置吳姓屋為界，鋪內瓦木俱是自置，以（與）左右僯（鄰）無份，內五個大檵，小檵二個，<u>紫檵</u>二個，圍屏、屏風俱全，樑柱枋桷，門窗板扇灶鋪地一嘏俱全。"（羅志歡，李龍潛 2014：155）

（2）《民國二年（1913）陽春縣游祥達等立永遠斷賣青磚鋪上蓋連地契》："立永遠斷賣青磚鋪上蓋連地契人游祥達、弟祥遠，有自份鋪宇，坐落陽春城雅鋪街福壽社，坐西向北東南青磚瓦鋪一連二間，每間深三大進，後有拖尾，每間進有大檵一個，四周俱有<u>梓檵</u>，……鋪內鋪窗桁桷門扇檵木檵板俱全。"（羅志歡，李龍潛 2014：158）

按："紫檵""梓檵"之說，見於廣東陽春賣屋契。①《漢語大字典·木部》"檵"曰："jìn 盂。《廣雅·釋器》：'檵，盂也。'"（漢語大字典編輯委員會 2010：1406）《中華字海·木部》"檵"亦曰："jìn 音緊。盂。見《廣雅·釋器》。"（劉玉剛 2008：785）而"盂"指盛液體或盛飯的器皿。可見字書所載"檵"之義，與上述文契中"大檵""小檵""紫檵"及"梓檵"不符。我們考察認為，文契中"檵"字當為"盡（jìn）"的增旁字。《說文·皿部》："盡，器中空也。"《玉篇·皿部》："盡，終也。""盡"由"終止"義引申指"盡頭""末端"。中國古代單體房屋建築，

---

① 在成都龍泉驛賣契中，見有一例"檵"。《民國二十四年成都鄒君永立杜賣契》："先檵親族，無人承買。後憑中說□□□□□□□□鄒君斌、君忠名下出銀承買管業。"（胡開全 2012：112）此處"檵"，編者釋作"盡"，指優先。

平面以長方形者居多，長邊向前為縱向，其長度稱為面寬或面闊，短邊在側為橫向，其長度稱為進深，面寬方向相鄰兩排平行的柱架之間就形成木構建築的一個框架空間單元，稱為一個開間或一間（賈洪波 2010：15）。三開間的建築，居中一間叫"明間"，明間的兩旁為"次間"；五開間者，於次間之外加"梢間"；七開間者，於梢間之外再加"盡間"，又因"梢"與"盡"含義相近，故而在實際使用中"梢間"與"盡間"經常通用，均指單體建築物兩端頭的開間（賈洪波 2010：15）。"盡間"省稱為"盡"。後來"盡"亦泛指位於主體建築周端的房間或屋子。《現代漢語方言大詞典》載"樓盡"曰："南寧平話 閣樓，在較高的房間內上部架起的一層矮小的樓。"（李榮 2002：5113）"樓盡"即為在主體房間內頂端搭架的矮小樓屋。可資參證。而因我國古代民間房屋多為木構建築，故民間俗書"盡"便添增形旁"木"而作"欙"，以彰顯其木構特徵，猶"閣"俗作"欄"、"門扇"之"扇"俗作"榍"之類。由此，文契中"大欙""小欙"即為"大盡""小盡"，指位於主體建築周端的大、小房間。又該批陽春賣屋契中見有"欙棚"之說，其中"欙"同"盡"，"盡棚"即指在主體建築物兩端頭搭建的屋棚。例如：

(3)《光緒三十四年（1908）陽春縣何聲綿等立斷賣鋪契》："有祖父遺下屬鋪一間，坐落土名洗馬街福善社閘內右邊第五間，坐北向南，一連二進，鋪內水井一口，尖峰牆四面，後掩牆一面，俱與左右鄰同搭棟，<u>欙棚</u>二個，鋪窗板門扇灰牛俱全。"（羅志歡，李龍潛 2014：158）

同理，文契中"紫欙""梓欙"即為"紫盡""梓盡"。而"紫盡""梓盡"均當為"子盡"，即"紫""梓"均為"子"的同音借字。"子"本指幼兒，引申指"派生的；附屬的，與本體或母體相對"。《漢語大詞典》"子"第二十七個義項曰："派生的；從屬的。與本體或母體相對。"（羅竹風 1997：2215）如"書中總卷次下每卷再細分的小卷"稱作"子卷"（羅竹風 1997：2218）。又如，成都方言"耳朵旁邊長的小肉瘤"稱作"子耳朵"（李榮 2002：419）。中國古代房屋建築群中，主體建築周圍通常依勢搭建有附屬建築，體現出一種"主從分明，以次襯主"的整體和諧之美。而在民間，此類位於主體建築周圍的附屬建築往往以"子×"來命名。如"大城所屬的小城，即內城及附郭的甕城或月城"稱作"子城"（羅竹風 1997：2218）；"廂房，傳統木結構民居正房兩側的房子"在溫州話裡稱作"軒間""偏軒"，又說作"子屋"（李榮 2002：3113）；搭建於房屋旁側的廁所，吳語稱作"子坑"（許寶華，宮田一郎 1999：473）；西南官話如武漢話草台旁搭建的棚稱作"子台"（許寶華，宮田一郎 1999：473）；廣州話"舊時搭的戲棚兩側的觀眾棚"稱作"子棚"（李榮 2002：421）；"在較高的房間內上部架起的一層矮小的樓即閣樓"在梅縣話稱作"子棚兒"（李榮 2002：421）；等等。故"子盡"得名亦源自"子"之

"派生的，從屬的，與主體相對"義。"子盡"即指正屋周端的附屬房屋。而契文中"子盡"之"子"寫作"紫"或"梓"，則既與民間避忌息息相關，也與人們追求雅致的心理有關。"子盡"字面上容易讓人想到"子孫絕盡"，甚為不吉利，必須規避。又我國古代以紫色為雅貴之色，由此常在帝王、道教仙人居住的宮室及其穿著、佩戴的服飾等名稱前冠以"紫"字，如帝王宮殿曰"紫殿"，皇太后所居的宮室曰"紫房"，道教稱仙人所居曰"紫府"，貴官朝服曰"紫服"（羅竹風 1997：5650，5648）。又以紫為吉祥之色。如《漢語大詞典》"紫氣"曰："紫色雲氣。古代以為祥瑞之氣。附會為帝王、聖賢等出現的預兆。"又"紫雲"曰："紫色雲，古以為祥瑞之兆。"（羅竹風 1997：5648，5649）此外，一些事物名稱也冠以"紫"命名，如道經、帝王的詔書曰"紫書"，硯匣別稱為"紫方館"（羅竹風 1997：5649，5647）。又《漢語大詞典》"梓"第一個義項曰："木名。明李時珍《本草綱目·木二·梓》：'按陸佃《埤雅》云：梓為百木長，故呼梓為木王。蓋木莫良於梓。'"（羅竹風 1997：2594）"梓"作為"百木之長"，同時也被賦予了尊貴高雅的象徵義。《漢語大詞典》載"梓宮"曰："皇帝、皇后的棺材。"又"梓澤"曰："晉石崇別墅金谷園的別稱。亦泛指名園。"（羅竹風 1997：2594）可見"子盡"寫作"紫盡"或"梓盡"，正體現了人們避忌、求雅的心理特徵。

由上所述，以上廣東陽春斷賣鋪屋契中"紫櫺"或"梓櫺"實為"子盡"，具體指的是鋪屋周端的附屬房間。

三、釋"欅頭/攑頭"

（1）《光緒三十年（1904）廈門李傳授等立永遠租樓屋契》："立永遠租契字人李傳授、李傳厚，侄其仁、其山、博用、其瑞等，有承掌祖父明買樓屋壹座，上下貳廳肆房及水井灶下大門對照壹廳貳房壹欅頭房後過小埕。"（陳娟英，張仲淳 2006：115）

（2）《民國三十二年（1943）廈門葉瑞崑立賣瓦屋契》："立杜盡根絕賣瓦屋契字人禾山蓮阪社葉瑞崑，有先世遺下所有瓦屋壹座，址在蓮阪社，土名下聽甲，坐北向南，內計壹廳四房，各帶半樓壹堂廳，後壹深井貳欅頭，右畔壹破護厝地壹後巷界。"（陳娟英，張仲淳 2006：214）

（3）《民國三十四年（1943）廈門葉興家立賣厝屋契》："立杜盡根轉讓厝屋契字人禾山蓮阪社葉興家，有承祖遺厝屋壹座，址在蓮阪社，土名下廳甲，門牌第三拾號。坐北向南，內計壹廳貳房壹深井貳欅頭右畔壹巷路，又壹後巷界。"（陳娟英，張仲淳 2006：230）

（4）《民國二十二年（1933）泉州倪德成立絕賣厝屋字》："立賣洗盡根斷絕厝屋字人晉江城內北門孝友境屈仔池邊倪德成，有承祖父遺下民屋一座，坐落在本境屈仔池漧，坐西向東，今因欠項別用，託中將此屋右邊護厝兩連一後尾兩天井一欅頭，計梁長英尺九丈四尺五寸，闊長八丈八尺……"（陳支平 2007：435）

按：《漢語大字典·木部》"欅（jǔ）"：①木名，榆科，落葉喬木；②木名，楓楊，又叫欅柳（漢語大字典編輯委員會 2010：1413）。又《手部》"攑（qiān）"："舉。《玉篇·手部》：'攑，舉也。'"（漢語大字典編輯委員會 2010：2101）字書所載"欅""攑"之音義，顯然不符合文契中"欅頭""攑頭"。據考察，"欅頭""攑頭"均當為"崎頭"，為"廂房"的俗稱。《漢語方言大詞典》"崎頭"："〈名〉廂房。閩語。臺灣 [kia³³⁻²¹ tʰau²⁴]。"（許寶華，宮田一郎 1999：5435）"廂房"曰"崎頭"，源自"崎"的"傾側不正；傾斜"義。《漢語大字典·山部》"崎（qí）"："傾側不正貌。"（漢語大字典編輯委員會 2010：804）"廂房"指正房前面兩旁的房屋，居於正房前左右旁側，故而得名"崎頭"。"崎"，《廣韻》為群母平聲微韻；"欅"，《廣韻》為見母上聲語韻，二者並屬古見組字，又微、語二部旁轉，故而"欅"與"崎"音近相通，"欅頭"當為"崎頭"。又民間文契中"崎頭"不作"舉頭"而作"欅頭"，蓋緣於民間房屋多為木架結構，寫作"欅頭"以突顯其木構特徵。又俗書"木""扌"兩旁形近相亂，故"欅頭"又訛作"攑頭"。而下列文契中正作"崎頭"，即其證。例如：

（5）《光緒九年（1883）泉州王門楊氏立賣盡斷絕契字》："第二落壹廳壹房壹天井壹崎頭後壹排，坐東向西……北畔房口作灶，下邊壹壙地，南畔壹崎頭壹深井壹後尾……"（陳支平 2007：259）

（6）《民國三十二年（1943）廈門呂雅穀立賣田厝契》："立杜盡根絕賣厝屋田園契字人呂雅穀，有與黃連玉合買厝屋田園，雅穀分得所有，址在廈門禾山蓮阪下廳甲，現編門牌貳拾玖號，大厝一座內壹廳四房壹大埕，左右貳崎頭房，連左右兩□厝全座及門前壹廳厝地□□。"（陳娟英，張仲淳 2006：213）

此外，廈門、泉州一帶民間文契中尚見"崎仔""欅仔"之說，其中"欅"亦為"崎"的音近借字。例如：

（7）《光緒十四年（1888）廈門黃鳳翔立賣厝屋契》："立杜賣盡根契字人黃鳳翔，有自己向張楊氏明買厝屋壹座，內壹廳、壹房、壹屏後房、壹巷路、壹深井埕、壹下照房，左畔壹房、壹過路亭。址在和鳳後保，土名李厝墓下崎仔頂公埕內。"（陳娟英，張仲淳 2006：73）

（8）《民國十二年（1923）廈門樹蘿立典荔枝、龍眼契》："立典契人下泥樓中塘樹蘿，有承祖父得自己業荔枝壹坵，坐落土名在中塘厝後，東至琛生厝，西至茂生田，南至買主荔枝，北至賣主龍眼，四至明白為界。又壹棵龍

眼，在榉仔头。今因欠银费用……"（陈娟英，张仲淳 2006：251）

闽语俗称"臺階"為"崎仔"。《漢語方言大詞典》"崎仔"："〈名〉臺階。閩語。福建廈門［kia³³⁻¹¹ a⁵¹］、建甌［kyɛ⁴² tsiɛ²¹］。也作'崎子'：閩語。福建建陽［kyɛ⁴³³ tsiɛ²¹］。"（許寶華，宮田一郎 1999：5435）

四、釋"到仌/到八尺/道八尺/道扒恥"

（1）《乾隆四十五年（1780）安寧陳國輔立分單合同文書》："耳樓房貳間，到仌壹間，天井同行。"（吳曉亮，徐政芸 2013b：243）

（2）《光緒十八年（1892）昆明杜噂立永遠杜賣厰房地基文契》："立永遠杜賣厰房地基文契人杜噂，係本村住人，為因正用，情願將自己面分房地基三間四耳到八尺，座落村中路上，東至大路，南北至賣主房地，西至杜姓路邊，四至分明。"（吳曉亮，徐政芸 2013a：25）

（3）《民國三十年（1941）安寧陳五樓立典道八尺瓦樓房文約》："立典道八尺瓦樓房文約人陳五樓，係和尚莊住人，為因正用，無處出辦，情願將自己祖遺瓦樓房道八尺壹連樓上樓下在內，坐落本村路下……"（吳曉亮，徐政芸 2013b：95）

（4）《民國十八年（1929）民國昆明李茂立分單文約》："上邊耳房貳間，上下道扒恥半間，樓上下天井大門仝走。"（吳曉亮，徐政芸 2013a：819）

按：上述例（1）中"到仌"，編者釋作"到分"（吳曉亮，徐政芸 2013b：242）；而例（2）、例（3）及例（4）中"到八尺""道八尺"及"道扒恥"，編者一併照錄。據我們考察，"到仌""到八尺""道八尺"及"道扒恥"當均為"倒八尺"。其中，"仌"為"八""尺"二字合文，而"到""道"並為"倒"的同音借字，又"扒恥"為"八尺"的同音借字。下契中正作"倒八尺"，即可參證。例如：

（5）《乾隆十五年（1750）安寧陳文鬱立遺囑分單合同文約》："倒八尺間半，天井大門同行。"（吳曉亮，徐政芸 2013b：241）

"倒八尺"即指"倒座"，具體指四合院中與正房相對的房屋，"八尺"是指它的進深。《漢語大詞典》"倒坐"第一個義項曰："亦作'倒座'。四合院中與正房相對的房屋。"（羅竹風 1997：621）下契中便作"倒座"。可參。例如：

（6）《民國三十四年（1945）昆明袁正清立永遠杜賣住房空地文契》："央請中證說合，願將自己祖遺坐落八甲住房壹院，計蓋就主房貳間，未蓋中壹間及左右邊耳房肆間，倒座壹間，全院內已蓋未蓋天井在數，……一並立契杜賣與尹昭萬名下為業。"（吳曉亮，徐政芸 2013a：257）

雲南民間民居建築由正房、廂房、倒座組成四合院，而其中正房三間、耳房四間、倒座進深八尺即稱作"三間四耳倒八尺"。

五、釋"金牆/襟牆/經牆/徑牆"

（1）《道光二年（1822）天門孟首敏等賣基地房屋契》："立絕賣基地樓房住屋約人孟首敏全弟首賓、子邦直、姪邦榮、邦華，因先年父純璠即煥若，曾將自置岳口廟巷上首三乂街口路東基地一形，樓房住屋四進，廂房廚房，天井地剆，門扇板壁，中間金牆一道，右首山牆，通前至後，後園竹籬以及寸磚寸石，寸草寸木，俱在其內。……左止瑞慶宮公所界，前止街心買三鋪後金牆界……"（張建民2014：717）

（2）《道光二十六年（1846）天門源茂號賣基地廚屋契》："今將自置下場熊家碼頭上首正街坐河朝垸基地壹形，中間襟牆一道，後廚屋壹所，通前至後，後襟牆一道，牆外後門走路，憑中一併轉賣與熊篤敘堂名下為業。"（張建民2014：763）

（3）《道光四年（1824）天門瑞慶宮首士賣基地瓦房契》："大門、樓房、鋪面貳進，住房三進，左右廂房、偏廈大小六間，後門右首基地瓦屋三間，經牆一道，以及右首山牆一道，通前至後，各屋樓板地板望板，槅欄窗戶，櫃台板壁，天井地剆，堦詹（簷）石磉……絕賣與熊葵園名下為業。"（張建民2014：721）

（4）《道光四年（1824）天門陳榆山賣基地瓦房契（一）》："立永賣基地瓦房約人陳榆山，今因移就，將自置岳口青石碼頭上首坐垸朝河基地一形，鋪面、樓房共八進，左右廂房，穿廊偏廈，廚房、廁屋俱全，經牆二道，左首山牆一道，後牆一道，以及通前至後，槅門窗戶，樓板地板，木椽□□□□欄杆，天井地剆……一併點交清白，情願賣與熊葵園八老爺名下管業。"（張建民2014：724）

（5）《道光十年（1830）天門彭達德等賣基地房屋鋪面赤契》："將祖置彭市夾街基地一形，樓房鋪面房屋一棟，前鋪面二所，左邊二進，前後六間，廂房四間，右邊貳進六間，廂房四間，左邊祥盛鋪面牆一道，中間隔直牆一道，左邊鋪面後經牆一道，右邊鋪面後經牆一道，左右經牆後又橫經牆一疋，大廳三間，大廳樓上客房五間，望板站板俱全。"（張建民2014：734）

（6）《嘉慶九年（1804）天門賀靜思等賣基地樓房赤契》："樓房二進，前後廂房，宅房廚房，牆垣一圍，門扇板壁，隔門窗戶鼓皮，樓板地板，天井地剆，階簷石磉，石板樓門，左右山牆，前面徑牆，牆外隙地，屋上所有……賀出筆賣與熊思永名下為業。"（張建民2014：712）

(7)《道光四年（1824）天門金峻山賣基地瓦房契》："樓房二進，廂房貳間，廚房三間，面牆、徑牆、圍牆共三道，右首山牆以及門扇板壁，樓上樓下窗戶格門，樓板地板，櫃臺曬臺……一併點交清白，絕賣與熊興祥名下為業。"（張建民 2014：721）

按："金牆"一詞，見於湖北天門賣屋契。"金"本指金屬，引申指"堅固；貴重"之義（漢語大字典編輯委員會 2010：4486）。如"金城湯池""固若金湯"之"金"，喻指城牆或護城河堅不可摧及其戰略地位舉足輕重。又古代房屋構件中有"金柱"一說，指的是"位於簷柱以內、與簷柱平行的除了山柱和中柱外的柱子"（賈洪波 2010：31）。《現代漢語方言大詞典》"金柱"曰："支撐大樑的兩端的柱子。"（李榮 2002：2286）"金柱"主要用以支撐屋頂的梁架，是房屋中的主要承重柱。這種屋柱用"金柱"來命名，正是為了突出其重要性，並突顯此類柱子堅固的特徵。"金牆"的命名理據亦是如此，它指的是房屋中主要的承重牆。湖北天門俗語中有"我不靠金牆難道靠土牆？"的說法，過去人們往往把兒子比作"金牆"，而把女兒比作"土牆"，就是把兒子視為家裡的頂樑柱。茲亦可參證。此外，此批文契中"金牆"又寫作"襟牆""經牆"或"徑牆"，其中"經牆"最為常見，而"襟""經"與"徑"並為"金"的音同或音近借字。

六、釋"鼓壁/鼓皮/古皮/站板/風帳/掛牆"

(1)《道光十八年（1838）天門歐陽彬賣房屋基地菜園契》："其屋前籬笆外菜園至大路界，後籬笆外止大路界，左正屋及偏廈廂房抵劉姓界，右買主界。凡屋內外窗戶門扇，鼓壁階簷，礤礅俱全。"（張建民 2014：756）

(2)《嘉慶八年（1803）天門金全等賣基地樓房契》："樓房五進，前後廂房，宅後廚房牆園，通前至後，門扇板壁，隔門窗戶鼓皮，樓板地板，天視地剄，階簷石礤，礓踏石板，樓梯櫃臺……寸磚寸石，俱在其內。"（張建民 2014：711）

(3)《道光十年（1830）天門歐陽馬氏賣房屋契》："將自置張望坑住宅樓房一所，前後堂正房四間，廂房四間，凡房屋內所有椽檁枋柱，樓板地板，鼓皮槅門，窗門門扇板壁，堦簷石礤……"（張建民 2014：736）

(4)《乾隆五十年（1785）天門陳為智等賣基地瓦房契》："瓦房一進三間，廂房四間，圍房三間，神堂古皮，門扇板壁，格門窗戶，上瓦下磚，寸石寸木……寸草寸枝，俱在其內。"（張建民 2014：688）

(5)《乾隆四十三年（1778）天門劉雲儀賣房赤契》："其有鋪屋大門□□鋪門六合，私簷一個，櫃檯貳佐，古皮三合，廂房一間，大門□合，□□一合，端門貳塊，又貳進□□□□□□□□一合，神櫃一佐，<u>古皮</u>貳合……一併在其內。"（張建民 2014：684）

（6）《道光十年（1830）天門彭達德等賣基地房屋鋪面赤契》："大廳三間，大廳樓上客房五間，望板<u>站板</u>俱全，炕床六間，中間月臺一所，左右耳房貳間，月臺左右雨板兩塊……寸木寸石，俱在其內。"（張建民 2014：734）

（7）《道光□□年天門孟首元等賣房契》："將父置瓦屋一□，□□□間，拖簷二間，竹籬一圍，<u>風帳</u>門扇板壁……寸木寸石，俱在其內。"（張建民 2014：767）

（8）《嘉慶二十二年（1817）天門陳寶春等賣基地瓦房契》："瓦房一棟，坐北朝南，左右廂房，塞口外偏屋三間，其有屋內一切<u>風帳</u>鼓皮，大小門扇板壁，窗戶堦砌，片磚片瓦……俱在其內。"（張建民 2014：715）

（9）《道光十七年（1837）天門陽震賣瓦房基地契》："瓦房貳間，廂房貳間，椽桷檁條，<u>風帳</u>窗戶，階簷石磉，寸木寸石，片磚片瓦，俱在其內。"（張建民 2014：755）

（10）《同治二年（1863）天門鄧泰興賣房契》："所有屋內屋外樓板櫃檯，床角嶔，條方神龕，門扇板壁，磚瓦石磉<u>掛牆</u>，其屋上下，寸木片瓦磚石俱在其內。"（張建民 2014：768）

按："鼓壁""站板"及"風帳"均為"板壁"的方俗說法，指隔板牆。《漢語大詞典》"板壁"曰："木板的隔牆，木板牆。"（羅竹風 1997：5934）"板壁"在此批天門賣屋契中習見，茲不贅舉。

而"鼓壁"一詞，各類語文辭書均未收錄。不過《武漢方言詞典》載"股皮"曰："板壁，分隔房間的木板牆。"（朱建頌 1995：41）我們認為，"股皮"即"鼓壁"，為"板壁"的民間俗稱，且"鼓壁"為正字，"股皮"為同音借字。因據我們考察，"鼓壁"相較於"股皮"而言，更貼合該詞的意義。在木架房屋建構中，一般先用柱、梁等構件搭建出屋架，然後才用木板或磚石將梁、柱等架起的四面框架圍合成一間間獨立的房間，其中的隔板牆，俗稱"鼓壁"，起隔間作用；而"鼓"則是先以木為框，再蒙之以獸皮，多為圓筒形，中間空。可見"鼓壁"作為分隔房間的木板牆，在構造上與"鼓"有相通之處。此外，舊時民間為了節省材料，用作隔板的"鼓壁"往往是比較薄的木板，敲擊時發出的聲音猶如鼓聲，"鼓壁"也就由此得名。又因"鼓"與"古"同音，"壁"與"皮"音近，故文契中"鼓壁"常作"鼓皮"或"古皮"。

又"站板"亦指房屋內用作間隔的板壁。"站板"與"鼓壁"不同的是，"站板"的命名著眼於木板豎立的形態，而"鼓壁"的命名則是一種隱喻指稱，即著眼於"板壁"與"鼓"之間的相似性。據筆者調查考察，"站板"通常指面積較大的一整塊板壁,而"鼓皮"的面積一般較小,往往需要由多塊"鼓皮"拼合而成一塊站板。因此,文契中常見"古(鼓)皮三合""古(鼓)皮貳合"之說。

又"風帳"亦指房屋的隔板牆。而"風帳"與"鼓壁"的區別在於,"鼓壁"一般指房屋內用作間隔的木板牆,"風帳"則主要指房屋外部大門兩側的木板牆,因其功用主要是用作擋風的屏障,猶如防風的帷帳,故而得名"風帳"。又圍牆往往處於房屋建築的週邊,用以阻擋風寒,對主建築起屏障保護作用,由此"圍牆"也俗稱"風牆"(許寶華,宮田一郎 1999:752),亦可資參照。可見"風帳"與"風牆"均是因其功用特徵得名。

此外,"掛牆"亦指間隔房間的隔板牆。與"鼓壁"不同的是,"掛牆"的材質通常是磚石,而"鼓壁"的材質則通常是木料。舊時建房為了節省材料,對於一些非承重牆如隔板牆,往往採用將磚頭側立或豎立的形式壘砌。以這種立著的形式堆砌而成的牆壁,舊時湖北天門民間稱之為"掛牆"。《漢語大詞典》"掛牆"曰:"掛壁。"又"掛壁"曰:"掛於壁上,比喻擱置不用。"(羅竹風 1997:3613)可見辭書所載"掛牆",與天門賣屋契中"掛牆"之義迥別。

由上所述,"鼓壁""站板""風帳"及"掛牆",它們均屬於非承重牆,指房屋的隔板牆。而因其材質、功用、形制大小的不同,民間為了加以區分便產生了不同的名稱。就材質而言,"掛牆"多為磚石所砌,"鼓壁""風帳"與"站板"則通常用木板建造而成;就功用而言,"風帳"重在房屋外部作為擋風的屏障,"鼓壁""站板"與"掛牆"則重在房屋內部用以間隔空間;就形制大小而言,"鼓壁"的面積通常較"站板"要小,由多塊"鼓壁"拼合而成的一整塊板壁可稱之為"站板"。

結　語

現遺存的近代手寫民間契約文書為當地鄉民所書寫,保留著大量的方俗字詞,是我們研究近代漢語俗字及方言詞彙的珍貴語料,而有些疑難方俗字詞不為語文辭書所載,也罕見于其他傳世文獻,此類方俗字詞之音義值得深究,而對於有關名物詞,尚需揭示其命名理據及其蘊含的文化習俗。如"崎頭"民間習作"欛頭","子盡"則寫作"紫櫨"或"梓櫨",而"隔板牆"在湖北天門民間可說作"板壁"、"鼓壁(或作"鼓皮""古皮")、"站板"、"風帳"及"掛牆"等。諸如此類語言文字、詞彙現象有待全面、系統的考察研究。

參考文獻

　　曹樹基. 石倉契約:第二輯:第一冊. 杭州:浙江大學出版社,2012a.
　　曹樹基. 石倉契約:第二輯:第五冊. 杭州:浙江大學出版社,2012b.
　　曹樹基. 石倉契約:第二輯:第六冊. 杭州:浙江大學出版社,2012c.

曹樹基. 石倉契約：第三輯：第二冊. 杭州：浙江大學出版社，2014a.

曹樹基. 石倉契約：第三輯：第六冊. 杭州：浙江大學出版社，2014b.

陳娟英，張仲淳. 廈門典藏契約文書. 福州：福建美術出版社，2006.

陳支平. 福建民間文書：第二冊. 桂林：廣西師範大學出版社，2007.

漢語大字典編輯委員會. 漢語大字典. 九卷本. 2版. 成都：四川辭書出版社，2010.

胡開全. 成都龍泉驛百年契約文書：1754—1949. 成都：巴蜀書社，2012.

賈洪波. 中國古代建築. 天津：南開大學出版社，2010.

李榮. 現代漢語方言大詞典. 南京：江蘇教育出版社，2002.

劉玉剛. 中華字海. 上海：上海古籍出版社，2008.

羅志歡，李龍潛. 清代廣東土地契約文書彙編. 濟南：齊魯書社，2014.

羅竹風. 漢語大詞典. 縮印本. 上海：漢語大詞典出版社，1997.

吳曉亮，徐政芸. 雲南省博物館館藏契約文書整理與彙編：第一卷. 北京：人民出版社，2013a.

吳曉亮，徐政芸. 雲南省博物館館藏契約文書整理與彙編：第三卷. 北京：人民出版社，2013b.

許寶華，宮田一郎. 漢語方言大詞典. 北京：中華書局，1999.

張建民. 湖北天門熊氏契約文書：下冊. 武漢：湖北人民出版社，2014.

張介人. 清代浙東契約文書輯選. 杭州：浙江大學出版社，2011.

周志鋒. 訓詁探索與應用. 杭州：浙江大學出版社，2014.

朱建頌. 武漢方言詞典 // 李榮. 現代漢語方言大詞典：分卷本. 南京：江蘇教育出版社，1995.

（唐智燕、趙靜怡，湘潭大學文學與新聞學院）

《磧砂藏》隨函音義開口二等喉牙音字的演變及相關問題*

李廣寬

提　要：《磧砂藏》隨函音義開口二等喉牙音字與非喉牙音字沒有分頭發展，已經或正在與一等字合流，沒有產生-i-介音。根據隨函音義的來源及《磧砂藏》對前代藏經音切的繼承可知，這一音變反映了宋初福州和宋元蘇州地區的語音演變狀況。文章又聯繫隨函音義前後時期的其他語料，著眼於整個音系，深入探討了開口二等喉牙音字不產生-i-介音的性質問題。它是宋元南方通語語音的重要組成部分，而不僅僅是方音現象。這與北方通語的影響力度不大有關。

關鍵詞：《磧砂藏》；隨函音義；開口二等；喉牙音字；-i-介音；南方通語

一、引　言

　　李榮（1956）、邵榮芬（1982）等學者認為《切韻》音系的二等字沒有介音。現代北京話中，中古的開口二等喉牙音字普遍都有-i-介音，與同攝或相近韻攝的三四等字合流，讀細音；而非喉牙音字則與一等字合流，讀洪音。如"間_{山開二平山見}"與"堅_{山開四平先見}"的韻母同為 iɛn；而"山_{山開二平山生}"則與"丹_{山開一平寒端}"的韻母同為 an。開口二等喉牙音字與非喉牙音字分頭發展、產生-i-介音，是中古以後漢語語音發展中的一項重要音變。較早體現這一音變的材料是朝鮮借音和漢越語，它們反映的是中唐五代某個時期的漢語語音（黃笑山 1995：162－164）。北宋《集韻》對《廣韻》反切上字的改動，也透露出開口二等喉牙音字產生了-i-介音（邵榮芬 1995：205－206）。南宋祝泌《皇極經世解起數訣》中的"一百十二聲目錄並入卦"表，以開口二等喉牙音字（下加橫線者）與三四等字並列作為四聲相承，即"蕭巧

---

* 本文為武漢大學自主科研項目（人文社會科學）研究成果，得到"中央高校基本科研業務費專項資金"資助（Supported by "the Fundamental Research Funds for the Central Universities"）。

効覺""爻小効覺",也是其-i-介音產生的反映(黎新第 1995:11)。元代的兩部韻書《古今韻會舉要》和《中原音韻》則系統地體現了這一音變。《韻會》中開口二等喉牙音字一般單獨為一個字母韻①,而非喉牙音字則與一等字同屬一個字母韻。如山攝的二等喉牙音字"間慳閑"等屬間字母韻,非喉牙音字"班攀刪"等與一等字"干刊寒"等同屬干字母韻。《中原音韻》中開口二等喉牙音字大多都獨立②,非喉牙音字與一等字合流。如寒山部的二等見母字"姦奸間艱菅"與一等見母字"干竿肝玕乾"對立,而二等來母字"斕"則與一等來母字"蘭蘭欄襴攔"同音。與現代北京話不同的是,《韻會》和《中原音韻》的開口二等喉牙音字大多還沒有和三四等字合流。這是因為二等字新產生的介音是個模糊的 i(楊耐思 1981:35),與三四等字的介音不完全相同(詳見下文第五部分)。

宋元時期刊刻的《磧砂藏》,其隨函音義中的音切反映了大量的語音演變信息,但不包括開口二等喉牙音字產生-i-介音這一重要音變。這與上述材料反映的情況不符,背後的原因值得深入探討。

二、隨函音義開口二等喉牙音字的演變狀況

《磧砂藏》因刊版於南宋平江府(今蘇州)陳湖中的磧砂洲延聖院而得名,始刻於南宋嘉定九年(1216),終於元英宗至治二年(1322),共 591 函,收經 1532 部,6362 卷。大部分經卷末尾都附有隨函音義,包含了巨量的音切,是研究漢語語音史極為寶貴的資料。筆者整理了 20 世紀 30 年代上海影印宋版藏經會影印出版的《影印宋磧砂藏經》中的全部隨函音義材料,並做成了電子語料庫,其中反切與直音總計 13.4 萬餘條。這些音切雖然分佈於全藏不同經卷末尾的隨函音義中,但其一致性非常強,整部藏經除了《大般涅槃經》《法苑珠林》《景德傳燈錄》《宗鏡錄》等少數幾部典籍音義的音切特別外,其餘絕大部分經卷音義的音切都非常一致,可以肯定,這些音切經過統一整理(李廣寬 2016c)。《宗鏡錄》等少數典籍音義中的音切則別有來源,研究中暫時排除。

我們將隨函音義的音切逐條與《廣韻》進行了比較,不見於《廣韻》的形音義則與《集韻》比較,其中反映了大量的音變信息(參見下文第五部分),但卻沒有發現開口二等喉牙音字與非喉牙音字分頭發展、產生-i-介音的痕跡。

---

① 江韻(賅上去聲,下同)字除外,它們與陽韻喉牙音、齒頭音和來母字同屬一個字母韻;庚耕韻字也除外,它們大多與清青韻喉牙音字同屬一個字母韻。

② 江韻字除外,它們大多與宕攝細音字合流;庚耕韻字也除外,它們大多與本攝三四等字合流。

與開口二等字相混的其他等字幾乎都是一等字①。茲將混切材料分類羅列如下②。

(一) 開口二等喉牙音字與一等字之間的混切（共 66 例）

1. 以一等字切二等字（47 例）

a. 蟹攝（4 例）：

  以咍切皆 骸：戶哀反（447/88a、477/121b）

  以泰切卦 隘：於大反（455/63a）

  以泰切怪 顡：吾盖反（131/64a）

b. 山攝（14 例）：

  以寒切刪 姦：音干（425/25b）

  以曷切鎋 轄：遏葛反（197/68b、299/14b、338/24b、456/131a、463/85b、469/72a、469/98b、470/94a、471/120a、499/6b）③

       鎋：遏割反（198/103b），遏葛反（338/24b）

       齾：遏葛反（297/43a）

c. 宕、江攝（3 例）：

  以唐切江 扛：音剛（297/36a、432/80b） 玒：戶剛反（309/13a）

d. 咸攝（26 例）：

  以覃切咸 緘：古含反（474/41a）

  以感切豏 黯：烏感反（194/69a） 䫡陷：上苦感反（446/86a）④

  以勘切陷 陷：侯暗反（199/54a）

  以合切洽 凹：烏合反（99/6b） 㓣：苦合反（325/8b）

       恰：苦合反（200/24a⑤、469/38a、469/48a、470/83b、477/

---

① 只有一例與三等字相混：𦣞，音嬰。(209/45a) 本條出自《大智度論》卷十四音義，《磧砂藏》對應經文作"或揚眉頓睞，𦣞娛細視"(209/41b)。𦣞，《廣韻》耕韻烏莖切，"𦣞娛"；清韻於營切，"小心態"；靜韻鷖迸切，"小心態"。根據詞義，本條"音嬰"與《廣韻》烏莖切對應。嬰，《廣韻》清韻於盈切，本條屬耕清相混。不過從䁷、嬰得聲的"𪖈𪖈𩕳𩕵"、"嚶櫻鸚"，《廣韻》都是烏莖切，本條相混很可能是受偏旁類推所致，而非音變問題。括號中的"209/45a"表示出自《影印宋磧砂藏經》第 209 冊，第 45 頁上欄。

② 其中不包括《法苑珠林》《景德傳燈錄》《宗鏡錄》三部典籍音義中的 15 例混切，原因上文已述；也不包括音譯詞中的 8 例混切。音譯詞注音有時要遷就梵文原詞音節，與漢語詞注音不屬同一語音層次。

③ 按，轄字，《廣韻》泰韻苦蓋切，"車聲"；鎋韻胡瞎切，"說文：車聲也，一曰轄鍵也"。《集韻》曷韻何葛切，"輵輵，轉搖皃"。隨函音義中的轄字都是"轄鍵"義，與《廣韻》胡瞎切對應。

④ 按，䫡字，《廣韻》洽韻苦洽切，"目䫡"。《集韻》豏韻口減切，"博雅：陷也"。本條與《集韻》對應。

⑤ 按，本頁反切原作"共合反"，切上字當為"苦"字形訛。

　　　　　　　　　　　　　93a）

　　　　　　　帢：苦合反（468/77a）　　洽：合字（474/24a）

　　以覃切銜　巖：五含反（241/25b），吾含反（291/40a、413/45a）

　　　　　　　嵌：音堪（477/74b）

　　以合切狎　匣：音合（474/24a）

　　以感切陷　陷：侯感反（283/14a）

　　以敢切陷　陷：侯敢反（285/52a、313/44a、331/19a、335/36a、443/
　　　　　　　25b），咸敢反（316/72a），侯瞰反（331/28b）

2. 以二等字切一等字（19例）

a. 蟹攝（1例）：

　　以皆切咍　孩：戶皆反（325/16a）

b. 山攝（5例）：

　　以山切寒　餐：七間反（316/17a）　　欄：落閑反（222/83b）
　　以產切旱　懶：魯簡反（476/34b）
　　以諫切翰　爛：郎諫反（215/96b）
　　以諫切換　漫：莫晏反（423/10b）①

c. 效攝（1例）：

　　以巧切晧　蚤：則巧反（223/24b）

d. 宕、江攝（4例）：

　　以江切唐　昂：吾江反（467/26a）
　　以覺切鐸　鶴：音學（155/58b）　　涸：音孝（172/56b）
　　　　　　　惡：於角反（210/9b）

e. 咸攝（8例）：

　　以咸切覃　函：音咸（464/95a）　　蠶：昨咸反（317/82b）
　　以豏切感　禫：徒減反（515/7b）
　　以咸切談　憨：昨咸反（415/29a）
　　以豏切敢　噉：徒減反（403/57b）
　　以鑑切闞　啖：徒鑒反（443/13a），徒鑑反（493/21b）

---

　　① 按，切下字"晏"，《廣韻》翰韻烏旰切、諫韻烏澗切。隨函音義中晏字被注音1次：烏澗反。晏字作為切下字43次，其被切字分別是：訕（18次）、慢（16次）、棧（5次）、諫（2次）、漫（1次）、陷（1次）。除了漫、陷二字外，其餘都屬諫韻。根據大多數情況，"漫陷"的切下字"晏"也視為諫韻字。

擔：丁鑒反（306/122b）

(二) 開口二等非喉牙音字與一等字之間的混切（共 26 例）

1. 以一等字切二等字（22 例）

a. 山攝（1 例）：

　　以寒切山　爛：音闌（166/40a）

b. 咸攝（20 例）：

　　以覃切咸　讒：助含反（213/29b、218/91b、241/70b、272/91b、281/
　　　　　　　　84b、287/49b、288/53b、288/75b、283/14a、304/37b、
　　　　　　　　306/94a、328/65b、432/28b、439/53b、454/86a）

　　以合切洽　插：楚合反（422/11b）

　　以覃切銜　巉：助含反（241/25b）　劖：助含反（272/39b）

　　　　　　　鑱：助含反（395/7b、406/44b）

c. 曾、梗攝（1 例）：

　　以登切耕　拼：比崩反（263/26b）

2. 以二等字切一等字（4 例）

a. 咸攝（1 例）：

　　以銜切談　濫：郎淡反，又郎衫反（185/21b）①

b. 曾、梗攝（3 例）：

　　以耕切登　薨：兄萌反（158/32a）　弘：胡萌反（452/25a）②

　　以庚切登　堋：音彭（422/53b）

從上述材料中可以看到，開口二等喉牙音字和非喉牙音字都與一等字有混切，而且喉牙音字與一等字的混切，無論是在韻攝間的分佈，還是在數量上，都遠多於非喉牙音字。前者涉及蟹攝、山攝、效攝、宕江攝、咸攝，共 66 例；後者涉及山攝、咸攝、曾梗攝，共 26 例。其中未見梗攝開口二等喉牙音字與曾攝一等字的混切，大概因為是跨攝，演變的進程要慢些。以上材料沒有反映出開口二等喉牙音字與非喉牙音字分頭發展的趨勢。

上述一二等字混切中，山攝和咸攝的數量較多，山攝 20（＝14＋5＋1）例，

---

① 按，本條首音與《廣韻》瞰韻盧瞰切對應，又音與《集韻》談韻盧甘切對應。
② 按，切下字"萌"，《廣韻》耕韻莫耕切，《集韻》登韻彌登切。隨函音義中萌字被注音 2 次：莫庚反、音盲。萌字作為切下字 156 次，其被切字除了"薨（1 次）、弘（1 次）"屬廣韻登韻、"枰（1 次）"屬庚韻外，其餘都屬耕韻。根據大多數情況，"薨弘枰"的切下字"萌"也視為耕韻字。

咸攝 55（=26+8+20+1）例，不同聲調都有分佈。這兩攝的開口一二等反切下字和直音字能夠系聯到一起，由於系聯過程繁複，我們以山攝平聲字為例來展示其系聯情況。

山攝開口一二等平聲切下字和直音字有以下一些（二者之間以//隔開，字後數字是其出現的次數）：

寒韻：干 60　寒 19　丹 13　安 7　闌 1　// 丹 52　干 24　寒 22　壇 11　安 9　單 7　蘭 6　闌 4　檀 3　看 3　看平 2

刪韻：班 139　顏 28　姦 4　奸 2　// 班 15　奸 5　攀 3　姦 1　蠻 1　姦平聲 1

山韻：間 93　閑 33　山 3　間平 2　// 間 8　閑 33　間平（聲）2　山 3

系聯如下：

單（音丹）　丹　壇（彈：徒丹反、音壇、音檀）　檀（壇音）　寒（殫：都寒反、音丹、音單）　看、看平（刊：苦寒反、丘寒反、音看、音看平）　干（灘：土寒反、他丹反、土丹反、他干反、土干反）　閑　闌　蘭（欄：郎干反、落干反、落閑反、闌字、音蘭）　間、間平（艱：古閑反、音間、音間平）　安（餐：七間反、清闌反、七安反）　姦（古閑反、古顏反、居顏反、音間、音干）　奸（古顏反）　顏（姦平聲（菅：古顏反、古閑反、音奸、音姦、音姦平聲、音間平聲）　山（訕：所奸反、所姦反、所顏反、所間反、音山）　班（蠻：莫顏反、莫班反、莫盤反、音蠻）　攀（普班反）　蠻（莫班反、馬班反、莫還反）

山攝、咸攝的開口一二等反切下字和直音字能夠系聯到一起，說明這兩攝的開口一等字與二等字已經合流。蟹攝、效攝、宕江攝、曾梗攝的開口一二等字之間的混切數量較少，且沒有遍及所有聲調。蟹攝 5（=4+1）例，有平去而無上；效攝僅 1 例上聲；宕江攝 7（=3+4）例，有平入而無上去；曾梗攝 4（=1+3）例，只有平聲。這反映了它們的開口一二等字還處在合流過程之中，沒有最終完成。不過宕江攝一二等字上去聲無混切，與講絳韻字太少有關。講韻的切下字和直音字只有"講項港//講棒"，絳韻只有"降絳//降絳"，再加上注音時受《切韻》音系的影響（李廣寬 2016c），從而造成與蕩宕韻字無混切。另外，江唐韻系的上去聲被注字沒有像平入聲被注字那樣的最小對立體（如"扛剛、學鶴"），導致它們不可能有直音互注。從系聯上看，江韻系的平入聲字與唐韻系開口字可以系聯到一起，表明實際語音中二者已經混併，上去聲字不能系聯，是特殊原因所致。據此，宕江攝的開口一二等字已經合併。以上諸攝中的開口二等字，無論是與一等字已經合流，還是正處在與一等字合流的過程中，都說明它們朝著洪音方向發展，沒有產生-i-

介音。

上述結論是從比較、系聯等方面得出的。《集韻》開口二等喉牙音字產生-i-介音是從改動《廣韻》反切上字中體現的,《廣韻》開口二等喉牙音字的細音切上字所佔比例為 26%,《集韻》改動後變為 69%(邵榮芬 1995:205)。隨函音義會不會在反切上字中體現二等字產生-i-介音呢?現在我們看一下 9128 個二等被切字[①]所用的切上字等第情況,先按開合分成兩類:

	一等切上字	二等切上字	三等切上字	四等切上字	總計	
開口二等被切字	3581	606	3674	11	7872	9128
合口二等被切字	374	3	650	229	1256	

由上表可知,二等被切字傾向於用三等字作切上字。開口二等被切字的切上字中,三等字所佔比例最大,為 46.7%(=3674/7872),一、二、四等字所佔比例分別是 45.5%、7.7%、0.1%;合口二等被切字的切上字中,也是三等字所佔比例最大,為 51.8%(=650/1256),一、二、四等字所佔比例分別是 29.8%、0.2%、18.2%。下面我們進一步將二等被切字按聲母類別分類,看看各類所用的切上字等第情況:

	一等切上字	二等切上字	三等切上字	四等切上字	總計	
開口二等喉牙音被切字	2212	452	648	5	3317	9128
合口二等喉牙音被切字	368	3	500	228	1099	
開口二等舌齒唇音被切字	1369	154	3026	6	4555	
合口二等舌齒唇音被切字	6	0	150	1	157	

由上表可知,開口二等喉牙音被切字以外的三類,仍然是三等切上字所佔比例最大,分別是 45.5%(=500/1099)、66.4%(=3026/4555)、95.5%(=150/157)。開口二等喉牙音被切字則與其他三類明顯不同,切上字中一等字所佔比例最大,為 66.7%(=2212/3317),二、三、四等字所佔比例分別是 13.6%、19.5%、0.2%。由此可見,開口二等喉牙音字的切上字主要是洪音字而不是細音字,完全沒有可能產生-i-介音。

綜上,隨函音義開口二等喉牙音字和非喉牙音字都只與一等字有混切,沒有分頭發展,已經或正在與一等字合流,沒有產生-i-介音。這種演變方式與朝鮮借音、漢越語、《集韻》、《起數訣》、《韻會》、《中原音韻》以及現代北京話不同。

[①] 包括重複出現的。不包括上文所列與一等字混切的二等字,也不包括用直音注音的二等字。

三、從方言及隨函音義的傳承關係看其反映的語音

中古以後，漢語語音系統趨於簡化，韻母系統由二呼四等發展為現代的四呼，即開口的一二等字發展為開口呼，開口的三四等字發展為齊齒呼，合口的一二等字發展為合口呼，合口的三四等字發展為撮口呼，其中開口二等的喉牙音字絕大多數都產生了-i-介音，與三四等字一起發展為齊齒呼。這是就以北方話為基礎的通語語音演變而言的，南方方言中的音變則不同。現代南方的吳、湘、贛、客、粵、閩方言中，開口二等喉牙音字普遍沒有產生-i-介音。二等字分佈於蟹、山、效、假、江、梗、咸諸攝中。下面我們看看開口二等喉牙音字在上述南方方言中的讀音，分別以蘇州話、長沙話、南昌話、梅縣話、廣州話、福州話作為其代表，每攝舉兩例，材料取自《漢語方音字彙》。為了顯示與官話的區別，北京話的讀音也一併列出。請看下表：

	北京	蘇州	長沙	南昌	梅縣	廣州	福州
街 蟹平佳見	₋tɕie	₋kɒ	₋kai	₋kai	₋kɛ	₋kai	₋kɛ
蟹 蟹上蟹匣	ɕie⁼	⁻hɒ	⁻xai	⁻hai	⁻hai	⁻hai	xa⁼
眼 山上產疑	⁻iɛn	jI⁼ 文 / ŋE⁼ 白	⁻iẽ 文 / ŋan 白	⁻ŋan	⁻ɲian	⁻ŋan	ŋaŋ⁼ 文 / ⁻neiŋ 白
瞎 山入鎋曉	₋ɕia	haʔ₌	ɕia₌ 文 / xa₌ 白	hat₌	hat₌ / hat₌	hɐt₌	xaʔ₌
敲 效平肴溪	₋tɕʻiau	₋tɕʻiæ 文 / ₋kʻæ 白	₋kʻau	₋kʻau	₋kʻau	₋hau	₋kʻieu 文 / kʻa⁼ 白
孝 效去效曉	ɕiau⁼	ɕiæ⁼ 文 / hæ⁼ 白	ɕiau⁼ 文 / xau⁼ 白	⁻hau	hau⁼	hau⁼	xau⁼ 文 / xa⁼ 白
加 假平麻見	₋tɕia	₋tɕin 文 / ₋kɒ 白	₋tɕia	₋ka / ₋ka	₋ka	₋ka	₋ka
夏 假去禡匣	ɕia⁼	ɦo⁼	ɕia⁼ 文 / xa⁼ 白	ha⁼	ha⁼	ha⁼	xa⁼
江 江平江見	₋tɕiaŋ	₋tɕiɒŋ 文 / ₋kɒŋ 白	₋tɕian	₋kɔŋ	₋kɔŋ	₋kɔŋ	₋kouŋ 文 / ₋køyŋ 白
角 江入覺見	₋tɕye 文 / ₋tɕiau 白	koʔ₌	tɕio₌ 文 / ko₌ 白	kɔk₌	kɔk₌	kɔk₌	kauʔ₌ 文 / køyʔ₌ 白
行 梗平庚匣	₋ɕiŋ	₋jin 文 / ₋ɦiaŋ 白	₋ɕin	ɕin⁼ 文 / ₋hen 白	₋haŋ	₋hɐŋ 文 / ₋haŋ 白	₋xeiŋ 文 / ₋kiaŋ 白
硬 梗去映疑	iŋ⁼	ŋaŋ⁼	ŋẽ⁼ 文 / ŋen⁼ 白	ŋaŋ⁼	ŋaŋ⁼	ŋaŋ⁼	ŋaiŋ⁼
咸 咸平咸匣	₋ɕien	₋ɦE	₋xan	₋han	₋ham	₋ham	₋xaŋ 文 / ₋keiŋ 白
鴨 咸入狎影	₋ia	aʔ₌	ia₌ 文 / ŋa₌ 白	ŋat₌	ap₌	ap₌	aʔ₌

總的來看，現代南方六大方言中的開口二等喉牙音字普遍沒有-i-介音，有-i-介音的大多是受官話影響而產生的文讀音。南方方言的這種現象明清文獻已有記載，茲舉數例。清代胡垣《古今中外音韻通例·方音十三條》："閩音交讀爲高。"王見龍《古今指南·自叙》："北人東冬不分，猶南人京金、該皆不分也。"李汝珍《李氏音鑑·第二六問南北方音論》："南有數郡，每呼江南而曰光南，又或謂之崗南。"唐英《問奇典注·各地鄉音》："三楚之爲知，解爲改，永爲允，汝爲爾，介爲蓋……"明代徐渭《南詞敍錄》："凡唱最忌鄉音，吳人不辨清親侵三韻，松江支朱知，金陵街該、生僧……"① 上述所記南方方言中的開口二等喉牙音字"交皆江解介街"（下加圓點者），讀同洪音一等字"高該光（崗）改蓋該"（下加橫線者）。再往前追溯，情況依然如此（詳見下文第四部分）。《磧砂藏》隨函音義反映的現象與南方方言一致。

宋元時期南方地區先後刊刻過六部大藏經，即刊於福州的《崇寧藏》和《毗盧藏》、刊於湖州思溪的《圓覺藏》和《資福藏》（二者是同一副經板，統稱《思溪藏》）、刊於蘇州的《磧砂藏》、刊於杭州的《普寧藏》。這六部大藏經及其隨函音義一脈相承，《崇寧藏》最早，其後幾部大藏經的隨函音義都繼承於此（李廣寬2016a）。《崇寧藏》刻於元豐三年（1080）至政和二年（1112），其前身是宋初福州地區的寫本大藏經，南方刻本大藏經的隨函音義便源於此，是宋初福州地區的產物。② 據此，《磧砂藏》隨函音義開口二等喉牙音字不產生-i-介音反映的是宋初福州地區漢語語音的發展狀況。從後代藏經對前代藏經隨函音義音切的繼承來看，這一語音現象又不局限於福州地區。

上述南方大藏經隨函音義之間的一脈相承關係，是就整體情況而言的。後代藏經繼承前代藏經音義過程中，也會有所修訂，李富華、何梅（2003：190）抽樣比較時已經發現了這一問題，如《法苑珠林》卷七十四音義中的"臗㪅"二字反切，《崇寧藏》誤作"若官反、昌雨反"，《磧砂藏》和《普寧藏》訂正為"苦官反、昌兩反"。筆者曾比較過《思溪藏》和《磧砂藏》148卷同卷音義中的近9000條音切（李廣寬2016b）。從中我們看到，《磧砂藏》的音切絕大多數與《思溪藏》相同，修訂過的僅143條，包括有誤音切、方音音切、異讀音切等。《思溪藏》中反映福建特色的、與蘇州語音不符的方音音切——歌豪相混、沁豔（梵）相混——已被修訂，而與蘇州語音相符的方音音切——真蒸相混、覃咸喉牙音相混③——則未被修訂，大量反映通語音變的音切也未被修訂。據此可知，音切修訂與否的一個重要判斷標

---

① 金陵即今南京，南京話今屬江淮官話，某些方面也體現了南方方言的特點，如保留入聲。
② 關於隨函音義的具體產生時代與形成過程，請參見拙文《〈磧砂藏〉隨函音義產生時代考》（待刊）。
③ 即"陷：侯感反"（Q283/14a，H99/296），李廣寬（2016b）漏此例，茲補。

準是實際語音，這個實際語音就是《磧砂藏》的刊地蘇州地區通行的語音。覃咸_喉牙音_相混不被修訂，反映了當時蘇州地區語音中開口二等喉牙音字與一等字混併，沒有產生-i-介音。

四、隨函音義前後時期其他語料的情況

《磧砂藏》隨函音義和《磧砂藏》對《思溪藏》隨函音義音切的繼承，反映了宋初福州和宋元蘇州地區的語音中開口二等喉牙音字沒有產生-i-介音。宋代史炤《資治通鑑釋文》和朱熹《詩集傳》叶音反映了相同的情況。

《資治通鑑釋文》中"硗_看開二_，口勞_豪開一_切；磝_看開二_，五勞_豪開一_切"反映的是宋代四川方音中開口二等喉牙音字沒有產生-i-介音（鄧強 2014：107）。現代四川方言屬西南官話，是元明以後由移民帶來的，與宋代四川方言沒有繼承關係。宋代四川方音"絕大多數與現代四川方音不存在對應關係"，而跟"福建方音大同小異，關係親密"（劉曉南 2012：247），屬南方語音。

黎新第（1995）根據賴江基（1986）歸納的朱熹《詩集傳》叶音韻系，又考察發現開口二等喉牙音字不與三四等字混切，而與非喉牙音字互為切下字，判定開口二等喉牙音字沒有產生-i-介音。他認為朱熹叶音反映的是"宋代南方系共同語口語音"（黎新第 1995：4）。

下面我們看看文章開頭提到的開口二等喉牙音字產生-i-介音的語料，它們反映的是何地語音。

朝鮮借音和漢越語反映的是中唐五代某個時期長安的雅音，這是在唐朝強盛國力影響下"新建立起的標準音"（黃笑山 1995：109）。

《集韻》改動《廣韻》反切上字反映的是"跟中晚唐長安音有繼承關係"的北宋汴洛音（張渭毅 2005：251）。

《皇極經世解起數訣》的"入卦表和各圖的歸韻列字……反映了宋代中原地區漢語韻母系統的具體面貌"（李新魁 1994：398）。

《古今韻會舉要》卷首附有《禮部韻略七音三十六母通考》，《通考》中所列之字幾乎都是《韻會》每個小韻的首字，二者音系相同。《通考》卷首云："韻書始於江左，本是吳音，今以七音韻母通考韻字之序，惟以雅音求之，無不諧叶。"這指明了它的音系基礎是"雅音"，也就是北方話。

《中原音韻》作者自序云"欲正言語，必宗中原之音"，它代表的是"當時的北方話語音"（楊耐思 1957）。

《古今韻會舉要·肴韻》鐃_泥交切_字釋義後有一條案語："《七音韻》雅音交字屬半齒，吳音交字不同音，雅音高字即與吳音交字相近，故嘲鈔巢鐃等字皆入高字母韻。"本條旨在說明產生-i-介音的開口二等喉牙音字作非喉牙音字切下字時被切字

的讀音問題。《韻會》反切沿用前代韻書,由於語音演變,北方話與《切韻》一系韻書所記之音漸行漸遠,而南方吳音與之較近,故唐人李涪《刊誤》斥《切韻》為吳音,其後不乏踵其事者,《韻會》作者亦持此論。鐃字下出案語,是提示讀者切下字"交"在當時的北方話中已經產生-i-介音,但不能據此將非喉牙音的鐃字讀為細音;指出南方吳音(亦即作者所認為的韻書所據語音)"交"與北方話"高"音近,所以它的被切字嘲㮇交切、鈔楚交切、巢鉏交切、鐃泥交切等都讀洪音,入高字母韻。

根據上述中唐五代至元代的語料,福州、蘇州、四川以及所謂的吳音等南方語音,開口二等喉牙音字沒有產生-i-介音,而長安、汴洛以及所謂的雅音、中原之音等北方語音則已經產生,南北界限非常明顯。這與現代南北方言反映的情況基本吻合。[①] 可以說開口二等喉牙音字是否產生-i-介音,是中古以後南北語音的一個重要區別特徵。

五、隨函音義開口二等喉牙音字不產生-i-介音的性質及原因

現在討論一下隨函音義開口二等喉牙音字不產生-i-介音的性質問題。這一音變若與北方通語相比,自然可以視為方音,但跟隨函音義的其他方音相比,又有兩點不同。其一,從數量上看,隨函音義的其他九類方音音切普遍很少(李廣寬2016a);而開口二等喉牙音字與一等字的混切多達66例,且分佈範圍很廣,假攝以外的二等韻攝幾乎都有分佈,假攝只有二等麻韻,沒有對應的一等韻[②]。其二,方音是與通語音變相對而言的,其他九類方音隨函音義中都有與之對應的通語音變,如尤幽與蕭宵混切反映的是方音,尤幽混切、蕭宵混切反映的是通語音變;而開口二等喉牙音字不產生-i-介音這一方音現象,隨函音義中並沒有與之對應的產生-i-介音的通語音變。由此看來,這一音變不能簡單地看成是方音。下面我們從隨函音義的整個語音系統來思考這一問題。

上文指出,《磧砂藏》絕大部分經卷隨函音義的音切都經過統一整理,我們從中歸納了一個完整的音系(具體情況另文討論)。整體上看,這個音系與中古以後的通語音變相符,聲類如莊章合流、輕唇音產生、非敷合流(李廣寬2016d),韻類如同攝內同等重韻合併、同攝內三四等韻合併、曾梗二攝三四等韻合併、止蟹二攝三四等韻合併(李廣寬2016c)。隨函音義是宋初福州地區產物,但其音系基礎

---

① 南方方言情況上文已列表舉例,北方方言情況可參見《漢語方音字彙》。南方方言不包括四川方言,原因上文已述;也不包括雲、貴、桂北的西南官話,它是明朝平定雲貴後,漢人駐軍帶來的北方官話(周振鶴、遊汝傑1986:30)。

② 不過馬韻開口二等喉牙音字也有兩例與果攝一等哿韻字的混切:"瘂瘂啞:上於今反;下二同,烏可反。"(215/78a) 瘂:"烏可反,聲不出。"(140/26a) 但考慮到通語音變中果假二攝的一二等韻並沒有合流,這兩例顯然與其他韻攝的一二等字混切不同,我們將其視為一般的方音現象(李廣寬2016a)。

並不是當時的福州話，下面舉兩個例子來說明。隨函音義中的輕唇音聲母已經產生，極少有輕重唇間互切的，《切韻》系韻書中的唇音類隔切幾乎都已被改為音和切（李廣寬 2016d）；但許多輕唇音字在現代福州話的白讀音中卻依然讀重唇，如"發夫福腐飛"聲母為 p，"伐欯扶浮匪"聲母為p'。隨函音義中的舌音聲母分為舌頭舌上兩組（《切韻》就已經如此），幾乎沒有混切；但現代福州話中舌音聲母只有一組，舌上音沒有分出，知組聲母仍為塞音，如"竹趙長中"聲母為 t，"儲墜杖寵"聲母為t'。這反映了現代福州話中存在比《切韻》音系更古老的語音層次，反推到宋代應該也是如此，不會存在往復發展的模式。可以肯定，隨函音義的音系基礎不是宋初福州地區的口語音，從其中反映的大量通語音變來看，這個音系基礎是福州地區流行的通語語音。隨函音義從宋代福州的《崇寧藏》《毗盧藏》，經湖州的《思溪藏》，傳到蘇州的《磧砂藏》，再傳到元代杭州的《普寧藏》，音切改動極少，《磧砂藏》對《思溪藏》音切的繼承（參見上文）清楚地反映了這一點。這說明隨函音義的語音系統在宋元時期南方的廣大地區普遍通行。

隨函音義附載於宋初福州地區的寫本大藏經，施注音切屬民間行為，沒有受到官方的種種約束，但其音系基礎並不是當地的方音，而是當時的通語。這與當時的語音正統觀念密切相關，宋元筆記對此多有記載。如宋代朱熹云："若閩浙則皆邊東南矣，閩浙聲音尤不正。"（《朱子語類》卷 138）陸游謂："四方之音有訛者，則一韻盡訛……中原惟洛陽得天地之中，語音最正。"（《老學庵筆記》卷 6）元代孔齊云："北方聲音端正，謂之中原雅音，今汴、洛、中山等處是也。"（《至正直記》卷 1）由於"閩浙聲音尤不正"，當地刊刻大藏經時施注音切自然不能用本地語音，而要用"聲音端正"的"中原雅音"，也就是通語語音。魯國堯窮盡研究了兩萬餘首宋詞，得出各地詞人用韻依據的是通語語音。他指出，"雖然有的詞人（特別是閩、贛、吳地區詞人）以方音入韻，或有若干特殊用韻現象，但據其大體，可分為 18 部"（魯國堯 1991：129）；"其所以如此，並非因為當時有一本大家遵循、人人翻檢的詞韻書，而是因為多數詞人都是以當時的通語為準繩"（魯國堯 1991：139）。

宋元時期確實存在通行於全國各地的通語語音，但各地通行的通語語音並不完全一致。劉曉南根據詩文用韻歸納的宋代四川語音只有 17 個韻部，比中原通語少了一部，即真文部與庚青部合併。他"把四川地區的 17 部看做是通語音在西部的地域變體"（劉曉南 2012：87）。耿振生在討論明清官話時指出，"處於自然狀態下的共同語，不經過人為的干預，還不可能自發地成為一套為全社會公認的明確規範，也就是說不存在一種'唯一正確'的標準音系統"（耿振生 1992：120），"官話到了不同的地方，會在不同程度上接近當地的方言，吸收一些當地的語音成分，這樣就形成地區性的官話變體"（耿振生 1992：121）。可見，共同語語音從宋元通語發展到明清官話，都存在地域變體。隨函音義的音系整體上與北方通語一致，顯示了通語的共性，但開口二等喉牙音字不產生-i-介音又與之不同，體現了南方的地域特色，可以說隨函音義的音系是通語語音在南方地區通行時受當地方音影響而形成的地域變體。

綜上，隨函音義的音系基礎是宋初福州地區流行的通語語音。該音系通行於宋元時期南方的廣大地區，是流行範圍較廣的南方通語語音，是通語語音在南方的地域變體。與隨函音義其他方音音切相比，開口二等喉牙音字與一等字的混切數量很多，分佈範圍很廣，完全沒有產生-i-介音，也就不存在與之對應的產生-i-介音的通語音變。開口二等喉牙音字不產生-i-介音是南方通語語音的一個重要組成部分，而不僅僅是方音問題。

現在分析一下宋元時期南方通語中開口二等喉牙音字不產生-i-介音的原因。上文說過，《韻會》和《中原音韻》的開口二等喉牙音字大多處於獨立狀態，沒有和三四等字合流。楊耐思（1981：35）根據《蒙古字韻》中的八思巴字對音，認為二等字新產生的介音是個模糊的-i-，後面的主要元音還沒有發生太大變化，所以二等字沒有跟三四等字混併。我們認為這一解釋比較合理，因為當時的喉牙音聲母尚未腭化為舌面音，其後的-i-介音起初很難發得非常清晰。隨着時間推移，這個模糊的-i-介音日益清晰，變得與三四等字的介音相同，同時帶動主要元音變化，最終使整個韻母與三四等字合流，就是今天北京話的狀態。《中原音韻》的語音基礎是元代的北方通語，二等字的介音尚且是個模糊的-i-，此前的北方通語更應如此，這個模糊的-i-介音勢必未對南方通語造成很強勢的影響，因而沒能促使宋元時期南方通語中二等字產生-i-介音。

六、小　結

綜上所述，現在總結如下：

開口二等喉牙音字與非喉牙音字分頭發展、產生-i-介音，是中古以後漢語語音發展中的一項重要音變。本文將《磧砂藏》隨函音義的音切與《廣韻》進行了比較，得知開口二等喉牙音字和非喉牙音字都只與一等字有混切，沒有分流的趨勢。根據比較的結果，通過音切系聯，並參考其他方面因素，得出山攝、咸攝、宕江攝的開口二等字與一等字已經合流，蟹攝、效攝、曾梗攝的開口二等字正處在與一等字合流的過程中，這些都說明它們朝着洪音方向發展，沒有產生-i-介音。為了進一步驗證這一結論，我們又分析了二等字所用的反切上字等第情況，發現開口二等喉牙音字的切上字主要是洪音字而不是細音字，完全沒有可能產生-i-介音。

宋元時期南方刻本大藏經的隨函音義一脈相承，源自《崇寧藏》，其前身是宋初福州地區的寫本大藏經。隨函音義開口二等喉牙音字不產生-i-介音，反映的是宋初福州地區的語音演變狀況。《磧砂藏》在繼承前代藏經音切過程中，根據刊地的實際語音作過少量修訂，但不包括開口二等喉牙音字與一等字的混切，這反映了宋元蘇州地區的語音中開口二等字也沒有產生-i-介音。

　　隨函音義前後時期的其他語料顯示，開口二等喉牙音字在北方語音中已經產生了-i-介音，而南方則沒有，這是中古以後南北語音的一個重要區別特徵。這一音變若與北方通語相比，自然可以視為方音，但跟隨函音義的其他方音相比，又有兩點不同，我們從整個語音系統上思考了這一問題。隨函音義的音系基礎是宋初福州地區流行的通語語音。該音系通行於宋元時期南方的廣大地區，是流行範圍較廣的南方通語語音，是通語語音在南方的地域變體。開口二等喉牙音字不產生-i-介音是南方通語語音的一個重要組成部分，而不僅僅是方音問題。南方通語中二等字不產生-i-介音與北方通語的影響力度不大有關。《中原音韻》的二等字介音還是個模糊的-i-，此前的北方通語更應如此，這自然不會對南方通語造成很強勢的影響，促使其產生-i-介音。

參考文獻

　　北京大學中文系語言學教研室編. 漢語方音字彙（第二版重排本）. 北京：語文出版社，2003.

　　鄧強.《通鑑釋文》所見宋代四川方音韻母特點. 語言研究，2014（2）.

　　高田時雄. 可洪《隨函綠》與行瑫《隨函音疏》//敦煌·民族·語言. 北京：中華書局，2005.

　　耿振生. 明清等韻學通論. 北京：語文出版社，1992.

　　黃笑山.《切韻》和中唐五代音位系統. 臺北：文津出版社，1995.

　　賴江基. 從《詩集傳》的叶音看朱熹音的韻系//音韻學研究：第二輯. 北京：中華書局，1986.

　　黎新第. 近代漢語共同語語音的構成、演進與量化分析. 語言研究，1995（2）.

　　李富華，何梅. 漢文佛教大藏經研究. 北京：宗教文化出版社，2003.

　　李廣寬.《磧砂藏》隨函音義所見宋代福建方音考. 長江學術，2016a（1）。

　　李廣寬. 論《磧砂藏》對《思溪藏》隨函音義音切的修訂//人文論叢：第一輯（總第25卷）. 武漢：武漢大學出版社，2016b.

　　李廣寬.《磧砂藏》隨函音義止蟹二攝的合流//漢語史研究集刊：第二十一輯. 成都：巴蜀書社，2016c.

　　李廣寬.《磧砂藏》隨函音義唇音聲母的演變及相關問題研究. 紀念黃侃先生誕辰130週年國際學術研討會會議論文集. 武漢：武漢大學，2016d.

　　李榮. 切韻音系. 北京：科學出版社，1956.

　　李新魁.《起數訣》研究//李新魁語言學論集. 北京：中華書局，1994.

劉曉南. 宋代四川語音研究. 北京：北京大學出版社，2012.
魯國堯. 論宋詞韻及其與金元詞韻的比較. 中國語言學報，1991（4）.
邵榮芬. 切韻研究. 北京：中國社會科學出版社，1982.
邵榮芬. 論《集韻》的洪細//呂叔湘先生九十華誕紀念文集. 北京：商務印書館，1995.
楊耐思. 周德清的《中原音韻》. 中國語文，1957（11）.
楊耐思. 中原音韻音系，北京：中國社會科學出版社，1981.
張渭毅. 再論《集韻》的洪細//漢語史學報：第5輯. 上海：上海教育出版社，2005.
周振鶴，遊汝傑. 方言與中國文化. 上海：上海人民出版社，1986.

Glottal and Velar Characters of Mouth Open Ⅱ in *Qishazang*'s (《磧砂藏》) Appended Annotation: Evolution and Related Issues

Li Guangkuan

Abstract: There is no tendency of separation between glottal and velar characters, and dental and labial characters of mouth open Ⅱ in the phonetic evolution in *Qishazang*'s appended annotation. Some of the glottal and velar characters had merged into mouth open Ⅰ, and none had produced medial /i/ sound. According to the source of the appended annotation and to *yinqie*（音切）inherited from the previous *Tripitaka*, this phonetic variation reflects the phonetic evolution in Fuzhou area during early Northern Song Dynasty and in Suzhou area during Song and Yuan Dynasties. This article—by comparing other former and subsequent materials from the perspective of overall phonetic system—thoroughly discusses the reason why the glottal and velar characters of mouth open Ⅱ did not develop into medial /i/. It is believed to be an important part of southern *tongyu*（通語）in Song and Yuan Dynasties instead of a mere a dialectal phenomenon and is related to the fact that northern *tongyu* has failed to pose its great impact thereon.

Keywords: *Qishazang*（《磧砂藏》）; appended annotation; mouth open Ⅱ; glottal and velar; medial /i/; southern *tongyu*（通語）

（李廣寬，武漢大學文學院）

從韻律看上古漢語功能詞的雙音化*
——以疑問詞爲例

李 果

提 要：上古漢語疑問詞的雙音化與韻律密不可分。從歷時層面看，在先秦雙音節疑問詞只佔據非論元位置（謂語、狀語和定語）；到兩漢才佔據論元位置（主語和賓語）。這是核心重音和焦點重音相互作用的結果。雖然焦點重音迫使疑問詞變爲雙音節，但在先秦核心重音以句末短語爲重音域，禁止雙音節疑問詞佔據論元位置；在兩漢則以句末動詞短語爲範域，允准雙音節疑問詞佔據論元位置。這一發現爲詞法與韻律介面的介面研究提供了很好的釋例與證明。

關鍵詞：上古漢語；疑問詞；雙音化；核心重音；焦點重音

一、引 言

雙音化是漢語史的一個重要問題，前人對此多有研究。過去的研究集中在探索詞彙詞（如動詞、名詞、形容詞）雙音化的機制（程湘清 1981，1985；馮勝利 1997，2010；董秀芳 2002，2011；胡敕瑞 2005，2009 等）。那麽功能詞[①]的雙音化過程與詞彙詞相同還是不同？它們的雙音化過程是否遵循同樣的規律？這些重要的問題都亟待回答。本文試以上古漢語中的疑問詞爲例，探究上古漢語功能詞雙音化的内在規律。

關於功能詞（或虚詞）的雙音化也有不少研究（如錢玄 1982；董秀芳 2002，

---

* 在此感謝馮勝利、鄧思穎、雷漢卿、萬波、楊永龍幾位老師以及王勇、王長林等同門的建議與指正。本文寫作期間曾受四川大學中央高校基本科研業務費專項項目（skzx2017－sb252）資助（funded by Sichuan University（skzx2017－sb252），在此一並致謝。

① 本文采用錢玄（1982）、Huang et al.（2009）等的意見，把疑問詞歸入功能詞（虚詞）。

2011等)。但是我們發現,疑問詞①雙音化的歷時演變非常特別:上古漢語②中雙音節疑問詞的歷時演變呈現系統性對立,即非論元位置(謂語、狀語和定語)早於論元位置(主語和賓語)出現雙音節疑問詞。這一現象尚未見到有人做深入研究。而這一問題對功能詞乃至漢語整個詞彙的雙音化有不可忽視的意義。

立足於前人對疑問詞的研究(周法高,1959;錢玄,1982;魏培泉,1989;楊伯峻、何樂士,1992;貝羅貝、吳福祥2000等),本文統計、梳理了前人著作中討論的上古漢語中常見的疑問詞,選取各家都予承認的32個疑問詞(參看表1和表2),按照疑問詞的音節數量及它們出現的句法位置歸納如下:

表 1　論元位置疑問詞句法分佈表

	論元位置	音節數	先秦	兩漢
1	主語	單音節	誰、孰、何、疇	誰、孰、何、
		雙音節		何所、何等
2	賓語	單音節	誰、何、安、奚、惡、胡、曷(害)	何、安、奚、曷、胡
		雙音節		何所、何等、如何、幾所

表 2　非論元位置疑問詞句法分佈表

	非論元位置	音節數	先秦	兩漢
1	狀語	單音節	安、惡、焉、奚、何、曷(害)、胡(遐)、闔	何、胡、奚、盍、曷、安、奚、惡、焉
		雙音節	何若、奚若、如何、若何、奈何、何以、何故、云何、如台、何如、奚如、若之何、如之何	何故、何以、奈何、云何、如何、若何、何如、奚如、何若
2	謂語	單音節	何、誰	何、誰
		雙音節	如台、如何、幾何、何如、奚如、何若、奚若、若何、奈何、何為、若之何、如之何	奈何、何如、奚如、若何、幾何、云何、何如、如何、若何、如之何
3	定語	單音節	誰、何、曷、奚、幾	何、安、幾
		雙音節	幾何、何如、奚如、何若、奚若	何等、何如、奚如、幾何、何若

根據我們的調查,上古漢語中疑問詞的句法分佈總結如下:

(1)論元位置(主語和賓語)在先秦時期只有單音節疑問詞,沒有雙音節形式。兩漢時期方開始雙音化,出現雙音節形式。

(2)非論元位置(狀語、定語和謂語)在先秦時期已經開始雙音化,單雙音節

---

① 本文僅討論上古漢語中用於疑問用法的疑問詞。
② 本文所說的上古漢語是指從商周到東漢這一歷史時期的漢語,分爲先秦和兩漢兩個時期(貝羅貝、吳福祥2000)。

疑問詞均可出現。

如果以上描寫符合漢語事實，那麼我們必須回答以下兩個問題：

一是為什麼疑問詞的雙音化會按照非論元位置＞[①]論元位置的順序演變，而非照其他順序進行雙音化，例如論元位置早於非論元位置進行雙音化，或所有句法位置同時雙音化？

二是為什麼論元位置疑問詞雙音化的時間節點是兩漢時期，它既沒有提早到先秦時期也未延後至魏晉以降的中古漢語時期？

本文認為是韻律上的焦點重音與核心重音的相互作用，尤其是核心重音與句法的交互作用使得疑問詞的雙音化出現了非論元位置早於論元位置的歷時演變順序。

二、理論背景

為什麼會形成上述疑問詞雙音化在句法上的不對稱分佈？我們認為，和詞彙詞的雙音化機制（馮勝利 1997）一樣，疑問詞的雙音化也是韻律促發的，而非語義、句法和詞法造成的。

首先，這不是一個語義問題。因為疑問詞在雙音化過程中呈現出來的系統性對立只與它的句法位置直接相關。例如，先秦時期的疑問詞，無論表示何種語義（詢問人/事/物），賓語位置的疑問詞只能是單音節。如果疑問詞的雙音化是一個語義問題，那麼應表現為表示語義 A 的雙音節疑問詞出現在賓語位置，表示語義 B 的雙音節疑問詞不出現在賓語位置。但這與上古漢語的事實是矛盾的。

其次，這也不是一個單純的句法問題。因為從句法來看，單雙音節疑問詞均屬於同一個範疇，在句法上的分佈應該保持高度一致性，即在任一位置都應允許不同音節數量的疑問詞出現。但漢語的事實對此提出了挑戰：以先秦時期疑問詞為例。論元位置允許單音節疑問詞出現，卻從未出現雙音節疑問詞。這是單純從句法出發無法解答的。句法無法解釋為什麼相同的結構，相同的句法位置，一個疑問詞合法而另一個非法。

再次，這也不是詞法問題。詞法關心的是詞內部的組合問題，不能解釋同一個詞在句法位置上受限的現象；例如，在先秦時期，雙音節疑問詞只能在非論元位置出現，卻不能在論元位置出現。

本文認為，上古漢語單雙音節疑問詞在歷時演變中呈現出的系統對立，從本質上說是韻律問題。它是韻律制約詞法的自然結果。

從韻律來看，上古漢語的單音節疑問詞是弱讀形式（Feng 1995），和動詞、名詞、形容詞等實詞不同，單音節疑問詞不能獨立承擔重音。例如：

---

① "＞"的意思是"早於"。

(1) a. 奚冠？冠素。（《孟子·滕文公上》）
b. 數見困，有何舊怨？（《國語·晉語四》韋昭注）

上古漢語是重音居後的語言（Feng 1995），疑問詞作賓語只出現在動詞前（楊伯峻、何樂士 1992），由動詞承擔全句重音（如 1a）。只有當單音節疑問詞與其它成分組成多音節單位時（"何舊怨"），疑問詞才能出現在動詞後，承擔重音（1b）。

從焦點類型看，特指疑問句屬於狹域焦點的類型（narrow scope focus, Rochemont 1986），疑問詞是語義焦點。如果疑問詞未進行顯性移位（overt movement），那麼由疑問詞本身承擔疑問焦點重音，在韻律上最凸顯（Truckenbrodt 2013）。例如（2）中的 whom 留在原位（Wh-in situ）承擔焦點重音，韻律上最凸顯。

(2) I know what she gave to WHOM.
我知道她把什麼給誰了。（引自 Truckenbrodt 2013）

漢語屬於疑問詞原位（Wh-in situ）語言，疑問詞無顯性移位（Huang 1982）。上古漢語中唯一特殊的是作賓語的疑問詞存在顯性移位（魏培泉 1989，Aldridge 2010，馮勝利 2013 等）。因此，除賓語位置外，其他位置的疑問詞均承擔焦點重音。

研究（Lieberman & Prince 1977，Feng 1995，Truckenbrodt, 2013 等）指出焦點重音的指派分兩階段：先按句法結構指派核心重音（nuclear stress），再將焦點重音指派給語義焦點。指派焦點重音後，在韻律上核心重音要讓位於焦點重音（蔡維天 & 馮勝利 2005，賈媛等 2009，蔡維天 2011 等）。

不同語言甚至同一語言的不同歷史階段，核心重音指派規則可能不同（Zubizarreta 1998，馮勝利 2000 等）。從先秦到兩漢，漢語的句法發生諸多演變（何樂士 1992，魏培泉 2003 等）。句法演變導致核心重音指派規則隨之改變（馮勝利 2013）。和英文類似，先秦漢語採取"核心重音指派規則"（Lieberman & Prince 1977，馮勝利 2013）。

(3) 核心重音指派規則：

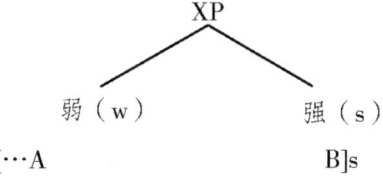

XP 是句末短語（名詞短語、動詞短語、介詞短語等），A 和 B 表示短語中的任兩個成分。核心重音總是落在 B 上。B 成為全句中韻律最凸顯的成分，A 和 B

的關係為前輕後重。(4) 中句末短語 "[[以][韓魏之家]]" 即為重音域,句末的名詞短語 "韓魏之家" 承擔核心重音。

(4) 附之以<u>韓魏之家</u>。(《孟子·盡心上》)

到了兩漢,漢語的核心重音指派方式採取 "動詞支配法"(Feng 1995, 2003)。

(5) 動詞支配法:

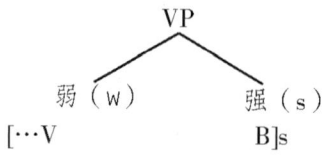

與(3)不同,重音域在句末動詞短語(VP)內,且成分 A 必須是句末主要動詞,在句法上 A 與 B 彼此管轄(mutually govern)。例如(1b)"[[有][何舊怨]]" 是重音域,"有" 把核心重音指派給它的管轄成分 "何舊怨"。

在完成核心重音的指派後,才進入焦點重音指派階段(Kratzer & Selkirk 2007, Truckenbrodt 2013, 馮勝利 2017)。在特指疑問句中,狹域焦點重音落到語義焦點疑問詞上,在韻律上最凸顯,如(1b)"何舊怨"。疑問詞要同時滿足核心重音和焦點重音的指派規則,才能合法存在。違背任一規則,都被視為非法結構而排除。

核心重音指派規則從先秦到兩漢發生的歷時變化,也隨之影響到核心重音與焦點重音的交互作用,進而影響到疑問詞雙音化的歷時演變,導致不同句法位置疑問詞雙音化歷時演變的遲速差異。下面我們對上古漢語中論元位置和非論元位置疑問詞的雙音化逐一分析。

三、論元位置疑問詞的雙音化

論元位置的疑問詞在先秦時期並沒有進行雙音化。遲至兩漢時期,隨著核心重音指派規則改為動詞支配式,論元位置的疑問詞才開始出現雙音節形式,啟動了雙音化進程。

(一)賓語

先秦時期賓語位置上雖然可以出現雙音節疑問短語,但是只允許出現單音節疑問詞,有 "誰、何、安、奚、惡、胡、曷/害" 7 個。句法上單音節疑問詞與動詞/介詞的組合均為 [疑問詞+動詞/介詞],疑問詞出現在動詞/介詞之前。

(6) a. 朕又 [何知]?(《莊子·在宥》)
　　b. [胡為] 乎泥中?(《詩經·邶風·式微》)

如第二節所述，作賓語的疑問詞進行顯性句法移位（魏培泉 1989，Aldridge 2010，馮勝利 2013 等）。馮勝利（2013）指出，疑問詞通過兩次移位形成［疑問詞＋動詞/介詞］（7）。第一次是焦點移位，疑問詞從賓語（NP）移到焦點短語上（Focus phrase，簡稱 FocP），在原位置留下空語類（empty category，簡稱 e）。第二次是附著移位，由焦點（Foc）附著到動詞（V⁰）上，組成［wh + V］，共同佔據結點 V⁰。例如（6a）"朕又何知"即為兩次移位後的結果，移位的過程見（7）。

(7) 疑問代詞賓語的句法結構：

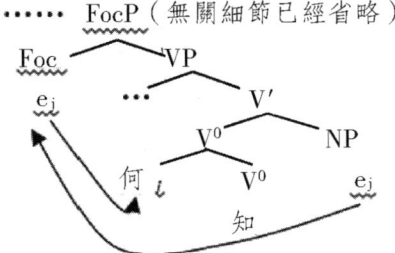

按照規則（3）所示，在核心重音階段，核心重音在短語［何知］VP 中指派，且重音落在動詞"知"上。隨後指派焦點重音時，"何"是語義焦點，理應承擔焦點重音。但"何"已進行顯性移位，焦點重音不會落在"何"上（Truckenbrodt 2013）。這樣單音節疑問詞形式也滿足了焦點重音的要求。單音節疑問詞同時滿足核心重音和焦點重音的要求，無需進行雙音化。

除單音節形式外，作賓語的疑問詞也可以與相鄰句法成分組合。上古漢語中疑問詞實現為雙音節音步有兩種途徑。第一種是直接用雙音節疑問詞代替單音節疑問詞，但先秦沒有作賓語的雙音節疑問詞。第二種是疑問詞與相鄰成分構成雙音節音步，這種組合方式在先秦時代存在，但句法上受到嚴格限制：只能以［何＋N＋之＋V］形式存在（何樂士 1989）。這是因為先秦時期漢語的核心重音規則制約了賓語位置疑問詞的雙音化。例如：

(8) a. 聞子為梯，將以攻宋。宋［何罪］之有？（《墨子·公輸》）
　　 b. *宋何罪有？①

(8b) 中［何＋N＋V］不合法，說明複指代詞"之"不可缺少。這是由核心重音決定的。按照規則（3），核心重音指派給動詞"有"。然而，如（9）所示，實際上在重音範域 FocP 內，韻律結構"何罪有"表現為前重後輕（［s w］），這違背了前輕後重（［w s］）的韻律要求，導致結構"*宋何罪有"非法。

---

① 語感上，我們不是上古漢語的母語者（native speaker），無法判斷上古漢語的句子結構是否合法。但是，如果結構合法，那麼在現有的古漢語文獻中一定會有符合結構的用例。如果在文獻中找不到符合結構的用例，即該結構毫無能產性（productivity），那麼在上古漢語中它是非法的結構。

(9)"＊何罪有"的核心重音指派：

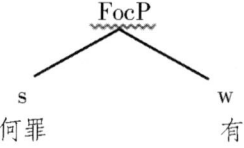

同時單音節動詞"有"也無法獨立組成雙音節音步承擔核心重音。音步是韻律上最小的獨立單位。先秦漢語的音步類型為雙音節音步，即一個標準音步（foot）由兩個音節組成（馮勝利 2013；李果 2015，2016）。Lieberman & Prince（1977）指出，在韻律範域內如果右側的結點（node）存在分枝結構（branch），那麼這個結點的成分在韻律上最凸顯。如果"有"組成雙音節音步，形成雙分枝結構，如（8a）中的"之有"，句子仍能成立。但（8b）中"有"沒有其他分枝，因此"有"無法成為韻律上最凸顯的成分。綜上所述，核心重音制約了賓語位置的疑問詞雙音化，導致先秦沒有雙音節疑問詞作賓語（Feng 1995，馮勝利 2013）。

到了兩漢時期，作賓語的雙音節疑問詞有"何所、如何、幾所、何等"4 個，句法上疑問詞不再進行顯性句法移位。賓語"何物"留在原位，在動詞"有"的後面，如（10）。

(10) 在有何物？（《儀禮・鄉飲酒禮》鄭玄注）

在這個結構中，動詞"有"將核心重音指派給賓語"何物"。

(11)"何物"的核心重音指派：

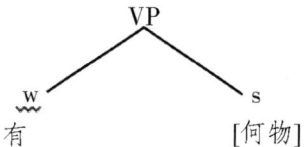

指派核心重音後，進入指派焦點重音階段時，留在原位的"何物"作為語義焦點承擔重音，韻律上最凸顯。

兩漢時如果疑問詞進行顯性移位，移位後的雙音節疑問詞滿足核心重音與焦點重音的要求，可以合法存在。例如：

(12) 齊王曰："天下何所歸？"曰："歸漢。"（《史記・酈生陸賈列傳》）

雙音節"何所"在單音節"歸"前。與先秦時的非法結構＊[雙音節疑問詞＋單音節動詞] 不同，由於兩漢時期核心重音指派規則已發生變化，原來的非法結構在新的核心重音指派規則下都變為合法的結構。

(13)"何所歸"的句法結構：

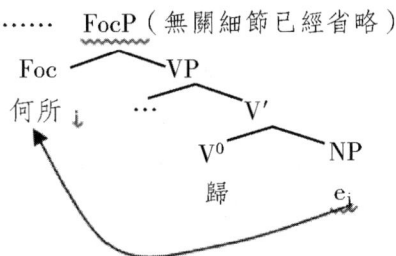

句法上，動詞短語內唯一的有音形式是動詞"歸"，"何所"則在動詞短語外的焦點短語中。按照核心重音的動詞支配法（5），重音由核心動詞"歸"指派給了它自己（14），雙音節疑問詞"何所"並不在核心重音範圍內，不參與核心重音的指派。

(14) "歸"的核心重音指派：

VP
 |
V'
 |
V⁰
[歸]

在其後的焦點重音指派階段，由於疑問詞"何所"進行了顯性移位，如Truckenbrodt（2013）所述，移位後的疑問詞不再承擔焦點重音。因此，作賓語的雙音節疑問詞不再受到核心重音與焦點重音的制約，所以賓語位置到兩漢時期方才開始出現雙音節疑問詞。

（二）主語

先秦作主語的疑問詞有"誰、孰、何、疇"4個，它們均為單音節疑問詞。例如：

(15) a. "何貴？何賤？"對曰："踴貴，屨賤。"（《左傳·昭公三年》）
　　　b. *何物貴？何物賤？

(15a)和(15b)的合法性對立說明主語位置只允准單音節疑問詞。指派核心重音時，疑問詞和謂語組成重音域［疑問詞＋動詞］。以(15a)［［何］［貴］］為例，核心重音落在謂語"貴"上，如(16)所示。

(16) "何貴"的核心重音指派：

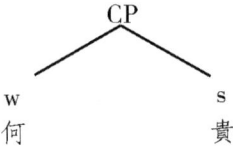

與賓語位置的疑問詞不同，作主語的疑問詞沒有顯性句法移位。指派焦點重音

時，作為弱讀形式，單音節疑問詞必須組成雙音節音步以承擔重音。為了滿足韻律上的要求，有兩種途徑可以採用。第一種途徑是與相鄰謂語組合，如（15a）中的〔何貴〕，由"何貴"整體承擔焦點重音。第二種途徑是以雙音節疑問詞（如"何物"）代替單音節（如"何"）。"何物"可以承擔重音，符合焦點重音指派規則。雖然"何物"與"何"出現在（15a）中的主語位置上，不會改變全句的語義和語法結構，但是由於"何物貴"已經違背了核心重音指派規則，被刪除，因此"何物貴"無法進入焦點重音的指派階段，無法得到焦點重音。先秦的〔疑問詞＋動詞〕組合中，一般動詞為單音節。在這種情況下，與"＊何罪有"類似，在〔疑問詞＋謂語〕中，韻律結構為前重後輕（〔s w〕），違背了前輕後重的核心重音要求。而且單音節謂語也無法組成雙音節音步，不能使右側結點在韻律上最凸顯，形成前輕後重（〔w s〕）的韻律結構（如（17）所示），無法滿足核心重音的要求。這導致核心重音與焦點重音規則的衝突，在焦點重音階段合法的結構在核心重音階段則被排除。由於無法同時滿足核心重音與焦點重音的要求，雙音節疑問詞不能作主語。因此先秦作主語的疑問詞均為單音節。

（17）"何物貴"的核心重音指派：

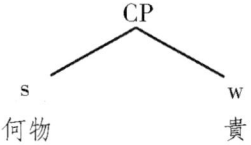

到了兩漢時期，作主語的雙音節疑問詞有"何所、何等"2個。例如：

（18）以天下城邑封功臣，**何所**不服！（《史記・淮陰侯列傳》）

與先秦動詞、形容詞以單音節為主不同，兩漢雙音節動詞、形容詞迅猛發展（魏培泉1989，Feng 1995等）。而且無論單雙音節形式，在指派核心重音時重音範域僅限於動詞及其賓語，主語在句法上已經移位至句子層次（IP），不在範域內。所以（15b）非法結構"＊何物貴"在兩漢合法，核心重音直接指派給謂語"貴"。

指派焦點重音時，和先秦類似，兩漢時期雙音節疑問詞作為獨立的音步承擔重音，滿足韻律規則。所以兩漢在主語位置可以出現雙音節疑問詞，且同時滿足核心重音與焦點重音的要求。

四、非論元位置疑問詞的雙音化

與論元位置的疑問詞遲至兩漢才開始進行雙音化不同，非論元位置（謂語、狀語、定語）的疑問詞在先秦漢語時期已經開始雙音化。

（一）謂語

先秦作謂語的疑問詞已開始雙音化，雙音節和三音節疑問詞共有"云何、如台、如何、幾何、何如、奚如、何若、奚若、若何、奈何""若之何、如之何、何為"13個。在語義上分為兩類，第一類詢問方式、情狀，如"如台"；第二類詢問數量，如"幾何"。

(19) 先君之好是繼，與不穀同好，**如何**？（《左傳·僖公四年》）

"如何"作謂語，語義上相當於現代漢語的"怎麼樣"（周法高1959）。但是如果疑問詞改用單音節形式，比如（20）中的"何"，那麼整個句子將成為非法結構。雖然在語義上，"何"也可以表示"怎麼樣"①，但是仍然無法獨立出現在（19）中的位置，代替雙音節組合"如何"。

(20) ＊與不穀同好，**何**？

在上古漢語現有的語料中我們沒有發現單音節疑問詞如"何"獨立作為謂語的用例。（19）和（20）在合法性方面的對立是由核心重音與焦點重音的指派規則決定的。

指派核心重音時，"何"組成重音域。根據指派規則（3），"何"應獲得核心重音。然而單音節疑問詞"何"是弱讀成分，不能獨立承擔核心重音，這和重音指派規則發生衝突，因此韻律規則禁止單音節疑問詞獨立作謂語。單音節疑問詞（如"何"）必須變成雙分枝結構才能承擔重音，即核心重音指派規則促發了謂語位置疑問詞的雙音化（馮勝利1996）。

謂語位置疑問詞雙音化的第一種途徑是由雙音節疑問詞替換單音節（如"如何"）。句末短語中只由"如何"構成。"何"與"如"組成雙分枝音步，承擔重音，如（21）所示，而且韻律上最凸顯，滿足核心重音的要求。

(21) "如何"的核心重音指派：

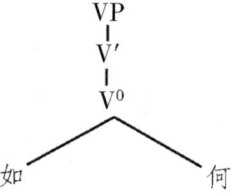

指派焦點重音時，語義焦點"如何"是雙音節音步，可以承擔焦點重音，滿足焦點重音的要求。

---

① 單音節"何"在下面的句子中可以表示"怎麼樣"但是不能獨立作謂語，如："叔伯曰：'子若國何？'對曰：'吾以靖國也。'"（《左傳·僖公二十三年》）

第二種途徑是相鄰成分協助疑問詞組成雙音節音步。與（21）組成雙分枝結構類似，（22a）中的"何"與"也"組成雙音節音步［何也］同時承擔核心重音與焦點重音。如果沒有其後的語氣詞"也"，那麼（22a）與（20）一樣，作為非法結構而被排除。因此錢玄（1982）把"何也"亦視為雙音化的一種結果。

（22）a. 今寡人問之，而子不對，**何 * （也）**？（《墨子·非儒下》）
　　　　b. **何為**？自郊勞至於贈賄，禮無違者。（《左傳·昭公五年》）

但將（22a）與（22b）比較可以發現，如果雙音節疑問詞作謂語，句末語氣詞其實可加可不加，如（19）（16b）。雙音節疑問詞已自成音步，無需句末語氣詞協助即已滿足韻律要求。因此核心重音與焦點重音的相互作用啟動了單音節疑問詞謂語的雙音化，而且導致單雙音節疑問詞在謂語位置的互補分佈。我們把這一條件歸納為一條公式，即：

（23）當且僅當緊鄰句末語氣詞時，單音節疑問詞才能作謂語。

和先秦時期相比，兩漢作謂語的雙音節疑問詞變化不大，有"奈何、何如、奚如、若何、幾何、云何、何若、如何、如之何、若之何"共 10 個。例如：

（24）我好醜**如何**也？（《呂氏春秋·達鬱》高誘注）

在句法上兩漢和先秦作謂語的疑問詞相同，均在句末動詞短語中，核心重音指派規則的歷時演變並沒有影響到謂語位置疑問詞的雙音化。如（25）所示按照動詞支配法指派核心重音，核心重音仍然落在謂語位置的疑問詞上。

（25）"如何"的核心重音指派：

```
    VP
    |
    V'
    |
    V⁰
[如何]
```

在指派焦點重音時，兩漢和先秦時一樣仍由語義焦點"如何"承擔重音。因此，雖然核心重音指派規則發生歷時演變，但作謂語的疑問詞仍保持雙音節，沒有受到影響。

（二）狀語

作狀語的疑問詞根據句法位置和語義分為內狀語和外狀語，如（26）所示。內狀語（inner adverbials）句法上在動詞短語層次（vP），主要詢問動作的方法或樣貌。外狀語（outer adverbials）在句子層次（IP），詢問起因或表示驚歎（蔡維天 2007）。

(26) 內外狀語的句法結構：

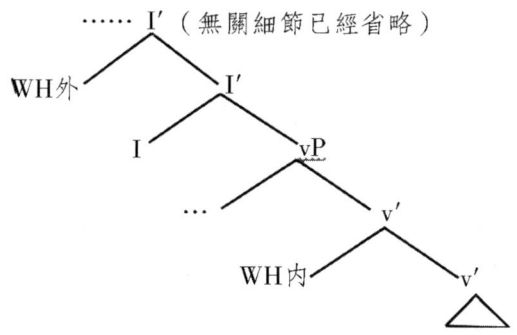

先秦作狀語的雙音節及三音節疑問詞共有"如台、如何、何以、何如、奚如、何若、奚若、若何、奈何""何故、若之何、如之何"12個。例如：

(27) a. 商臣曰："**奈何**察之也？"潘崇曰："享江芉而勿敬也。"(《韓非子·內儲說下》)

b. 公**奈何**眾辱我？獨無間處乎？(《史記·張釋之馮唐列傳》)

(27a)"奈何"為內狀語，詢問方法；(27b)"奈何"為外狀語，詢問原因。作狀語的疑問詞不在句末短語中，不參與核心重音的指派，單雙音節形式都不受核心重音制約。是焦點重音啟動了狀語位置疑問詞的雙音化。

根據目前的研究（Huang 1982），作狀語的疑問詞在句法上沒有進行顯性移位操作。指派焦點重音時，疑問詞作為語義焦點承擔重音。如果單音節疑問詞作狀語，作為弱讀形式，它無法承擔焦點重音，如（28）所示，雖然在語義上單音節"何"與雙音節"奈何"都可以詢問原因（李果 2016），但是"何"不能獨立出現在內狀語。因此疑問詞必須進行雙音化。

(28) a. ***何**察之也？
b. *公**何**眾辱我？

內狀語位置疑問詞的雙音化的第一種方式是直接由雙音節詞代替單音節，如（27）中的"奈何"。與"何"相比，"奈何"是雙音節音步，能夠承擔焦點重音，在韻律上最凸顯。第二種方式是疑問詞與鄰近成分組成雙音節音步以滿足韻律要求。① 如（28）"何"與"患"組成［何患］。

(28) 二三子［**何患**］於喪乎？(《論語·八佾》)

但與"奈何"不同，"何患"只是臨時性的短語，不是獨立的疑問詞。是韻律迫使"何"與"患"組成了雙音節音步。這兩種雙音化的結果存在互補分佈。和雙

---

① 董秀芳（2002）把這種僅僅是線性結構相鄰的結構稱之為"跨層結構"。

音節疑問詞相比，作狀語的單音節疑問詞及其相鄰成分構成的組合受到嚴格的語法限制。在焦點重音的要求下，外狀語的單音節疑問詞必須和其他相鄰成分組成雙音節音步（26），而雙音節疑問詞無需和相鄰成分組合，如（27b）中的"奈何"無需與"眾"組成韻律單位［奈何眾］。據何樂士（1989）統計，在《左傳》中單音節"何"作狀語組成的雙音節音步如下：

(29)《左傳》中狀語"何"與相鄰成分的組合：

詞項	何必	何敢	何能	何辱	何其	何不	何暇	何弗	何盡	何自	何勞	何獨	弗何不敢	合計
合計	13	6	6	6	5	3	2	1	1	1	1	1	1	49

如（29）所示，焦點重音迫使單音節疑問詞與各類相鄰成分組合，如語氣詞（"其"）、情態動詞（"能"）、否定詞（"不"）、動詞（"勞"）等。但這些組合是焦點重音要求組成的雙音節音步，不是獨立句法單位。如"何能"，見（30）。

(30)"何能"的句法結構：

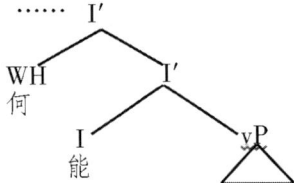

"何能"是雙音節音步，但"何能"既不是短語也不是詞，"何"與"能"僅僅是在線性結構上相鄰而已。"只有那些代表一個獨立句法單位（如短語）的音步才能成為複合詞。"（馮勝利 1996）在雙音化的整個進程中，除了個別的詞（如"何必"）外，這種結構絕大部分未變為雙音節疑問詞。這與實詞（如動詞、名詞、形容詞）的雙音化過程中，單音節結構系統地、成批地變為雙音節詞截然不同。

（三）定語

先秦作定語的雙音節疑問詞共有"幾何、何如、奚如、何若、奚若"5個，而單音節疑問詞有"誰、何、曷、奚、幾"5個。舉例如下：

(31) a. 王之論臣**何如**人哉？（《戰國策·燕策一》）
　　 b. "**何**器也？""瑚璉也。"（《論語·公冶長》）

與作狀語的疑問詞類似，在指派核心重音時，重音域［疑問詞＋名詞］中核心重音指派給了名詞（32）。因此，雖然單音節疑問詞出現在重音域內，但是疑問詞並無雙音化的動因。

(32) 定語"何"的核心重音指派：

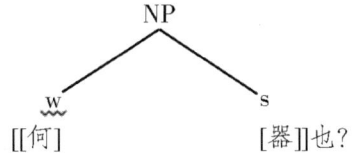

到了指派焦點重音的階段，焦點重音迫使定語位置的單音節疑問詞（如"何"）雙音化。第一種途徑是疑問詞與相鄰名詞組成雙音節音步（33），滿足焦點重音的要求。這樣單音節疑問詞同時得到核心重音與焦點重音指派規則的允准，二者可以合法存在。

(33) 定語"何"的焦點重音指派

[何器] 也？

第二種途徑是雙音節的疑問詞代替單音節疑問詞，如（31a）所示。在（31a）中雙音節"何如"作定語承擔焦點重音，而且雙音節形式同樣滿足核心重音的要求。在指派核心重音時，如果疑問詞與所修飾的名詞不在重音域內，則疑問詞不受核心重音制約。如果處在重音域內，且疑問詞所修飾的名詞的音節數超過一個音節，那麼名詞本身可再構成雙分枝結構，在韻律上最凸顯。如果名詞為單音節，在雙音節疑問詞作定語的情況下整個結構仍成立。與非法結構"＊何罪有"［見例(9)］不同，在我們考察的上古漢語文獻中，雙音節疑問詞作定語且參與核心重音指派時，其所修飾的單音節名詞後一定有句末語氣詞出現。以（31a）為例，它的韻律結構如下（34）：

(34) 定語"何如"的核心重音指派：

w　　s

王之論臣［[何如][人哉]]？

雖然名詞"人"是單音節，但它能與相鄰的"哉"合為雙音節音步［人哉］，仍然承擔核心重音，在韻律上最凸顯。而"＊何罪有"非法，因為動詞"有"後無其他成分協助"有"組成雙音節音步。因此，先秦定語位置的單、雙音節疑問詞同時被核心重音與焦點重音允准，均可以合法存在。

到了兩漢時期，作定語的雙音節疑問詞有"何等、何如、奚如、幾何、何若"5個。例如：

(35) 鑿井而飲，耕田而食。堯**何等**力？（《論衡·感虛》）

與先秦不同，Feng（1995）指出，在兩漢指派核心重音時，只有句子的基本成分參與核心重音的指派。作為定語的疑問詞不參與核心重音的指派。因此，在（35）"堯何等力"中，核心重音由以零形式出現的動詞（e）直接指派給名詞

"力",定語"何等"沒有參與核心重音的指派,如下面(36)所示。單雙音節疑問詞作定語均可滿足核心重音的要求。

(36)"何等力"的核心重音指派:

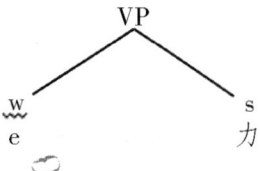

動詞短語中的核心動詞以零形式(e)出現,按照規則(5),e 把核心重音指派給"力"。所以"力"能獨立承擔核心重音,在韻律上最凸顯。指派焦點重音時,"何等"承擔焦點重音。和先秦相比,兩漢雙音節疑問詞同時滿足核心重音與焦點重音的要求,可以自由作定語。

五、結　語

在漢語史研究中,功能詞雙音化的機制一直是語言學家長期關注而未盡其解的難題。本文集中探討功能詞中的重要一員——疑問詞,指出上古漢語中非論元位置(謂語、狀語和定語)早於論元位置(主語和賓語)出現雙音節疑問詞。先秦雙音節疑問詞只出現在非論元位置,兩漢論元位置才出現雙音節形式。對於雙音節疑問詞表現出的系統性差異,句法和詞法都無法解釋。

本文的研究表明,核心重音與焦點重音的相互作用導致疑問詞雙音化出現上述差異。作為韻律上的弱讀形式,單音節疑問詞充當語義焦點時必須承擔焦點重音,啟動了雙音化的操作。但是先秦漢語核心重音的指派規則制約雙音節疑問詞出現在論元位置,只允准非論元位置單音節疑問詞的雙音化。到了兩漢,隨著核心重音指派規則的演變,論元位置的雙音節疑問詞才同時得到核心重音與焦點重音規則的允准,得以合法存在。從這個意義上說,本文的研究也為詞法與韻律的界面研究提供了一個很好的釋例與證明。

參考文獻

貝羅貝,吳福祥. 上古漢語疑問代詞的發展與演變. 中國語文,2000(4).

蔡維天. 重溫"為什麼問怎麼樣,怎麼樣問為什麼". 中國語文,2007(3).

蔡維天. 從"這話從何說起"說起. 語言學論叢:第 43 輯. 北京:商務印書館,2011.

蔡維天,馮勝利. 說"們"的位置:從句法-韻律的介面談起. 語言學論叢:第 31 輯. 北京:商務印書館,2005.

程湘清. 先秦雙音詞研究//程湘清. 先秦漢語研究. 濟南:山東教育出版社,1981.

程湘清. 論衡複音詞研究//程湘清. 兩漢漢語研究. 濟南:山東教育出版社,1985.

董秀芳. 漢語的句法演變與詞彙化. 中國語文，2009（5）.

董秀芳. 詞彙化：漢語雙音詞的衍生和發展. 修訂本. 北京：商務印書館，2011.

馮勝利. 論漢語的"韻律詞". 中國社會科學，1996（1）.

馮勝利. 漢語的韻律、詞法與句法. 修訂本. 北京：北京大學出版社，2010.

馮勝利. 漢語韻律句法學. 增訂本. 北京：商務印書館，2013.

馮勝利. 漢語句法、重音、語調相互作用的語法效應. 語言科學，2017（3）.

何樂士. 左傳虛詞研究. 北京：商務印書館，1989.

何樂士.《史記》語法特點研究//程湘清. 兩漢漢語研究. 精裝本. 濟南：山東教育出版社，1992.

胡敕瑞. 從隱含到呈現（上）：試論中古詞彙的一個本質變化. 語言學論叢：第31輯. 北京：商務印書館，2005.

胡敕瑞. 從隱含到呈現（下）：試論中古詞彙的一個本質變化. 語言學論叢：第38輯. 北京：商務印書館，2009.

賈媛，李愛軍，馬秋武，等. 具有焦點標記作用的"是"字句重音分佈研究. 中文信息學報，2009（3）.

李果. 從姓名單雙音節選擇看上古韻律類型的轉變. 古漢語研究，2015（2）.

李果. 從韻律看上古漢語的胡"gaa"與何"gaal". 漢語史研究集刊：第22輯. 成都：四川大學出版社，2016.

呂叔湘. 近代漢語指代詞. 江藍生，補. 上海：學林出版社，1985.

錢玄. 論古漢語虛詞雙音化. 南京師範大學學報（社會科學版），1982（1—4）.

魏培泉. 上古漢語到中古漢語語法的重要發展//何大安. 古今通塞：漢語的歷史與發展. 臺北："中研院"歷史語言研究所，2003.

魏培泉. 漢魏六朝稱代詞研究. 臺北："中研院"語言學研究所，2004.

徐時儀. 漢語詞彙雙音化的內在原因考探. 語言教學與研究，2005（2）.

楊伯峻，何樂士. 古漢語語法及其發展. 修訂本. 北京：語文出版社，2001.

周法高. 中國古代語法（稱代編）. 臺北：台聯國風出版社，1959.

Aldridge, Edith. "Clause Internal wh Movement in Archaic Chinese", *Journal of East Asian Linguistics*, 2010（19）：1—36.

Feng, Shengli. *Prosodic Structure and Prosodically Constrained Syntax in Chinese*. Ph. D. dissertation, Philadelphia: University of Pennsylvania, 1995.

Huang, James C.-T. *Logical Relations in Chinese and the Theory of Grammar*. Ph. D. dissertation, Cambridge: MIT, 1982.

Huang, James C.-T., Li, Audrey Y.-H., Li Yafei. *The Syntax of Chinese*. New York: Cambridge University Press, 2009.

Kratzer, A., Selkirk, E. "Phase Theory and Prosodic Spellout: The Case of Verbs", *The Linguistic Review*, 2007（24/2—3）：93—135.

Lieberman, Mark & Prince, Alain. "On Stress andlinguistic Rhythm", *Linguistic Inquiry*, 1997 (8): 249—336.

Rochemont, Michael. *Focus in Generative Grammar*. John Benjamins Publishing Company, 1986.

Truckenbrodt, Hulbert. "An Analysis of Prosodic F-effects in Interrogatives: Prosody, Syntax and Semantics", *Lingua* 2013 (124): 131—175.

Zubizarreta, Maria. *Prosody, Focus, and Word Order*. Cambridge: The MIT Press, 1998.

語料來源

香港中文大學劉殿爵中國古籍研究中心漢達文庫，www.chant.org。

Disyllabification of *Wh-* words Determined by Prosody in Archaic Chinese

Li Guo

Abstract: This paper aims to illustrate the close relationship between prosody and the disyllabification of *wh-* words in Archaic Chinese. Disyllabic *wh-* words in pre-Qin dynasty only appeared in non-argument structures (predicate, adjunct and modifier). In Han dynasty, they began to show up in argument structures (subject and object). It results from the interaction between nuclear stress and focus stress. Focus stress activated the disyllabification of *wh-* words, however, in pre-Qin dynasty the nuclear stress was the phrase at the end of a sentence forbidding disyllabic *wh-* words from appearing in argument structure. In Han dynasty, domain of nuclear stress changed to VP at the end of sentences only and allowed disyllabic *wh-* words appear in argument structure. This finding is also a proper demonstration of the interface study of morphology-prosody.

Keywords: Archaic Chinese; *wh-* words; disyllabification; nuclear stress; foucs stress

（李果，四川大學文學與新聞學院）

再談中古漢語中"快"的相關詞語*

付建榮

提　要： 在中古漢語（東漢—隋）中，"快"有"好"義。由"快"組成的複音詞"快牛""快犬（狗）""快馬"，詞義是指好牛、好犬（狗）、好馬，非指跑得快的牛、犬、馬。本文通過這個案例說明，對一些常用詞的釋義，尤其是似是而非的用例中詞義的確定，很有必要對專書甚至斷代語料進行專門系統的調查分析，做出廣泛的排比歸納，這是避免釋義偏誤的一個有效途徑。

關鍵詞： 中古漢語；快牛；快犬（狗）；快馬

在中古漢語（東漢—隋）中，"快"產生了一個相當活躍的新義，即"好"義。對此，董志翹（2003）曾在《中古漢語中的"快"及與其相關的詞語》一文中予以專門揭示。

（1）如是等菩薩，其所止佛刹，刹極快好，其刹皆各，各自有名。（東漢·支婁迦讖譯《佛說兜沙經》，10/466b）

（2）省《更生論》，括囊變化，窮尋聚散，思理既佳，又指味辭致亦快，是好論也。（《全晉文》卷63孫盛《與羅君章書》，第1816頁）

例（1）"快好"同義連言，例（2）"佳""快""好"對文同義。"快"表"好"義，極爲顯豁。董文還對"快人""快士""快手""快吏""快婿"五個複音詞詳加辨析，並指出"快"之"好"義，由"稱心""遂意"義引申而來，其説甚諦。但略顯遺憾的是，董文未及中古漢語中的"快牛""快犬（狗）"和"快馬"。其實，這三個詞中的"快"最容易被誤解爲"迅速"義，很有辨析的必要。

一、"快牛"

《世說新語·汰侈》篇第11則載：

---

*　本文受國家社科基金項目"唐宋禪籍俗成語研究"（批准號13XYY012）的資助。

彭城王有快牛,至愛惜之。王太尉與射,賭得之。彭城王曰:"君欲自乘則不論;若欲啖者,當以二十肥者代之。既不廢啖,又存所愛。"王遂殺啖。(第 1037 頁)

例中的"快",張永言(1992:245)釋作"迅速,靈敏"。張萬起(1993:511)釋作"速度高,善奔跑"。《漢語大字典》(7/2439)"快"條釋作"迅速"。《漢語大詞典》(7/436)"快牛"條釋爲"負重善行的健牛",新版《辭源》(1/1470)"快牛"條同。楊勇《世說新語校箋》、余嘉錫《世說新語箋疏》等未注,蓋以"快"爲"迅速"之常義,無需注解。今按,上揭釋義均不準確,"快牛"是指"好牛"。檢《世說新語》,"快"凡 14 例,表"好"義另有 7 例,但無 1 例表"迅速"義。

(1) 郭陳張甚盛,裴徐理前語,理致甚微,四坐咨嗟稱快。(《文學》篇第 19 則,第 247 頁)

(2) 諸君頗聞劉景升不?有大牛重千斤,啖芻豆十倍於常牛,負重致遠,曾不若一羸牸。魏武入荊州,烹以饗士卒,于時莫不稱快。(《輕詆》篇第 11 則,第 979 頁)

(3) 夷甫時總角,姿才秀異,敘致既快,事加有理,濤甚奇之。既退,看之不輟,乃歎曰:"生兒不當如王夷甫邪?"(《識鑒》篇第 5 則,第 462 頁)

(4) 庾穉恭與桓溫書,稱"劉道生日夕在事,大小殊快。義懷通樂既佳,且足作友,正實良器"。(《賞譽》第 73 則,第 549 頁)

(5) 桓南郡每見人不快,輒嗔云:'君得哀家梨,當復不蒸食不?'(《輕詆》篇第 33 則,第 998 頁)

(6) 濤蚤孤而貧,少有器量,宿士猶不慢之。年十七,宗人謂宣帝曰:"濤當與景、文共綱紀天下者也。"帝戲曰:"卿小族,那得此快人邪?"(《政事》篇第 5 則劉孝標注引虞預《晉書》,第 198 頁)

(7) 王武子語君夫:"我射不如卿,今指賭卿牛,以千萬對之。"君夫既恃手快,且謂駿物無有殺理,便相然可。令武子先射。武子一起便破的,卻據胡牀,叱左右:"速探牛心來!"須臾,炙至,一臠便去。(《汰侈》篇第 6 則,第 1033 頁)

例(1)、例(2)"稱快"猶言叫好。例(3)指敘事口才好,應上文"姿才秀異"。例(4)指大小事情處理得特別好,"快""佳"對文同義,下言"良器"亦可爲證。例(5)"不快"指行事不佳。例(6)"快人"指品德才能好的人,亦即優秀之士,例(7)"手快"指技藝好,此二例董志翹(2003)已發之。張永言(1992:245)、張萬起(1993:511)"快"條未列"好"義,上揭例子多有誤釋。在《世說新語》中，表示牛的速度快則用"駃"，如《汰侈》篇第 5 則："復問馭人牛所以駃。馭人云：'牛本不遲，由將車人不及制之爾。急時聽偏轅，則駃矣。'"

由此推論，"快牛"應指"好牛"。從文例看，彭城王的牛是乘駕用的，這就需要牛的氣力大，能負重致遠，當然速度也要快，以"好"釋義則足之。劉義慶的另一部小説《幽明録》載："護軍琅邪王華有一牛，甚快，常乘之，齒已長。華後夢牛語之曰：'衰老不復堪苦載，載二人尚可，過此必死。'華謂偶爾夢。與三人同載還府，此牛果死。""快"即"好"義，正可比證。《齊民要術》卷 6"養牛馬驢騾"："牛，岐胡有壽。眼去角近，行駃。眼欲得大，眼中有白脈貫瞳子，最快。'二軌'齊者快。頸骨長且大，快。……尿射前脚者，快；直下者，不快。亂睫者抵人。後脚曲及直，並是好相；直尤勝。進不甚直，退不甚曲，爲下。"按，"駃"是"快"表"迅速"義的換旁俗字。① 在《齊民要術》中，"駃"與"快"有明確的分工：表"迅速"義用俗字"駃"，僅此 1 例；表"好"義用"快"，共 10 例。本例"快"凡 5 見，或與"好""勝"同義對舉，或與"下"反義對舉，也是用來形容好牛的例子。

此外，"快牛"在中古文獻中還有幾例。晉竺佛念譯《出曜經》卷 11 載兩人以其牛捔力賭錢之事："其牛主罵曰：'弊牛努力！'牛聞其罵，即便臥地，輸金錢五百枚。復至後日，主責牛曰：'名汝爲快牛，乃使我失錢，令我慚愧。'牛報其主曰：'更可試之，當盡我力，當還倍得彼錢。'即復更耕，如牛所言，倍得彼錢。畜生尚識善惡之言，況人當不識善惡言乎？""快牛"與"弊牛"對舉，很明顯指"好牛"。中古時期流行着一句俗語："快牛爲犢子時，多能破車。"見《晉書·石季龍傳》《魏書·石勒傳》等，"快牛"亦指"好牛"，言氣力大能破車，故可喻傑出之人才，《南齊書·陳顯達傳》："當世快牛稱陳世子青，王三郎烏，吕文顯折角，江瞿曇白鼻。"

二、"快犬""快狗"

晉干寶《搜神記》卷 20"華隆家犬"條載：

> 太興中，吴民華隆，養一快犬，號"的尾"，常將自隨。隆後至江邊伐荻，爲大蛇盤繞，犬奮咋蛇，蛇死。隆僵仆無知，犬彷徨涕泣，走還舟，復反草中。徒伴怪之，隨往，見隆悶絶，將歸家。犬爲不食。比隆復蘇，始食。隆愈

---

① 《説文·心部》："快，喜也。"段注："快，引申之義爲疾速，俗字作駃。"徐鉉《説文解字繫傳》："駃，今俗與快同用。"《正字通·馬部》："駃與快同，……快之用駃爲俗字書。"文獻中"快"與"駃"又有異文例，S.6022《搜神記》"段孝直"條："直所乘之馬甚駃，日行五百里。"蔣禮鴻先生（1994：188）説："日本中村不折藏敦煌本《搜神記》'駃'作'快'，'駃'即'快'的俗字。"張涌泉、竇懷永（2010：151）注："在迅捷一義上，'駃'爲"快"的俗字。"極是。

愛惜，同于親戚。（第241頁）

例中"快犬"，現今出版的一些重要譯本，如張猷（1994：383）、黃滌明（2008：418）等，均譯作"跑得很快的狗"。今按，此譯不確，"快犬"也是指好犬。從文例看，華隆之犬勇救主人，表現出了忠誠勇敢、機智聰慧的美好品格，絕非"跑得很快"所能賅。下面的例子可相比證。

（1）然在都養一狗，甚快，名曰"烏龍"，常以自隨。後假歸，婦與奴謀，欲得殺然。然及婦作飯食，共坐下食。婦語然："與君當大別離，君可強噉。"然未得噉，奴已張弓撥矢當戶，須然食畢。然涕泣不食，乃以盤中肉及飯擲狗，祝曰："養汝數年，吾當將死，汝能救我否？"狗得食不噉，惟注睛舐唇視奴。然亦覺之。奴催食轉急，然決計，拍膝大呼曰："烏龍與手。"狗應聲傷奴。奴失刀仗倒地，狗咋其陰，然因取刀殺奴。以婦付縣，殺之。（舊題晉陶潛《搜神後記》卷9"烏龍"條，第59頁）

張然之犬亦表現出忠於主人、機警勇敢的美好品格。此例之"快"，亦即"好"義。蔡鏡浩（1990：205）釋作"稱心，優異"，近是。在中古語言文獻中，"快犬（狗）"還有3例，均表"好犬"義。

（2）楚文王好田，天下名鷹快狗畢聚焉。（《初學記》卷30引晉孔氏《志怪》，第730頁）

（3）多聚名鷹快犬，以梁肉奉之。（《魏書·蕭道成傳》，第2166頁）

（4）陸機少時，頗好遊獵，在吳豪盛，客獻快犬，名曰"黃耳"。機後仕洛，常將自隨。此犬黠慧，能解人語，又嘗借人三百里外，犬識路自還，一日至家。（《藝文類聚》卷94引齊祖沖之《述異記》，第1639頁）

例（2）"名鷹快狗"、例（3）"名鷹快犬"，"名""快"皆對文同義。例（4）從"此犬黠慧，能解人語"來看，絕非"跑得很快的狗"所能賅，《晉書·陸機傳》作"初機有駿犬，名曰'黃耳'，甚愛之"，亦可爲證。

三、"快馬"

《三國志·魏志·賈逵傳》裴松之注引三國魏魚豢《魏略·李孚傳》載：

尚問孚："當何所得？"孚曰："聞鄴圍甚堅，多人則覺，以爲直當將三騎足矣。"尚從其計。孚自選溫信者三人，不語所之，皆敕使具脯糧，不得持兵仗，各給快馬。遂辭尚來南，所在止亭傳。（第485頁）

例中的"快"，很容易被視爲"迅速"義，如蘇寶榮、武建宇（2005：221）等。今按，此"快"亦表"好"義。檢《三國志》及裴注，"快"凡29例，表

"好"義另有 5 例,但無 1 例表"迅速"義。

(1) 帝引見慰勞之,顧謂中書令孫資曰:"卿鄉里乃有爾曹快人,爲將灼如此,朕復何憂乎?"仍欲大用之。(《魏志·明帝紀》裴松之注引三國魏魚豢《魏略》,第 95 頁)

(2) 大將軍司馬宣王深器之,問權曰:"蜀中有卿輩幾人?"權笑而答曰:"不圖明公見顧之重也!"宣王與諸葛亮書曰:"黃公衡,快士也,每坐起歎述足下,不去口實。"(《蜀志·黃權傳》,第 1044 頁)

(3) 又知上馬輒自超乘,不由跨躡,如此足下過廉頗也,何其事事快也。《周易》有之,禮言恭,德言盛,足下何有盡此美耶!(《吳志·呂岱傳》,第 1386 頁)

(4) 佗言:"君病腸癰,欬之所吐,非從肺來也。與君散兩錢,當吐二升餘膿血訖,快自養,一月可小起,好自將愛,一年便健。"(《魏志·華佗傳》,第 803 頁)

(5) 後得休,過清河倪太守。時天旱,倪問輅雨期,輅曰:"今夕當雨。"是日晹燥,畫無形似,府丞及令在坐,咸謂不然。到鼓一中,星月皆没,風雲並起,竟成快雨。於是倪盛修主人禮,共爲歡樂。(《魏志·管輅傳》,第 825 頁)

例 (1)(2),董志翹 (2003) 已發之。例 (3) 指事事俱佳,吳金華 (1990:30) 釋作"精明能幹,辦事稱心之意",近是。例 (4)"快自"與"好自",對文同義。例 (5)"快雨"乃指"好雨"①。在《三國志》中,表示馬的速度快則用"駛",如《蜀志·楊洪傳》:"每朝會,祇次洪坐,嘲祇曰:'君馬何駛?'祇曰:'故吏馬不敢駛,但明府未著鞭耳!'"

由此推論,"快馬"也是指"好馬",亦即"良馬"。從文意看,例中"快馬"乃行軍作戰之用,速度快固然很重要,但亦需健壯有耐力,能任重遠行。請看下面的這個例子。

(6) 濟性好馬,而所乘馬駿駛,意甚愛之。湛曰:'此雖小駛,然力薄不堪苦,近見督郵馬當勝此,但養不至耳。'"(《世説新語·賞譽篇》第 17 則劉孝標注,第 509 頁)

例言濟馬速度雖然快,但"力薄不堪苦",若用之行軍作戰,難以稱得上是好

---

① 試比較《全晉文》卷 25 王羲之《雜帖》:"向來快雨,想君佳,方得此雨爲佳,深爲欣嘉。"上言"快雨",下言"方得此雨爲佳",其義顯豁。卷 26 王羲之《雜帖》:"羲之頓首:快雪時晴,佳,向安善。"《齊民要術》卷 2"大小麥":"青稞麥治打時稍難,唯快日用碌碡碾。""快日"猶言好天氣,皆可比證。

馬。在中古中土文獻中,"快馬"均指"好馬"。

(7) 快馬常苦瘦,剿兒常苦貧。黄禾起羸馬,有錢始作人。(《梁詩》卷29《幽州馬客吟歌辭》,第2159頁)

(8) 健兒須快馬,快馬須健兒。跋跋黄塵下,然後別雄雌。(《梁詩》卷29《折楊柳歌辭》,第2159頁)

(9) 琛爲秦州刺史,諸羌外叛,屢討之,不降。琛令朝雲假爲貧嫗,吹箎而乞,諸羌聞之,悉皆流涕,迭相謂曰:"何爲棄墳井,在山谷爲寇也?"即相率歸降,秦民語曰:"快馬健兒,不如老嫗吹箎。"(《洛陽伽藍記》卷4"法雲寺",第207頁)

(10) 延和三年,余赴京師,發石門北行,失道路宿,寓代之快馬亭。其俗云:"古塞上翁所遺之邑也。曰公有良馬,因以命之。"(《全後魏文》卷28高允《塞上公亭詩序》,第3653頁)

這幾例的"快馬"也還是指"好馬"。尤其是例(10),"快馬"與"良馬"對舉,其義顯豁。亭名"快馬",足見當時口語中的"快馬",還是指"良馬"。

此外,在中古佛教文獻中,"快馬"一詞屢見於俗語"快馬見鞭影,即到正路"中①。

(11) 此心(指"菩提心")發時豁然得悟,如快馬見鞭影,即到正路。(隋智顗《摩訶止觀》卷9,46/130b)

(12) 如諸外道先有見心,被佛化時,如快馬見鞭影,即便得悟。(《摩訶止觀》卷10,46/136a)

(13) 以此四種法釋能調,利鈍不同。如快馬見鞭,鈍馬痛手。利人説生,鈍説老死。(隋灌頂《大般涅盤經疏》卷18,38/144a)

"快馬"均指"好馬",聰明靈慧,善解御人意,非指速度快的馬。這條俗語的語義是指:"好馬窺見鞭影就能立即覺悟,走上正路。比喻聰明的人一經點化便能領悟佛法妙義,悟入道法。"此語的源頭出自後秦鳩摩羅什所譯的《大智度論》。

(14) 爾時,長爪梵志,如好馬見鞭影即覺,便著正道。長爪梵志亦如是,得佛語鞭影入心,即棄捐貢高,慚愧低頭。(卷1《中緣起義釋論》,25/62a)

(15) 有眾生軟語善教,不入道檢(即道法),要須苦切粗教,乃得入法。如良馬見鞭影便去,鈍驢得痛手乃行。(卷26《十八不共法釋論》,25/252a)

足以證明,中古語言文獻中"快馬"的確切詞義是指"好馬""良馬"。

---

① 這條俗語在隋唐時期開始進入中土僧人的著作中,最早的使用者是隋代天台宗的實際創始人智顗。借助2014版CBETA電子佛典檢索,在智顗的論著中,共出現25次,使用次數最高。

四、"快"表"好"義和"迅速"義的中古語料調查

關於"快牛""快犬(狗)""快馬"的釋義,這裏再提一點看法。在中古漢語中,"快"的詞義系統裏的確存在"好"義和"迅速"義,但這兩個義位的使用頻率和構詞能力差别顯著。筆者調查了"快"在幾部口語性較强的中古文獻中的使用情況,見下表。

書名 頻次	《論衡》	《金匱要略》	東漢譯經29部	《三國志》	《世說新語》	《高僧傳》	《洛陽伽藍記》	《齊民要術》	《顔氏家訓》
"快"出現的總次數	9	6	35	29	14	6	2	10	3
"快"表"好"義	0	0	13	6	8	3	1	10	3
"快"表"迅速"義	0	3	4①	0	0	0	0	0②	0

上表需説明兩點:①"快"表"好"義,東漢已見使用,魏晉以來開始廣泛行用,逐漸成爲"快"在中古漢語中相當活躍的口語義;②"快"表"迅速"義,雖然在東漢後期已見確例(參張永言,汪維輝1995),但通行範圍基本限於中原官話區洛陽南陽一帶,在魏晉以來的南北朝文獻中,可靠的用例也很罕見。

中古時期,隨着"快"之"好"義的廣泛行用,"快"的這一新義表現出了一定的構詞能力。如"快人""快士""快手""快吏""快射手""快婿""快女婿""快雨""快雪""快日""快弓才""快醋"等。而由"快"表"迅速"義作爲詞素構成的名詞,僅見"快藥"1例,張仲景《金匱要略》卷上:"又快藥下利,重亡津液,故得之。""快藥",《脈經》卷八作"駃藥",異文同義,何任(1990:70)注:"快藥,指峻下藥。"即迅猛攻瀉的藥物,服下後很快就會引起腹瀉。推想"快藥"的命名理據,當指起到"快利""快下"作用的藥物,成詞可能還和"快利""快下"有關。

因此,從"快"的使用頻率和構詞能力的宏觀情況來看,"快牛""快犬(狗)""快馬"的詞義也應指"好牛""好犬(狗)""好馬"。本文的這個案例也表明,對

---

① 另有2例作"駃",但有異文,均不甚可靠。《中本起經》卷上:"垂淚抆眼,而作頌曰:'容顏紫金耀,面滿發紺青,大人百福德,神妙應相經。方身立丈六,姿好八十章。頂光燭幽昧,何駃(三本作"便")忽無常?'"又:"佛欲令迦葉必伏,便入泥蘭禪河,其水深駃(明本作'駛')。"今按,檢《中本起經》表"迅速"義用"快"字,卷上:"(佛)應念忽至。迦葉大喜:'適念欲相供養,來何快耶?閒者那行?今從何來?'"鑿鑿而無異文。據此,上揭兩例不當用俗字"駃"。第1例乃迦葉等眾弟子以爲世尊在鬥法時被龍火所害而作,"何便"義同"何就",乃謂"怎麼就忽然滅度了呢?"反置驚詫之語,正接上文對世尊的贊譽之辭。句式可比較《經律異相》卷34:"本見城完好,中人樂安居。所求未央足,何便忽空虛?"第2例"駃"則爲"駛"字之訛,唐慧琳《一切經音義》卷15"駛河":"師事反,《韻英》云:'急速也。'從馬史聲,或作決,今經文從夬作駃,書經人誤也。"關於佛經"駃"爲"駛"字之訛,慧琳《一切經音義》辨之者28條,可洪《新集藏經音義隨函錄》辨之者22條,其説可參。

② 但有1例用俗字"駃"表"迅速"義,見上引《齊民要術》卷6"養牛馬驢騾"例。

一些常用詞的釋義，尤其是對那些似是而非的用例中詞義的確定，很有必要對專書甚至斷代語料進行專門系統的調查分析，做出廣泛的排比歸納。這是避免釋義偏誤的一個有效途徑。如果只着眼於孤立的例證分析，詞義的理解容易發生偏誤。

附注：本文引用語料據余嘉錫《世說新語箋疏》中華書局 2007 年第 2 版、汪紹楹校注《搜神記》中華書局 1979 年版、汪紹楹校注《搜神後記》中華書局 1981 年版、《初學記》中華書局 1962 年版、汪紹楹校《藝文類聚》上海古籍出版社 1982 年版、《三國志》中華書局 1971 年版、《晉書》中華書局 1974 年版、《魏書》中華書局 1974 年版、逯欽立輯校《先秦漢魏晉南北朝詩》中華書局 1988 年版、范祥雍校注《洛陽伽藍記》上海古籍出版社 1982 年版、《全上古三代秦漢三國六朝文》中華書局 1958 年版、《大正藏》佛陀教育基金會出版部 1990 年版、何任《金匱要略校注》人民衛生出版社 1990 年版，頁碼隨文標出。

參考文獻

蔡鏡浩. 魏晉南北朝詞語例釋. 南京：江蘇古籍出版社，1990.

董志翹. 中古漢語中的"快"及與其相關的詞語. 古漢語研究，2003（1）.

漢語大字典編委會. 漢語大字典. 2 版. 武漢：崇文書局，2010.

何九盈，王寧，董琨. 辭源. 3 版. 北京：商務印書館，2015.

何任. 金匱要略校注. 北京：人民衛生出版社，1990.

蔣禮鴻. 敦煌文獻語言詞典. 杭州：杭州大學出版社，1994.

黃滌明. 搜神記全譯. 貴陽：貴州人民出版社，2008.

羅竹風. 漢語大詞典. 上海：漢語大詞典出版社，1986—1993.

蘇寶榮，武建宇. 訓詁學. 北京：語文出版社，2005.

吳金華. 三國志校詁. 南京：江蘇古籍出版社，1990.

張萬起. 世說新語詞典. 北京：商務印書館，1993.

張獻. 全本搜神記評譯. 上海：學林出版社，1994.

張涌泉，竇懷永. 敦煌小說合集. 杭州：浙江文藝出版社，2010.

張永言. 世說新語辭典. 成都：四川人民出版社，1992.

張永言，汪維輝. 關於漢語詞彙史研究的一點思考. 中國語文，1995（6）.

Review of the Expression "*Kuai-*"（快）in Mid-Ancient Chinese

Fu Jianrong

Abstract：In Mid-Ancient Chinese, one meaning of "*kuai*"（快）was "good" — "*kuai niu*"（快牛）was good cattle, not fast cattle; "*kuai quan/gou*"（快犬/狗）was good dog, not fast dog; "*kuai ma*"（快馬）was good horse, not fast horse.

It's necessary to systematically investigate and comprehensively generalize specialized books and dynastic corpus to explain some common words, especially those with uncertain meanings. This is an effective way to avoid misreading.

Keywords：Mid-Ancient Chinese；"*kuai niu*"（快牛）；"*kuai quan/gou*"（快犬/狗）；"*kuai ma*"（快馬）

(付建榮，內蒙古大學文學與新聞傳播學院)

祈使語氣詞"著（着）"來源新說獻疑[*]

李月炯　王　丹

提　要：認爲祈使語氣詞"著（着）"是補語位置"完成"義動詞"著"語法化而來的觀點，與漢語事實不符，值得商榷。

關鍵詞：語氣詞；"著（着）"；文獻問題

祈使語氣詞"著（着）"的來源問題一直備受學界關注，但意見不盡一致，李小軍（2011）有比較詳盡的評述，姑不贅論。王苗（2015）別立新說，認爲祈使語氣詞"著"是補語位置"完成"義動詞"著"在句末語法化的結果，將有關語氣詞"著"來源的討論引向深入。但我們發現王文所引的魏晉—唐代的 12 例文獻均有未恰之處，有損文章的嚴謹性和科學性，新說值得懷疑。

王文 3.1 節討論"完成"義"著"的產生及發展，認爲在"V＋著＋處所名詞"結構中，"著"的意義由"附著"向"完成"轉變，處所名詞就不再是語義强制成分必須出現。因此，V 逐漸從必須帶上處所賓語的①B 類動詞擴展到了與處所無關的②B 類動詞。受事賓語可以是普通名詞，因此在"V＋著＋NP"結構中，"著"詞義虛化而演變爲動相補語，表示動作 V 的完成，整個結構演變爲一個 VCO 格式。爲了說明這一演變結果，王文列舉 l 例，即（9）—（18），但前六個魏晉佛經中的"著"並不表"完成"義，試予分說。

(9) 二曰不與，取著他財物以偷意取。(《中阿含經》卷第三)

按：當在"取"後點斷，"不與取"乃佛教術語，係梵語 a-dattādāna 的意譯，意思是他人不與而自取，即偷盜，屬五戒中第二戒、十惡業道之一。《大智度論》卷第十三："不與取者，知他物，生盜心，取物去，離本處，物屬我，是名盜。"

---

[*] 本文得到了中央高校基本業務費資助項目"現代漢語否定副詞語義研究"（2018soe—12）及中央高校基本業科研業務費研究專項項目"漢語作爲第一和第二語言的閱讀機制比較及教學對策"（skq201123）的資助。

（參丁福保 2015：614；慈怡 1989：995）"著"為貪著義，"著他財物"即貪戀他人財物的意思。①

(10) 雖先說著法，愛心難遣，故今更說。(《大智度論》卷第四十二)

按：首先，"雖先"大正藏原文作"先雖"（T25，p0366c），王文倒書。其次，標點不當，整句話應該這樣讀：

(10′) 問曰："先說諸法空，即是不住，今何以說'諸法中不應住'？"答曰："先雖說，著法愛心難遣，故今更說。"

"著法"也是個佛教術語，義謂執著之念（丁福保 2015：2311），"著法"與"愛心"義近連文。答語中"先雖說"即先說的"諸法空"，又擔心聽者執著於"著法空"，因此現在又說"諸法中不應住"。②

(11) 菩薩聞是已，則舍著心。(《大智度論》卷第八十二)

按："著心"仍舊是個佛教術語，執著於事理之心的意思（丁福保 2015：2311）。不妨煩引例（11）全文："佛答：'若菩薩知諸法畢竟空、無所有、不可取，是法不可得知，如是行者則無失。'菩薩**著畢竟空、著無性、著菩薩所行道**，佛說三種皆失。菩薩聞是已，則舍**著心**。"可見，菩薩所捨棄的即是前面所說的"著畢竟空、著無性、著菩薩所行道"三種"著心"。

(12) 此中增擯一事，除打著泥汙衣。(《摩訶僧祇律》卷第九)

按："除打"義即敲打。"著"乃附著、沾染義，"著泥汙衣"當連讀，指附著污泥的衣服，後文緊接的"著垢膩衣"足以證明，但王文並未引錄。

(13) 以三十二頭，盛著一函，系縛封印，送與其妹。(《賢愚經》卷第七)

(14) 眾比丘皆共非之，因共告天，天取老比丘，捐著眾外，大迦葉敕諸比丘："使急就道。"(《佛般泥洹經》卷下)

按：首先，例（13）的"一函"與例（14）的"眾外"明顯是指處所，"盛"與"捐"（丟棄義）應該仍屬於①B類動詞（即與處所有關的動態類動詞），故上二例嫌不夠典型，不能很好地佐證"V 逐漸從必須帶上處所賓語的①B類動詞擴展到了與處所無關的②B類動詞"這一觀點。其次，這兩例的"著"也並非表"完成"義的補語，"著"在某種程度上還保留著"附著"義，學者多有論及，如王力

---

① 該例王文 3.3 節用來討論"完成"義的"著"的時間特徵，亦不妥。
② 龍國富（2004：66）也把這句話理解錯了，由於句中有表完成的時間副詞"先"，若句義理解不當則很容易把"著"視爲表動作的完成，值得警惕。

(1980/2008：358)、劉堅等(1992：95—96)和吳福祥(2004)等，不贅談。①

王文3.2節探討祈使語氣詞"著"的語法化歷程，認爲一方面，在"V＋著＋NP"結構中普通名詞可以出現在"著"之後，甚至也可以隱而不現；另一方面，不及物動詞也可以進入這一結構當中，這爲"著"出現於小句句末創造了條件，引例(23)—例(26)爲證。後來，V與"著"之間的關係變得越來越鬆散，兩者之間可以插入一些語法成分，又援引例(27)—例(30)。我們認爲前六例也均不恰，再辨如下。

(23) 每至公坐，廣談，仲治不能對。退著，筆難廣，廣又不能答。(《世說新語·文學》)

按：該例是爲了佐證"不及物動詞也可進入這一結構當中"這一論點，遺憾的是引文斷句有誤。應該在"退"後點斷，"著筆"爲詞，有"落筆、下筆"義(羅竹風1992：433)。徐震堮(1984：139)對"筆"有另一番解釋，引《陔餘叢考》："陸遊筆記：'六朝人謂文爲筆'②，顧寧人亦引其說，不知六朝人之稱文與筆又自有別。《文心雕龍》曰：'今俗常言，無韻者筆也，有韻者文也。'是六朝人以韻語爲文，散行爲筆耳。"可見徐氏認爲"著筆"猶著寫文章。解釋略異，但"著"屬下讀無疑。

(24) 於一切法而皆取著，是名邪見。(《不退轉法輪經》卷第三)

(25) 爲身見鏡之所惑亂，妄見有我，即便封著，謂是真實。(《百喻經·寶篋鏡喻》)

(26) 所以者何？若法爲彼愚癡取著，是則凡夫所得。(《大寶積經》卷第一百五)

按：這三例也即屬於吳福祥(2004)認爲的"連動式'V着'的處所賓語有時也可以零形式出現"的情況。梁銀峰(2010)認爲"封著"可看作是由兩個含[＋附著]義語素特徵的動詞構成的連動式，恰引例(25)《百喻經》爲例。又，據劉堅等(1992：95)的觀點來看，"取"這裏是心理活動的動詞，"法"是"取"的對象，"著"即表示"取"的動作附著在"法"之上，隱含著一種動作持續或獲得結果的意思。總之，"取著""封著"的"著"尚保留"附著"義，"著"是"取"和"封"的結果，並不表"完成"。

(27) 若答言："入聖道著，久於戒定慧中，……譬如虛空。"(《善見律毘

---

① 也有學者把這類"V＋著"的"著"直接看作是方位介詞，如梅祖麟(1998/2000：159—160)。

② 今本《老學庵筆記》卷九作"南朝詞人謂文爲筆"，與《陔餘叢考》稍異，蓋趙翼僅轉其義，而未從其文。

婆沙》卷第十二）

（28）應說如是離音聲法，故名阿羅漢，……取惡慧想修智慧著。（《佛說廣博嚴淨不退轉輪經》卷第三）

按：上二例的"著"實乃"執著"義，但詞性不同，我們不妨觀照引例的前後文：

（27'）若答已，復問："四道果中汝已何道？殺幾煩惱？"**答者一一悉著**者，復問："汝得何法？為得須陀洹、斯陀含？"若**答悉著**者，若有小小異者，即不信。何以故？若有智慧聰明比丘，從師禀受一一句義，不得謬亂。復作餘問："初入云何？"若**答不著**，即聖利滿足，汝不得也而驅出；若答言："**入聖道著**，久於戒定慧中，無有懈怠精勤不退，於四供養心無染著，譬如虛空。"

（28'）**應解如是多眾生著**，所謂眾生不可得**著**，眾生斷常**著**，眾生身見**著**，不能過**著**，見諸法不生不滅無為無作**著**，不壞色**著**，不壞受、想、識、行**著**，離凡夫法**著**，建立諸佛法**著**，須陀洹果想**著**，斯陀含果想**著**，阿那含果想**著**，阿羅漢果想**著**，辟支佛果想**著**，如來等正覺想**著**，菩提心想**著**，為菩提故行施**著**，為菩提故護戒著**著**，取瞋恚想行忍**著**，取懈怠想行精進**著**，取亂心想生禪定**著**，取惡慧想修智慧**著**，於父母妻子男女眷屬兄弟姊妹所愛諸親**著**，欲見愛念諸親**著**，樂談說**著**，煩惱法出要法作二見**著**，貪利養**著**，見在家出家**著**，見卑勝法**著**，離凡夫法**著**，緣佛法**著**，見下上法**著**，具足諸相方便**著**，生佛世界想**著**，**應除眾生如是著**，故名阿羅漢。

再按：（27'）中"入聖道著"是答話者認為自己所"著"的是了不起的聖道，而對"四供養"則已經做到了"心無染著"。例中"答者一一悉著""答悉著""答不著""入聖道著"的"著"都佛家常言的"執著"。例（28'）段首"應解如是多眾生著"及段末倒數第二句"應除眾生如是著"，均明白無誤地顯示"著"是名詞，充當賓語中心語，兩個"如是"統指段落中種種"著"。

恰當使用語料是進行科學的漢語史研究的前提（汪維輝，胡波 2013），王文徵引的 12 例魏晉—唐的文獻均存在誤讀或誤解的疏漏，既然語料全都出了問題，那由此而得出的結論似乎也就不足深信了，正如徐時儀先生（2013）所說的那樣："語料如果不可靠，研究所得也就難以令人信服。"[①]

[①] 附論一個旁證。王文餘論指出，祈使語氣詞"來"源於表"完成"的"來"，其語法化過程與"著"平行，這一說法同樣值得懷疑。梁銀峰（2007：209—218）認為祈使語氣詞"來"是祈使語境"V＋NP＋來"格式中趨向動詞"來"語法化和主觀化的結果，蔣紹愚（2012：512—515）李小軍（2013：171—177）贊同梁說，並有補充，王文並未參考這些文章。

參考文獻

慈怡. 佛光大辭典. 北京：北京圖書館出版社，1989.

丁福保. 佛學大辭典. 上海：上海書店出版社，2015.

蔣紹愚. 漢魏六朝漢譯佛經中"來"的四種虛化用法//漢語辭彙語法史論文續集. 北京：商務印書館，2012.

李小軍，曹躍香. 語氣詞"着（著）"的形成及相關問題. 江西師範大學學報（哲學社會科學版），2011（6）.

梁銀峰. 祈使語氣詞"來"的形成過程//漢語趨向動詞的語法化. 上海：學林出版社，2007.

梁銀峰. 論漢語持續體標記"著"和進行體標記"著"的語法化路徑//語言研究集刊：第七輯. 上海：上海辭書出版社，2010.

劉堅，等. 近代漢語虛詞研究. 北京：語文出版社，1992.

龍國富. 姚秦譯經助詞研究. 長沙：湖南師範大學出版社，2004.

羅竹風. 漢語大詞典：第9冊. 上海：漢語大詞典出版社，1992.

梅祖麟. 漢語方言裏虛詞"著"的三種用法的來源//梅祖麟語言學論文集. 北京：商務印書館，2000.

太田辰夫. 中國語歷史文法. 蔣紹愚，徐昌華，譯. 北京：北京大學出版社，1987.

汪維輝，胡波. 漢語史研究中的語料使用問題：兼論係詞"是"發展成熟的時代. 中國語文，2013（4）.

王力. 漢語史稿：重排本. 北京：中華書局，2008.

王苗. 再論語氣詞"著（着）"的來源及相關問題. 語言科學，2015（5）.

吳福祥. 也談持續體標記"著"的來源. 漢語史學報，2004（4）.

徐時儀. 語言研究與古典文獻整理考斠. 文獻，2013（5）.

徐震堮. 世說新語校釋. 北京：中華書局，1984.

Examples and Questions for the Origin of Modal Particle "Zhe"（著）

Li Yuejiong, Wang Dan

Abstract：12 examples for the origin of modal particle "zhe"（著）is misunderstood. It is worth argning that modal partical "zhe"（著）is the result of the grammaticalization of the verb "zhe".

Keywords：modal partical；"zhe"（著）；document

（李月炯、王丹，四川大學海外教育學院）

法偉堂《〈經典釋文〉校記》底本考

羅　毅　楊　軍

提　要： 文章將法偉堂《〈經典釋文〉校記》分別與宋刻宋元遞修本、通志堂本《經典釋文》進行比勘，據齟齬者多寡，證法氏校記所用底本爲通志堂本，並以近代宋刻宋元遞修本之出現時間、流傳始末爲旁證，進一步判定法氏所作校記當以通志堂本爲底本，從而恢復二者之關係。

關鍵詞： 法偉堂；《經典釋文》；校記；底本；考證

《〈經典釋文〉校記》乃晚清著名學者法偉堂（1843—1907）之遺作，因其未曾刊刻，故所知者甚少。《清史稿・儒林傳（三）・鄭杲傳附法偉堂傳》云：

> 法偉堂，字小山，膠州人。光緒十五年進士，官青州府教授。精研音韻學，考訂陸德明《經典釋文》，多前人所未發。（第 13305 頁）

《增修膠志》卷二十四亦曾有記載：

> 偉堂博極群書，不立宗旨。其學大抵由泆長入手，而於諸子百家，無所不覽。專精於古今音韻，於顧氏亭林、江氏慎修、段氏懋堂諸家外，別有心得。所校勘者有《說文解字》、《經典釋文》、《一切經音義》、《列子》等書。（第 464 頁）

以上兩家所提及校勘《經典釋文》之事，即法偉堂爲其作校記。然僅聞其事，卻未見其書，至於法偉堂所據底本者何，採用何種形式著述，就更不得而知了。直至 1936 年羅常培先生於《圖書季刊》第 4 期發表《法偉堂校本經典釋文跋》一文，云：

> 民國二十五年八月又自秀水唐立庵先生處假得法偉堂校本重迻之。此於諸

---

* 基金項目：國家社科基金重大項目"《經典釋文》文獻與語言研究"（14ZDB097）。

家校本外，蓋別成一格者也。

至此，衆家方知唐蘭先生藏有此書，後羅先生據此本重迻之，並作《法偉堂校本經典釋文跋》。另趙少咸先生曾手批法氏校語，萬獻初先生亦曾據此作《趙少咸經典釋文法氏校語錄批校之音讀考辨》。上世紀80年代初，邵榮芬先生研究《經典釋文》音切，托友人於唐蘭先生哲嗣復年先生處借得法氏校本，並據此整理法氏遺稿，因法氏所用底本難辨，故用宋刻宋元遞修本爲底本，逐條附上法氏校語，並作《說法偉堂經典釋文校記遺稿》附於後，名曰《法偉堂經典釋文校記遺稿》，於2010年由華東師範大學出版社出版。自此，法氏校記方爲學界所用，邵先生此舉嘉惠學林實多矣！

法氏校本"於諸家校本外，蓋別成一格者也"（羅常培1936）。法偉堂"考訂陸德明《經典釋文》，多前人所未發"（羅常培1936），且尤精於以音韻考訂訛誤。其主要貢獻，羅常培先生於《法偉堂經典釋文跋》中揭爲數端："一曰遍考陸書創通音例也，二曰勘究切語辨章音類也，三曰精研等韵審音入微也，四曰據音正字爲盧段所不逮也。"（羅常培1936）後邵榮芬先生亦對其進行評介①。其校記以校音最爲詳覈，據音正字、深究音類等方面於校讀《釋文》均有借鑒與啓發意義。概言之此校記既可彌補前人之不足，對今之研究亦不乏借鑒意義。

然法氏校記雖於《經典釋文》有功，但其據何種底本所作，仍有惑於今。倘不解此疑，將無以完整體現法氏校記之理論價值和使用價值。《法偉堂經典釋文校記遺稿》於"出版說明"中有言：

> 法偉堂批注的《經典釋文》本，既不完全是通志堂本，亦不完全是宋刻宋元遞修本，其中另有與二者不同之處。據此推測，法偉堂所批注者，或爲清代某人刻本。

而邵先生在整理校記之時，亦未曾提及法氏所據底本的問題。法偉堂校勘《經典釋文》時所用底本真爲清代某人刻本？抑或是當下流行本之一？這些都需要對法氏校記進行深入研究。

衆所周知，《經典釋文》的清代刻本只有通志堂本及盧文弨抱經堂本兩種②，直到目前爲止，並無任何一種公私著錄，及任何藏書家、校勘家、書賈之題跋有兩種之外的另一種清代刻本記錄。而《經典釋文》乃一部三十卷巨著，斷不能在清代有某種新刻本而世間全無蹤跡之理。是《法偉堂經典釋文校記遺稿》"出版說明"中所謂"清代某人刻本"一說，無從稽考。而法氏既以抱經堂本爲參校之本，故其

---

① 詳見《說法偉堂經典釋文校記遺稿》。
② 詳見黃焯《經典釋文彙校·前言》："《經典釋文》傳刻本在清代有徐乾學通志堂經解本和盧文弨抱經堂本……"

校記只能以宋刻宋元遞修本或通志堂本爲底本兩種可能。以故我們將法氏校記與此二本《經典釋文》逐條比對，以察其眞實之情況。

通過對比，我們發現法氏校記與宋刻宋元遞修本有 938 處齟齬之處，大致可分爲四類。一爲字形、字義不匹配，如例（1），宋元遞修本爲"百餘年"，法氏校記爲"有餘年"，例（2）—（7）亦同；二爲字音有別，如例（11），宋元遞修本"相息亮反"，法氏校記"相，息浪反"，"相、亮"同爲三等去聲陽韻，而"浪"爲一等平聲唐韻，故法氏出校"'浪'，盧改'亮'，是，北宋本、葉鈔本同"，例（8）、（9）、（10）、（12）同；三爲次序不一，如例（13），宋元遞修本爲"本或"，法氏校記卻爲"或本"，二者順序顛倒，例（14）、（15）同；四爲嚴重闕文，如例（16），法氏校記有"音樂"一條，而宋元遞修本無此二字，例（17）—（20）亦是。具體請看下例（冒號前爲宋元遞修本，冒號後爲法氏校語；每條例子尾後括弧内分別爲《法偉堂經典釋文校記遺稿》之卷册、頁碼、行數）：

（1）"左氏傳遭戰國寢藏後百餘年"："有餘年"【法】"有"，盧改"百"，是。（2，24，18）

（2）"晚詩"："逸詩"【法】"逸"阮據小字本改爲"晚"，是也。（6，135，19）

（3）"賈氏"："賈民"【法】"賈民"，盧改"賈氏"。阮云：葉本、宋本、余本皆作氏，此淺人依《唐石經》今本所改。（8，227，6）

（4）"別男女"："別男子"【法】"子"，盧據宋本改"女"，是。阮云：葉本作"女"。（12，376，15）

（5）"旗識"："旗幟"【法】阮云：北宋本、葉鈔本"幟"作"識"，是也。（18，512，20）

（6）"飷字又作餅"："飷字又作餅"【法】"餅"乃"餠"之誤，盧已改。（29，804，9）

（7）"卬巨恭反"："卬，巨恭反"【法】"卬"，盧改"卭"，是。（30，837，20）

（8）"差初佳反"："差，初佳反"【法】"佳"，當作"佳"。（5，109，11）

（9）"錯千故反"："錯，乎故反"【法】"乎"，盧改"千"，是。（6，151，7）

（10）"洙音殊"："洙，音姝"【法】阮云：葉本"姝"作"殊"，十行本同。按音殊是也。（11，330，10）

（11）"相息亮反"："相，息浪反"【法】"浪"，盧改"亮"，是，北宋本、葉鈔本同。（17，496，12）

（12）"昩梅對反"："昩，悔對反"【法】悔、對同部，不能爲紐。悔蓋梅之誤。（25，697，19）

（13）"本或"："或本"【法】"或本"，盧改作"本或"，是。（2，43，4）

（14）"下皆坐乘同"："下坐乘皆同"【法】阮云：葉本作下皆坐乘同，此誤，

當移正。是也。(8,243,19)

(15)"穰如羊反":"穰,羊如反"【法】"羊如",當依盧本乙轉。(12,368,22)

(16)"音樂"【法】"樂"盧改"洛",是。(宋元遞修本無"音樂"二字。)(6,142,1)

(17)"襦,如朱反"【法】"襦,如朱反",阮云:宋本無此條,別有一條云:薰,許云反。(10,289,7)

(18)"眚禮所景反注省同":"眚禮,所景反,注同"【法】"眚禮注同",阮云:葉本、宋本作"注省同",此無省非。注云,省禮謂殺吉禮也,明眚爲省殺之意,故經作眚,注作省,陸所見鄭注是省禮,今本注作眚禮,非。(8,223,9)

(19)"椑□尸棺":"椑,櫬尸棺"【法】"櫬",當作"親"。(11,333,2)

(20)"祁字林上□反":"祁,《字林》上夷反"【法】"夷",盧本作"戶"(榮芬案當作尸),是也。(19,552,21)

然法氏校記與通志堂本相較,則僅有57處不相侔,亦可分爲四類,其中多數爲迻錄者抄寫之譌誤,達43處之多。具體如下。

一、恐爲法氏看跳行所致(此類僅含1例)。

序號	通志堂本	法氏校語	《遺稿》[①] 位置
1	"三家"	"二家"【法】"二",當作"三"	(5,100,8)

通志堂本《釋文》"齊魯韓三家"下行之左上角有"毛詩二字",故法氏校語之"二家"或爲法氏看跳行所致。

二、因形似而致法氏錯看(此類含10例)。

序號	通志堂本	法氏校語	《遺稿》位置
1	"怗音戶"	"怗,音尸"【法】"尸",當作"戶"	(4,92,12)
2	"悍戶旦反"	"悍,尸(榮芬案通志堂本作戶,不作尸)旦反"【法】"尸",盧本作"戶",是。此本初刻作乃,後改爲尸,均誤。阮校本作下旦,同	(6,172,6)
3	"畦尸圭反"	"畦,口圭反"【法】口乃戶之譌	(27,739,19)
4	"印"	"印"【法】"印",盧改"邛",是	(6,156,8)
5	"柳郭音印"	"柳,郭音印"【法】柳、印並當從阝	(30,839,20)
6	"長丁丈反"	"長,下丈反"【法】"下",當作"丁"	(2,48,7)

[①] 《遺稿》即《法偉堂經典釋文校記遺稿》之簡稱,正下方括弧內亦爲《法偉堂經典釋文校記遺稿》之卷冊、頁碼、行數,下同。

續上表

序號	通志堂本	法氏校語	《遺稿》位置
7	"奊如尭反"	"奊如尭反"【法】"尭",乃"兖"之譌	(3,70,11)
8	"居秦"	"居秦"【法】"秦"乃"秦"之譌（榮芬案通志堂本作秦,不誤）	(6,157,5)
9	"蔆芰"	"菱芰"【法】菱盧改蔆,是	(8,217,14)
10	"眠箅"	"眠箅"【法】阮云:宋本作"眠箅",並是也	(10,293,9)

此十例皆因字形相似,加之部分字跡不甚清晰而致法氏誤看。如例 1、2 爲通志堂本"戶"上一橫殘半不清,致法氏誤作"尸";例 3 則爲"戶"上一橫被抹,下一撇僅留出頭,致使法氏看錯;例 9 水旁靠左,近軸線,致法氏誤看。

三、後人傳抄錯誤（此類含 43 例）。

序號	通志堂本	法氏校語	《遺稿》位置
1	"菏又士可反"	"荷,又士可反"【法】"士",盧改"工",是	(3,77,4)
2	"徇以俊反"	"徇,以後反"【法】"以"當作"似"。	(4,85,13)
3	"處昌盧反又昌呂反"	"處,昌盧反,又昌呂反"【法】據《箋》義,則"昌盧反"是也。"昌呂反"亦協韻耳	(5,109,19)
4	"鑣表驕反又必苗反"	"鑣表驕反又必苗反"【法】必苗與表驕同,又必苗反四字疑後增	(6,150,19)
5	"易羊豉反下徐易曰皆同"	"易,羊鼓反,下徐易曰皆同"【法】"徐",盧改"除",是	(7,196,15)
6	"枇蒲梨反或房迷反"	"枇,蒲梨反,或房迷反"【法】枇二音脂、齊分部	(8,230,20)
7	"莖直基反劉直黎反"	"莖,直基反,劉直黎反"【法】莖、基不同部,劉音是也。易之者嫌與梨不同類也	(8,231,20)
8	"蛙戶媧反劉斛佳反沈和佳反"	"蛙,戶媧反,劉斛佳反,沈和佳反"【法】斛佳、和佳與戶媧同,惟佳爲開口耳	(9,257,1)
9	"膂劉本作脟"	"膂,劉本作脟"【法】脟未詳	(9,273,15)
10	"襉戚色界反"	"襉,戚色界反"【法】阮云:葉本、余本、十行本界作點,當據以訂正。偉案《集韻》襉收怪部,《梓人》與此同,《磬氏》但音色界反	(9,276,14)
11	"縢又御證反"	"縢又御證反"【法】御證疑神證之譌,觀《鄉飲酒禮、燕禮釋文》可證	(10,283,1)
12	"楔如帨反"	"楔,如帨反"【法】帨盧改悅,是。	(10,314,21)
13	"楔如帨反"	"楔,如帨反"【法】盧云:如帨宋本作人悅,今帨字從宋本改悅。偉案此如字亦剜刻者,或本即作人也	(10,316,1)
14	"惛呼困反"	"惛,呼困反"【法】困阮云:葉本作困,十行本同,是也（榮芬案此條原與妄加條倒置,今正）	(11,318,10)
15	"杞音豈"	"杞,音豈"【法】杞、豈不同音	(11,337,5)

續上表

序號	通志堂本	法氏校語	《遺稿》位置
16	"毋無"	"毋無"【法】毋無今本作鵡母	(11, 345, 10)
17	"徽諱韋反"	"徽，諱韋反"【法】諱蓋許之誤，觀下禕字音可證	(12, 378, 6)
18	"耄至報反"	"耄，至報反"【法】至報誤，盧刻作莫報，阮校宋本作毛報，並是	(15, 437, 4)
19	"踞俱盧反"	"踞，俱盧反"【法】阮校北宋本俱作居，盧校《注疏》本同。偉案作居是也	(18, 518, 22)
20	"慭魚靳反"	"慭，魚靳反"【法】靳當作覲，下《十二年》同。案魚靳已屢見，與魚覲互出	(22, 660, 18)
21	"聽熒於迥反向司馬云聽熒疑惑也向崔本作䕺榮"	"聽熒，於迥反，向、司馬云：聽熒，疑惑也。向、崔本作䕺榮"【法】聽讀去聲，則熒亦當然，況熒字本讀去聲乎？於迥之迥殆誤。䕺未詳，殆誤。若如今體，陸必有說。《駢拇》爲煌，崔本作鞼，殆與此同字，則右形左聲又誤革爲軍耳。《字彙補》鞼見釋典，云與輝同	(26, 712, 2)
22	"吞敦恩反"	"吞，郭恩反"【法】郭當作敦	(27, 732, 1)
23	"寇苦侯反"	"寇，苦侯反"【法】侯當作候	(29, 806, 1)
24	"愧懟方言云悔怪䎺懟也晉曰悔又云俴惡懟也荆揚青徐之間曰俴"	"愧懟，《方言》云：悔、怪、䎺、懟也。晉曰悔。又云：惏、惡、懟也。荆、揚、青、徐之間曰俴"【法】盧依《方言》改悔爲痗，改懟爲愧，改俴爲惏	(29, 807, 1)
25	"江南人呼犁刀爲錧"	"江南人呼犁刀爲錧"【法】刀盧改刃	(29, 818, 17)
26	"迤字或作迱說文云迱邪行也"	"迤，字或作迱。《說文》云：迱，邪行也"【法】《說文》作迆，不作迱	(29, 825, 20)
27	"苀本亦作荇說文作䓯"	"苀，本亦作荇，《說文》作䓯"【法】今《說文》苀重文作荇，《五經文字》亦引《說文》作荇，則今本作䓯誤也	(30, 832, 5)
28	"藩郭云一名蝭母《本草》謂之知母一名蚳母"	"藩，郭云，一名蝭母，《本草》謂之知母，一名蝭母"【法】蝭當作提，見《校勘記》，盧亦據宋本改提。案一名蝭母句引郭注，下句乃引《本草》，無嫌於複，且彼此並作蝭母，蓋徵注說之有本，似不必改	(30, 834, 8)
29	"薄蒲各反徐扶各反"	"薄，蒲各反，徐甫各反"【法】"蒲各"亦類隔改爲音和也	(3, 74, 21)
30	"伾音丕徐扶眉反又敷眉反"	"伾，音丕。徐扶眉反，又敷眉反"【法】"敷眉反"與"丕"音同	(3, 77, 19)
31	"捼莎也莎音素禾反"	"捼莎也，莎音素和反"【法】莎當作挱或抄，此不成字	(5, 102, 9)
32	"俾卑爾反沈必履反"	"俾，俾爾反，沈必履反"【法】"俾"音易沈者，字當收紙，不當收旨也	(5, 109, 10)
33	"螵戚毗昭反劉平堯反"	"螵，戚毗照反，劉平堯反"【法】螵二音宵、蕭分部，《廣韻》蕭部無脣音	(9, 267, 10)

續上表

序號	通志堂本	法氏校語	《遺稿》位置
34	"間間廁之間"	"間,間側之間"【法】《注疏》作閒,音閑,《注》同。案注云今敝邑閒暇若何,則音閑是也,此作間廁之間恐誤	(16,469,1)
35	"螳蜋說文云名斫父"	"螳蜋,《說文》云,名斫也"【法】斫《說文》作蚚,陸據本作斫,若作蚚,不容無音	(30,844,2)
36	"邶本又作鄁《字林》方代反"	"邶本又作背,《字林》方代反"【法】"背",當作"鄁",《字林》音合古韻	(5,108,17)
37	"本亦作衰申救反又在秀反"	"本又作衰,申救反,又在秀反"【法】"衰",盧改"褎","申"改"由"。"在秀"亦從、邪不分也,當作"似秀"	(5,112,11)
38	"伏"	"伏也"【法】"伏",盧從"大",是	(6,160,22)
39	"搏勞"	"搏勞鳥"【法】"搏"今本作"博"	(11,346,18)
40	"惕音傷又音陽"	"惕,音傷,又音商"【法】商與傷同音,盧本作音陽,是也,而校勘亦未言其異,此殆後來補刻之譌歟	(12,374,1)
41	"涅而《說文》云謂黑土在木中者也"	"涅而,《說文》云:謂黑土在木者也"【法】涅盧改湼,謂字疑衍,木當作水	(24,692,10)
42	"肯苦等反或作古胃字字林作冐並同"	"肯,苦等反,或作冐字,《字林》作冐,並同"【法】盧改上冐字爲肎,而次字仍舊,肎謂古文當依《說文》作肎字,《字林》字則作冐	(29,806,6)
43	"樗廣雅云樗鳴樗雞也"	"樗,《廣雅》樗鳴,樗雞也"【法】鳴盧改鳩,是	(30,844,9)

例 1—28 爲迻錄者因字形相似而誤抄,法氏"精研音韻學"(《清史稿》本傳),則不致犯如此錯誤。如例 2,"俊"爲諄韻,"後"爲侯韻,若真爲"後"字,則法氏必校;例 29—34 爲迻錄者因音同或音近而誤抄;例 35 當是迻錄者誤看而抄寫錯誤;例 36 或爲後人妄改,通志堂本"鄁"誤作"鄁",抄寫人蓋誤以爲"鄁",遂妄改爲"背";例 37 當是行文之誤,"本亦""本又"大抵相同;例 38—39 爲迻錄者誤加文字所致;例 40 或爲傳抄之訛誤;例 41—43 爲迻錄者抄寫脫文所致。

四、其他(此類含 3 例)。

序號	通志堂本	法氏校語	《遺稿》位置
1	"搖本又作搖,羊昭反"	"搖,本又作搖,羊招反"【法】阮云:葉本、十行本、閩、監、毛本皆作本又作搖,羊招反,疑正文搖字當作繇	(9,273,4)
2	"鉉胡犬反一音肩"	"鉉,胡犬反□音肩"【法】胡犬反下闕文盧作一,是也,阮校宋本同	(10,297,22)
3	"其兌徒外反簡云言□"	"其兌,德繫反(榮芬案德繫反誤。兌陸氏皆徒外反,當據正),簡云言□"【法】簡下盧補文字,闕處盧補也字	(25,701,1)

例1，唯有此條同於宋刻宋元遞修本而不同於通志堂本，當屬巧合；例2蓋傳抄者所用本有殘壞，故補闕字符號；例3以現代音自製反切，蓋傳抄者所據字跡有模糊沾漬，顯係傳抄者妄作。

經以上比較：法氏校記共作校語4131條，其中與宋元遞修本不相侔者約占23%，而與通志堂本不相侔者僅占1%，且通志堂本與法氏校記不相侔者皆可考。據此，我們或可言法氏《〈經典釋文〉校記》所據底本即爲通志堂本《經典釋文》。先前之學者因僅察其異，卻未對其異處進行考證，以致有"法偉堂所批注者，或爲清代某人刻本"及"法校底本既已不得而知"之誤判。

此外，就版本而言，法氏校勘《經典釋文》之時當不能見宋刻宋元遞修本。《琉璃廠小志》第一章記載：

> 藻玉堂書店，在琉璃場西門內路南。主人王雨，字子霖，嘗爲梁任公（啟超）先生收書，故常往來於飲冰室。其人頗識版本，一九四七年在天津得見陸德明著《經典釋文》宋刻本六冊，以爲奇遇，不惜重價購之，售與北京圖書館。後知此書共二十四冊，所得不過四分之一，乃極力搜求，後卒配全。蓋此書爲清宮舊藏，溥儀出宮時攜去，後流落東北所散出。書名曾見瞿氏鐵雲銅劍樓書目，僅云殘冊。（第48頁）

第三章又記：

> 八二號蜚英閣裴成武，字子英，河北棗強縣人，精板本之學。一九四六年由長春尚古齋趙姓處購得唐陸德明著《經典釋文》宋刻殘本六冊（第一函一至六），由天津藻玉堂王子霖寄售，將二至六計五冊，轉售與前北平圖書館；其首冊售與周叔弢先生，後捐該館。案：此書爲清宮舊藏，溥儀出宮時攜出，日寇投降後，首函由偽滿宮中散出，其餘三函歸瀋陽圖書館，一九四八年由金靜庵先生攜歸前北平圖書館，得以完璧。（第149頁）

另據陳國慶《瀋陽圖書館藏長春偽宮殘存宋元珍本目錄考略》（2004）記載：

> 《經典釋文》三十卷（殘）唐陸德明撰　宋刻本
>
> 存二十三卷，自第八卷至三十卷。三函。十八冊。每半葉十一行，行大字十二，小字雙行，行二十三、四字不等。白口，左右雙邊。版心魚尾上刻每葉大小字數，下刻書名、卷數、葉數，最下刻工姓名。
>
> 按：《天祿琳琅書目（以下簡稱書目）後編》卷三第十八葉載是書，三十卷。四函，二十四冊。唐陸德明撰。謂"第七卷末有勘官張崇甫、詳勘官聶崇義等銜名，並有開寶二年正月日呂餘慶、薛居正、趙等銜名，爲宋初進本，極可寶貴。每冊有蒙古篆文官印，紙背有國子監崇文閣印記，又有'文淵閣'

印，及書尾有'萬曆三十三年'字樣。元時官書，至明又入中秘者。"今第一卷至第七卷全佚，不可考證。惟蒙古篆文官印及文淵閣方印，每冊首葉均有。其國子監崇文閣印記，則在每冊首葉末葉紙背，文曰："國子監崇文閣官書，借讀者必須愛護，損壞闕失，典掌者不得收受。"闕補卷十一第二十葉、卷二十九第十二葉、卷三十第二十八葉。

綜合以上，我們可知宋元遞修本《經典釋文》原四函二十四冊，本藏于清宮，溥儀出宮遂攜走東北。日寇投降後首函六冊再散落民間，1946 年由裴成武在長春尚古齋購得，1947 年由北京琉璃廠藻玉堂書店老闆王雨在天津發現並重價收購，第一冊售與周叔弢，第二至六冊售與前北平圖書館。第一冊周叔弢後也捐給該館。其餘三函原在瀋陽圖書館，1948 年史學家金毓黻（靜庵）先生攜歸前北平圖書館。至此，經多年輾轉，終成完璧，但缺一紙而無人知曉。

法偉堂於 1907 年去世，而宋元遞修本《釋文》1946 年方由民間發掘，故法氏斷不能見此書，因此，法氏所作校記以通志堂本《經典釋文》為底本已昭然矣。

後邵先生編校《法偉堂經典釋文校記遺稿》將宋刻宋元遞修本《釋文》與法氏校記合印，其目的一方面為便於讀者閱讀，另一方面宋刻宋元遞修本為目前之最珍貴版本，自上海古籍出版社 1985 年影印後，已難尋獲，故將其與法氏校記合印，以惠學林。然宋元遞修本終因其不是法氏校勘之底本，齟齬處過多，尤其是遞修本不誤而法氏校記言其誤者，更令人不知所云，反使閱讀生出諸多不便。今法氏校記以通志堂本《釋文》為底本一事既明，則當將法氏校記與通志堂本合刊，而法氏校記中凡與通志堂本不合者則可另出校勘記，當更便於觀覽。

參考文獻

陳國慶. 瀋陽圖書館藏長春偽宮殘存宋元珍本目錄考略// 歷史文獻：第六輯. 上海：上海古籍出版社，2004.

法偉堂. 法偉堂經典釋文校記遺稿. 邵榮芬，編校. 上海：華東師範大學出版社，2010.

陸德明. 經典釋文. 影印通志堂本// 四部叢刊初編. 上海：商務印書館，1922.

陸德明. 經典釋文. 影印抱經堂本. 北京：直隸書局，1933.

陸德明. 經典釋文// 徐乾學. 通志堂經解. 影印本. 北京：中華書局，1980.

陸德明. 經典釋文. 影印宋元遞修本. 上海：上海古籍出版社，1985.

羅常培. 法偉堂校本經典釋文跋. 圖書季刊，1936（4）.

孫殿起. 琉璃廠小志. 北京：北京古籍出版社，1982.

葉鍾英，匡超. 增修膠志. [出版地不詳]：[出版者不詳]，1931.

趙爾巽. 清史稿. 北京：中華書局，1977.

Textual Research on the Master Copy of Fa weitang's Emending Excursus of *Jin Dian Shi Wen* (《經典釋文》)

Luo yi, Yang jun

Abstract: This essay offers a concise description about the spread and value of the emending excursus of *Jin Dian Shi Wen* (《經典釋文》) by Fa Weitang. According to various differences among the terms in Fa, Song-Yuan and Tongzhitang version, it proves that the emending excursus of Fa is based on Tongzhitang version. This argument can also be justified by the publication and spread of Song-Yuan version. Thus the relationship between the two is restored.

Keywords: Fa Weitang; *Jin Dian Shi Wen* (《經典釋文》); emending excursus; master copy; textual research

(羅毅、楊軍,安徽大學文學院)

《集韻校本》版本問題再談*

汪啟明　田　脊

提　要：趙振鐸先生《集韻校本》出版後，學界好評如潮。但也有對版本選擇和校勘材料提出疑問者。本論文指出善本有不同的含義，既有藏書家之善本，又有校勘家之善本，還有訓詁家之善本；宋本可寶，但應該主要是藏書意義的善本，而非校勘學之善本。校勘學善本，務須精校方好。宋本《集韻》有作者之失，也有刻者之誤，不校則難以為好的底本。論文又從商榷的角度，討論了《四庫全書考證》的校勘學價值問題。並對王培峰先生《〈集韻校本〉疏失補正》一文提出了不同意見。

關鍵詞：《集韻》；底本；考證

一、引　子

《廣韻》《集韻》均源於魏晉南北朝《切韻》，也都成書於北宋[①]。宋李燾（1115—1184）《新編許氏〈說文解字〉五音韻譜序》："……故在本朝太平興國及雍熙、景德，皆嘗命官討論。大中祥符元年，改賜新名曰《廣韻》。今號《集韻》，則又寶元改賜也。"又《續資治通鑒長編》："丁巳……詔直史館宋祁、鄭戩，國子監直講王洙同刊修《廣韻》《韻略》，仍命知制誥丁度、李淑詳定。"丁巳（1017），寶元（1038—1040），時在《廣韻》成書不久，則所修當為《集韻》。據《集韻》卷首載，仁宗景祐四年（1037），朝廷敕命修《集韻》，宋祁、鄭戩、陳彭年、丘雍、賈昌朝、王洙、丁度、李淑等與其事。陳彭年等《大宋重修廣韻》刊佈（1008）僅26年，景祐元年（1034）三月殿試後，朝廷又敕編《集韻》，緣由則可見金州本

---

* 本文是四川省哲學社會科學規劃項目"中國考據學研究"（批准號 SC09X008）、國家社科基金項目"魏晉南北朝方言研究"（批准號 14BYY112）的研究成果之一。

[①] 郭瑩、胡安順（2015），黃錦君（2001），雷勵（2012），辛璐（2012），楊雪麗（1996）等學者做了詳實的考論。

《集韻》卷十:"景祐元年三月,太常博士直史館宋祁、三司戶部判官太常丞直史館鄭戩等奏:昨奉差考校御試進士,竊見舉人詩賦多誤使音韻,如敘序、坐座、底氐之字,或借文用意,或因釋轉音,重疊不分,去留難定,有司論難,互執異同,上煩聖聰親賜裁定。蓋見行《廣韻》《韻略》所載疏漏,子注乖殊,宜棄乃留,當收復闕,一字兩出,數文同見,不詳本意,迷惑後生。欲乞朝廷差官重撰定《廣韻》,使知適從。"

魯國堯先生(2003:626)從學術史的角度做了詳細的考察與論證,認為《集韻》是"作",且"並非在《廣韻》的基礎上修修補補,而是旨在另編一本新型韻書。"

《集韻》編撰品質不高,清陳謐《方先生墓表》:"嘗謂文莫古於《說文》,韻莫詳於《集韻》,惟其詳也。故俗體兼收,譌字譌音亦不勝屈指。緣當時董其役者,既未精通小學,而卷帙繁重,館閣令史又不能致慎於點畫之間。加以繇宋訖今,遞相傳錄,陶陰宵肯,輾轉滋多,勢固所必然也。"

可見,除了本身的品質問題,宋人大量刻書,手民之誤,也致其書不能讀。所以《集韻》在宋代影響並不大,元、明也並無刊行。無校則無書,《集韻》本身的問題和刻印增加的問題,引起清人注意,一時校家蜂出。據趙振鐸先生(2006a)統計,清人直接校理過《集韻》的有三十餘家,雖無"鄭箋"之慮,但除幾家外,均乏善可陳。

趙振鐸先生《集韻校本》甫一問世,學界好評如潮,李開(2014)、魯國堯(2013)的成果,已經影響很大,本無置喙必要。但近有一些不同的聲音[①],需要進一步討論。

二、《集韻校本》的底本選擇問題

段玉裁認為校書有二難,其中就包括底本選擇。正如顏之推所言:"校定書籍,亦何容易,自揚雄、劉向,方稱此職耳。觀天下書未遍,不得妄下雌黃。或彼以為非,此以為是;或本同末異;或兩文皆欠,不可偏信一隅也。"

關於《集韻校本》底本的選擇,近有學者提出應該以宋代的潭州、金州、明州作為底本,它們才是善本。我們認為,選擇什麼樣的本子作為底本,體現了作者的學識與水準。

善本的概念,隨時代發展而發展。善本原稱"善書",始見《漢書·河間獻王傳》。宋以來所稱善本一般多為古本、舊本、始見本;張之洞提出三個條件,丁丙有四條標準,《中國善本書總目》概括了"三性九條"。但陳振孫《直齋書錄解題》

---

① 王培峰《集韻校本疏失補正》(2014)對《集韻校本》的底本選擇等問題提出了不同意見。

卷八、葉夢得《石林燕語》卷八則以精校為善本。可見，善本並不都有校勘學價值，這包括宋本。

對於古本，尤其是宋本，趙振鐸先生（1980：173）有深刻的認識："舊本確實可貴，但是一味根據舊本也不妥當。前代一些版本學家貴宋本，只要是宋本，他們都認為是好的。明末藏書家更是酷嗜宋本，懸重金論頁徵求宋版書。其實宋版也不盡可靠。"他還舉了唐寫本《說文》木部殘卷和宋版《說文》的例子加以證明。

底本的選擇不應是以古為上，遇到眾本各有短長，甚至可以用多本為底本。汪啟明（2010）在《考據學論稿》中提出"善本必經校讎"，不經校讎無所謂善本，尤其在《集韻》一書有大量原生性錯誤的情況下更是如此。姚覲元《重刻集韻·類篇·禮部韻略·序》："《類篇》《韻略》已多譌字，《集韻》則觸處皆誤，幾無完膚。"于建華（2005：145）："《集韻》存在的錯誤甚夥，除了校勘學所謂的譌、奪、衍、倒以外，還有編者造成的錯誤，或者說原始性錯誤。包括張冠李戴、假詞、斷句錯誤、原文和注文牽混、引用錯誤等。"以姚、于二說，則《集韻》也非校不可讀。如此，只以版本早晚作為選擇底本的標準，則忽略了《集韻》包含大量原生性錯誤這一基本事實。

馬端臨《文獻通考》指出，善本要"盡載諸本同異"，因此應以已校本為底本，尤其應選擇精校本作為底本，方為正道。段玉裁說得好："凡校書者，欲定其一是，明賢聖之義理於天下萬世，非如今之俗子誇博贍、誇能考核也。故有所謂宋版書者，亦不過校書之一助，是則取之，不是則卻之，宋版豈必是耶？故刊古書者，其學識無憾，則折衷為定本以行於世，如東原師《大戴禮》《水經注》是也。"這段話中"所謂宋版書者，亦不過校書之一助，是則取之，不是則卻之，宋版豈必是耶"不啻醍醐灌頂。段玉裁又斥不能考核者為"俗子"，正說明學識高下決定了對待古本的態度這一校勘學基本原理。

不校勘，無善本。昔人對善本的看法，可以歸納為一句話："凡書籍必須精加讎校，方為'善本'，否則便是'俗本''劣本'。"（毛春翔1977：5）朱弁《曲洧舊聞》："宋次道家藏書，皆校三五遍，世之藏書，以宋家為善本。"應該說明，不經校勘不為善本，前人早有論述。葉夢得《石林燕語》："唐以前，凡書籍皆寫本，未有模印之法，人以藏書為貴。書不多有，而藏者精於讎對，故往往皆有善本。"而宋以後，隨著印刷術的推廣，刻書之風日熾，因倉促為之或刻意為之所造成的錯誤之處不少。正如蘇軾《東坡志林》："近世人輕以意改書，鄙淺之人好惡多同，故從而和之者眾，遂使古書日就譌舛，深可忿疾。"校勘《集韻》，始於司馬光《類篇》。如《類篇》卷四十二指《集韻》陽韻"陸"字古文"疑誤"；又說《集韻》失收之字有六處。元明兩代，《集韻》並無刻本。清代校理《集韻》最早的學者為余蕭客，《愛日精廬藏書志》有載。清以來，校勘《集韻》的學者除《集韻校本》所列外，尚有王念孫等學者在研究其他典籍時連帶校理《集韻》、"輾轉移錄"的一些過錄本、"成書未刻"的稿本以及一些筆記中的牽涉和零星校讀。

根據以上所述，對《集韻校本》為什麼以顧校曹本為底本，需要再加申說。趙振鐸先生（1995：80）指出："學者多利用南宋明州刻本或它的影抄本來校曹本。對於曹本的這個母本，因為它深藏宮中，很難見到，也沒有人能夠去利用。今天能夠看到這個本子，把它和曹本對校，不難發現，前人用宋本校改的許多地方，這個本子並沒有錯。這說明這個本子的寶貴。……仔細校讀了這個宋刻本，不難發現，它裏面的錯譌比曹本少得多，而其中可以校正明州本系統《集韻》的地方也非常多。"可見，明州本也不是最好的本子，曹本所據母本更為"寶貴"。

《集韻》宋本存在不少"原生性錯誤"。趙振鐸先生（1995：78－80）曾舉了數條宋刻本裏面與曹本相同的錯誤。這裏試舉兩條：

（1）平聲五支　酈：魯地名。錢本、毛本此下有"又姓"二字，朱一新校宋本同。案：宋刻同曹本脫此二字。

（2）平聲十六蒸　耏：昆孫之子為耏孫。錢本、毛本"昆""耏"二字互易。錢校宋本同。案：宋刻同曹本。

據此，對於宋本，我們應該一分為二，既要看到它的價值，也要看到它的不足；既要看到刻本之誤，更要看到編者之誤。這個問題前人的看法較之今天有些學者更勝一籌。

清末民初，湖南版本學家葉德輝在《書林清話》中，寫過"宋刻書多譌舛"一條：

王士禎《居易錄》二云："今人但貴宋槧本，顧宋板亦多譌舛，但從善本可耳。如錢牧翁所定杜集《九日寄岑參》詩，從宋刻作'雨腳但如舊'，而注其下云：'陳本作雨。'此甚可笑。《冷齋夜話》云：'老杜詩雨腳泥滑滑，世俗乃作兩腳泥滑滑。'此類當時已辨之。然猶不如前句之必不可通也。"

葉德輝還指出："宋本亦有不盡可據者。……宋以來儒者但求義理，於字句多不校勘。其書即屬宋版精雕，只可為賞玩之資，不足供校讎之用。"同時舉出數部"宋本不合於古本"之書證明自己的觀點：

書名	宋本不合於古本處
《四書朱注》	不合於單注、單疏
《易程傳》《書蔡傳》《詩集傳》《春秋胡傳》	異於唐、蜀《石經》及北宋蜀刻
《九經三傳》（岳珂相台家塾所刻）	異於唐、蜀《石經》

還寫過"元刻書之勝於宋本",如下表:

書名	宋刻	元刻
《論語注疏》	宋十行本	經則元元貞丙申平陽梁宅本
《爾雅郭璞音注》	明吳元恭所從出之宋本	元大德平水曹氏進德齋本
《後漢書》	宋建安劉元起之本	史則元大德九年重刊宋景祐本
《繪圖列女傳》	阮氏文選樓所據刻之余氏勤有堂本	子則元大德本
《纂圖互注揚子法言》	宋治平監本	元刻
《增廣音注丁卯詩集》	宋版	集則元大德本
《文選李善注》	南宋尤袤本	元張伯顏刻
《東坡樂府》	宋紹興辛未曾慥刻本	元延祐庚申葉曾南阜書堂刻本

前人於宋本不盡為善本尚有不少論述,試舉幾例:

(1) 陸貽典校《管子》跋:"古今書籍,宋版不必盡是,時版不必盡非。然較是非以為常,宋刻之非者居二三,時刻之是者無六七,則寧從其舊也。"

(2) 清錢大昕《十駕齋養新錄》卷十九"宋槧本":"今人重宋槧本書,謂必無差誤,卻不盡然。陸放翁《跋歷代陵名》云:'近世士大夫所至喜刻書版,而略不校讎。錯本書散滿天下,更誤學者,不如不刻之愈也。'是南宋初刻本已不能無誤矣。張淳《儀禮識誤》、岳珂《九經三傳沿革例》所舉各本異同甚多,善讀者當擇而取之。若偶據一本,信以為必不可易;此書估之議論,轉為大方所笑者也。"

(3) 清蕭穆《敬孚類稿》卷九"記朱文公昌黎先生集考異原本":"夫宋本號為精善,元明以來皆寶之。近世儒者校定經史,凡誤字難通者,多穿鑿附會,強為曲從。今據朱子所言及考訂,即韓公之《集》至宋猶未甚久也,而諸本今皆罕覯,尚多譌謬若此,則宋世所刊經史古籍今人必一一尊信以為無誤,豈篤論哉!然今得宋槧古籍,自非精博如朱子,強為附會,亦其蔽也。"

(4) 清徐珂《清稗類鈔》鑒賞類"汪一之藏書於欣託山房":"挾書以求售者,動稱宋刻,不知即宋亦有優劣,有大學本,有漕司本,有臨安陳解元書棚本,有建安麻沙本,而坊本則尤不可更僕數。《青雲梯》《錦繡段》,皆成於臨場之學究,而刻於射利之賈豎,皆坊刻也,然不謂之宋刻不可也。"

文獻還記載了宋本失誤的一些典型事例:

(1) 宋葉夢得《石林燕語》卷八:"嘗有教官出《易》題云:'乾為金,坤亦為金,何也?'舉子不能曉,不免上請。則是出題時偶檢福建本,坤為金字,本謬,忘其上兩點也。又嘗有秋試,問'井卦何以無彖',亦是福建本所遺。"

(2) 清錢大昕《竹汀先生日記鈔》:"又《春秋左氏釋文》《禮記釋文》兩種,亦宋刻。並見《史記》一部……又《三皇本紀》末有二行云'建溪蔡夢弼傳卿親校,刻於東塾,時乾道七月(當是"年"字之譌)'春王正上日書。"

趙振鐸先生(2006a:261—263)指出:"宋本有精到的地方,也有譌錯的地方,要具體分析,認真對待。""用傳世典籍校《集韻》,不難發現《集韻》的編者,或憑自己的記憶,或轉引他書,沒有認真核對原書。""校理《集韻》,不僅要注意版本上的譌誤,還應該注意編者粗疏造成的失誤。"

宋本《集韻》正確的例子如:

> 通:他東切。《說文》:達也。錢本、毛本"達"作"達"。方校:"'達'譌'達',據宋本及《類篇》正。"案:宋刻作"達"。

錯誤的例子如:

(1)《集韻》平聲一東:"鍊,都籠切。《方言》:䩉、軟,趙魏之間曰鍊鏥。"這個字的字頭就錯了,這一條不該在東韻。這條文字在周祖謨《方言校箋》第九是:"䩉、鈦,趙魏之間曰鍊鏥。"鍊,郭璞《注》音東。《廣雅·釋器》收有這一條,字也作"鍊",从束,曹憲音諫。从東作鍊是一個錯字。

(2)《集韻》平聲十七真:"秦,慈鄰切。文九。"這個小韻曹本和宋本都只有八個字頭,但是毛本、錢本這個小韻的"榛"下有"嫀,女字",補上之後才是"文九"。

(3)《集韻》去聲十三祭韻:"幣,必袂切。財也。《周禮》幣餘之賦。于寳讀。"宋本也是錯的。

(4)《集韻》平聲三蕭:"鮴,伊堯切。魚名。《博雅》鱔鮴,鰷也。"方成珪《考正》:"《廣雅·釋魚》:'鱣、鮴、鰷,鰍也。'宋本'鱣'作'鮭'亦誤。"

宋本《集韻》刻本有六,其中慶曆本、蜀本和中原舊本均佚。郭立暄(2012:201):"《集韻》現存三種宋本,金州軍本長期藏於日本皇宮,對中國後來傳本之作用甚微,影響後世傳本的主要是明州本與潭州本。……毛抄、錢抄的底本指向今藏上圖的宋明州本,曹本的底本指向今藏國圖的宋潭州本。"同意手抄、錢抄出於明州本的還有顧廷龍(王世偉2005:2—4),時永樂、王景明(2006:61—62)指《集韻》共有宋刻本六種,流傳至今者三種,另有影宋抄本二種,並認為這些本子"均為'希世之珍'的文物性善本,但皆難以稱得上校勘精審的學術性善本",所以《集韻校本》不以此為底本,而以祖本為潭州本的曹本是有理由的。

明州本與潭州本並不能分伯仲。根據李致忠(1985)的研究,潭州本是南宋孝宗朝(1162—1189)刻本;又據王肇文(1990)的意見,明州本《集韻》的刻工與之相同者不少,也可認為是南宋初年的作品;則二者屬於同一年代。因此,從年代學考慮,明州本、潭州本是同一時代的本子,並無高下之分。時永樂、王景明(2006)從刻工姓名等考察,認為此本曾在南宋中期做過修補,應該叫"修補本",

"就修補過的書版而言,這個本子也不是初印本,而是很晚的印本"。而潭州刻本,則"文字上有勝於其他版本之處"。

有學者說"顧修本校勘不精"(王培峰 2014),因此不能選擇作為底本。但我們認為,之所以選擇顧校曹本為底本,還有一層考慮,那就是顧廣圻本人在校勘學史上的地位。顧廣圻創造了"不校校之"的理論。《禮記考異跋》:"書必以不校校之。毋改易其本來,不校之謂也。能知其是非得失之所以然,校之之謂也。"葉德輝《藏書十約》:"書不校勘,不如不讀。……今試言其法,曰死校,曰活校。死校者,據此本以校彼本,一行幾字,鉤乙如其書,一點一劃,照錄而不改,雖有誤字,必存原本。顧千里廣圻、黃蕘圃丕烈所刻之書是也。活校者,以群書所引改其誤字,補其闕文。又或錯舉他刻,擇善而從,別為叢書,板歸一式。盧抱經文弨、孫淵如星衍所刻之書是也。"顧廣圻還有大量的校勘實踐,所校之書有做底本的資格。張之洞《書目答問》:"諸家校刻,並是善本,是正文字,皆可依據,戴、盧、丁、顧為最。"傅增湘則指顧氏"校勘之精嚴,考訂之翔實,一時推為宗匠"。日本學者神田喜一郎在其所作《顧千里年譜》中將顧廣圻稱為"清代校勘第一人"。葉昌熾《顧廣圻千里》:"不校校書比校勤,幾塵風葉掃繽紛。誤書細勘原無誤,安得陳編盡屬君。"選擇顧氏校本,正是由於他最突出的"不校校之",最大程度存真的校勘學思想。

那麼,可不可以用校勘本做底本呢?有兩個例子可以作為旁證:

(1)《史記》版本眾多,而中華書局出版點校本《史記》有如下出版說明:"現存最早的本子有南宋黃善夫本","此外嘉靖、萬曆間的南北監刻的二十一史本,有毛氏汲古閣刻的十七史本和清乾隆時刻的武英殿刻的二十四史本","清朝同治年間金陵書局刊行的《史記集解索隱正義》合刻本一百三十卷(以下簡稱金陵書局本)……現在我們用金陵本作為底本,分段標點。"在《點校後記》中又說:"我們不用比較古的如黃善夫本,也不用比較通行的如武英殿本,而用清朝同治年間金陵書局刊行的《史記集解索隱正義》合刻本作為底本,分段標點,因為這是一個比較完善的本子。"

(2)陸德明《經典釋文》采唐以前注 230 家,保存不少古音古義,此書宋本佚,清代流行通志堂經解本,這個本子雖然源於宋本,但已非宋本原貌。盧文弨認為宋本雖然好,"然書之失真,亦每由於宋人。宋人每好逞臆見而改舊文"。

近世校勘學名家張舜徽(1962:126－127)對於版本選擇,有一個很好的意見。他認為要"盡量利用近人校書的成果",並舉了王念孫校《淮南子》及《管子》《漢書》《資治通鑒》等校勘為據,說:"我們更應尊重最後出的校本。"

三、關於《四庫全書考證》的校勘學價值問題

《四庫全書考證》是清廷極重視的一部書。乾隆四十六年（1781）二月，乾隆要求《四庫全書考證》編成後，要將其與《四庫全書總目》一起置於《四庫》之首："此次所進《總目提要》，並王太岳、曹錫寶所辦黃簽考證，將來書成時，俱著列於《四庫全書》之首。"也就是說，這部書是與《四庫全書總目》一起刊行的副產品，它的編纂官來自《四庫》的黃簽處，由他們來確定校簽的選擇。聚珍本《四庫全書考證》總目後載："纂輯官：王太岳、曹錫寶；原纂官：王燕緒、朱鈐、何思鈞、倉聖脈、楊懋珩、繆琪。"可知，編纂《四庫全書考證》的共有八人。但該書的缺陷是明顯的，所以幾百年來影響並不大。張升（2011：117）："編成《考證》一書，本意是為了讓民間可據此參考改正相關書籍，但是，該書又不收每條考證，因此，《考證》的參考價值是頗有限的。例如，某一書，《四庫》本改動了數十處，而《考證》只收其中的十數條考證，那麼，民間可參考的就只有這十數條考證。"又說："《考證》一書所收是非常有限的，不但對黃簽是如此，而且對一般的校簽更是如此。因此，乾隆雖然將《考證》與《總目》並列在《四庫》之首，極為推重，但其影響並不大，根本無法與《總目》的影響相提並論。"有的學者對這部書的批評還相當不客氣，黎翔鳳（2004：1）："郭校收羅廣博，所未收者，惟王太岳等《四庫全書考證》，然其書極粗略，非有價值者，故宮文溯閣近在咫尺，無異文可徵，余未一顧也。"李花蕾（2016：56）印證了這一結論。

清代校勘學達於鼎盛，名家輩出。《書目答問》附錄清代學問家，列校勘名家三十一人：何焯、惠棟、盧見曾、全祖望、沈炳震、沈廷芳、謝墉、姚範、盧文弨、錢大昕、錢東垣、彭元瑞、李文藻、周永年、戴震、王念孫、張敦仁、丁傑、趙懷玉、鮑廷博、黃丕烈、孫星衍、秦恩復、阮元、顧廣圻、袁廷檮、吳騫、陳鱣、錢泰吉、曾釗、汪遠孫。這當中，並無《四庫全書考證》的幾位館臣。這些校勘大家，具有廣博的知識和求實的學風，凡經他們校勘的書籍可稱善本，最負盛名者當數盧文弨、顧廣圻、戴震、惠棟、王念孫、段玉裁、阮元、孫星衍等人。《四庫全書考證》的纂者名單中雖然不乏學富五車者，但少有如上述學者名聲者。這也是《考證》一書影響不大的原因。

四、《〈集韻校本〉疏失補正》的幾個問題

王培峰先生撰《〈集韻校本〉疏失補正》（2014），論證《集韻校本》中丁校、方校、衛校都出自《四庫全書考證》，他說："丁校、衛校與《集韻考證》的內容幾乎完全重合""方校也引用了《集韻考證》""丁校大多與《集韻考證》相吻合""此

三種校本部分或全部出自《集韻考證》"。並精心選擇了 15 條論據來證明上述觀點。我們做了如下工作：(1) 將這 15 條論據按《補正》順序編號；(2) 分別比較方成珪、衛天鵬、丁士涵校語與《四庫全書考證》校語；(3) 我們採用叢書集成本《四庫全書考證》(1937 年版) 作為《集韻校本》對刊本。

(一) 關於方成珪校

方校與《四庫全書考證》的差異如下表。

《四庫全書考證》與方成珪校《集韻》比較表

	方用宋本	方出篇名	方增出處	方異出處	內容異
論據	3、8、9	1、2、4、7	5、6	10、11、13	12、14、15
占比	20%	26.7%	13.3%	20%	20%

根據《補正》提供的 15 條材料，不難看出，方校比《四庫全書考證》更為全面而周詳，我們根本無法得出方校本引用《四庫全書考證》的結論。這裏還要指出，《補正》引《集韻校本》不夠嚴謹，下面第三節再討論。

(二) 關於衛天鵬、丁士涵校

王欣夫跋丁士涵本謂："唯丁書收羅校訂最為繁富精詳，當時丹鉛勤劬，廿年不下樓，成校語五萬餘條，歿後鐍閉數十年，從未顧視，前年其族人丁君載庵曾約孫伯南先生宗弼欲為理董付梓，伯南先生更來慫恿襄助為理，卒以斯事體大，荏苒至今。頃從張仁先生一麐後得此書，系丁先生手校曹刻本以贈海甯許勉夫先生克勤者。蠅頭精楷，一筆不苟，許先生亦有自校數十條，並加三色筆，語多精磧……但惜丁氏全書寶藏尚秘，若不及時刊行，深恐一生精力感此小學巨編終不免徒供蠹飽。"(趙振鐸 2006b：198)

這段話我們要特別注意是：(1) 校語 50000 餘條，絕非《四庫全書考證》的 900 餘條可以比肩；(2) 作者親自看到過，"蠅頭精楷"，另有三色筆的許批；(3) 全書未能刊行。可以說，我們能看到的丁氏校語只是鳳毛麟角而已。

從《〈集韻校本〉疏失補正》精選的材料，可得下表。

《四庫全書考證》與衛、丁校《集韻》比較表

	異書名	異出處	無出處	內容異	相同
衛校	5	6、13	1、3、4、5、8、9、10	11、12、14、15	2、7
丁校	0	3、5、9、13	0	0	1、2、4、6、7、8、10、11、14、15

衛校，由於《補正》用全稱肯定判斷："內容完全不出《集韻考證》的範圍。"然而從上表可以看出，即使用《補正》自己挑選的材料來對照，結論也相當武斷。尤其是《考證》有出處而衛校沒有出處的，要抄為什麼不連出處一起抄？該文精心

挑選的 15 條證據應該最能說明問題，但尚且如此不能支撐觀點，令人生疑。

對於《集韻校本》的底本選擇之長，李開先生（2014）有詳細考論，可參考。

（三）關於《補正》引《集韻校本》的疏失問題

此外，我們還發現《補正》一文在關鍵材料引證上，存在不夠嚴謹的問題，雖然只有 15 條材料，還是出現了各種失誤。如下表：

《補正》引《集韻校本》的疏失表

序號	《補證》引文	《集韻校本》原文	疏失
1	釋草	釋艸	字之誤
2	《廣雅·釋器上》："陌"作"帕"，是。	《廣雅·釋器上》："陌"作"帊"，是。	字之誤
3	注"大"訛"人"	注"大"譌"人"	異體字
10	衛校："斤"作"鬥"。丁校："鬥"誤"斤"。方校："斤"當作"鬥"。	衛校："斤"作"斗"。丁校："斗"誤"斤"。方校："斤"當作斗。	字之誤
13	此句《廣韻》作"頂上有細骨如群毛"。	此句《廣韻》作"頂上有細骨如禽毛"。	擅改原文，字之誤
15	作"獦狚"。《山海經》"獦狚"。	作"獦狚"。《山海經》"獦狚"。	擅改原文，字之誤

以上所引材料有兩條是《補證》擅改《校本》原文的，是否為了牽就《四庫全書考證》，令人生疑。

再，第 6、7、10、12、14 條則是在引文時遺漏了部分內容，有的還非常重要。例如，為了印證方校引用了《四庫全書考證》，作者引方校時只截取部分內容。（1）第 6 條，《補證》引方校為："《說文》'溉'作'浂'。段氏據此及《漢書·地理志》蜀郡下師古注正。"《集韻校本》引方校為："案：《說文》'溉'作'浂'。段氏據此及《漢書·地理志》蜀郡下師古注正。《廣韻》'溉'作'浂'，亦誤。"遺漏了方校所引的《廣韻》一書。（2）第 7 條，《集韻校本》所引方校的文獻《廣雅·釋室》，與《四庫考證》相較，多出了篇名，還轉引《類篇》《文選·西京》《景福殿》等。至於《補正》的其他問題，如概念問題"影抄宋本""影宋抄本""影宋本"；邏輯問題"幾乎完全重合"；用字問題"云"和"雲"等，這裏暫不涉及。

五、結　語

綜上所述，我們認為，善本有不同的含義，既有藏書家之善本，又有校勘家之善本，還有訓詁家之善本；宋本可寶，但應該主要是藏書意義的善本，而非校勘學之善本；宋本也不盡可信，宋本中既存在原生性錯誤，也存在刊刻流傳中產生的錯誤，不校難以為好的底本；校勘底本應選擇精校本為宜；《四庫全書考證》校語數量不多，品質也不高，從校勘學上來看，其價值有限，又有魏校與之大體類似，故《集韻校本》列魏校而不列四庫館臣校，相對於《集韻校本》所列的幾萬條校語來說，無非小眚罷了。至於《〈集韻校本〉疏失補正》，無論是材料還是立論，都還有進一步討論的空間。

參考文獻

陳謐. 方先生墓表∥字鑒校注. 手鈔本.［出版地不詳］：［出版者不詳］，1934.

陳振孫. 直齋書錄解題. 上海：上海古籍出版社，1987.

段玉裁. 經韻樓集. 上海：上海古籍出版社，2007.

傅增湘. 藏園群書題記. 上海：上海古籍出版社，1989.

管錫華. 漢語古籍校勘學. 成都：巴蜀書社，2003.

郭立暄.《集韻》的宋本及其傳本∥復旦古籍所學報：第一期. 上海：復旦大學出版社，2012.

郭瑩，胡安順.《集韻》始纂時間考∥民俗典籍文字研究：第十六輯. 北京：商務印書館，2015.

黃錦君.《集韻》成書年代小考∥宋代文化研究：第十輯. 北京：綫裝書局，2001.

雷勵.《集韻》成書摭談. 北方論叢，2012（3）.

黎翔鳳. 管子校注. 北京：中華書局，2004.

李燾. 續資治通鑒長編. 北京：中華書局，1985.

李燾. 新編許氏《說文解字》五音韻譜序∥四庫全書子部精要：經外雜抄. 天津：天津古籍出版社，1998.

李花蕾.《四庫全書考證》經部校勘記. 湖南科技學院學報，2016（1）.

李開. 校勘《集韻》的實踐、例式和碩果：學習趙振鐸先生《集韻校本》. 辭書研究，2014（4）.

李致忠. 影印宋本集韻說明∥宋刻集韻，北京：中華書局，1985.

劉咸炘. 推十書：增補全本：丁輯：第一冊. 上海：上海科學技術文獻出版社，2009.

盧文弨. 抱經堂文集. 北京：中華書局，2006.

魯國堯. 從宋代學術史考察《廣韻》《集韻》時距之近問題∥魯國堯. 魯國堯語言學論文集. 南京：江蘇教育出版社，2003.

陸德明. 經典釋文. 北京：中華書局，1983.

馬端臨. 文獻通考. 北京：中華書局，1986.

毛春翔. 古書版本常談. 上海：上海人民出版社，1977.

錢大昕. 竹汀先生日記鈔. 杭州：中國美術學院出版社，2000.

錢大昕. 十駕齋養新錄. 南京：江蘇古籍出版社，2010.

神田喜一郎. 顧千里年譜//日本漢學研究論文集. 馬導源, 譯. 臺北: 中華叢書編審委員會, 1960.

時永樂, 王景明. 宋本《集韻》述略. 圖書館工作與研究, 2006 (2).

司馬遷. 史記. 修訂本. 北京: 中華書局, 2014.

汪啟明. 考據學論稿. 成都: 巴蜀書社, 2010.

王培峰.《集韻校本》疏失補正//漢語史研究集刊: 第十七輯. 成都: 巴蜀書社, 2014.

王世偉. 顧廷龍先生之《集韻》研究. 圖書館研究與工作, 2005 (2).

王肇文. 古籍宋元刊工姓名索引. 上海: 上海古籍出版社, 1990.

蕭穆. 敬孚類稿. 合肥: 黃山書社, 1992.

辛璐.《集韻》開始編纂的時間與收字數量. 科技情報開發與經濟, 2012 (9).

徐珂. 清稗類鈔: 第9冊. 北京: 中華書局, 2010.

顏之推. 顏氏家訓. 天津: 天津古籍出版社, 1995.

楊雪麗.《集韻》引論. 河南大學學報, 1996 (5).

葉昌熾. 藏書紀事詩. 北京: 北京燕山出版社, 2008.

葉德輝. 葉德輝書話. 杭州: 浙江人民出版社, 1998.

葉德輝. 書林清話. 上海: 復旦大學出版社, 2008.

葉夢得. 石林燕語. 西安: 三秦出版社, 2004.

于建華.《集韻》的原始性錯誤. 南京師大學報, 2005 (3).

張昇.《四庫全書考證》的成書及主要內容. 史學史研究, 2011 (1).

張舜徽. 中國古代史籍校讀法. 上海: 上海古籍出版社, 1962.

張之洞. 書目答問二種. 上海: 中西書局, 2012.

趙振鐸. 記古逸叢書三編影印宋刻本《集韻》. 古籍整理研究學刊, 1995 (1—2).

趙振鐸. 古代文獻知識. 成都: 四川人民出版社, 1980.

趙振鐸. 關於《集韻》的校理//趙振鐸. 辭書學論文集. 北京: 商務印書館, 2006a.

趙振鐸. 集韻研究. 北京: 語文出版社, 2006b.

趙振鐸. 關於《集韻校本》: 敬復王培峰先生//漢語史研究集刊: 第十八輯. 成都: 巴蜀書社, 2015.

Edition of *The Correction of Ji Yun* (《集韻》)

Wang Qiming, Tianlǔ

Abstract: After its publication, *The Correction of Ji Yun*, written by Mr. Zhao Zhenduo, has earned academic acclaim. However, a few scholars also raise some queries about the version and collation materials of the book. In this paper, authors points out that there are different meanings of rare books, including books from bibliophiles and books from emendator, as well as books from certain critical interpreters; Song edition is valuable to reserve, but not definitely so for emendation. For emendation, a good version must be well proofread. Errors of *Ji Yun* (《集韻》) came not only from the author, but also from the engraver. That is, a good master copy of *Ji Yun* (《集韻》) must be collated. Besides, this paper discusses the value of textualism of *Textual Research of Complete Library of the Four Treasuries* (《四庫全書考證》).

Keywords: *Ji Yun*; master copy; textual research

(汪啟明,西南交通大學人文學院;
田瞢,西南交通大學人文學院、雲南農業大學人文社會科學學院)

殘本《玉篇》引書異文詞彙價值考論*
——以卷九引經注異文為例

閆翠科

提　要：殘本《玉篇》中存在大量的異文佚文，為文獻、語言研究提供了寶貴材料。本文以殘本《玉篇》卷九引經注異文詞彙為例，探討其在漢語詞彙共時研究、歷史演變、傳統訓詁學研究以及工具書的修補等四方面的價值和意義。

關鍵詞：殘本《玉篇》；異文；詞彙；價值

胡吉宣先生（1982：96）說："顧野王原書博引羣籍，旨在名文字之用。以今視之，則既提供逸書遺文之材料，更足為考訂古書之準繩，遠勝於宋元刊本也。"誠然，殘本《玉篇》中存在大量的異文佚文，為文獻、語言研究提供了寶貴材料。本文以殘本《玉篇》卷九引經注異文詞彙為例，探討其在漢語詞彙共時研究、歷史演變、傳統訓詁學研究以及工具書的修補等四方面的價值和意義。

一、在漢語詞彙共時研究方面的價值

運用比較的方法，從詞彙的角度考察異文，最直接的結果就是大量同義詞的產生。殘本《玉篇》（以下省稱"殘本"）引書異文中的這些同義詞涵蓋了漢語詞彙研究的多重視閾。

（一）關於詞的外部形式

1. 連綿詞

（1）【䳒㝬　驩兜】

《尚書》：何憂乎䳒㝬。（《宀部·㝬》，P.303）

---

* 中央高校基本科研業務費專項資金資助（項目編號：2012017yjsy131）

《尚書》：何憂乎驩兜。(《虞書·皋陶謨》，P. 290)①

【按】"驩兜"，殘本寫作"鵃吺"，又《放部·放》（第 377 頁）引《尚書》"放鵃吺於崇山"同。②

"驩兜"，《漢語大詞典》（下文省作《大詞典》）："相傳為堯舜時的部落首領，四凶之一。《書·舜典》：'放驩兜于崇山。'"又作"鵃吺"、"驩頭"。阮元《經籍籑詁》卷二十六下"兜"字："《虞書》'驩—'，《古文尚書》作'鵃吺'、《山海經》作'驩頭'。"《大詞典》："《山海經·大荒南經》：'大荒之中，有人名驩頭。'……驩頭人面鳥喙，有翼，食海中魚，杖翼而行。""驩頭"又為古國名。《康熙字典》："驩頭，南荒國名。"也作"讙頭國"。《大詞典》："《山海經·海外南經》：'讙頭國在其南，其為人人面有翼，鳥喙，方捕魚。'亦省作'讙國'、'讙頭'。"《康熙字典》引《字彙補》曰："鵃兜，與驩頭同。"

按，"驩兜""鵃吺""驩頭"等，連綿詞，以音表義，"兇煞、不開通"貌。《左傳·文公十八年》："昔帝鴻氏有不才子。掩義隱賊，好行凶德。醜類惡物，頑嚚不友，是與比周。天下之民謂之渾敦。"杜預注："謂驩兜渾敦不開通之貌。"孔穎達正義："此傳所言説《虞書》之事，彼云'四罪'，謂共工、驩兜、三苗、鯀也。此傳'四凶'，乃謂之渾敦、窮奇、檮杌、饕餮。檢其事，以識其人。……《堯典》帝求賢人，驩兜舉共工應帝，是與共工相比。傳説渾敦之惡，云'醜類惡物，是與比周'，知渾敦是驩兜也。……此四凶者，渾敦、檮杌，以狀貌爲之名。窮奇、饕餮，以義理爲之名。"（第 4043 頁）

殘本"鵃吺"，經典多寫作"鵃吺"，又作"鵾吺""鶋吺""鵙吺/兜""鵰吺"，《集韻·平聲·桓韻》："鵃，鳥名，人面鳥喙。"又"鵙"："鵙吺，四凶之一，通作鵃，今通作驩。"《集韻考正》："案鵃偏旁从丹，不从月，丹古文丹字。隸作鵃。《鄭季宣殘碑》'虞放鵃口'，驩作鵃，與《類篇》合。"《正字通》"鵙"："从曷者，鳥之譌也。舊註既知从丹，復溷入月部，非。"

2. 同素異序詞

（2）【拊搏（搏）搏拊】

《尚書》：拊搏、瑟以詠。(《言部·詠》，P. 252)

《尚書》：戛擊鳴球，搏拊、琴瑟以詠。(《益稷》，P. 302)

【按】"搏"俗寫作"搏"，殘本"拊搏"即"拊搏"，今阮本作"搏拊"。孔安

---

① 說明：本文每條詞下所列材料有二。第一條為顧野王殘本《玉篇》（《續修四庫全書》本）引文，括號内分別標明該引文的部首、字頭和頁碼位置。第二條為對應經注（《十三經注疏》本）文，括號内分別標明引文所屬篇章及頁碼。

② 胡吉宣本改作"驩吺"，校釋曰："放部引此作'鵃吺'。"非，殘本作"鵃"不作"鵃"。

國傳曰："搏拊，以韋爲之，實之以糠，所以節樂。"又《釋名·釋樂器》云："搏拊，以韋盛糠，形如鼓，以手拊拍之也。"（第115頁）與孔傳同。《大詞典》收"搏拊"，曰："古樂器名。"并引上例。"拊搏"，文獻亦有載。《大詞典》"拊搏"條下曰："古代的一種擊打樂器。《禮記·名堂位》：'拊搏、玉磬、揩擊、大琴、大瑟、中琴、小瑟，四代之樂器也。'鄭玄注：'拊搏，以韋為之，充之以糠，形如小鼓。'《大戴禮記·禮三本》：'縣一磬而尚拊搏。'"今按，拊搏、搏拊同，拊、搏皆動詞，擊打之義。樂器拊搏、搏拊即由此（演奏方式）得名。也稱作"拊"，《大詞典》："拊，古樂器。即拊搏。《周禮·春官·小師》'大祭祀，登高擊拊'。"①

是"拊榑（搏）""搏拊"皆於文獻有據，胡吉宣《玉篇校釋》"拊榑（搏）"改作"搏拊"，曰："原本引'搏拊'二字互倒"，未當。

3. 重言詞

(3)【韸韸 逢逢】

《毛詩》："鼉龜鼓韸々。"博曰："韸々，和也。"（《音部·韸》，P.311）

《毛詩》："鼉鼓逢逢。"傳曰："逢逢，和也。"（《大雅·靈臺》，P.1131）

【按】鼉，段玉裁《說文解字注·黽部》："水蟲。侣蜥易，長丈所，皮可爲鼓。"殘本誤拆"鼉"為二字。又"傳"，訛作"博"。皷為"鼓"之俗寫。

韸韸，阮本作"逢逢"，毛傳曰："逢逢，和也。"陸德明釋文："逢，薄紅反。《埤蒼》云：'鼓聲也。'字作韸。徐音豐。"孔穎達疏："美鼓之得理而云逢逢，故知爲和也。"（第1131頁）

按，韸韸、逢逢，重言擬聲詞，盛貌。字本作"彭"。《說文》："彭，鼓聲也。薄庚切。"《毛詩·駉》："以車彭彭。"毛傳："彭彭，有力有容也。"（第1313頁）又"汶水湯湯，行人彭彭"毛傳："彭彭，多貌。"（第751頁）與上文"湯湯，大貌"相應。又作"旁旁"。《詩·鄭風·清人》"清人在彭，駟介旁旁"（第715頁）是也。"逢逢"以狀聲，故從音。《玉篇》引書以明字義，故作"韸"。②"韸"，後起本字。殘本《音部·韸字》引《韓詩》："韸々，聲也。"

(二) 關於詞的內部意義

1. 語素義的通借

(4)【迹累 積累】

---

① 王念孫《廣雅疏證》卷八下："搏拊或謂之拊搏，或謂之拊，其實一也。"

② 經本人考察，殘本《玉篇》的經注異文中，殘本通假字和阮元本通假字的用例數量十分不平衡，後者要遠遠高於前者。這與殘本《玉篇》的辭書性質有很大關係。殘本《玉篇》引經注一方面為所收文字的釋義作例證，另一方面是明文字之用，而通假字與所被通假字之間除了字音，並無意義上的聯繫，不能代表本字之用。因此許多通假字都被顧野王用與詞義切合的本字替代了。

鄭眾曰：誄謂迹累生時德行以賜之。(《言部・誄》，P.281)

鄭司農曰：誄謂積累生時德行以錫之。(《周禮・春官・大祝》，P.1747)

【按】"迹累"亦作"跡累"，動詞，指對前人生平事跡的追蹤考核。《大詞典》未收。

腳印為"迹"，《說文》："步處也，从辵，亦聲。"玄應《一切經音義》卷七："量跡，又作蹟、迹，二形同。子亦反。足跡也。"（第346頁）引申"凡功業可見者曰迹。《書・武成》：'太王肇基王迹。'"對前人行跡的追蹤考核亦曰"迹"（動詞），《康熙字典》："循實而考之亦曰迹。《前漢・功臣表》：'迹漢功臣。'"《漢語大字典》（下文省作《大字典》）"迹"："考核、推究。"即是。唐杜佑《通典》卷一百四"諸侯卿大夫諡議（周魏東晉）"下曰："周制，諸侯薨，臣子跡累其行以赴告王，王遣大夫會其葬，因諡之。"（第550頁）《續文獻通考》引《大戴禮》曰："諡者，行之跡也；號者，功之表也。"（第2050頁）殘本引鄭注"誄，謂迹累生時德行以賜之"與以上各義相合。

"迹（跡）""積"同源通用。《釋名》："跡，積也。積累而前也。"《大字典》引"《後漢書・鄧晨傳》：'晨發積射士千人。'李賢注：'積與迹同，古字通用，謂尋迹而射之。'"故"迹（跡）累"又作"積累"。今《大詞典》"積累"下義項有三，然並無此義。據此，《大詞典》當補"迹（跡）累"一詞，並在"積累"下增設義項。

（5）【矜誇 矜侉】

《尚書》：憍淫矜誇，將由惡。(《言部・誇》，P.267)

《尚書》：驕淫矜侉，將由惡終。(《畢命》，P.522)

【按】殘本"矜誇"即阮本之"矜侉"。《大詞典》收"矜夸""矜誇""矜侉"，其中前二者並釋作："同矜侉。"又："矜侉，誇耀。"按，"夸""誇"義同，虛妄自大、不合實際曰誇/夸。《說文》："侉，備詞。从人夸聲。"朱駿聲《說文通訓定聲》（下文省作《通訓定聲》）豫部弟九："謂疲憊之詞也。"（第422頁）"侉"作"矜侉"義，乃"夸/誇"之借字。《大字典》："侉，通夸。"

"矜侉"，孔傳曰"矜其所能以自侉大"，按，自誇、自恃為矜。今二徐本《說文》有"矜"無"矝"，曰："矜，矛柄也。从矛，今聲。居陵切。又，巨巾切"。據段玉裁等考證，"矜"乃"矝"之訛字，矛柄字本作"矝"，引申作"危險"（凶矜）、"戒懼"、"莊重"（矜持）、"自恃誇大"（矜誇）等義。矝字從令為聲，古在真部，假借為音近字"憐"，故有"哀憐"義，今"矜人""矜哀""矜傷"均從此義。然古今音變，"令"入蒸韻，後世皆以從今為是，遂變"矝"為"矜"。① 今"凶

---

① 參段玉裁《說文解字注》"矜"字條。

矜""矜持""矜誇"等字，詞典多作"矜"而不作"矝"，乃習非為是，不察古音古字耳。殘本"矝誇"，是存文字之本真。

2. 同義或類義語素的替換

(6)【致土（士）致事】

《禮記》：大夫七十而致土。（《言部·謝》，P.252）

《禮記》：大夫七十而致事。（《曲禮上》，P.2666）

【按】殘本"士"寫作"土"，俗字。《隸辨·上聲·六止》："士或作土，與水土之土無別……從士之字，吉作吉、壯作壯，皆變從土。"殘本《詁部·蕭》（P.245）引《尚書·泰誓》"吉人為善"，吉即寫作吉。

《大詞典》："致事，猶致仕，辭官。《禮記·曲禮上》：'大夫七十而致事。'鄭玄注：'致其所掌之事於君而告老。'"又："致仕，辭去官職。《公羊傳·宣公元年》：'退而致仕。'何休注：'致仕，還祿位於君。'"

按，"事""士""仕"義通。所作為"事"，故《說文》曰："事，職也。"或作動詞，《論語·顏淵》："回雖不敏，請事斯語矣。"（第5436頁）又士，《說文》曰："事也。數始於一，終於十。从一，从十。孔子曰：'推十合一為士。'"或作名詞。朱駿聲《通訓定聲》需部弟八："《左襄四傳》：'咨事為諏。'《魯語》：'咨才為諏。'按才亦借為事，當作士。"（第364頁）又仕，《說文》曰："學也。"朱駿聲《通訓定聲》頤部弟五："猶今言試用也。"段玉裁注："訓仕為入官，此今義也。古義宧訓仕，仕訓學，故《毛詩傳》五言'士，事也'，而《文王有聲傳》亦言'仕，事也'，是仕與士皆'事其事'之謂。學者，覺悟也。事其事，則日就于覺悟也。若《論語·子張篇》：'子夏曰："仕而優則學，學而優則仕。"'《公冶長篇》：'子使漆雕開仕。'注云：'仕，仕于朝也。'以仕、學分，出處起于此時矣。許說其故訓。"《大詞典》"致士"條，義項僅取"招賢引士"，未當。

(7)【戎狄 夷狄】

杜預曰：警懼戎狄也。（《言部·警》，P.247）

杜預曰：警懼夷狄。（《左傳·莊公三十一年》，P.3869）

【按】戎、夷分別是對我國西部和東部少數民族的蔑稱。《爾雅·釋地》曰："九夷、八狄、七戎、六蠻，謂之四海。"（第5690頁）由於古時中原民族常常受到他們的騷擾，因此，"戎""夷""狄"等又成了"敵寇"的代名詞。《左傳·文公十六年》："楚大饑，戎伐其西南，至于阜山，師于大林。"杜預注："戎，山夷也。"（第4035頁）《大字典》"戎"字："敵寇。《易·夬》：'莫夜有戎。'""戎狄""夷狄"同義。

二、在漢語詞彙歷史演變研究方面的價值

語言是不斷發展的。隨著語言的發展、規範和同義詞內部的激烈競爭，殘本《玉篇》引書中的異文詞彙有的選擇性地保留在現代漢語中，有的雙雙塵封在歷史文獻中，有的則歷經演變，脫胎換骨，以新的形式或意義重新出現在我們面前。

（一）關於詞的外部形式

1. 詞形的演變

(8)【憍淫 驕淫】

《尚書》：憍淫矜誇，將由惡。（《言部·誇》，P.267）

《尚書》：驕淫矜侉，將由惡終。（《畢命》，P.522）

【按】驕淫，驕縱放蕩之義。驕，本義高馬，引申作驕矜、傲慢、放縱。《大字典》："驕，放縱、橫暴。《洪武正韻·蕭韻》：'驕，恣也。'"憍，不見於《說文》。《廣韻·平聲·宵韻》："憍，憐也，恣也，本亦作驕。"《集韻·平聲·宵韻》："逸也，矜也。通作驕。"驕恣之態源於內心，憍蓋為驕之後起字。"驕（憍）""淫"並放縱義，"憍淫"即"驕淫"，結構、含義俱同。

憍淫、驕淫，《大詞典》並收。曰："驕淫，驕縱放蕩。"後引《尚書》《漢紀》《明史》等例，例證豐富。又："憍淫，驕橫淫蕩。唐玄奘《大唐西域記·呾叉始羅國》：'正后終沒，繼室憍淫。縱其憍愚，私逼太子。'"《漢典》同，《漢語辭海》釋義相同，但無舉例。按，"憍淫"，經愛如生數據庫檢索，僅《大唐西域記》一例。殘本所引可資詞典引例，并將例證提前。

2. 詞形的消亡

(9)【讙譁 喧譁】

孔安国曰：無讙譁也。（《言部·譁》，P.269）

孔安國曰：使無喧譁，欲其靜聽誓命。（《尚書·周書·費誓》，P.541）

【按】"讙譁"，《大詞典》："亦作'讙嘩'。喧嘩；大聲說笑或叫喊。"又："喧嘩，亦作'喧譁'。聲音大而雜亂。"按，喧，《說文》本作"吅"，"驚嘑也"，況袁切。又："讙，譁也。从言萑聲。"《廣韻·元韻》況袁切，與諠同韻，《桓韻》呼官切，與歡同韻。殘本《言部》（第269頁）："諠，野王案，此亦讙字也。"作"喧嘩"義講，四字並為"況袁切"，"'讙'與吅、諠、喧三字音義並同，實為一字之異體"（方一新 2009）。今多用"喧嘩"。

（二）關於詞的內部意義

表現在詞的舊義的消亡與新義的產生兩方面。酌舉一例即可說明。

(10)【敬畏 畏敬】

鄭玄曰：嚴，可敬畏也。(《叩部・嚴》，P.315)

鄭玄注：嚴乎，言可畏敬也。(《禮記・大學》，P.3631)

【按】同素異序詞。"敬""畏"古義相近相通，二字聯合為並列式複合詞，作"畏敬"或"敬畏"，指對自然、生命、道德神靈等的敬重和畏懼。《呂氏春秋・孝行覽第二》："曾子曰：'身者，父母之遺體也。行父母之遺體，敢不敬乎？'（高誘注：敬，畏慎。）居處不莊，非孝也。（高誘注：莊，敬。）"(《呂氏春秋新校釋》，第736、740頁)《廣雅・釋訓》："畏，敬也。"《史記・魯周公世家》："乃命于帝庭，敷佑四方，用能定汝子孫於下地，四方之民罔不敬畏。"《左傳・昭公五年》："子產相鄭伯會晉侯于邢丘。"杜預注："楚強，諸侯畏敬其使。"（第4432頁）

後"敬畏"與"畏敬"詞義逐漸分化。其中，前者繼續承擔原義。《大詞典》："敬畏，既敬重又害怕。'"而後者有偏（敬）義傾向，"畏"義逐漸消失，從而由"既尊重又害怕"義演變為"尊敬"義。《大詞典》"畏敬"條："尊敬、敬重。蘇曼殊《斷鴻零雁記》第十五章：'靜字慧骨天生，一時無兩，寧不令人畏敬？'"今天，伴隨著這兩個義項的基本消失，"畏敬"一詞逐漸淘汰，而"敬畏"仍然活躍在現代漢語中，生命不減。今《大詞典》"畏敬"詞條失收前一義項。

三、對漢語傳統詞彙學——訓詁學的貢獻

（一）為傳統訓詁學提供新材料

在傳統漢語詞彙學——訓詁學研究中，有些詞語的訓釋歷來爭議頗多，殘本《玉篇》保留下來的異文現象可資引鑒、思考，為訓詁學提供新材料。

(11)【租館 葅館】

《周礼》："司巫掌祭礼共以租館。"鄭玄曰："館所以承藉，若今筴也。"(《食部・館》，P.357)

《周禮》："司巫掌羣巫之政令。……祭祀則共匰主，及道布，及葅館。"鄭玄注："葅之言藉也，祭食有當藉者。館，所以承葅，謂若今筐也。"(《春官・司巫》，P.1762)

【按】租館，今本作"葅館"。"葅"，《說文・艸部》："葅，茅藉也。"《周禮・地官・鄉師》："大祭祀，羞牛牲，共茅葅。"鄭玄注："鄭大夫讀葅為蒩，謂祭前藉也。"館，見本條引文。"葅館"，即用來承"葅/租（藉）"的"館"。

又"葅館"，鄭玄引杜子春注（第1762頁）："葅讀為鉏。……鉏，藉也。館，神所館止也。書或為'葅館'或為'租飽'。"又曰："玄謂……葅之言藉也，祭食

有當藉者。館，所以承菹，謂若今筐也。"顧野王引此注文，亦釋"館"為"筐"（殘本訛作"筴"）。

按，今本杜子春文有誤。阮元《校勘記》"菹讀爲鉏"條（第1772頁）曰："《漢讀考》作'鉏讀爲菹'，云：經文作'鉏'，杜子春易爲'菹'，訓爲'藉'也。今本以注改經，復以經改注，不可通矣。"然據殘本"租館"可知《漢讀考》所言"鉏"，或當為"租"之誤，杜子春讀"租"為"菹"，非讀"鉏"為"菹"也。清黃以周《禮書通故》第一十八："杜子春云'《司巫》祭祀則共匰主及道布及租館'，'租'讀為'菹'。今本作'菹'讀為'鉏'，誤。"（第982頁）可與顧氏引文相互發明。《大字典》"鉏"："通'苴（菹）'。供祭祀用的草席。"並以《周禮》杜子春注文及阮元校勘記等為引證，失考。《大詞典》宜增入"租館"一詞。

（二）找出古書中假借字的本字

郭在貽先生在《〈說文段注〉與漢語詞彙研究》中曾說："在漢語詞彙學、訓詁學的研究中，很重要的一項工作就是探討詞的本義、引申義和假借義……毛《傳》、鄭《箋》雖時有確詁，但並未一一指出其本字，後人理解起來總覺得有些捍格，段氏據《說文》找出其本字，就比毛、鄭進了一步。"作為一部字（詞）典，殘本《玉篇》在"破其假借之字而讀以本字"方面也做出過很大努力。比如：

（12）【歇豆 氀豆】

《儀禮》："歇豆兩，其實葵菹。"鄭玄曰："歇，白也。"（《欠部·歇》，P.329）

《儀禮》："氀豆兩，其實葵菹芋蠃醢。"鄭玄曰："氀，白也。"（《士喪禮》，P.2468）

【按】"氀豆"，或作"楬豆"。《禮記·明堂位》："夏后氏以楬豆，殷玉豆，周獻豆。"鄭注："楬，無異物之飾也……齊人謂無髮為禿楬。"（第3231頁）郝懿行《爾雅義疏》卷中之二："《籩人》注云：'籩，竹器如豆者，其容實皆四升。'按，籩，口有緣，故《士喪禮》云：'氀豆兩，兩籩無縢。'鄭注：'縢，緣也。《士虞禮記》注：'豆不楬，籩有縢。'是則豆籩之用吉凶異施也。"（第522頁）

按，"楬"，《說文》："楬桀也。从木，曷聲。《春秋傳》曰：'楬而書之。'"段注本改為"楬櫫也"："楬，書其數量以著其物也。今時之書有所表識，謂之楬櫫。"又"氀"，《說文》未收，《大字典》："毛布。《廣雅·釋器》：'氀，罽也。'王念孫疏證：'……《漢書·高祖紀》注云："罽，織毛若今氀及毾㲪之類也。"'"是楬、氀均與"禿、無裝飾"義無涉，非本字也。《爾雅·釋詁下》："歇，竭也。"《方言》卷十二："歇，涸也。"郭璞注："為渴也。"（按，即今之"竭"字。《說文·水部》："渴，盡也。"段注："渴、竭古今字。古人竭字多用渴。"）顧書引《儀禮》文作

"歇豆"而不作"髻/楬",並引《爾雅》《方言》文以明其本字,可以看出顧書在探求字義、字形方面的努力。潘維城《論語古注集箋》亦作"歇豆"。今《大詞典》僅收"楬豆"。孫希旦《禮記集解》釋"楬豆,斷木爲之,而無他飾也"以合字義,有附會之嫌,《大詞典》以之爲引證,失考。

又,《說文通訓定聲》泰部弟十三:"(楬)叚借爲撅……又爲渴,……盡、無餘之意。《儀禮·士喪禮》:'髻豆兩。'注:'髻,白也,以楬爲之。'"(第 666 頁)以"渴"爲本字。

四、對工具書(《漢語大詞典》)的補正

(一) 對《漢語大詞典》的增補

在上文的討論中,已有若干詞條涉及了對《大詞典》的增補,有增入詞條和義項兩方面。前者如上文"跡累/積累"等,此不贅述。下面再就增入義項方面舉一例說明。

(13)【脩改 脩正】

鄭玄曰:次,目脩改厲也。(《欠部·次》,P.337)

鄭玄注:次,自脩正之處。(《周禮·天官·敘官》,P.1379)

【按】脩正,《大詞典》曰:"糾正。"孫詒讓《周禮正義》:"'次,自脩正之處'者,《廣雅·釋詁》云:'次,舍也。凡於內外以帷簟別爲舍息之處,並謂之次。''脩正'猶《檀弓》云'曾子與子貢入於其廄而脩容焉',注云'更莊飾'。凡'次'亦脩正莊飾之所也。《本職》云'凡祭祀掌尸次',先鄭注云:'尸次,祭祀所居更衣帳。'更衣亦自脩正之一端。"(第 39 頁) 是"脩正"又有"脩整衣容"之義,後人不明其義而誤改作"脩止"① 以釋"次",非也。阮元《校勘記》"次自脩正之處"(第 1387 頁)條曰:"余本、岳本、嘉靖本同,此本疏中標注亦作脩正,明監毛本'正'誤'止'。"阮、孫同。殘本作"脩改",與"脩正"同義,可證阮、孫二人之確。胡吉宣(1989:1937)改作"脩止",誤。《大詞典》"脩改""脩正"詞條均未收此義。

(二) 對《漢語大詞典》的脩正

對《大詞典》的脩正涉及詞條、義項和例證三方面。限於篇幅,脩正詞條的不再單獨舉例,參見上文"矜誇"。下面討論對《大詞典》義項和例證的脩正。

(14)【詍詍 泄泄】

---

① 賈公彥疏曰:"注'次自脩正之處',釋曰:'案其職云張大次,設重帟、重案,皆是自脩止,故云自脩止之處也。"(第 1379 頁)孔標起止作"正",釋作"止"字。

《毛詩》：無然詍詍。(《言部·詍》，P.265)

《毛詩》：無然泄泄。(《大雅·板》，P.1183)

【按】"詍詍"，今作"泄泄"，毛傳（第1183頁）曰："泄泄猶沓沓也。"《說文》"詍""呭"下並引該文，曰："詍，多言也。从言世聲。《詩》曰'無然詍詍'。""呭，多言也。从口世聲。《詩》曰'無然呭呭。'"又《說文·曰部》："沓，語多沓沓也。从水曰。"《孟子》："詩云'天之方蹶，無然泄泄'，泄泄猶沓沓也，事君無義，進退無禮，言則非先王之道者猶沓沓也。"

按，"泄泄"即"詍詍""呭呭"，與"沓沓"同，多言之義。王引之（《經義述聞》，第164－165頁）曰："孟子以事君無義，進退無禮，言則非先王之道，申沓沓之說，（亦）是惡其多言……《詩》言'泄泄'者，每有衆多之意。《魏風·十畝之閒》曰'桑者泄泄兮'，毛傳'泄泄，多人之貌'。多人謂之泄泄猶多言謂之泄泄也。"是其證。

朱熹《集傳》"泄泄猶沓沓也，蓋遲緩義"，以後世"拖沓"義訓《毛傳》多言之"沓沓"，於義不合。①《康熙字典》"沓，又弛緩意。《孟子》泄泄猶沓沓也"、《大詞典》"泄泄"條引朱熹《集傳》釋作"遲緩、懈怠"，皆失考。

總之，殘本《玉篇》引書異文詞彙所反映出來的研究價值是多方面的。它不僅為我們進行古代漢語詞彙各平面研究和詞彙歷史演變研究提供了多方位參考，而且對傳統訓詁學研究、對工具書的補正提供了新材料。此外，殘本《玉篇》常常通過對詞義的考察，探索記錄該詞的本字。從這個意義上來說，殘本《玉篇》已經突破普通字（詞）典的性質，它不再僅僅局限於對字（詞）義的平面描寫，還將觸角伸向求本探源的實踐深處。

參考文獻

陳奇猷. 呂氏春秋新校釋. 上海：上海古籍出版社，2002.

杜佑. 通典. 北京：中華書局，1984.

方一新. "謹"為"誼"、"喧"之異體、"嬈"為"嬲"之異體說：兼論《大字典》《大詞典》"謹"、"嬈"等字的注音. 古漢語研究，2009（1）.

顧野王. 玉篇殘卷. 影印本//東方文化叢書：第六輯. 京都：東方文化學院京都研究所，1931—1934.

顧野王. 原本玉篇殘卷. 北京：中華書局，1985.

顧野王. 玉篇（殘卷）//續修四庫全書：第228冊. 上海：上海古籍出版社，2002.

郭在貽. 《說文段注》與漢語詞彙研究//郭在貽. 新編訓詁叢稿. 張涌泉，郭昊，編. 杭

---

① 詳見《大詞典》"泄泄"詞條。

州：浙江大學出版社，2010.

漢語大詞典編輯委員會．漢語大詞典．上海：上海辭書出版社，1986.

漢語大字典編輯委員會．漢語大字典．2版．武漢：崇文書局，2010.

郝懿行．爾疏義疏//續修四庫全書：第187冊．上海：上海古籍出版社，2002.

胡吉宣．《玉篇》引書考異//語言文字研究專輯：上．上海：上海古籍出版社，1982.

胡吉宣．玉篇校釋：第二冊．上海：上海古籍出版社，1989.

黃以周．禮書通故：第二冊．北京：中華書局，2010.

蔣紹愚．古漢語詞彙綱要．北京：北京大學出版社，1989.

劉熙．釋名//四部叢刊初編．上海：商務印書館，1929.

阮元．經籍籑詁//續修四庫全書：第199冊．上海：上海古籍出版社，2002.

阮元．十三經注疏．北京：中華書局，2009.

孫詒讓．周禮正義．北京：中華書局，1987.

王力．同源字典．北京：商務印書館，1982.

王圻．續文獻通考．北京：現代出版社，1986.

王引之．經義述聞．南京：江蘇古籍出版社，1985.

玄應．一切經音義：二//叢書集成初編．上海：商務印書館，1936.

杨光荣．詞源观念史．成都：巴蜀书社，2008.

張玉書．康熙字典．上海：漢語大詞典出版社，2002.

趙克勤．古代漢語詞彙學．北京：商務印書館，1994.

朱駿聲．說文通訓定聲．影印本．武漢：武漢市古籍書店，1983.

The Value of Different Forms of Words in *Yupian* (*Incomplete*) (殘本《玉篇》)
—Focused on Vol. 9

Yan Cuike

Abstract：There are a lot words written in different forms in *Yupian* (*Incomplete*), which are valuable for phonology research. This paper illustrated some words in different forms in vol. 9 to discuss their value in synchronic and diachronic study of words, traditional lexical research and the improvement in dictionaries.

Keywords：*Yupian* (*Incomplete*); different forms of words; lexicon; value

（閆翠科，四川大學文學與新聞學院）

漢字正俗、繁簡關係論*

鄭春蘭

提　要：漢字歷經各朝各代的輾轉使用，在"體"上不斷發展更替，在"字"上不斷趨簡從便。有的正字和俗字並未因書體的變化而發生形體部件位置的變化，有的則發生了繁簡、形體、結構上的顯著變化。前朝的俗體往往經過演變而成為下一個朝代的正體，歷朝歷代的俗字在歷時的演變中有的最終進入了正字的範疇。

關鍵詞：漢字；正俗；繁簡

歷史上的"簡體字"並不是文字發展到後來才有的現象，而是一個古老的漢字現象，一直貫穿於整個漢字的發展史，並且是漢字發展進程中的優選結果。歷朝歷代的簡體字來源於民間用字，而通用於民間的俗體字中也一定包含有簡體字，因此簡體字不僅與它的繁體形態有關係，而且也與漢字的俗體現象有關，"繁—簡""正—俗"關係往往交錯存在，成為漢字發展變化的最基本的動力和最重要的演變規律之一。

"繁—簡"只是相對而言的概念。我們今天所看到的甲骨文與同期的金文相比，大部分字形極為簡化，可視為一種簡體字。從這個意義上說，甲骨文與金文之間的關係在一定程度上正體現了當時漢字的繁簡關係，例如牛、魚，殷商甲骨文作 、 ，殷商金文作 、 ，金文近於寫實圖畫，而甲骨文則近於線條化。由於甲骨文中有大量異體字存在，因此，同一個字的多個字形中，必然也存在繁簡的差異，例如魚字， 、 、 、 。

"正—俗"關係中的"正"與"俗"可從兩個層面來理解，一個層面是"正體"和"俗體"，另一個層面是"正字"和"俗字"。

"正體""俗體"的對應是從字體的角度來說的，詹鄞鑫先生（2010：49）強調

---

*　本文是四川省哲學社會科學"十二五"規劃項目"簡體字歷時演變比較研究——基於《通用規範漢字表》一級字表"（SC13B046）的研究成果之一。

這是共時漢字中書寫嚴謹規範的字體與書寫隨意草率的字體的區別。而"正字""俗字"的對應是從單個漢字的書寫規範的角度來說的。一般而言，我們可以把"俗字"理解為一個正字在非官方正式場合的一種較為普遍的書寫形體。裘錫圭先生（1988：42—43）指出："我們可以把甲骨文看作當時的一種比較特殊的俗體字，而金文大體上可以看作當時的正體字。"因此，上舉殷商時期的 ▨金—Ψ甲、▨金—▨甲，同時又存在正俗關係，前者為正體字，後者為俗體字。

我們對《通用規範漢字表》一級字表中的字進行了一定的考察分析，比較清晰地看到了這些字在歷史中的"正—俗""繁—簡"流變，初步做了如下分析。①

一、文字結構、筆畫基本沒變

【一】甲骨文作▨，商金文作▨，兩周金文與甲骨文、商金文是一致的，而秦簡俗作▨，《說文》正篆作▨，居延漢簡俗作▨，《玉篇》正字作一。《說文》重文收錄了古文弌，《玉篇》據此同收古文弌字，但這個字並沒有成為正字，只在民間書寫中偶爾會見到使用。

【二】甲骨文作▨，商金文作▨，兩周金文與甲骨文、商金文一致，《說文》正篆作▨，居延漢簡俗作▨，《玉篇》正字作二。與"一"相似，《說文》《玉篇》重文都收錄了古文弍字，民間書寫中出現了這個字，同時還有"貳"②字。

【三】甲骨文作▨，商金文作▨，秦簡俗作▨，《說文》正篆作三，居延漢簡俗作▨，《玉篇》正字作三。《說文》收錄古文三"弎"，《玉篇》重文同樣收錄了此古文字"弎"，今仍在民間書寫中可見。

上揭三字的字形結構從始至今都沒發生質變，以三橫作為字符標記，在書體上經歷了正俗體的演變，但字的結構筆畫並無變化，也無正俗字之變化，《說文》《玉篇》所錄"弌""弍""弎"字雖為古文，但在今天在民間書寫中仍可見到，成為俗字。

---

① 由於篇幅所限，文中所考察分析的均為例字。文中比勘分析涉及《說文解字》、《宋本玉篇》、殷周古文、兩周金文、簡牘文字等。《說文解字》是"最豐富最有系統的一份秦系文字資料"，所收文字分為字頭小篆（正篆）和重文，重文包括古文、籀文、今文、奇字、篆文、或體等，大致代表了秦漢的用字情況。《宋本玉篇》體例仿《說文解字》，由字頭正楷和楷書重文組成，是《玉篇》系書中的廣增字數的一部楷書字書，但其底本來自魏晉南北朝梁顧野王的《玉篇》（世稱《原本玉篇》），因此《宋本玉篇》大致上代表了魏晉南北朝至宋朝的用字情況。上古用字情況主要以殷周古文（甲骨文、金文）和兩周金文作為參照。

② 戰國中期的中山王壺中有▨字，即貳。

二、文字結構基本沒變，筆畫形態變化

【人】甲骨文作 ⟨字⟩、⟨字⟩①，商金文作 ⟨字⟩，兩周金文與甲骨文、商金文基本一致，秦簡俗作 ⟨字⟩。《說文》正篆作 ⟨字⟩，居延漢簡俗作 ⟨字⟩，《玉篇》正字作人。

【又】甲骨文作 ⟨字⟩，商金文作 ⟨字⟩、⟨字⟩，兩周金文與甲骨文、商金文基本一致，《說文》正篆作 ⟨字⟩，居延漢簡俗作 ⟨字⟩，《玉篇》正字作又。

【从//從】甲骨文作 ⟨字⟩、⟨字⟩，商金文作 ⟨字⟩，兩周金文中以商金文的形體構造為主，秦漢簡也大致如此，例如秦簡俗作 ⟨字⟩、居延漢簡俗作 ⟨字⟩。《說文》正篆收錄了兩個形體 "⟨字⟩、⟨字⟩"，均為字頭正篆，意義相同。《玉篇》正字中二字均收錄，而在字頭 "从" 下注釋 "今作從"。"从" 字自甲骨文始並非正字，至《說文》《玉篇》列為正字，但其後的使用中基本作為俗體字，而 "從" 為正體字。今以 "从" 為正體字。

【和】春秋戰國文字以 "禾" "口" 構成，例如春秋金文作 ⟨字⟩、戰國文字作 ⟨字⟩。秦簡俗作 ⟨字⟩，《說文》小篆寫作 "⟨字⟩"，馬王堆、居延漢簡作 "⟨字⟩、⟨字⟩"，很明顯這是來自秦簡俗體，在漢代成為了正字，並且在後代進一步楷化，例如《玉篇》錄 "和" 為正字，也是今天的正字。

【我】甲骨文作 ⟨字⟩、⟨字⟩，與商金文 ⟨字⟩ 基本一致。兩周金文以及春秋戰國文字與商金文保持了一致，在筆畫上有所變化，例如 ⟨字⟩（西周晚期的 ⟨字⟩ 鐘）。《說文》正篆作 "⟨字⟩"，與馬王堆漢簡俗體 ⟨字⟩ 相比只有筆畫的曲直變化，在此基礎上楷化的 "我" 字最後成為了正體，《玉篇》收錄 "我" 為正字。

【小】甲骨文作 ⟨字⟩，商金文作 ⟨字⟩。西周金文晚期 "小" 字筆畫近似今天的 "小" 字，例如 ⟨字⟩，中間一點變為一豎。春秋戰國金文、《說文》正篆亦如此，居延漢簡俗作 ⟨字⟩。《玉篇》正字作小。

【子（巳）】甲骨文作 ⟨字⟩（天干地支中的 "子" 寫作 ⟨字⟩、⟨字⟩、⟨字⟩②），商金文作 ⟨字⟩、⟨字⟩，西周至戰國形體和商金文同作 ⟨字⟩，秦簡俗作 ⟨字⟩（子），《說文》正篆作 ⟨字⟩，居延漢簡俗作 ⟨字⟩，《玉篇》正字作 "子"。

【可】甲骨文作 ⟨字⟩，金文的 可 與甲骨文是一致的，秦簡作 ⟨字⟩，《說文》正篆作 ⟨字⟩，居延漢簡作 ⟨字⟩，《玉篇》楷化正字作 "可"。這個字基本沒有發生形體結構的

---

① 文字方向的改變屬於字形的變化，這種現象在文字構件尚未定型的殷商時期最為典型，甚至在西周、春秋文字中也偶有存在，又如殷周古文中的 "我" ⟨字⟩、⟨字⟩、⟨字⟩，"從" ⟨字⟩⟨字⟩⟨字⟩⟨字⟩⟨字⟩⟨字⟩，"從" ⟨字⟩、⟨字⟩、⟨字⟩，"和" ⟨字⟩、⟨字⟩，"多" ⟨字⟩、⟨字⟩、⟨字⟩，等等。

② 這三個甲骨文，前後互為繁簡。

變化，只有筆畫形態的曲直變化，基本可視為正俗性質未變之字。

【工】甲骨文作🔲、工，商金文與甲骨文基本一致作工、工。兩周金文與商金文形體一致，早期文字中的方塊、團塊變成線條。秦簡俗作工，《說文》正篆作工，居延漢簡俗作⼯，行草與其相似，楷化作"工"，《玉篇》錄其為正字。今為正字。

【多】甲骨文作吕。商金文作吕，與甲骨文完全一致。兩周金文沿襲殷商古文，字體結構並無變化。秦簡俗作多。《說文》正篆作多，其所錄古文竹字之形構也無變異，上下部件相並為左右，與殷商甲骨文⼳一致，至宋元時成為坊間俗字。居延漢簡俗作多，漢隸作多，楷化作"多"，《玉篇》錄其為正字。今為正字。

【日】甲骨文作⊙、⊡，商金文作⊡、⊟，兩周金文甲骨文和商金文一致，秦簡俗作日，《說文》正篆作日，古文作⊝，居延漢簡俗作日，楷化之後作"日"，《玉篇》作正字，今為正字。

【方】甲骨文作方，商金文作方。兩周金文與甲古文、商金文基本一致，例如西周晚期金文作方，戰國晚期金文作方。秦簡俗作方，《說文》正篆作方，居延漢簡俗作方，《玉篇》錄"方"為正字。今為正字。

【十】甲骨文作丨、丨，商金文作❙。豎畫中的團塊後轉變為線條，即東周金文作十。秦簡俗作十，《說文》小篆作十，居延漢簡俗作十，《玉篇》正字作十。

【生】甲骨文作生、生。商金文與甲骨文基本一致，作生。兩周金文的"生"中間一橫筆是團塊線條化的結果，例如西周金文生、春秋金文生、戰國金文生。秦簡俗作生，居延漢簡作生，行草楷以此為基礎，《玉篇》"生"為正字。今為正字。

上揭十四字，基本的文字結構並無大變。有的筆畫存在平折曲直變化，有的筆畫存在團塊、方塊等的線條化，都是文字進一步符號化、抽象化、規範化的體現，也是文字簡化的一種表現。

三、文字結構或有變，筆畫部件有增減

【大】甲骨文作大。商金文與甲骨文同，例如大。商金文中所見"大"字有筆畫近於今天的楷字"大"者，即大，是將大字上面兩斜筆畫變平成一橫畫。兩周文字中，"大"的書寫基本同殷商古文，一直到秦簡俗體也大致如此，而漢隸在書寫急促的要求下也對筆畫進行了平直處理，例如馬王堆漢簡俗作大。《說文》正篆"大"依舊保持著古文的形構，但最終"大"的俗體進入了後代的正字系統，《玉篇》收錄正字作"大"。

【于//於】甲骨文作于，簡化為于。商金文作于。西周金文沿用甲金文字形構造，春秋戰國文字也大致如此，偶見諸如于、于類形體。秦簡俗作于，《說文》正篆

作㇀，居延漢簡俗作㇀。《玉篇》正字作亐，這種寫法可見於章草。《玉篇》今文作"于"。"於"見於金文，例如西周晚期金文作󰀀、戰國晚期金文作󰀀。居延漢簡俗作󰀀，武威漢簡作󰀀，《玉篇》楷字"於"為正字。今以"于"為正字。

【不】甲骨文作󰀀、󰀀、󰀀，商金文作󰀀、󰀀。西周金文作󰀀，還可見增加飾筆的󰀀、󰀀、󰀀。秦簡俗作󰀀，《說文》小篆作󰀀。在甲骨文的形體中已經出現了和今文"不"字相似的寫法了，󰀀不僅曲筆變直筆，而且將橫筆之下兩筆合併為一筆，這個俗體字的寫法在漢簡的俗體中得到了延續，居延漢簡俗作󰀀，又經過草書行書的改造，形體基本定型，《玉篇》正字楷化作"不"。

【国∥國】甲骨文中有󰀀字，是"國"的初文。西周金文可見󰀀、󰀀字樣。《說文》小篆"或、國"字均釋為"邦也"，字形與西周金文相同，作"󰀀、󰀀"。馬王堆漢簡俗作󰀀，相比篆文只有筆畫的曲直變化，但居延漢簡已經有簡化的趨勢，例如"󰀀"。《玉篇》收錄"國"為正字，但在民間的草書中已經有"国"這樣的簡體字，草書中也有類似今天"国"字的形體出現，這樣的形體在今天被楷化為正字。

【的】《說文》收錄了"䒑"字，《廣韻》也收錄作"䚯"，而"的"作為俗字通行於後世。"的"這個字在漢代的碑刻中就有隸書體，文字部件結構也寫作"的"，後因"的"行而"䚯"逐漸退出，故《玉篇》也收錄其為正字。今為正字。

【是】這個字在西周春秋時期的金文中可見到記錄，例如西周早期的󰀀（毛公旅方鼎），春秋晚期金文󰀀（餘購遯兒鐘）、󰀀（齊大史申鼎），這幾例因其器物為禮器，上面的文字可視作當時的正體。而秦簡俗作󰀀，文字筆畫構造因書寫便捷的要求而發生了合筆，上面從日下面從正，但這個字在秦代卻成為了正字，《說文》小篆"󰀀"即可為其代表。居延漢簡俗字作󰀀、󰀀，其下作󰀀。《玉篇》正字作"是"。

【才（在）】甲骨文作󰀀，假為"在"，商金文字形和甲骨文基本一致，例如󰀀。西周早期金文既有󰀀，也有󰀀、󰀀，明顯可以見到󰀀、󰀀二字字形增加"土"這個形符部件，構成"在"字。馬王堆漢簡俗作󰀀，而篆文俗字作󰀀，《說文》小篆作"󰀀"，在魏碑中逐漸固定成為正字的構字方式，《玉篇》正字作"在"。

【有】甲骨文的󰀀、󰀀，常假作"有"。西周金文中在󰀀下增加了"肉"這個會意部件作󰀀，但在兩周文字中仍可見到󰀀的使用，戰國文字也寫作從肉的"有"。秦簡俗作󰀀，從書寫上看，筆畫多作橫筆，這在隨後的漢簡俗體中也延續了，例如居延漢簡俗作󰀀，《說文》小篆作󰀀。隸變中"有"字的字形結構逐漸奠定，《玉篇》正字"有"是取自漢隸俗體。

【来∥來】甲骨文的"來"作✱①，商金文作✱，繁體楷書的"來"字就是由此演化出來的。秦簡俗作✱，在筆畫上稍作變化。《說文》正篆作"✱"。漢代正字來仍作來，來自秦簡俗體，但居延簡俗體中有的已經寫作"✱"，和今天的"来"字同脈。《玉篇》收錄"來"為正字。"来"為俗字，宋元以後均以"来"為俗字，是《列女傳》《三國志平話》《金瓶梅》等坊間作品中常見俗字。今以"来"為正字。

【之】甲骨文作✱，兩周金文作✱，《說文》正篆作✱，居延漢簡中有俗作✱。此俗體字在後來的行草流變中筆畫逐漸合併連寫為"之"，在《玉篇》中為正字。

【中】甲骨文作✱②，商金文與之相同，文字的斿部件在殷商古文中就有筆畫的減省，✱、✱。兩周時期，尤其是東周，已經完全去掉斿部件，如中都戈作✱，中陽矛作✱，這樣的俗體結構和今天的"中"基本一致。而《說文》對此也有較好的記錄，當時的秦國正篆就採用了這種簡化的俗體結構，即"中"。《說文》將"✱"錄為籀文，"中"為古文，居延等漢簡俗體也與之基本相同，如居延漢簡俗體作✱，這在漢代成為了正字，又經過楷化成為《玉篇》所錄的正字"中"，也是今天的正字。

【为∥爲】甲骨文作✱，西周金文的寫法✱已經有別於甲骨文，字形更加簡化、抽象化、符號化，省去了甲骨文的部分筆畫，但東周金文既有繁又有簡，如✱、✱。《說文》正篆作✱更顯繁雜，秦簡俗體相比正體稍微簡化，整體也顯繁複，如✱。在漢代的簡牘中已經出現了"为"這樣的簡化俗字，例如居延漢簡俗體中就有✱，且在行書、草書中一直存在著，但當時的正體仍承襲前代，如居延漢簡中也有✱，而這個繁體形體成為後來楷化的基礎，也一直是歷代的正字，如《玉篇》取"爲"作正字。宋元以後的坊間書籍中仍用到"为"字，但均係俗字，直到近代提倡簡化字時，才擬以"为"取代"爲"，從而成為今天的正字。

【会∥會】甲骨文作✱。兩周金文結構與甲骨文基本一致，例如春秋中期作✱，戰國早期作✱，而戰國晚期作✱。秦簡俗作✱。居延漢簡作✱、✱、✱，後面兩個是俗體，後來的草書在此俗體基礎上進行了演變。"会"字成為歷代民間一直通行的俗字，而"會"一直是正字，《玉篇》以"會"為正字，直到現代"会"才列為正字。

【尔（你）∥爾】"你"是一個表示第二人稱的後起字，《集韻》收錄。最早作"爾"，即甲骨文的✱字。商金文作✱，西周金文早期作✱、中期作✱。戰國文字取其上部，簡化作✱、✱，即"尔"字。三體石經中也出現了此字✱。《說文》收錄了爾、✱二字，古文中二字通用，漢隸作✱，但前者一直為官方正字，"你"即簡化字"尔"的後起字。

---

① "來"字本作"麥"：✱、✱。
② 殷商古文中已經有"中"這個形體，但表示伯仲的"仲"。

【长∥長】甲骨文作☒。兩周金文形體與甲骨文基本一致，例如西周早中晚期金文分別作☒、☒、☒，春秋晚期金文作☒，戰國文字作☒、☒。秦簡俗作☒，《說文》正篆作☒，古文作☒、☒，居延漢簡俗作☒、☒、☒。今天的所謂簡化字"长"實際在章草中已經出現。《玉篇》仍以"長"為正字，今以"长"為正字。

【成】甲骨文作☒、☒，商金文作☒。西周晚期金文作☒，與商金文基本一致。春秋晚期金文對西周金文筆畫有所合併省簡，例如☒。戰國早期金文作☒，秦簡俗作☒，《說文》正篆作☒、古文作☒，居延漢簡俗作☒、☒，楷化作"成"，為《玉篇》正字、今之正字。

【两∥兩】西周早中期金文作☒、☒，晚期增加一橫筆作☒。春秋早期金文與西周早中期相似作☒，而戰國時期文字與西周晚期金文相似作☒。秦簡俗作☒，《說文》正篆作☒、☒，居延漢簡俗作☒、☒。宋元以來，坊間作品中屢見俗體"两"字的使用。《玉篇》收錄正字作"兩"，今以"两"為正字。

【下】甲骨文作☒，商金文作☒①，均由上長下短的兩橫構成，西周金文一併如此。到春秋戰國時期，上下兩橫之間增加一豎畫，出現類似今天的"下"，例如春秋晚期有文字為☒，戰國晚期作☒。秦簡俗作☒，《說文》正篆作☒，居延漢簡作☒，《玉篇》正字作下。

【上】甲骨文作☒，商金文作☒。春秋晚期金文可見到☒，係兩橫之間增加一豎筆。戰國文字既有與現代文字相似的，也有同漢篆相似形體，例如☒、☒。秦簡俗作☒，《說文》作☒，居延漢簡俗作☒，《玉篇》作"上"。

【还∥還】西周早期金文作☒，西周晚期金文☒與早期金文基本一致，《說文》正篆作☒，居延漢簡俗作☒、☒。簡化字"还"在唐代敦煌變文寫本中已經出現，但一直為俗字。《玉篇》正字為"還"，今之正字為"还"。

【进∥進】甲骨文作☒、☒。兩周金文與甲骨文基本一致，"止"變作"辵"，例如西周早期金文☒、西周晚期金文☒，戰國早期金文與西周金文一致，例如☒。《說文》正篆作☒，居延漢簡俗作☒，楷化作"進"，《玉篇》為正字，今簡化為形聲字"进"作正字。

【他】上古沒有此字，以"它"為"他"，居延漢簡俗作"☒"，與後來的"他"一致，而《說文》正篆收"☒"②字。《玉篇》錄"他"為正字，而"佗"為"它"的今文俗字。

---

① "上下"合文，中間共用合筆。
② 它，甲骨文作☒，金文作☒（也），春秋戰國俗變後逐漸與後來的"它"相似，例如戰國文作☒（四年雍命矛），"它""也"上古本同。

上揭二十二字，在筆畫或部件上都有所增減。有的文字結構始終如一；有的文字結構因為增加或更換了部件而發生變化，如上舉"在""有""进"；有的是由於書寫方式的原因而對文字作了省改，如"于"字在甲骨文中就有繁簡對應的字形，而簡化的"于"字和鍥刻有關①。

以上的考察分析中，書體的正俗關係變化是明顯可見的。在這個變化過程中，正俗字也相應發生著變化。有的正字和俗字並未因為書體的變化而發生形體部件位置的變化，有的則發生了繁簡、形體、結構上的顯著變化。

漢字歷經各朝各代的輾轉使用，在"體"上不斷發展更替，在"字"上不斷趨簡從便。殷商時期的甲骨文和金文基本可以看作有系統的漢字體系發展的源頭。西周文字延續了殷商晚期的書寫方式，作為正體的金文，既延續了殷商金文的風格，同時也吸收了俗體甲骨文的書寫方式。春秋戰國時期國家分裂、諸侯紛爭，基本無所謂正體可言，充其量可視西周金文為正體。政治的分裂導致了文字使用上的雜亂無章，便形成了不同的風格，造就了大量的俗字，而這個時期的秦國因地處西土，比鄰周王朝，因此在文字"變革"上趨於保守，也更多地繼承了西周文字體系。其他諸侯國則各自為政，但其文字也與西周金文有著淵源關係。兩漢至魏晉南北朝，在文字的形體上出現了篆—隸—楷的流變，正俗之交替演變比較顯著。隋唐以後則奠定了楷書的正體地位，尤其是因書體的變化，例如章草、行草等，而產生了大量的簡便俗字，它們一直存在著，我們今天的簡化字很多可從其中找到淵源。

從正體和俗體的角度看，這是一個歷時的更替過程中的字體狀態，前朝的俗體往往經過演變而成為下一個朝代的正體，正如裘錫圭先生（1988：44）所說的那樣："在文字形體變的過程裡，俗體所起的作用十分重要。有時候，一種新的正體就是由前一階段的俗體發展而成的（如隸書）。比較常見的情況，是俗體的某些寫法後來為正體所吸收，或者明顯地促進了正體的演變。"而"俗體之中最常見的是簡體"（裘錫圭 1988：56）。我們的總結如下：

朝代 正俗	殷商	西周	春秋	戰國	秦朝	西漢	東漢	三國兩晉南北朝	隋唐五代	宋遼西夏金	元	明	清
正體	殷代晚期金文	西周金文	西周金文	小篆	漢隸	漢隸魏碑	楷書（真書）	楷書（正楷）					
俗體	甲骨文	甲骨文	六國古文秦系文字	秦隸	章草行書	今草楷書	狂草						
古今文	古文字（甲金文、戰國文字、小篆）				小篆分水嶺	今文字（隸書、楷書、行書、草書）							

---

① 鍥刻不如毛筆便利，對於常用字，為了便於鍥刻會優選簡化的字形。

从共时层面来看，每个朝代的正体和俗体当中都存在著正字和俗字。符合官方规范的字即正字，同一个正字在民间的日常书写中必然存在不同的写法，这些字之间实际构成了异体字关系，而俗字只是这其中的一部分，它既包括笔画上的变异，也包括结构上的变异。严格来说，那些被老百姓经常使用的，简化的、便捷的汉字才是俗字。历朝历代的这些俗字在历时的演变中有的最终进入了正字的范畴。

参考文献

陈彭年. 玉篇. 影印本. 北京：中国书店，1983.

李乐毅. 简化字源. 北京：华语教学出版社，1996.

刘复，李家瑞. 宋元以来俗字谱. 南京：中央研究院历史语言研究所，1930（民国19年）.

裘锡圭. 文字学概要. 北京：商务印书馆，1988.

容庚. 金文编. 北京：中华书局，1985.

商承祚. 战国楚竹简汇编. 济南：齐鲁书社，1995.

睡虎地秦简整理小组. 睡虎地秦墓竹简. 北京：文物出版社，1990.

滕壬生. 楚系简帛文字编. 武汉：湖北教育出版社，1985.

徐中舒. 甲骨文字典. 成都：四川辞书出版社，1988.

许慎. 说文解字. 影印本. 北京：中华书局，1963.

詹鄞鑫. 正体与俗体三题. 中国海洋大学学报（社会科学版），2010（3）.

张书岩，王铁昆. 简化字溯源. 北京：语文出版社，1997.

张涌泉. 汉语俗字研究. 增订本. 北京：商务印书馆，2010.

中国科学院考古研究所，甘肃省博物馆. 武威汉简. 北京：科学出版社，1964.

中国社会科学院考古研究所. 殷周金文集成. 北京：中华书局，1984.

中国社会科学院考古研究所. 甲骨文编. 北京：中华书局，1965.

Chinese Characters：Official & Informal, Traditional & Simplified

Zheng Chunlan

Abstract：In the history of their usage, Chinese characters stopped transforming to be simpler never. The official and informal writings of some characters didn't vary in components. Some transformed prominently in style, form and structure. The informal forms of former dynasties became official later. This is how official Chinese characters developed.

Keywords：Chinese characters; official & informal; traditional & simplified

（郑春兰，四川大学文学与新闻学院）

《敦煌歌辭總編》補校劄記

王洋河

  提　要：《敦煌歌辭總編》是關於敦煌歌辭研究的重要成果，其尚有部分詞語未校釋，影響了其準確性、權威性。其詞語錯誤多由形誤、音誤造成。本文就其中的迢停、續所貴等詞語略作校釋。

  關鍵詞：敦煌歌辭；詞語；校釋

  任中敏《敦煌曲子詞集》（1950）收錄曲子詞 161 首，《敦煌曲校錄》（1955）收詞達 545 首，在此基礎上，《敦煌歌辭總編》（1987）錄詞 1300 餘首。在《總編》中，任先生稱此書"合歌辭與理論為一編"。項楚評價"《總編》是這方面搜羅最廣、用力最勤的巨著"，"也是詞曲理論上的一部重要著作"。任先生在敦煌曲研究領域有舉足輕重的作用。在何劍平等學者的校理下，《敦煌歌辭總編》在鳳凰出版社再次出版（2014 年），該著作實是學界之煌煌巨著。然白璧微瑕，《總編》（2014）中仍有部分詞語至今尚未校正。本文結合任中敏、饒宗頤、王重民、項楚等先生關於敦煌曲的研究成果，借助敦煌原卷資料庫，對這些詞語作了補校，求教方家。

  【迢停】

  《浣溪沙·萬里迢停》："萬里迢停不見家，一條黃路絕鳴沙，百悤家鄉心憶戀，日長斜。海水親圖來往□，遠聞孤雁轉思多，惆悵年年歸北路，曲子催送浪淘沙。"（□指闕字）

  《浣溪沙·萬里迢停》乃周紹良從莊嚴龕藏敦煌遺書之零散寫卷中整理出來，原寫於《維摩詰經》背後，墨色稍淡。周紹良作了初步校勘，任中敏將其納入《總編·補遺》中，並作了進一步校理。由於該辭尚只發現此份寫卷，無法旁校，考證上存在一定困難。

  任中敏（2014：1117）將原卷"百悤"校為"自憶"，將"憶戀"改作"意亂"。據項楚（2000：242）校勘，"百"即"不"字音誤；"意亂"本作"憶戀"，不必改；此句應作"不忘家鄉心憶戀"。理據充足，觀點甚確切。本文探討的是本句中的"迢停"。任先生未釋"迢停"，項楚、蔣禮鴻等亦未補充，《漢語大詞典》也未收錄該詞。"迢停"值得探究。除了本辭，"迢停"一詞在其他敦煌文獻或歷史典籍中都未使用過，為孤例，甚可疑。查原卷，實作"條亭"，任先生校之為"迢停"。從詞義看，《說文》："迢，遞也。從辵召聲。"《廣韻》："迢，迢遞。徒聊切。"《集韻》："一曰迢迢，高皃，或從苕。"我們再看"停"詞義。"停"，《說文》："止也。從人亭聲。"《廣韻》："停息也。定也，止也。""迢停"不成詞，費解。

其實，"迢停"為連綿詞，不可將其分開釋義。"迢停"屬於"迢遞"系列的連綿詞，為"迢遞"的變體。"迢遞"詞系還有"迢迢""苕苕""岧岧""苕亭""岧崿""岧嶢""岧嵽""迢嵽""迢遙""岹嶭"等詞形。例如南朝齊謝朓《詠鏡臺》："玲瓏類丹檻，苕亭似玄闕。"高文達（2001：396）將"苕亭"釋為"高聳的樣子"。再如《水經注·澧水》："武陵郡嵩梁山，高峰孤竦，素壁千尋，望之苕亭，有似香爐。"此"苕亭"亦高聳的模樣。這類連綿詞亦有"遙遠"義，如謝靈運《述祖德》："苕苕萬里帆，茫茫欲何之？""苕苕"即遙遠的樣子，其為連綿詞，不可分開釋義。再如"迢遞"，《漢語大詞典》收錄該詞，釋為"遙遠貌"，並引魏嵇康《琴賦》："指蒼梧之迢遞，臨回江之威夷。"還有"迢遙"，如南朝顏延之《秋胡詩》："迢遙行人遠，婉轉年運徂。""迢遙"，義"遙遠貌"。同樣，"迢停"亦"遙遠貌"，其為連綿詞，詞形主要在於記音，因此存在改寫字形的情況。從語境看，"萬里迢停不見家，一條黃路絕鳴沙"指故鄉遙遠，漫漫黃路難以望到自己的家。因此，無論是"迢亭"還是"迢停"，皆可，不必改。上述連綿詞關係如下。

詞語	上字	下字	例句
迢遞	定母	定母	《菩薩蠻·求宦》：自從涉遠為遊客，鄉關迢遞千山隔。
苕亭	定母	定母	謝朓《詠鏡臺》：玲瓏類丹檻，苕亭似玄闕。
岹嶭	定母	定母	清嚴允肇《穆陵關》：蕭梢谷風起，岹嶭林光含。
迢停	定母	定母	《浣溪沙·萬里迢停》：萬里迢停不見家，一條黃路絕鳴沙。
迢遙	蕭韻	宵韻	顏延之《秋胡詩》：迢遙行人遠，婉轉年運徂。
迢逍	蕭韻	宵韻	《失調名·蘇合香》：興未□，望休□，迢逍邊塞長。
岧嶢	蕭韻	宵韻	曹植《九愁賦》：踐蹊隧之危阻，登岧嶢之高岑。

"迢遞"成型于魏晉時期，在隋唐詩歌中廣泛使用。筆者檢索了敦煌歌辭，"迢遞"共出現3處，如下

（1）風送征軒迢遞，參差千里餘。（《破陣子·三邊無事》）

（2）迢遞可知閨閣，吞聲忍淚孤眠。（《破陣子·軍帖書名》）

(3) 自從涉遠為遊客，鄉關迢遞千山隔。(《菩薩蠻·求宦》)

從上述 3 首歌辭可知，敦煌歌辭中，"迢遞"亦指遙遠。上述歌辭主要描寫遊子漂泊他鄉，與故鄉相隔千萬里等內容。除了"迢停"，歌辭中"迢遞"還有"迢迢""迢逍"等形式。如

(4) 一隊風來一隊塵。萬里迢迢不見人。(《浣溪沙·使風行》)

(5) 興未□，望休□，迢逍邊塞長。(《失調名·蘇合香》)

【續所貴】

《皇帝感》（新合《千文》《皇帝感》）："劍號巨闕七星文，珠稱夜光蛇報恩。菜重芥薑續所貴，李柰甚珍獻聖君。"

此句中"續"難解，任注為"待校"。此句明顯化用了南北朝《千字文》"果珍李柰，菜重芥薑"。"續所貴"中"續"的確語義難通，應是訛誤。其實，此"續"乃"世"之音誤。續，《廣韻》似足切，入燭邪，屋部。《集韻》《韻會》《正韻》皆注"松玉切，音俗"。世，《廣韻》舒制切，去祭書，月部。《集韻》《韻會》《正韻》注"始制切，音勢"。續、世兩音聲母為邪［z］、書（審）［ɕ］，發音部位皆是齒音，發音相近。唐五代西北方言中，"邪""禪"兩母存在互換情況（羅常培 2012：84），此論斷正確。如以"遂（邪母）"注"捶（禪母）、睡（禪母）"，以"旋（邪母）"注"腨（禪母）"。同時，據羅常培（2012：164）歸納，審（即書）、禪兩聲亦不分。如敦煌歌辭《獻衷心·卻西遷》"常輸弓劍"之"輸（書母）"寫作"殊（禪母）"（任中敏 2014：291）。《佛說阿彌陀經講經文》："城（成）佛已來經十劫。"龍晦校曰："成（禪母）"，"城（審母）"。《十二時·禪門》"食時辰"中，P.3116 寫卷將"辰（禪母）"寫為"身（審母）"。綜上，"邪""禪"兩母，"禪""審（書）"兩母均易混。"邪""書（審）"兩聲關係相近。續、世兩韻，一是燭韻，王力（2008：63）擬音/ǐwok/，為入聲；一是祭韻，擬音/ǐwɛi/，為去聲。但祭韻屬月部，接近入聲。兩韻音亦近。

從語法上看，"世所貴"為所字結構，可抽象為"世＋所＋VP"。此結構在古文中常見，如"不為世所薄，安得遂閒情"（白居易《詠懷》）、"恐為世所嗤，故就無人處"（白居易《山中獨吟》）、"好色傷大雅，多為世所譏"（李白《感興其一》）、"良玉定為寶，長材世所稀"（韋應物《贈李判官》）等。"世所貴"亦多次出現，多指"被世人看重"，如"珊瑚文采世所貴，玉樹瀟灑人爭看"（李曾伯《送管季衡赴省》），義即如珊瑚般的燦爛文采被世人所欣賞。"球玉世所貴，車馬人交趨"（杜范《別陳常簿塤五首》），"球玉"即美玉，《禮記·玉藻》："笏，天子以球玉，諸侯以象，大夫以魚須文竹。"鄭玄注："球，美玉也。"義即美玉被世人看重。回到本辭，

《皇帝感》原辭應作"菜重芥薑世所貴",指芥薑乃世人看重的菜品。

【足榮辱】

  《最上乘·順水流》:"放四大,離五欲。濁惡世中足榮辱,不如信運且騰騰,免墮三途入地獄。"

  《最上乘·順水流》抄寫於 S.5692,查原卷,卷面書寫字跡中等。該首歌辭共四首,收錄于《總編》之第三卷《雜曲·普通聯章》。敦煌文獻中,尚只發現唯一一份關於該辭的寫卷,無法對校。此辭格式乃"三、三、七、七、七"式,一首一韻。任中敏尚未訂正出其調名,暫以內容擬名為"最上乘"①。此首歌辭中,"足"難解,《總編》注:"'足'與佛門教義相反,待校。"(任中敏 2014:641)項楚(2000:133)對該辭亦作了校釋,與本首相關的考訂內容如下:

  楚按:"足"字不誤,"足"即多之義,說已見前[0498]匡補。"濁惡世中足榮辱"謂世俗社會充滿榮辱,是批判人世間的話,與佛門教義正相合。

  項楚所言[0498]乃指《十偈辭·贊普滿塔》:"至德年修歲月遙,磚階經雨滴來坳。畫簷壞為多蟲穴,丹臒昏緣足鳥巢。"此"足"的確不誤,"足"與前句"多"相對,指佛塔的丹臒上築滿了鳥巢。項楚(2000:122)還引李嘉佑《登楚州城望驛路》:"草市多樵客,漁家足水禽。"此分析亦正確。本文認為,"濁惡世中足榮辱"中"足"明顯屬訛字,語義難通。據辭義,"足"所強調的應該是動作行為,"足榮辱"乃動賓結構,表現俗世中人們追名逐利的行為。該字應為"逐"。

  從語音上看,"足"乃即玉切,入聲燭韻精母,屋部。"逐"是直六切,入聲屋韻澄母,沃部。"足""逐"皆為入聲字,一為燭韻,一為屋韻。兩者韻部相近,音韻學中皆歸入通攝,存在互替的可能。敦煌文獻中"屋""燭"兩韻互替的情況不止此例,S.1475、P.3422 寫卷多次出現"領六"一詞,據黃大祥(2009)分析,此"六(屋韻)"即"錄(燭韻,簡體錄)"。另外,羅常培《唐五代西北方音》歸納了敦煌文獻的語音情況,其中包括屋韻、燭韻。羅常培(2012:85)據漢藏對音寫本,將《千字文》中"足"(燭韻合口三等)擬音為 [tsug],而據《大乘中宗見解》及《阿彌陀經》,"逐"的反切下字"六"乃屋韻開口三等,音為 [lug],同屬屋韻的還有伏 [bug]、肉 [ʐug] 等。以此可見"足""逐"兩字在敦煌地區的韻近關係。從聲母來說,敦煌文獻中"精""澄"兩音也存在相通之處。《唐五代西北方音》總結了敦煌寫本《開蒙要訓》中的語音互注情況,其中齒音部分即有"精"

---

① 此首歌辭"免墮三途入地獄",據原卷,只存"免三途"三字,其他四字為任先生所補。此 S.5692 乃小冊子,據項楚考證,"免三途"與下頁"受澇瀧"相連,全句補作"免交三途受澇瀧"。本文認同此分析。

"從"互注的情況,如"蹤"(精母字)被注音為"從"(從母),"鱒"(從母)被注為"遵"(精母)。"精""從"區別在於前者為齒音中清聲母,後者為齒音中濁聲母。兩者互注,表明彼時敦煌地區此組齒音清濁已不分辨。另外,濁齒音"從"與舌音"澄"母存在相混的情況,如"椽"(澄母)被注音為"全"(從母)。可見,"精""澄"兩母在當時西北方言中關係接近。

"足榮辱"即逐榮辱,"榮辱"在此乃偏義複詞。偏義複詞是複音詞的一種,指並列複音詞以一個語素作為複音詞的意義,另一個語素只作陪襯(趙克勤 2005:42)。如"利害",偏指害。"動靜",偏指動。"緩急",偏指急。"國家",偏指國。趙克勤(2005)指出,偏義複詞是受修辭影響而產生的,又被稱作"連及"。甚是。"榮辱"一詞中,語義指向"榮","辱"在此不表實義,"逐榮辱"義追逐名利榮華。與"逐榮辱"相似,還有"逐榮枯"。如孟郊《和宣州錢判官使院廳前石楠樹》:"高意因造化,常情逐榮枯。"《御制秘藏詮》:"謂逐榮枯不了,生滅能了,生滅定絕,榮枯苦惱纏綿終無了日。""榮枯"在此亦是偏義副詞,語義指向"榮","枯"乃襯字,在此不表實義。使用"逐榮辱"語料,還有清代《清涼山志·五峰靈跡》所載明代和尚鎮澄所詠龍興庵之詩:"紛紛逐榮辱,大士獨驚心。避俗離寰闠,誅茅入遠岑……""紛紛逐榮辱"指世俗之人紛紛追逐名利,此句與"大士獨驚心"相對,形成對比,指唯獨佛教高僧警覺。此類表達在古文中甚多,還有"逐榮名",《中論》:"漢靈帝末,世族子弟結黨權門,競相追逐榮名。"再如佛籍《永覺元賢禪師廣錄》:"逐榮名,旦夕孳孳,不能以時勢自安。""逐榮勢",《全唐文·千金要方序》:"而但競逐榮勢,企踵權豪,孜孜汲汲,惟名利是務。"同時,回到原辭,前兩句"放四大,離五欲"是對世俗人的勸告,"四大"乃"地水火風也。此四者廣大,造作生出一切之色法(物質)"(《佛學大詞典》),"五欲"即"色聲香味觸之五境也。是為起人之欲心者,故名欲"(《佛學大詞典》)。依佛教來看,放四大,離五欲,才能擺脫煩惱,避免淪落地獄。緊接著,"濁惡世中逐榮辱"即是對世俗人的批判,指在俗世追逐名利,這在佛教看來,乃破戒造惡業,是佛教"三毒""五欲""十惡五逆"之一,死後會入地獄受酷刑。因此後文有"不如"一句作勸告,還有"免交三途受澇漉"對世人進行警告。綜上,"濁惡世中足榮辱"乃"濁惡世中逐榮辱",指追逐榮名。

【吟砌】

《千門化·化三衣》:"久吟經,坐深夜,蟋蟀哀鳴吟砌下。蟬聲早響詣朱門,三衣佛敕千門化。"

該辭乃佛教歌辭,共七首,為重句聯章,本辭是第二首。全辭抄於 P.2107 寫卷《三冬雪·望濟寒衣》後,書寫尚可。目前該辭只發現了此一份寫卷。"吟砌下"

語義不通。《總編》校曰："既曰'鳴',又曰'吟',重遝,俟校。"(任中敏2014:672)此句中既然已有"哀鳴","吟"① 就難說通,應有訛誤。

蟋蟀這一意象在歌辭中常出現,多烘托荒涼、寒冷等意境。如敦煌歌辭《秋夜長·遠行人》:"蟋蟀哀鳴階砌下,恨長宵。"《菩薩蠻·歸不歸》:"香消羅幌堪魂斷,唯聞蟋蟀吟相伴。"《浣溪沙·遠客思歸》:"遠客思歸砧杵夜,庭前□葉墮銀筱②,蟋蟀哀鳴階砌下,恨長宵。"在佛籍及傳統古文獻中,"蟋蟀"亦多次使用,如佛籍中出現的有"蟋蟀啼壞牆"(《明覺禪師語錄》)、"蟋蟀鳴壁"(《續高僧傳》)、"空階鳴蟋蟀"(《閒居編》),還有"愁蟬呌于南壟,塞鳥吟于北庭,蟋蟀哀嘶而遠聞"(《廣弘明集》)、"新秋七月氣初涼,溽暑將收夜漸長,四壁暗風鳴蟋蟀,一池衰草語寒螿"(《省庵法師語錄》)、"平明始立秋,冷已到山頭,談風說露兮蜩蟬嘒急,詠砌吟牆兮蟋蟀聲浮"(《絕岸可湘禪師語錄》)等。限於篇幅,不再舉例。本辭"吟砌下",推測語境,應是"冷砌下"。"冷"修飾石砌,渲染了蟋蟀所處環境之寒冷潮濕,突出秋季之肅殺,烘托出悲涼凄冷的意境。本辭《千門化·化三衣》乃佛教徒募化寒衣所唱之辭,辭中"睹碧天,珠露灑,顆顆枝頭蜜懸掛,月冷風高漸漸涼""只為嚴霜凋葉下,秋來未有禦寒衣"等強化突出了深秋的寒冷,增強了佛教徒化三衣的合理性。與本辭意象、意境類似的詩詞,再如:

王禹偁《官成武主簿作五首》:"冷砌莓苔遍,荒城草木寒。"
趙希逢《和池亭即事》:"風漲晴空飛絮急,雨滋冷砌任苔侵。"
鄧深《夢回》:"冷砌蟲吟隱,幽屏蝶夢回。"

可見,本辭"吟"原應作"冷"。從字形上看,"吟""冷"形近,造成了訛誤。例如敦煌文獻中"冷""吟":

P.3618寫卷《秋吟一本》:"侶人坐側,風高月冷,露結霜凝秋,天寫一邑之清屏。"其"冷"作 [字形]。

P.3210《佛說阿彌陀經押座文》:"舍利佛廣演西方,日沒宮去此婆娑十萬強。寶閣珠台齊日月,八水泠泠分九曲。"其"泠"作 [字形]。

P.2554《文選》:"六引緩清唱,三調佇繁音。列筵皆靜寂,咸共聆會吟。""吟"作 [字形]。

P.3782寫卷《靈棋卜法一卷》:"黃鐘千榮,陽氣乃茲漸,當如泰不,不合吟嘻。""吟"作 [字形]。

---

① 指本辭的第二個"吟"。
② 據《浣溪沙》詞牌,此句應是七言,寫卷漏掉一字,任中敏《總編》暫付闕如。

由上對比可知，"吟""冷"二字形近，容易弄混。綜上，原卷"蟋蟀哀鳴吟砌下"應是"蟋蟀哀鳴冷砌下"。

【云索衣】

貪求財物養妻兒，勤苦艱辛亦不辭。入門妻兒云索衣，出戶王官怪責遲。（《悉曇頌·俗流悉曇章》）

"云索衣"乃何意？《總編》注"'云'待校"。其語義難通，明顯有訛誤。任中敏只注"云"有誤，未指出"索"之誤，以"索衣"為"索要衣物"。其實不然，從語義上看，男子回家，妻兒就直接索要衣物嗎？"入門妻兒云索衣"與"出戶王官怪責遲"相對，妻兒索要衣物為何導致"王官怪責遲"呢？其實"云索"皆形誤字。"云"乃"共"之誤寫，"索"乃"牽"之誤。"云索衣"即"共牽衣"。"云""共"書寫形式頗具相似性，存在誤解互替的可能，如下：

（1）P.2186《黃仕強傳》："此事任君自檢案，把文書人仍與仕強共檢。""共"作 ▢。

（2）P.2313《願男子》："竹柏竟天地而將又位隆，台相攀日雲而共高。"此"共"作 ▢。

（3）P.2484《戊辰年群牧駝馬牛羊見行籍》："二齒母羊壹拾伍口，當年 ▢ 女羔子壹口，▢ 羊大小共計壹伯貳拾三口。""共"作 ▢。

我們再看一下敦煌文獻中"云"的書寫形式。①

（4）P.2187《四獸因緣》："大小獼猴答云：'我於樹上捉其枝條，騰躍跳擲勝得我也。'""云"字形為 ▢。

（5）P.2043《新集兩親家接客隨月時景儀一卷並序》："四月孟夏漸，主人先敘云，朱明首夏，漸向炎光，鳥轉園林，鶯綠居樹。""云"字形作 ▢。

一些字體較小、書寫稍模糊的"云"，與"共"相似度亦頗高，如P.2215《量處重輕物儀》："余曾請決……便告余云，夫講說□通方之大解，豈局一見而為成濟乎？""云"作 ▢。由上可知，"云"與"共"相似度頗高。"牽""索"亦頗像，易弄混，此不詳論。

"共牽衣"多指夫妻兒女難舍之親情。"牽衣"在古文獻多次出現，如曹丕《見挽船士兄弟辭別詩》："鬱鬱河邊樹，青青野田草。捨我故鄉客，將適萬里道。妻子牽衣袂，抆淚沾懷抱。"《宋書》二十一卷引古詞《東門》："拔劍出門去，兒女牽衣啼。"杜甫《兵車行》："牽衣頓足攔道哭，哭聲直上干雲霄。"李白《別內赴征三

---

① 此"云"与"雲"不一样，须区别开。"云"乃言、说义，"雲"乃白雲、雲朵义。

首》:"出門妻子強牽衣,問我西行幾日歸。"上述詩句中,"牽衣"多表現妻子兒女離別時難捨難分之情。回到本句,語義應解為"妻兒牽住衣服,依依難捨,導致行程推遲,王官責怪"。《悉曇頌·俗流悉曇章》乃佛教歌辭,內容多鼓吹解脫,認為世俗親情是人的羈絆,如"貪愛愚癡無岸畔,眷屬婚姻相羈絆"。"妻兒共牽衣"是親情濃烈的典型表現形式,因此被納入佛教歌辭,當作批判對象。

【半夜】

《河滿子辭·長城俠客》"半夜秋風凜凜高,長城俠客逞雄豪,手執鋼刀利如雪,腰間恒掛可吹毛。"

該辭中"半夜"頗費解。據辭意境,在秋風習習中,長城俠客手執利刃,威風凜凜。"半夜"與原辭意境不合。查原卷 S.6537、P.3271,兩卷中"半"皆為"平",任中敏將其校為"半夜",非也。

本文認為,"平"實不錯,"夜"應是音替字,原字應作"野"。據《廣韻》,"夜"是羊謝切,去禡以,假攝。"野"是羊者切,上馬以,假攝。兩字音近,唯音調有去、上之分。"夜""野"互替在敦煌文獻中多處存在。如甲卷 S.1441、乙卷 S.2832 所抄願文《三周》:"伏惟神氣疏朗,志雅端嚴;朝野羽儀,人倫龜鏡。"其"野",原寫"夜",黃征、吳偉(1995:38)校正過來。甲卷 S.1441、乙卷 P.3825《亡文第五》:"鴻鍾野(鐘夜)切,清梵朝哀;香焚鶴樹之門,供展苑園之內。"原寫卷中"野"應是"夜"(黃征,吳偉 1995:58)。再如 S.5957《亡妣文》:"將謂長歡色養,永保遐齡。何圖業運難排,掩(奄)歸大野(夜)。"其"野"應作"夜"(黃征,吳偉 1995:746)。不僅如此,還有"也""野"互替的情況,如《李陵變文》:"赤血滂沛若水流,胡兵遍野橫屍死。"張涌泉、黃征(1997:148)考證原卷,卷子實寫"也",校正為"野"。甚是。"平野"一詞在隋唐五代詩歌中常用,如杜荀鶴《春日山居寄友人》:"半巖雲腳風牽斷,平野花枝鳥踏垂。"杜甫《旅夜書懷》:"星垂平野闊,月湧大江流。"李白《渡荊門送別》:"渡遠荊門外,來從楚國游。山隨平野盡,江入大荒流。"《漢語大詞典》亦收錄該詞,釋為"平坦廣闊的原野"。綜上,"半夜"乃"平野"之誤,原辭應作"平野秋風凜凜高"。從意境上看,廣袤平原上,秋風凜凜,天高雲湧,描繪了秋之雄渾蒼涼,為下句描寫長城俠客作了充分的環境鋪墊,有利於渲染俠客的英雄氣概。"平野"一詞能夠營造一種開闊、雄渾、大氣的氛圍。如果按任中敏之校勘,作"半夜秋風凜凜高",則語義不通,且意境全無,不合詩歌原意。

【淪加深】

《求因果·真悟》:"聞其善事卻沉吟,地獄淪加深。"

"淪加深"明顯有誤。查敦煌原卷 S.5588,"淪"作"輪"。《總編》注曰:"原本'淪'寫'輪'。"本文认为此校釋有誤，將"輪"校作"淪"不妥。其應作"轉"。原辭"淪加深"即"轉加深"。"轉加"即更加，敦煌文獻中多次出現該詞，如《降魔變文》："六師頻頻輸失，心裡轉加懊惱。""轉加懊惱"指更加懊惱。《漢將王陵變》："霸王聞語，轉加大怒：'過在甚人？'""轉加大怒"義爲更加憤怒。敦煌歌辭《孝順樂》："第四咽苦更難言，駈駈育養轉加難。""轉加難"指更加難。《漢語大詞典》亦收錄"轉加"，釋爲"更加，越發"。原辭"聞其善事卻沉吟，地獄轉加深"指應該做善事時卻不做善事，死後入地獄罪惡更加重。

【轉更圓】

《證無為·歸常樂》："慈父雙林滅，魔強轉更圓。"

《總編》注曰："'轉更圓'未喻。"此"轉更圓"確實頗費解，難以考證。該辭乃佛教歌辭，可以從佛籍中找線索。其實，此處"轉""圓"皆誤字。"轉"乃"聖"之形誤，行書體中"聖""轉"頗難辨認。敦博072《妙法蓮華經》"聖"作㘽。S.6825V《老子想爾注》中"聖"作㘽，敦研232《大般涅槃經》中"聖"作㘽，皆與"轉"形相近。而"圓"乃"遠"之誤。"圓"，《廣韻》王權切，平聲仙韻雲母，元部。"遠"，《廣韻》雲阮切，上聲阮韻雲母，元部。"圓""遠"兩字聲同韻近，口語中有混淆的可能。全句原是"魔強聖更遠"，大意即"釋迦牟尼在雙林逝世後，魔更加強盛，聖人之力更加微弱"。此句在佛籍中常見，如"四魔強盛能障善道"（《四分律行事鈔資持記》）、"魔強法弱多恐害"（《永嘉證道歌》）、"末劫者，聖遠魔強之日也"（《楞嚴經正脈疏》）。

【相向】

《失調名·和菩薩戒文》："鐵床炎炎來相向，銅柱赫赫競來侵。"

"來相向"費解。任中敏注曰："'來相向'各本相同，尚待校。"據"競來侵"看，"來相向"中"向"有誤。"來相向"中"向"其實是"釘"之誤。"鐵床""銅柱"均是佛籍中所載地獄酷刑。類似還有鐵虎口中燒、鐵釜中煮、利叉刺，以鉤鉤、沸油澆、坐鐵臼以鐵杵搗、毒龍蜇等。如《佛說灌頂經》"若當屠割，若抱銅柱若臥鐵床，若鐵鉤出舌，若洋銅灌口者"，《佛說八師經》"死入地獄，臥之鐵床；或抱銅柱，獄鬼然火，以燒其身"，《師子月佛本生經》"我見破戒人，墮在泥犁中，鐵犁耕其舌，臥在鐵床上，融銅四面流，燒煮壞其身"等。關於"鐵床"的酷刑主要是"臥鐵床以沸油澆"（《中阿含經》）、"熱鐵床，是床極熱遍熱，猛焰洞然"（《大寶積經》），再就是鐵床上鐵釘釘，如"女臥鐵床釘釘身，男抱銅柱凶壞爛"（《大目乾連冥間救母變文》）。

"釘"容易認作"向"。如S.6836《葉淨能詩》："康太清劣時便歸，取氈一領及釘，並引女子，同至觀中。"其中"釘"寫㘽，S.5457《誡文一本》："百個長釘定釘心，叫喚連天聲浩浩。""釘"作钌。可見，"釘"之書寫體與"向"存在相似處。原句應作"鐵床炭炭來相釘"。其實該辭第六首《自說戒》中亦有此類酷刑，如"連明曉夜下長釘，眼耳之中皆泣血""乃被牛頭來拔舌"等。

【攀折】

《取性遊·岩前笑》："寒號常聞受凍聲，山雞攀折起花毦。"

"毦"，《說文》："羽毛飾也。"《後漢書·單超傳》："金銀罽毦，施於犬馬。"注曰："毦，以羽毛為飾。"任中敏注曰："山雞起毦，謂雄雞展尾如綵扇。"此釋義頗正確。但"攀折"義難通，任注"義未詳"。

其實，此"攀折"之"折"乃誤字，應作"枝"。"折""枝"兩字形近，易誤。"山雞攀枝"即山雞攀上枝頭。如《後漢書·方術列傳》："是以古之仙者為導引之事，熊經鴟顧。"李賢注曰："熊經，若熊之攀枝自懸也。鴟顧，身不動而回顧也。"《西遊記》第一回："跳樹攀枝，採花覓果；拋彈子，邷麼兒。"此句"山雞攀枝起花毦"指山雞攀上枝頭，展開了美麗花毦。此句與上一首中"猿猴石上打筋斗"亦粗相對，"攀枝"與"石上"皆指活動的地點。

【和】

《行路難·共住修》："無心是官職，差作巡境使，四方和六賊。"

此句中，"和"難解。《總編》校曰："四方和六賊為此巡官所轄之境。"四方與六賊乃不同類別的概念，不可相提並論，"六賊為此巡官所轄之境"亦不可通。任中敏亦知此論站不住腳，又注"'和'待校"。

其實，此"和"乃借音字，原應作"破"。從語音上看，"和"為多音，其中一音"胡臥切，去過匣，歌部"。"破"，普過切，去過滂，歌部。"和""破"韻調皆同。原句應為"四方破六賊"。此句用了隱喻手法，將佛教概念"無心"形象化。《佛學大詞典》："真心離妄念，謂之無心。又一時休止心識而使不生，故云無心。"《傳心法要》曰："如今但學無心，頓息諸緣。莫生妄想分別。無人無我，無貪嗔，無憎愛，無勝負，但除卻如許多種妄想，性自本來清淨，即是修行菩提法佛等。""六賊"乃佛教概念，指眼、耳、鼻、舌、身、意六根。謂此六根妄逐塵境，如賊劫財。如《雜阿含經》："內有六賊，隨逐伺汝，得便當殺。"由上可知，"無心"是消除貪嗔癡等諸多攀緣的方法。"無心"作巡境使，四方消滅六賊。"破六賊"在佛籍中出現多次，再如《金剛經注解》："若人悟達此理，即證阿羅漢位，能破六賊。"《法華經玄贊要集》："地振六動，則表驚動諸魔，破六賊煩惱。"《佛為心王菩薩說頭陀經注疏》："無明之心既破，六賊自然消亡。"綜上，"四方和六賊"指以無心為巡境使，消滅六根煩惱。

參考文獻

伏俊璉. 敦煌歌辭聯章套曲中戲劇曲辭考述. 社會科學戰線, 2014 (7).
高文達. 新編連綿詞典. 鄭州：河南人民出版社, 2001.
韓波. 敦煌曲子詞文學性質探析. 文藝評論, 2015 (4).
黃大祥. 敦煌社會經濟文獻詞語例釋. 西華大學學報, 2009 (5).
黃征, 吳偉. 敦煌願文集. 長沙：岳麓書社, 1995.
蔣禮鴻. 敦煌文獻語言詞典. 杭州：杭州大學出版社, 1994.
羅常培. 唐五代西北方音. 北京：商務印書館, 2012.
任中敏. 敦煌歌辭總編. 南京：鳳凰出版社, 2014.
萬樹. 詞律. 上海：上海古籍出版社, 1984.
王力. 古漢語字典. 北京：中華書局, 2007.
王力. 漢語史稿. 北京：中華書局, 2008.
項楚. 《敦煌歌辭總編》匡補. 成都：巴蜀書社, 2000.
袁賓. 《敦煌變文集》詞語拾零. 語文研究, 1985 (3).
詹鄞鑫. 正體與俗體三題. 中國海洋大學學報（社會科學版）, 2010 (3).
張涌泉, 黃征. 敦煌變文校注. 北京：中華書局, 1997.
趙克勤. 古代漢語詞彙學. 北京：商務印書館, 2005.

Supplementary Collation of *Dunhuang Geci Zongbian* (《敦煌歌辭總編》)

Wang Yanghe

Abstract：*Dunhuang Geci Zongbian* is an important achievement for the research of Dunhuang lyrics, but some words in it have not been collated yet. It affects its accuracy and authority. Most of these errors are caused by form and phonetic confusion. This paper tries to collate words such as *tiaoting*（迢停）, *xusuogui*（續所貴）and so on.

Keywords：Dunhuang lyrics；word；collation

（王洋河，四川大學文學與新聞學院）

禪籍"拍盲"考辨*

周 正

提 要："拍盲"是禪籍中的疑難詞語之一，不少學者已有探討，但見仁見智，未能統一。本文認為，"拍盲"本指拍拊盲人之肩，禪籍中引申為不脫灑，亦用以喻指未能達到圓融無礙、自證自悟的境界，具體表徵為人云亦云、固執己見、我行我素等。後來又反向衍生出灑脫不拘、勇猛果斷之義。

關鍵詞：拍盲；百盲；禪籍；方俗詞

（1）問："大拍①盲底人來，師還接也無？"師放身倒。（《雲門匡真禪師廣錄》卷上）

"拍盲"一詞乃禪家慣用語，中日學者對其作了不同程度的探討，但均未切中肯綮。為了便於分析，先將諸家觀點分列如次：

1. 古賀英彥《禪語辭典》："拍盲，そこひ（青光眼）。"（1991：381）入矢義高、溝口雄三等《〈碧岩錄〉譯注》："拍盲，眼內障，一種眼疾。"（徐時儀 2013：418）

---

* 基金項目：2014 年度教育部人文社會科學重點研究基地重大專案"禪宗文獻語辭匯釋"（14JJD740001），國家社科基金項目"日僧無著道忠中國禪籍語言研究論考"（17BYY023）。本文在寫作過程中，得到恩師雷漢卿和詹緒左先生悉心指導，王長林、吳士田等各位同門提出寶貴意見，在此一併謹致謝忱！

① 《唐五代語言詞典》《漢語大詞典訂補》兩本辭書同舉此例，認為"大拍"成詞，解釋為"表示程度深"，猶"極""甚"。筆者認為此乃是孤例。"大拍"恐難成詞。此雷漢卿（2009）已有論及。白維國主編《近代漢語詞典》亦收"大拍"條（2015：327），釋為虛張聲勢，沿用本例。其實"拍"當屬下，與"盲"成詞，"大…底人"是禪籍中習見的說法，中間常插入動詞、形容詞性成分，有時亦可插入名詞性成分。除"大拍盲底人"外，還有"大保任底人""大慈悲底人""大醜陋底人""大修行底人""大自在底人""大解脫底人""大慚愧底人""大沒慚愧底人""大敗壞底人""大安樂底人""大富貴底人""大猛烈底人""大謀略底人""大達底人""大疑底人""大死底人""大悟底人""大徹底人"等。上揭辭書第二條例證引《朱子語類》卷一二三："欽夫言自有弊，諸公只去學他說話，凡說道理，先大拍下。然欽夫後面卻自有說，諸公卻只學得那大拍頭。"此例"大拍"，《朱子語類》中也是孤例，能否成詞還很難說。"大"更可能是程度副詞作狀語，修飾動詞"拍"。

2. 宋黃庭堅草書《諸上座帖》："此是大丈夫出生死事，不可草草便會，拍盲小鬼子往往見便下口，如瞎驢吃草樣。"朱仲嶽《黃庭堅墨蹟大觀》中此處將"拍盲"一詞割裂開，分屬上下句，致使文意扞格難通。(1990：100) 俞豐《經典碑帖釋文譯注》："拍盲：本指拍瞎，打瞎眼。引申為懵懂，籠統。"(2012：677)

無著道忠《葛藤語箋》"拍盲"條云：

》《碧岩古鈔》四："拍盲，以手塞眼不見物也。非生盲也。"忠曰：此解杜撰。"百盲"，南本《涅槃經》卷八："如百盲人為治目故，造詣良醫。"會疏："百，一數之圓，如言百姓。"忠曰：此解不切當。蓋"百"極切之意。拍、百音近，拍盲亦百盲之義乎？(1992：49)

這則箋注有兩個要點：其一，《碧岩古鈔》將"拍盲"釋為"以手塞眼不見物"，而在無著道忠看來，"此解杜撰"，這是很有見地的，可以信從；其二，無著道忠認為"拍、百音近"，從而猜測"拍盲亦百盲之義乎"，這本是揣測之詞，但影響卻很大。雷漢卿 (2010：116) 即遵從這一思路，且加按語道："'百盲'之'百'當即'百雜碎'之'百'，'拍盲'即'全盲'，猶今言瞎了眼。"嗣後，徐時儀 (2013：418) 又進一步闡發云：

》日、百形近，"拍"亦有"滿、全"義。如宋魏了翁《滿江紅‧李提刑生日》："水拍池塘鴻雁聚，露濃庭畹芝蘭馥。"又考文獻中"百盲"多為偏正結構，意謂很多盲人。如隋慧遠《大乘義章》卷三："如百盲聚，豈有所見？"又如唐釋道綽《安樂集》卷上："致令凡情種種圖度，恐涉諂語刀刀，百盲偏執，雜亂無知，妨礙往生。"①

徐時儀 (2013：417-419) 指出"拍"有"滿、全"義，"拍盲"義同"全盲"；"百"修飾"盲"，"百盲"當屬偏正結構。又認為"拍盲"有遮眼、障眼義，引申出愚笨、糊塗、魯莽義，從而比喻隨意灑脫。白維國主編《近代漢語詞典》："拍盲，全盲；徹底瞎。"(2015：1391)

從以上解釋不難看出，諸家對"拍盲"的理解並不一致，也難以從中求得確詁。鑒於此，本文嘗試在已有研究的基礎上另闢蹊徑，試作考證如下。

首先，《禪語辭典》《〈碧岩錄〉譯注》認為"拍盲"是一種眼疾，此解大乖詞義，不足取信。

其次，"拍盲"與"百盲"並沒有什麼關係，因此將"拍盲"等同於"百盲"

---

① 《朱子語類》卷一百二十四："使公到今也老，此心俍俍然，如村愚目盲無知之人，撞牆撞壁，無所知識。"例中"目盲"屬光緒庚辰賀瑞麟校刻本，成化本記作"柏盲"，徽州本錄作"拍盲"，《朱子語類輯略》又記作"陌盲"(徐時儀 2013：417)。雷漢卿 (2010：116) 認為此"陌盲"實即"拍盲"之異寫。

是錯誤的（詳後）。先來看"拍盲"，它究竟當作何解釋？其實"拍盲"的"拍"，其義很簡單。"拍"，《說文》本作"拍"，釋云："拊也。"《玉篇·手部》釋義相同。明僧大建《禪林寶訓音義》卷一："拍，拊也。自不能行，拍人肩而行之。"此釋又見於《禪林寶訓合注》卷四、《禪林寶訓順朱》卷四等，清釋智祥在此基礎上又有增補：

（2）拍，拊也。盲者自不能行，拍拊人肩而行，謂其不脫灑也。（《禪林重刻寶訓筆說》卷下）

日本學者也持相同的觀點，桂洲道倫等撰《諸錄俗語解·禪關策進》解釋道：

拍盲：拍ハ手ノヒラニテ物ヲウツコトナリ盲人ハ獨行デキヌュヘ人ノ肩ニ手ノヒラヲ打カケテァルクヲ――ト云今ハタダムカゥ見ズニト云義ナリ。①
（19頁）

由此可以看出兩點。第一，"拍盲"的"拍"即"拊"，禪籍用例可資參證。禪林俗語有"一盲引眾盲，相將入火坑""一盲引眾盲，相牽入火坑""一盲引眾盲，盲盲相扶舉""一盲引眾盲，攜手入火坑"，其中的"將"即牽引、攙持之義，它與"牽""扶舉""攜手"均可作為"拍"的注腳。"拍盲"的字面意思為"拍拊人肩而行"，此解值得信從。盲人相互攙扶走路的方式，上文已提及"一盲引眾盲"，漢譯佛經中還有更早的記載，如東晉瞿曇僧伽提婆譯《中阿含經》卷三十八《梵志品》："世尊告曰：'猶眾盲兒各相扶持，彼在前者，不見於後，亦不見中。彼在中者，不見於前，亦不見後。彼在後者，不見於中，亦不見前。'""眾盲兒各相扶持"即盲人互相扶持之義。因此，準確而言"拍盲"是指拍拊在盲人肩上。再從構成方式而言，"拍盲"不是偏正結構，而是動賓結構。再看下面的例子：

（3）上堂："拍盲不見佛，開眼遇途人。借問途中事，渠無丈六身。"（《五燈會元》卷六《台州涌泉景欣禪師》）

（4）每恨時中無來管顧，縱遇一個半個墮根禪客、拍盲衲僧，盡力提攜舒心激勵，大似說話與聾人，眨眼與瞎漢。怎不退禪懶為話會？（《林泉老人評唱投子青和尚頌古空谷集》卷三第三十五則《鏡清有言》）

（5）恣拍盲性，用劈胸拳。（《松源崇岳禪師語錄》卷下《能仁光睦長老畫師頂相請贊》）

（6）拈云："若向佛手豎指處著倒，捏目生華；不向豎指放參，拍盲求路。"（《南海寶象林慧弓詗禪師宗門拈古》卷四《廬山佛手巖行因禪師》）

---

① 可翻譯為：拍是用手掌拍打（東西）的意思。盲人不能獨行，所以把手掌放在別人肩膀走路，叫做拍盲。如今只是不考慮後果（行動）的意思。

例中"拍盲"分別與"開眼""墮根""劈胸""捏目"對舉，顯然也只能視為動賓結構。漢語中"拍＋X"這樣的動賓結構本來就很高產，所以很容易推衍出新的動賓結構，如"拍手""拍掌""拍板""拍案""拍肩""拍髀""拍胸脯""拍手板"等。漢語中"動作＋受事"是最高產的動賓結構，"拍盲"中"拍"是動作，"盲"是受事，"拍盲"自然是動賓結構。

饒有意味的還在於，在差不多同一時期的西方，16世紀尼德蘭（荷蘭）風俗畫大師勃魯蓋爾創作了《盲人的寓言》（如下圖所示），圖中後面四個盲人扶肩而行，儼然是"拍盲"一詞栩栩如生的寫照。

白維國《金瓶梅風俗譚》（2015：238）唱門詞下瞽詞部分附圖，援引如下：

瞽詞（《塵間之藝》，清錢廉成摹本）

圖中左側的盲人拄杖而行，後面的盲人拍著前者之肩行走，這也是"拍盲"的真實寫意。

第二，《禪林重刻寶訓筆說》卷下中所說的"謂其不脫灑也"，此句乃承前而言。盲人"拍拊人肩而行"，依從他人，以別人為主導，喪失自身的獨立性。例（1）是雲門大師與其弟子間的對話，雲門拜師曹山時也問過類似的問題：

（7）雲門問："不改易底人來，師還接否？"師曰："曹山無恁麼閒工夫人。"（《景德傳燈錄》卷十七《曹山本寂禪師》）

"大拍盲底人""不改易底人"實為異文關係，"拍盲"便是指"不改易"，"不改易"（不知變通）正是"不脫灑"的表現。在禪家看來，"不脫灑"就是指未能領悟佛法的真諦，表現為人云亦云、依模畫樣等。如《碧岩錄》卷九【八一】則："是則是，爭奈不脫灑，粘腳粘手。"《古尊宿語錄》卷三十四《示禪人心要》："昔日永首座與慈明同辭汾陽，而永未盡其妙，相從慈明二十年，終不脫灑。""粘腳粘手""未盡其妙"等於解釋了"不脫灑"。不妨再看下面的例子：

（8）何謂拍盲？有等看教不知教意，參禪不悟禪理，一向認定個沒巴鼻底作本來主人翁，行也，坐也，覰是他。乃至穿衣吃飯，動靜語默，如燈下看影子相似，寸步不離。可謂跛者命在杖，顛者命在舟。（《雪關禪師語錄》卷七《拍盲禪》）

此例也無異於給"拍盲"作了妙注，所謂"看教不知教意，參禪不悟禪理"，豈不是未能真正領悟佛法的真諦；其"行"其"坐"、"動靜語默"，如燈下看影，"寸步不離"，豈不是人云亦云、依模畫樣的另一種表詮？如"跛者命在杖，顛者命在舟"，這便是"拍盲"者的"不灑脫"：猶如足癱跛腳之人需要借助拐杖，行進不平穩之人須借助舟車之類的工具。

此外，外典中還有"群盲拍肩""群瞽拍肩"之類的說法，亦喻指人云亦云，隨聲附和。如明沈守正《雪堂集文集》卷五《文筆山社小引》："但小儒為之，因黃抽白，問羊求馬，如群瞽拍肩，累累載道，是誠可厭耳。"清姚範《援鶉堂筆記》卷四十四《集部》："遂令群瞽拍肩，言讕語，一唱百和。故輕薄之徒，爰以為口實矣。""群盲拍肩之智"（《諤崖脞說》卷一）、"群瞽拍肩之論"（《帶紅堂集》卷七十一）也就成為這類人的專門標籤。"群盲拍肩""群瞽拍肩"等於給"拍盲"做了解釋，正可佐證我們的觀點。

"拍盲"的"不脫灑"還可表現為固執己見、我行我素，體現了學人參禪過程中執拗、頑固不化，執意我行我素。例如：

（9）動便觸人諱，拍盲不識時。平生沒活計，赤手討便宜。（《大慧普覺禪師語錄》卷十二《文俊禪人求贊》）

（10）爆爆地提個所參話，任你說是說非論長論短，拍盲舉起拍盲打捱，誰管今生打得徹打不徹。（《列祖提綱錄》卷三十七《中夏提綱》）

（11）學者將無字拍盲死念，念來念去，返被無字空過一生，何止一生，百劫千生也。（《古庭禪師語錄輯略》卷二《無字直說》）

例（9）謂執著己見之人，往往不諳於世，不識時務，"動便觸人諱"。例（10），參話任憑他人長說短說，孰是孰非，他自我行我素"舉起""打捱"，"誰管今生打得徹打不徹"。例（11）批評學人固執於"無"，只會機械"死念"，不懂得變通，"空過一生"，乃至"百劫千生"。

在"拍盲""不脫灑"意義的基礎上，禪籍中出現了"拍盲底人""大拍盲底人""拍盲衲子""拍盲衲僧"等一系列詞語。

（12）問："拍盲底人如何過日？"師云："吃茶吃飯。"（《雪峰真覺禪師語錄》卷上）

（13）嗟呼！拍盲衲子卻謂騎牛不識其牛，如龜負圖自取喪身之兆。（《林泉老人評唱丹霞淳禪師頌古虛堂集》卷三《強德上座》）

"拍盲底人"和例（1）"大拍盲底人"是指不脫灑、很不脫灑的人；"拍盲"禪僧"騎牛不識其牛"，未識自具佛性而向外馳求，即他們尚未領悟佛法，不具真知灼見，只能道聽途說、人云亦云，未能真參實究。

禪家的本色在於旋說旋掃，不拘文辭，禪籍詞語也因此而常常具有正反兩方面意思，"拍盲"亦由"不脫灑"之義反向演變為"脫灑、灑脫不拘"以及"勇猛果斷"之類的意思，試作分述：

其一，脫灑、灑脫不拘。如：

（14）如來以一大事因緣，出興於世，教外別傳，語言道斷。庸鈍者既苦拍盲之無路，士君子幸具福慧兩足之緣，能自拔於五欲而求免於輪迴。（《揞黑豆集·序》）

（15）一般上根之人，見幾（機）而作，不俟終日，聞聲便悟，見色即明，亦是拍盲榜樣。豈待搖唇鼓舌說文字禪乃開悟哉？（《紫柏尊者全集》卷五《法語》）

例（14）謂禪宗不立文字，教外別傳，需要頓悟，愚鈍者苦於"拍盲無路"，即求脫灑無門徑，找不到領悟禪法的方法。例（15）稱上等根器之人是"拍盲榜樣"，自然是灑脫、明機鋒之人，他們不必多費唇舌，就能頓悟。

其二，"勇猛果斷"。常用作副詞修飾動詞，用以形容學人為達到領悟之境界，不顧一切勇猛精進。例如：

（16）你做工夫之心不肯真切，不能於最初一念上拍盲坐斷，十二時中硬剝剝如大死人相似。（《天目明本禪師雜錄》卷二《示日本元禪人》）

（17）奮平生猛利身心，孜孜兀兀拍盲做向前去，也不問三十年二十年。（《天目明本禪師雜錄》卷三《示玉溪鑒講主》）

(18) 禪宗門下，無意識領略底禪，無逐段（段）商量底禪，亦無漸次習得底禪。所以要汝拍盲做將去，不許胡思亂想，妄生知解。(《百丈清規證義記》卷八《解禪七》)

例（16）明本禪師示機日本禪人，指出他沒有真切的做功夫心，不能在"最初一念"上勇猛果敢地"坐斷"、領悟參透，所以一天到晚活著如死屍般僵硬。例（17）指出學人修禪需精進、保任，花"三十年二十年"時間，奮進平生，"孜孜兀兀"勇猛果斷地參悟。例（18）謂禪宗參禪講究頓悟，"無漸次習得底禪"，不允許學人"胡思亂想，妄生知解"，需要勇猛果斷"做將去"。

再來說"百盲"，它實際上是漢譯佛經"百盲人""五百盲人"的縮略①，係指一百或五百盲人。因為世人盲昧暗冥，為無明煩惱所覆蔽，恰如盲人不能見物，故佛典中用以喻指一切眾生。例如：

(19) 初以百盲通譬一切眾生。百是一數之圓，例如世姓甚多，而言百姓。(《大般涅槃經疏》卷十一《四諦品》)

(20) 千舌百盲者，舉千百言多耳。(《涅槃玄義發源機要》卷四)

(21) 諸佛菩薩，辯不能宣。凡夫千舌，豈解揄揚。二乘百盲，焉能舞手者哉？(《宗鏡錄》卷九)

上引例中，正因為"百盲"可"通譬一切眾生""舉百言多"，所以佛典中才會出現"一盲唱之於前，百盲從而和之於後"(《般若心經說》卷一)這樣的言句。而"二乘百盲"（聲聞乘和緣覺乘中芸芸眾生）又恰與"凡夫千舌"相對言，其意也顯然是言其"多"，"百"斷非"滿、全"之義②，換而言之，"百"並非副詞，而應該是一個數詞。

以上是我們對"拍盲""百盲"意義的考辨，為了便於討論，我們還有必要探討一下二者在文獻中的使用情況。根據文獻檢索的用例，我們發現二者所在的文獻類別有所不同。檢 CBETA 電子佛典，"百盲"凡 60 例，其中漢譯佛經 10 例，其他 50 例均是直接或間接源於漢譯佛經，包括 2 例禪宗文獻（分別是《宗鏡錄》卷

---

① "百盲人"是梵語 jātyandhānāmsatam 的意譯，"五百盲人"是梵語 pañca jātyandhānāmsatam 的意譯。其中 jātyandhānām 指生盲，即生下來便眼睛瞎的人。"生盲"一詞佛經中常見，例如《中阿含經》卷三十八《梵志品》："彼生盲人作是說者，為不真實。"《起世因本經》卷五《諸龍金翅鳥品》："時鏡面王曾于一時，欲共生盲諸丈夫等遊戲眾樂，即便宣告：'多集生盲諸丈夫輩。'"

② 按："百"在先秦就有"所有、一切"義。如《詩·邶風·雄雉》："百爾君子，不知德行。"朱熹集傳："百，凡也。"如各種各樣叫"百般"，唐韓愈《晚春》詩："草樹知春不久歸，百般紅紫鬥芳菲。"各種顏色叫"百色"，南朝梁江淹《江上之山賦》："草自然而千花，樹無情而百色。"古代各種樂舞雜技叫"百戲"。破碎叫"百裂"，《雲門廣錄》卷上："無智人前莫說，打爾頭破百裂。"《大慧錄》卷五："如塗毒鼓，聞著則腦門百裂。"金董解元《西廂記諸宮調》卷八："虧人不怕神天折！惱得人頭百裂。"但可以肯定"百盲"之"百"不是副詞，而是數詞。

九，見例（21）；《空谷道澄禪師語錄》卷十七《普說》："正所謂：'一邪誘百邪，一盲引百盲也。'"）。而"拍盲"一詞不見於漢譯佛經，宋代文獻始載，幾乎都出現在禪籍裏。或以為"拍盲"可能是"百盲"的異寫，但文獻中找不到相關例證或異文，故結論恐難成立；作"陌盲"者，文獻中只有《朱子語類輯略》1例，"陌"很有可能是"拍"的訛字。作"柏盲"，"拍""柏"的部首"扌""木"，古籍中經常相混使用①，故"拍"寫作"柏"當在情理之中。除《朱子語類》中的例子外，禪籍中還找到1例，《自閑覺禪師語錄》卷第五《拈古、頌古》："頌曰：'柏盲只解依人覓，不解千峰錯指呈。不得雲門親注破，依然只認定盤星。'"

參考文獻

白維國. 近代漢語詞典. 上海：上海教育出版社，2015.

白約國. 金瓶梅風俗譚. 北京：商務印書館，2015.

古賀英彥. 禪語辭典. 京都：京都思文閣出版社，1991.

桂洲道倫. 諸錄俗語解. ［出版地不詳］：［出版者不詳］，［出版年不詳］.

漢語大詞典編纂處. 漢語大詞典訂補. 上海：上海辭書出版社，2010.

黃征. 敦煌俗字典. 上海：上海教育出版社，2005.

江藍生，曹廣順. 唐五代語言詞典. 上海：上海教育出版社，1998.

藍吉富. 禪宗全書. 北京：北京圖書館出版社，2004.

雷漢卿. 禪籍方俗詞研究. 成都：巴蜀書社，2010.

雷漢卿. 讀《唐五代語言詞典》《宋語言詞典》// 中華字典研究：第二輯（下）. 北京：中國社會科學出版社，2009.

劉正成. 中國書法全集：黃庭堅（二）. 北京：榮寶齋出版社，2017.

秦公. 碑別字新編. 北京：文物出版社，1985.

無著道忠. 葛藤語箋. 京都：日本化園大學禪文化研究所，1992.

徐時儀. 《朱子語類》詞彙研究. 上海：上海古籍出版社，2013.

許寶華，宮田一郎. 漢語方言大詞典. 北京：中華書局，1999.

俞豐. 經典碑帖釋文譯注. 上海：上海書畫出版社，2012.

袁賓，康健. 禪宗大詞典. 武漢：崇文書局，2010.

朱仲嶽. 黃庭堅墨蹟大觀. 上海：上海人民美術出版社，1990.

---

① 例如"抑"《魏任城文宣王太妃馮氏墓誌》作"柳"，"拯"《魏宕昌公暉福寺碑》作"樑"，"析"《齊是連公妻邢夫人墓誌》作"析"，"棲"《隋董美人墓誌》作"栖"，（秦公1985：39，90，66，125）敦煌遺書Φ096《雙恩記》中"排"作"棑"，"杆"作"扞"（黃徵 2005：298，123）。

The Explanation of *Pai Mang* (拍盲)

Zhou Zheng

Abstract: "*Pai mang*" is one of the difficult words in Zen literature, and many scholars have explained it, and their opinions differ a lot. The author believes that "*Pai mang*" (拍盲) means clapping the shoulder of the blind. In Zen literature, it extends to mean not being free and easy, and also metaphors the failing of achieving the state of harmony and self-realization. With going with the tide, sticking to one's guns persisting the old ways and so on as superficial appearance. Later, it reversely generates the meaning of being free and easy, bold and decisive.

Keywords: *pai mang*; *bai mang*; Zen literature; vernacular

（周正，四川大學文學與新聞學院）

語氣詞"否"再論*

程文文

提　要：關於語氣詞"否"的來源，學界的觀點有二：其一，由否定副詞直接轉化為句末語氣詞；其二，由否定代詞"否"直接演化而來。本文通過分析先秦至隋唐五代時期"否"字句的結構形式、語法配置及語用功能，否定了前說，論證了當否定代詞"否"和隱括的謂詞性成分的話題主語不同時，"否"全部用在陳述句中，一般不會發生虛化。當否定代詞"否"和隱括的謂詞性成分的話題主語相同時，用在疑問句中的"否"之所以會虛化，是因為漢語疑問句系統尚不完善；正反疑問句到一般疑問句的轉化過程，也就是"否"由否定代詞轉變為疑問語氣詞的過程。"否"的虛化與其處在疑問句末有直接關係，受到"VP乎/耶"等類化，導致其否定義逐漸虛化。直到隋唐五代時期，"否""不"在語音、語義、語法三方面的完全對立促使"否"改變詞性，語義上失去"稱代性"，結構上又失去"對應性"，導致"否"由否定代詞虛化為疑問語氣詞。

關鍵詞："否"；疑問句；話題；類化

一、引　言

"否"是古代漢語中的高頻詞，目前學界對"否"的研究多集中在探討"否"在古代漢語中的用法和特點。劉書芬（2013）、楊水淙（2014）等對"否、不、丕"的形音義以及字詞關係進行了探討。趙團員（2015）等對上古漢語中"否"的音變構詞現象進行了研究。郭錫良（1989）、韓學重（1996）、周生亞（2004）、袁本良（2006）、余梅（2009）、劉躍（2009）、傅義春（2012）、李小軍（2013）等探討了

---

* 2017年度中國博士後科學基金資助項目"基於出土文獻和傳世文獻相結合的先秦漢語否定詞研究"（2017M622937）、重慶師範大學博士科研啟動項目"出土醫書語法研究"（16XWB010）的階段性成果。感謝《漢語史研究集刊》匿名審稿專家提出的寶貴意見！文中疏漏之處，概由作者本人負責。

古漢語"否"字的用法及語法特點。袁本良（2006）通過分析先秦至宋代的 7 部傳世典籍中"否"的入句形式，認為語氣助詞"否"由否定代詞"否"直接演化而來。周生亞（2004）考察了 19 種傳世文獻中"否"的用法，認為"否"由否定副詞直接轉化為句末語氣助詞。吳福祥（1997/2005），楊永龍（2000/2003/2005），劉利、李小軍（2013），張玉金（2015）等對古漢語語氣詞有過深入的研究，楊永龍（2003）探討了句尾語氣詞"嗎"的語法化過程，指出"嗎"是在"VP 無"格式中語法化的。劉利、李小軍（2013）指出先秦至唐五代語氣詞的來源主要有詞彙的語法化、短語和跨層結構的詞彙化、音變衍生，語氣詞的衍生受語義、句法結構和語境、語氣詞系統的制約。此外相關漢語歷史演變的重要研究著作如王力（1989），楊伯峻、何樂士（1992），蔣紹愚（2015）等給本文研究有很大的啟發。

就目前看，學界對於語氣詞"否"的衍生與演變路徑尚未達成一致。"否"在古漢語中有三種讀音和三種意義。《群經音辨·辨字同音義》："否，不也，方久切。否，塞也，部鄙切。否，惡也，音鄙，《春秋左傳序》：臧否不同。"本文主要討論"否"（方久切）作否定詞的用法。另外，否定詞"否"在古代漢語中也經常寫作"不"，如《史記·扁鵲倉公列傳》"相即召舍人而謂之曰：'公奴有病不?'"正如劉興隆（1993）所言，"在古代文獻中，'否'字經常寫作'不'或'丕'"。為了更客觀地探討"否"的發展演變，本文暫未考察此類例句。

二、"否""不"當屬同源

王力（1982）指出，上古時期，"否"音為"piuə"，"不"音為"piuə 否（疊韻）"，"'不'字，廣韻讀甫鳩、甫九、甫救三切。又讀方勿切。其讀上聲時，與'否'同音；其讀入聲時，與'弗'同音。'不''否''弗'三字實同一源"。段玉裁《說文解字注》說，"不"和"否"都是屬於"不"部。因此，"否""不"是同源詞。周生亞（2004）指出："'不''否'雖屬同源，但否定副詞'否'肯定不是從否定副詞'不'中分化出來的，因為上古時期的'否'同時還可用為動詞。合理的推測是動詞'否'當以動詞'不'為源詞，否定副詞'不'當是動詞'不'分化的結果。"也就說，上古時期，動詞"否"是從動詞"不"中分化出來的，最後語法化為語氣詞。

實際上，古代漢語中"不"與"否"有非常清晰的界限，呂叔湘（1993）指出："'不'是個限制詞，只用在形容詞和一般的動詞之前……'否'是稱代性及應對用的否定詞。'否'字以否定詞而兼含動詞或形容詞於其內，所以是稱代性。"袁本良（2006）也指出，"否"字是一個具有謂詞性功能的否定代詞。[1] 從語法位置上

---

[1] 有的著作把處於句末的"否"一律看成是否定副詞，認為其所否定的內容，往往已承前省略，是欠妥的。

看，"不"主要否定後面的詞、短語，"否"主要否定前面的詞、短語或句子，且"否"一般不可直接位於謂語之前充當狀語。

三、語氣詞"否"的來源

語氣詞"否"的產生過程是其語義由"實"轉"虛"、語法功能逐漸專有的過程。為了詳盡地考察語氣詞"否"的產生與發展，我們從歷時發展的角度探討"否"字的結構形式、語法配置及語用功能，在具體的句法結構中考察"否"的發展演變。

（一）先秦兩漢時期的"否"

我們對先秦兩漢時期出土文獻和傳世文獻①中的"否"進行了窮盡性考察，這一時期的"否"主要有三種用法，即作為否定副詞（記為否$_1$）、應對副詞（否$_2$）和具有述謂功能的否定代詞（否$_3$）。

1. 否定副詞

否定副詞"否$_1$"的用例較少，僅4例。其用法相當於否定副詞"不"，表陳述否定。如：

(1) 柬（蕫）<u>哉（裁）</u>內外，毋敢<u>否</u>善。（《師毀簋銘》，《集成》8·4311）
(2) 夫建國設都，乃作后王君公，<u>否</u>用泰也。（《墨子·尚同中》）
(3) 輕大夫師長，<u>否</u>用佚也。（《墨子·尚同中》）

2. 應對副詞

先秦兩漢時期，有的"否"具有明顯的應對性特點。劉淇（1954）、楊伯峻（1981）、呂叔湘（1944）、楊樹達（1984）等把用於答句中的"否"稱為"應對副詞"。應對副詞"否"的主要作用是否定對話者的觀點或看法，應答者可以直接用"否"否定上文觀點，也可以進一步申述否定的理由。如：

［1］應答者直接用"否$_2$"否定上文觀點，不再申述否定的理由（7例）：

---

① 出土文獻主要有：(1) 甲骨文；(2) 金文；(3) 出土的《周易》《詩經》《逸周書》；(4) 戰國簡牘文字，主要包括曾侯乙墓竹簡、郭店楚簡等；(5) 戰國帛書，主要有長沙子彈庫戰國楚帛書；(6) 戰國玉石文字，主要包括守丘石刻、詛楚文、岣嶁碑、行氣玉銘、玉橫葴銘、嶧山刻石。以上文獻凡文字清楚、文意連貫者均屬本文的研究語料。傳世文獻主要有《周易》《詩經》《尚書》《逸周書》《莊子》《春秋左氏傳》《孫子兵法》《儀禮》《國語》《老子》《論語》《穆天子傳》《墨子》《周禮》《孟子》《晏子春秋》，由先秦至唐五代，時間跨度很大，這一階段的文獻資料非常豐富，本文所選取的這些文獻的版本均采今人精校精注本，其中《周易》僅統計其中的經文，傳文"十翼"不計。選取這些文獻的標準是成書時代明確、具有代表性。另，傳世文獻在流傳的過程中可能會有"失真"，故本文遵循"例不十法不立、例不十法不破"的原則，資料均是作者在充分吸收當前有關研究成果的基礎上，同時參考漢籍電子文獻資料庫等，對有關文獻進行儘可能全面的統計調查分析得來。以下各表資料來源同。

(4) 公孫丑曰："樂正子強乎？"

　　孟子曰："<u>否</u>。"（《孟子·告子下》）

(5) 里鳧須曰："君沐邪？"

　　使者曰："<u>否</u>。"（《韓詩外傳》卷十）

[2] 應答者用"否$_2$"否定上文觀點之後，進一步申述否定的理由（48例）：

(6) 萬章曰："堯以天下與舜，有諸？"

　　孟子曰："<u>否</u>。天子不能以天下與人。……"（《孟子·萬章上》）

(7) 河伯曰："然則吾大天地而小豪末，可乎？"

　　北海若曰："<u>否</u>。夫物，量無窮，時無止，分無常，終始無故。是故大知觀於遠近，故小而不寡，大而不多，知量無窮。"（《莊子·秋水》）

(8) 萬章問曰："人有言：'至於禹而德衰，不傳於賢而傳於子。'有諸？"

　　孟子曰："<u>否</u>，不然也。天與賢，則與賢；天與子，則與子。（《孟子·萬章上》）

例（8）為了增強否定語氣，應答者用"否"和"不然"進一步否定上文的觀點，然後再陳述否定的理由。

3. 否定代詞

除了作副詞外，"否"還是一個具有述謂功能的否定代詞，否定性和代詞性是其本質屬性，即"否$_3$"是對其前面所否定的詞、短語或句子的概括，因為"否$_2$"直接代替了前面它所否定的詞、短語或句子的意義，表現在句法形式上就是"否$_3$" ="詞、短語或句子的否定義"，即"否$_3$"的使用條件是其所隱括的正面語義成分必須在上文出現過。

為了更為清晰地認識"否$_3$"的結構形式及語法配置，我們主要從"否$_3$"和被否定謂詞成分的話題主語的異同展開研究。張斌（2000）、邢福義（2000）指出，話題主語本質上仍是話（主）題，是謂語陳述、描繪或評論的對象。根據話題主語的異同，我們將"否$_3$"字句分為兩類。

第一，"否$_3$"和隱括的謂詞性成分的話題主語相同。

"否$_3$"和隱括的謂詞性成分陳述、描繪或評論的對象相同，即具有共同的話題主語。句法功能上，"否$_3$"和隱括的謂詞性成分聯合充當句子成分。句式上，"否$_3$"可以用在陳述句中，也可以用在疑問句中。

"否$_3$"在陳述句中的具體用法如下：

[1] 動詞＋（連詞）＋否（40例）。"動詞＋否"結構中，"否"字前加動詞，否定與之並列的動詞，並聯合充當句子的謂語或賓語，具有相同的話題主語。如：

(9) 魯君謂葂也曰："請受教。"辭不獲命，既已告矣，未知中否，請嘗薦之。(《莊子·天地》)

(10) 衛君之來，必謀於其眾。其眾或欲或否，是以緩來。(《左傳·哀公十二年》)

[2] 形容詞＋否（12 例）。"否"否定與之並列的形容詞，並聯合充當句子的謂語或賓語，具有相同的話題主語。如：

(11) 肅肅王命，仲山甫將之。邦國若否，仲山甫明之。(《詩經·大雅·烝民》)

(12) 曾孫來止，以其婦子。饁彼南畝，田畯至喜。攘其左右，嘗其旨否。(《詩經·小雅·甫田》)

[3] 代詞＋否（2 例）。"否"否定與之並列的代詞，並聯合充當句子的賓語。如：

(13) 君含怒而待臣兮，不清澈其然否。(《楚辭·九章·惜往日》)

(14) 凡觀物有疑，中心不定，則外物不清；吾慮不清，未可定然否也。(《荀子·解蔽》)

[4] 主謂短語＋否（1 例）。"否"否定與之並列的主謂結構，聯合在句中作賓語。如：

(15) 三十年，春，晉人侵鄭，以觀其可攻與否。(《左傳·僖公三十年》)

"否$_3$"在疑問句中的具體用法如下：

[1] 動賓＋否＋乎（2 例）。"否"否定與之並列的動賓短語，且"否"後面帶上了疑問語氣詞"乎"。如：

(16) 公孫丑問曰："夫子（孟子）加齊之卿相，得行道焉，雖由此霸王不異矣。如此則動心否乎？"(《孟子·公孫丑上》)

(17) 孟子之平陸，謂其大夫曰："子之持戟之士，一日而三失伍，則去之否乎？"(《孟子·公孫丑下》)

[2] 動詞＋否＋乎（1 例）。"否"否定與之並列的動詞，聯合在句中作賓語，"否"後接疑問語氣詞"乎"。如：

(18) 孟仲子對曰："昔者有王命，（公孫丑）有采薪之憂，不能造朝。今病小愈，趨造於朝，我不識能至否乎？"(《孟子·公孫丑下》)

[3] 能願動詞＋動詞＋否（4 例）。"否"否定與之並列的動詞，用在疑問句中。如：

(19) 公曰："可禳否？"（《史記·齊太公世家》）

(20) 始皇於是慨然言曰："可采得否？"（《海內十洲三島記》）

[4] 動賓短語＋否（1例）。"否"否定與之並列的動賓短語，用在疑問句中。如：

(21) 問之曰："曉知其事，當能究達其義，通見其意否？"（《論衡·謝短》）

疑問句中的"否"後接語氣詞時（僅見於《孟子》），如"動心否乎"，"否"只能作否定代詞。兩漢時期出現了"VP否？"，如《史記·齊太公世家》："可禳否？"劉子瑜（1998）認為，"VP否？"是由先秦時期的"VP否乎？"（僅見於《孟子》）"脫落語氣詞發展而來"。袁本良（2006）認為："如果從語言的運用機制來考慮，不加語氣詞的'VP否？'句式，不一定要看作加語氣詞的'VP否乎？'句式的發展。"我們認為，先秦時期"VP否乎？"的"否"為否定代詞，句子為一般疑問句。兩漢時期，"VP否？"的"否"可以作否定代詞也可作疑問語氣詞。作否定代詞時，句子為正反疑問句①；作疑問語氣詞時，句子為一般疑問句。所以，"VP否？"由先秦時期的"VP否乎？"脫落語氣詞發展而來，這一觀點還有待進一步考究。

第二，"否$_3$"和隱括的謂詞性成分的話題主語不同。

"否$_3$"否定上文的陳述，得出截然相反的結論。"否$_3$"與被否定的詞語意義相關，結構上互不作句子成分，"否"與被否定的詞語分別構成分句，即結構上類似於單句但沒有完整句調的語法單位，且"否"所在的分句與其否定的詞語所在的分句之間一般有停頓，書面上用逗號、分號表示，我們將這種句式稱為複句；句法功能上，"否$_3$"充當複句中相當於小句的句子成分。溫鎖林（2001）指出，複句的容量比單句大，可以表達比較複雜的意思。幾個分句意義上緊密相連，互相連貫，形成一個整體，話題的語用功能起到了顯著的作用。張斌（2000）也指出，話題是語段概念，它可以經常將其語義範圍擴展到一個句子上。因此，把話題引入複句分析中是合理的。"否$_3$"和隱括的謂詞性成分的話題主語可以不同，具體情況如下：

[1] "否"否定上文的謂語動詞（52例），得出與上文相反的結論，用在陳述句中。如：

(22) 大夫相為，亦然。為其妻，往則服之，出則否。（《禮記·服問》）

(23) 小人恐矣，君子則否。（《左傳·僖公二十六年》）

---

① 徐傑指出，漢語語法針對疑問範疇的處理有兩種基本方式："正反疊用"和"加用疑問語氣詞"。本文將以上兩種疑問句分別稱為正反疑問句和一般疑問句。

［2］"否"否定上文的謂語形容詞（6例），得出與上文相反的結論，用在陳述句中。如：

(24) 子之道甚難而無功，謂子有志則然矣，謂子智則否。(《戰國策·趙策一》)

(25) 國雖靡止，或聖或否。(《詩經·小旻》)

［3］"否"否定上文主謂短語（6例），得出與上文相反的結論，用在陳述句中。如：

(26) 夫以鄭之賢，有勢則賓客十倍，無勢則否，況眾人乎！(《史記·汲鄭列傳》)

(27) 子曰："丘於君唯無言，言必盡，於他人則否。"(《大戴禮記·虞戴德》)

［4］"否"否定"則"前面的詞語（32例）。"否""則"連用，用在緊縮複句中，"否"否定"則"前面的詞語，在句中充當相當於小句的句子成分。如：

(28) 義則進，否則退，敢不唯子是從？(《左傳·哀公六年》)

(29) 夫子踐位則退，自退則敬，否則赧。(《國語·楚語》)

(30) 工以納言，時而颺之，格則承之庸之，否則威之。(《尚書·益稷》)

先秦兩漢時期，"否"主要有三種用法，即作為否定副詞（4例）、應對副詞（55例）和具有述謂功能的否定代詞（159例）。現將先秦兩漢時期否定代詞"否"的用法列表如下（表1）：

表1　先秦兩漢時期否定代詞"否"用法

話題主語相同						話題主語不同			
陳述句				疑問句		陳述句			
動＋否	形＋否	代＋否	主謂＋否	動詞謂語＋否＋乎	動詞謂語＋否	否定謂動	否定謂形	主謂短語	否定"則"前詞語
39	12	2	2	3	5	52	6	6	32

由上表知，"否"和被否定謂詞性成分的話題主語相同有63例，其中陳述句中的"否"有55例，主要否定動詞、形容詞、代詞和主謂短語；疑問句中的"否"有8例。"否"和被否定謂詞性成分的話題主語不同有96例，主要用在陳述句中，否定謂語動詞、謂語形容詞、主謂短語和"則"前面的詞語。這說明，先秦兩漢時期，"否"以用於陳述句中的詞、短語的選擇否定和用於否定上文陳述的正反否定為主要用法。

先秦兩漢時期，"VP否乎"中的"否"為否定代詞，"VP否乎？"傳遞的意思與"VP 否？"是一樣的。實際上，現代漢語中也有類似的用法，如"你去嗎"表達的意思與"你去不去"一樣。"VP 否？"中的"否"為兼詞，即否定代詞和疑問語氣詞。嚴德禮（1989）指出："兼詞不同於兼類詞，是在一個具體的句子中，一個詞具有兩種詞性，一身司二職，兼詞的存在，則標誌著語言的發展尚處在較低級的階段。"根據語言的經濟性原則（Zipf 1949：65），在不影響雙方交往的原則下，為了減少編碼和解碼耗費的精力和時間，交際雙方會選擇省力、簡單、大眾的語言單位傳遞信息。所以，語義不變的前提下，說話人會儘量選擇句式"VP 否？"傳遞信息。

（二）魏晉南北朝時期的"否"

關於"否"的使用情況，我們檢索了這一時期的傳世文獻①。我們發現這一時期的"否"主要作具有述謂功能的否定代詞。根據話題主語的異同，我們將"否"字句分為兩類。

第一，"否"和隱括的謂詞性成分的話題主語相同。

"否"和隱括的謂詞性成分具有共同的話題主語，聯合充當句子成分。句式上，"否"可以用在陳述句中，也可以用在疑問句中。

"否"在陳述句中的具體用法如下：

［1］動詞＋（連詞）＋否（77 例）。"動詞＋否"結構中，"否"字前加動詞，否定與之並列的動詞，並聯合充當句子的謂語、賓語或主語，具有相同的話題主語。如：

（31）彭城魏之東鄙，勢在必爭，得否在天，非人所測。（《魏書·鹿悆傳》）

（32）昔吳世有介象者，能讀符文，知誤之與否。（《抱朴子·遐覽》）

［2］形容詞＋否（31 例）。"否"否定與之並列的形容詞，並聯合充當句子的謂語或賓語，具有相同的話題主語。如：

（33）陛下光宅洛邑，百禮唯新，國之興否，指此一選。（《魏書》卷六十）

（34）乃至人有賢否則意有公私。（《弘明集》卷四）

"否"在疑問句中的具體用法如下：

［1］動詞＋否（3 例）。"否"否定與之並列的動詞，用在疑問句中。如：

（35）（前日酒）縱未熟，且與一杯，得否？（《搜神記》卷十九）

---

① 這一時期的文獻主要有：《三國志》《漢晉春秋》《九州春秋》《晉後略》《十六國春秋別本》《典論》《神農本草經》《九章算術》《筆勢論略》《古今注》《博物志》《搜神記》《搜神後記》《魏晉世語》《抱朴子》《洛陽伽藍記》《齊民要術》《世說新語》《殷芸小說》《弘明集》《文心雕龍》《宋書》《南齊書》《魏書》。

（36）權問範曰："竟當降否？"範曰："彼有走氣，言降詐耳。"（《三國志·吳書·吳範劉惇趙達傳》）

［2］動詞＋賓語＋否（11例）。"否"否定與之並列的動賓短語，用在疑問句中。如：

（37）帝使文曠取祜，以刀環築其心曰："復能奪我封否？"（《南齊書》卷四十二）

（38）他日，王問禪曰："頗思蜀否？"禪曰："此間樂，不思蜀。"（《三國志·蜀志·後主傳》）

例（38）"復能奪我封否"中的"否"仍可分析為相當於"不VP"的成分，即復能奪我封與不能奪我封，構成動詞謂語句。若將"否"看作疑問語氣詞，似乎也能講得通，"否"在句中補充當語法成分，處於句法結構之外，在整個話語結構中，"否"也是不可或缺的話語成分，在語用結構的層面中佔有位置。所以，此例中的"否"為兼詞，兼否定代詞和疑問語氣詞二職。例（39）"頗思蜀否？"很難再分析為思蜀與不思蜀，因為"頗"修飾的是肯定成分的詞語，正如袁本良（2006）所說："由於用上了'頗''應'一類修飾肯定成分的詞語，句子的謂語似乎就只包含肯定成分，而把'否'排除在外。'頗思蜀否'是'頗＋思蜀'，不是'頗'＋思蜀不思蜀，也不是'頗思蜀＋不頗思蜀'。這裡的'否'只宜看成相當於'嗎'的語氣詞。"也就是說，由於副詞"頗"語義的限制，"否"喪失了否定代詞的功能，成為疑問語氣詞。

［3］小句＋否（28例）。"否"用在疑問句末，如：

（39）良久，二人曰："汝縣有同姓名人否？"（《搜神記》卷十）

（40）及覺，即往郭許，共圍棋，良久，謝云："卿知吾來意否？"（《搜神記》卷十）

第二，"否"和隱括的謂詞性成分的話題主語不同。

"否"否定上文的陳述，與隱括的謂詞性成分的話題主語不同，具體情況如下：

［1］"否"否定上文的謂語動詞（4例），得出與上文相反的結論，用在陳述句中。如：

（41）有雙兔起于馬前，榮乃躍馬彎弓而誓之曰："中之則擒葛榮，不中則否。"（《魏書·尒朱榮傳》）

（42）外內盡賀，而曄獨否。（《三國志·劉曄傳》）

［2］"否"否定上文的謂語形容詞（1例），得出與上文相反的結論，用在陳述句中。如：

(43) 夫存亡終始，誠是大體。其異同參差，或然或否，變化萬品，奇怪無方，物是事非，本鈞末乖，未可一也。(《抱朴子·論仙》)

[3]"否"否定上文的小句（2 例），得出與上文相反的結論，用在陳述句中。如：

(44) 土生於火，故於火用事之末服黃，三季則否。(《宋書》卷十五)

(45) 御服大功九月，設位太極東宮堂殿。中監、黃門侍郎、僕射並從服。從服者，御服衰乃從服，他日則否。(《宋書·禮志二》)

[4]"否"否定"則"前面的詞語（1 例）。"否""則"連用，用在緊縮複句中，"否"否定"則"前面的詞語，"否"在句中充當相當於小句的成分。如：

(46) 進退於先後五日之中，八能各以候狀聞，太史令封上。效則和，否則占。(《宋書》卷十一)

魏晉南北朝時期，"否"可以作具有述謂功能的否定代詞和疑問語氣詞，主要用在陳述句和疑問句中。現將魏晉南北朝時期"否"的用法列表如下：

表 2　魏晉南北朝時期"否"的用法

話題主語相同					話題主語不同			
陳述句		疑問句			陳述句			
動+否	形+否	動+否	動賓+否	小句+否	否定謂動	否定謂形	否定小句	否定"則"前面詞語
77	31	3	11	28	4	1	2	1

由上表知，"否"和被否定謂詞性成分的話題主語相同的有 150 例，其中陳述句中的"否"有 108 例，主要否定動詞或形容詞，在兩個具有並列關係的詞或短語中作出選擇，肯定一個，否定一個，被否定的一方就用"否"來表示；疑問句中的"否"有 42 例，主要用在句子末尾，否定動詞、動賓短語或小句。"否"和被否定的謂詞性成分的話題主語不同的有 8 例，主要用在陳述句中，否定謂語動詞、謂語形容詞、小句和"則"前面的詞語。這說明，魏晉南北朝時期，"否"以用於陳述句中的詞、短語選擇否定和用於疑問句末的詞、短語或句子選擇否定為主要用法。

"否"和被否定的謂詞性成分的話題主語相同時，"否"主要用在陳述句和疑問句中。"否"用在陳述句中，作謂詞性否定代詞，"否"和被否定的謂詞性成分之間是並列關係，構成"VP"式，聯合充當句子成分，可以出現在句中主語、謂語或賓語的位置，它是一個結構體。"否"用在疑問句中，處於半虛化狀態，是一個兼詞。像"竟當降否?"這樣的句子，從正反兩個方面去問，呂叔湘（1982）將這種類型的疑問句稱為"正反疑問句"。袁本良（2006）指出："正反疑問句是從問句的特點著眼劃分出的一類詢問句，它的特點是在詢問句中提出了正反兩面的情況，讓答話人從中選擇一面作答。"這一時期"……否？"中的"否"處於半虛化的狀態。"否"可以作語氣詞，亦可作否定代詞，"否"的發展軌跡為：否定代詞→兼詞（否定代詞兼語氣詞）→語氣詞。實際上，"否"從否定代詞虛化為語氣詞有個過渡期，正如李小軍（2013）所說，語義演變的漸變性及語言的模糊性會導致一些詞的性質難以確定。

（三）隋唐五代時期的"否"

關於"否"的使用情況，我們檢索了這一時期的傳世文獻[①]，發現"否"主要作否定代詞。同樣，我們主要從"否₃"和被否定謂詞成分的話題主語的異同展開研究，將"否"字句分為兩類。

第一，"否"和隱括的謂詞性成分的話題主語相同。

"否"和隱括的謂詞性成分具有共同的話題主語，聯合充當句子成分，可以用在陳述句中，也可用在疑問句中。

"否"在陳述句中的用法如下：

［1］動詞＋否（71例）。"動詞＋否"結構中，"否"字前加動詞，否定與之並列的動詞，並聯合充當句子的謂語、賓語或主語，具有相同的話題主語。如：

（47）（君王）用人但問堪否，豈以新故異情？（《貞觀政要·公平》）

（48）（吏部）始取州、縣、府、寺疑獄，課其決斷，而觀其能否。（《大唐新語·厘革》）

［2］形容詞＋否（28例）。"否"否定與之並列的形容詞，並聯合充當句子的謂語或賓語，具有相同的話題主語。如：

（49）臣吏有老父母者，必親問其安否，歲時皆有惠賜。（《隋書》卷五十九）

（50）寡人所好，與古者聖王同否。（《魏鄭公諫錄》卷三）

"否"在疑問句中的用法如下：

［1］動詞＋否（19例）。"否"否定與之並列的動詞，用在疑問句中。如：

（51）隋國子房博士時遠，煬帝曾問："天子有女，樂否？"朝臣不對。（《五代新說》）

---

① 這一時期的文獻主要有：《隋書》《大唐創業起居注》《順宗實錄》《大業拾遺記》《大唐傳載》《大唐新語》《五代新說》《開天傳信記》《因話錄》《次柳氏舊聞》《貞觀政要》《奉天錄》《明皇雜錄》《隋唐嘉話》《史通通釋》《三藏聖教序》《祖堂集》《魏鄭公諫錄》《唐律疏議》《南嶽小錄》《衛公兵法輯本》《神機制敵太白陰經》《茶經》《葬法倒杖》《撼龍經》《書斷》《藝文類聚》《廣異記》《北里志》《玄怪錄》《河東記》《唐國史補》《敦煌變文集新書》。

(52) 紹涕泣曰："願一拜觀，不知可否？"（《河東記》）

例（51）"否"有兩解。一是"否"作否定代詞，"樂否"即高興不高興，兩詞聯合作謂語。此例中有兩個談論到的主體，分別是"煬帝""朝臣"，表面上看是兩線話題，但是"樂否"的主語與語段話題"朝臣"同指，故"樂否"的話題主語省略。這樣，該"否"字句為正反疑問句。二是"否"作疑問語氣詞，"否"字句為一般疑問句。例（52）與例（51）同，"否"有兩解，即"否"作否定代詞，句子為正反疑問句；"否"作疑問語氣詞，句子為一般疑問句。

[2] 動詞＋賓語＋否（27例）。"否"否定與之並列的動賓短語，用在疑問句中。如：

(53) 太宗又謂蕭璟曰："卿在隋時，數見皇后否？"（《魏鄭公諫錄》卷三）
(54)（潘尊師）問訖曰："汝是觀側人，亦識我否？"（《廣異記》）

例（53）"數見皇后否"，"否"否定動賓短語"見皇后"，意思為：多次見到皇后嗎？"否"應為疑問語氣詞，不能視為否定代詞。"數"字表明見皇后的次數，只能修飾肯定性的詞語或否定性的詞語，就此例而言，"數"只能修飾謂語"見皇后"，而把"否"排除在外，"否"只能看成相當於"嗎"的疑問語氣詞。例（54）與例（53）同，副詞"亦"的語義把"否"排除在外，"否"只能看成相當於"嗎"的疑問語氣詞。

[3] 小句＋否（264例）。"否"用在疑問句末，如：

(55) 後蘇蘇見王家郎君，輒詢"熱趕郎在否"。（《北里志·王蘇蘇》）
(56) 甲乙二人，輕重罪等，俱共逃走，甲捕乙首，甲免罪否？（《唐律疏議·故唐律疏議卷第五》）

以上兩例中的"否"用在疑問句末。例（55）"否"用在存現句末。例（56）"否"用在動詞謂語句末。這兩例的"否"有兩解，既可以視"否"為否定代詞，即"在不在""免罪還是不免罪"，又可以將"否"理解為相當於"嗎"的疑問語氣詞。把"否"視為否定代詞，則以上兩例是正反疑問句，問話人無先入之見，徐正考（1996）從清代語料中總結出："從語義上說，大體看來，選擇項為一般動詞的句子則基本上都是真性正反疑問句，問話人無先入之見。""否"為疑問語氣詞，則以上兩例是一般疑問句。

第二，"否"和隱括的謂詞性成分的話題主語不同。

"否"否定上文的陳述，與隱括的謂詞性成分的話題主語不同，具體情況如下：

[1] "否"否定上文的謂語動詞（8例），得出與上文相反的結論，用在陳述句中。如：

(57) 群凶聚議，或從或否。(《周書》卷三十三)

(58) 群居，入則絰，出則否，所謂吊服加麻也。(《晉書》卷二十)

[2]"否"否定上文的小句（5 例），得出與上文相反的結論，用在陳述句中。如：

(59) 且古之君子，不知士，則不明不安。是以居逸而思危，對食而肴乾。今也則否。(《晉書》卷五十五)

(60) 世人固有身瘠而志立，體小而名高者，於聖則否。是以堯眉八彩，舜目重瞳，禹耳參漏，文王四乳，然則世亦有四乳者，此則駑馬一毛似驥耳。(《藝文類聚》卷七十五)

[4]"否"否定"則"前面的詞語（7 例）。"否""則"連用，用在緊縮複句中，"否"否定"則"前面的詞語，"否"在句中充當相當於小句的句子成分。

隋唐五代時期，"否"可以作具有述謂功能的否定代詞和疑問語氣詞，主要用在陳述句和疑問句中。現將隋唐五代時期"否"的用法列表如下：

表 3　隋唐五代時期"否"用法表

話題主語相同					話題主語不同		
陳述句		疑問句			陳述句		
動+否	形+否	動+否	動賓+否	小句+否	否定謂動	否定小句	否定"則"前面詞語
71	28	19	27	264	8	5	7

由上表知，"否"和被否定謂詞性成分的話題主語相同的有 409 例，其中陳述句中的"否"有 99 例，主要否定動詞和形容詞謂語；疑問句中的"否"有 310 例，主要用在句子末尾表示疑問語氣或否定動詞、動賓短語和小句。"否"和被否定的謂詞性成分的話題主語不同的有 20 例，主要用在陳述句中，否定謂語動詞、小句和"則"前面的詞語。這表明，隋唐五代時期，"否"以用於疑問句末表示疑問語氣或用於的詞、短語或句子選擇否定為主要用法。

"否"和被否定的謂詞性成分的話題主語相同時，"否"主要用在陳述句和疑問句中。用在陳述句中的"否"沿用了魏晉南北朝時期的用法，作謂詞性否定代詞。"否"用在疑問句中，如果"否"前有修飾肯定成分的副詞如"頗""寧""未"等，句子的謂語似乎只能包含肯定成分，而把"否"義排除句外。換言之，"寧、未、不、可、頗"等副詞因為語義的限制，不能進入正反疑問句的句法語義框架。因此，這些副詞與"否"共現時，會使"否"喪失稱代性否定功能，"否"只能作疑問語氣詞。疑問句末的"否"之所以可作否定代詞和疑問語氣詞，即將其理解為正反疑問句和一般疑問句疑問句均可，是因為漢語疑問句系統尚不完善，相互之間可以隨意轉化，作為形式標記的"否"自然也就容易虛化了。正反疑問句到一般疑問句的轉化過程，也就是"否"由否定代詞轉變為疑問語氣詞的過程。

袁本良（2006）指出，正反疑問句和一般疑問句之間相通，即正反疑問句和一般疑問句發問的方式存在差異，但從答話方式的一致性可以得知二者實質上並無不同，這種語義上的相通關係為"VP否"在句法結構上的重新分析提供了內在的條件。陳妹金（1993）指出，疑問語氣的產生與正反疑問句具有歷史淵源關係，各種疑問手段包括它們所佔據的位置是處於不斷的相互競爭、調節中的。漢語疑問系統的完善是個長期和漸變的過程，存在"非此非彼、即此即彼"的過渡階段，且語言具有模糊性，這一演變中狀態我們後人難以區分，即使同時代的人也不一定就能完全區分；再說，交際中無論把"否"理解成否定代詞還是疑問語氣詞，交際也大致能夠順利進行，歧義很少。

"否"由否定代詞轉變為疑問語氣詞的語音條件是"否""不"的語音對立。王力（1985）指出，"否""不"的漢代讀音與先秦相同，直到魏晉南北朝時期，"否""不"的讀音仍然十分相近，二者同屬幫母、幽部合口三等字，僅僅是聲調上有差別，擬音為"piu"，所差的仍是平上之別。但是到了隋唐五代時期，"否""不"的讀音發生了變化，"不"是幫母字，"否"是非母字。周生亞（2004）指出，"否""不"語音分化同"否"的語氣詞化過程幾乎是同步的。這就使得"否""不"兩詞在語音、語義、語法三方面完全對立起來，從而促使"否"改變詞性，語義上失去"稱代性"，結構上又失去"對應性"，最終導致"否"由否定代詞虛化為疑問語氣詞。

（四）語氣詞"否"的產生機制

語氣詞"否"的產生機制即否定代詞"否"的語法化機制，所謂語法化機制是指促成語法化的原因和條件。

1. 從語言類型學角度看語氣詞"否"的產生

語氣詞"否"的形成過程不是一個孤立的語言現象，具有跨語言的普遍類型學特徵。宋金蘭（1995）指出，漢語和藏緬語的是非問句按照其語法形式大體上可以分為兩種基本形式，即分析型和黏着型，前者以疑問語氣詞為語法標誌，後者以前綴或後綴為語法標誌。漢藏語諸語言中是非問句的疑問式黏附成分都與否定詞或否定式黏附成分音同或者音近。漢藏語中的否定詞按照其基本的語音形式可以分為三系：P一系，如古漢語的"不"、蘇龍珞巴語的 ba；m一系，如古漢語的"毋"、藏文的 ma、獨龍語的 mu[31]；k一系，如景頗語的 hkum。漢藏語的疑問式黏附成分恰好也有這幾種語音形式。如疑問式前綴：

（62）道孚語：a—xi—gu（你）穿嗎？　re：—xi（你）穿了嗎？（《藏緬語十五種》37頁）

(63) 呂蘇語：ne⁵³ khæ³⁵ æ³³ dzɿ³¹　你吃飯了嗎？
　　　　　　你　　飯　　　吃
　　　　　　ne⁵³ khæ³⁵ ŋæ³⁵ dzɿ⁵³ æ³¹　你吃飯了嗎？
　　　　　　你　　飯　　　　吃

(64) 景頗語：nje⁷² paloŋ n² tsom¹ li⁷¹ ni³？　我的衣服漂亮嗎？
　　　　　　我的　衣服　　　漂亮

例（62）道孚語的疑問式前綴 a、re，例（63）呂蘇語的疑問式前綴 æ³³、ŋæ³⁵，例（64）景頗語的疑問式前綴 n² 與否定詞均沒有同現。道孚語、呂蘇語、景頗語帶前綴的是非問句中的謂詞性成分只能是肯定形式。

疑問式後綴：

(65) 羌語：sə—zə—n—a:（~tɕa:）？　（你）吃了嗎？《漢藏語概論》上冊，33頁）

(66) 普米語：tə⁵⁵ gɯ⁵⁵ ʂy⁵⁵ qa⁵⁵ ma¹³ qa⁵⁵？（他買嗎？）
　　　　　　他　　　買

例（65）羌語的疑問式後綴 tɕa: 和 a:，例（66）普米語的疑問式後綴 ma¹³ 與否定詞沒有同現。羌語和普米語是非問句的疑問式後綴絕不會與否定詞同現，帶後綴的是非問句的謂詞性成分只能是肯定形式。因此，疑問式黏附成分中隱含着否定的語義成分。

上述例子從語音、語義兩方面給我們傳遞了很重要的信息，即疑問式前綴、後綴與否定詞之間存在密切關係，使我們有理由相信在漢藏語系的一些語言中，疑問式前綴和疑問式後綴來源於否定詞。以上道孚語、呂蘇語、景頗語、羌語和普米語中的疑問式前綴和疑問式後綴是語言個性的表現，也存在共性，即都源於否定詞的虛化。正如宋金蘭（1995）所說："漢藏語諸語言中是非問句的疑問式黏附成分都與否定詞或否定式黏附成分同音或音近。""漢語與藏緬語疑問式黏附成分與否定詞之間的這種相似性，恐怕很難解釋為偶然的巧合。從某些漢語方言和藏緬語中疑問式黏附成分的分佈環境和它與否定詞的同現限制上，也可以看出疑問式黏附成分與否定詞之間的密切關係。景頗語是非問句中的疑問前綴 n 決不和否定詞同現，也就是說，景頗語帶前綴 n 的是非問句中的謂詞性成分只能是肯定形式。這表明在疑問式黏附成分中隱含著否定性的語義成分。"這說明否定詞演變為疑問式詞綴或疑問語氣詞，是漢藏系很多語言共有的特徵。

實際上，疑問語氣詞"否"的產生也是源於否定詞的虛化。先秦兩漢時期，"否"作為否定副詞、應對副詞和具有述謂功能的否定代詞，以用於陳述句中的詞、短語的選擇否定和用於否定上文陳述的正反否定為主要用法。魏晉南北朝時期，

"否"主要用在陳述句和疑問句中。"否"用在陳述句中,作謂詞性否定代詞,"否"和被否定的謂詞性成分之間是並列關係,構成"VP"式,聯合充當句子成分,可以出現在句中主語、謂語或賓語的位置,它是一個結構體。"否"用在疑問句中,處於半虛化狀態,是一個兼詞。這一時期"……否?"中的"否"處於半虛化的狀態。"否"可以作語氣詞,亦可作否定代詞。到了隋唐五代時期,"否"主要以用於疑問句末表示疑問語氣,如果"否"前有修飾肯定成分的副詞如"頗""寧""未"等,句子的謂語只能包含肯定成分,而把"否"義排除句外。換言之,"寧、未、不、可、頗"等副詞因為語義的限制,不能進入正反疑問句的句法語義框架。因此,這些副詞與"否"共現時,會使"否"喪失稱代性否定功能,"否"只能作疑問語氣詞。語氣詞"否"的產生過程是其語義由"實"轉"虛"、語法功能逐漸專有的過程,是漢藏語系普遍共性的體現。

2. 從否定範疇、疑問範疇看語氣詞"否"的產生

葉斯泊森(1988)把句型分為三種:A. 肯定的;B. 有疑問的;C. 否定的。A 和 C 是絕對的,含義是肯定的;B 表示不確定,即疑問句內部含有肯定的成分,也含有否定的成分。正如李小軍(2013)所說:"疑問句的內部含有否定的因素,它既是對肯定句的否定,又是對否定句的否定。"肯定句、否定句、疑問句是一個線性的排列,即使在疑問句內部,疑問的程度也有差別,邵敬敏(1996)指出,信與疑是兩種互為消長的因素,信增加一分,疑就減少一分,當信為 1 時,疑為 0;信為 3/4 時,疑為 1/4;信為 1/2 時,疑為 1/2;信為 1/4 時,疑為 3/4;信為 0 時,疑為 1。對疑問程度起決定性作用的是疑問句類型,其次是疑問語氣詞。"否"用在疑問句中,使疑問句中含有否定的因素,使其和否定句在表達形式和句式上存在密切的關係,在句法實現上具有相似點。兩漢時期以來的"VP 否"式,在形式上是否定的,但是句型又屬於疑問句,這樣很容易造成句末的"否"在句法功能上發生變化,最後演變為疑問語氣詞。漢語疑問句系統相互之間可以隨意轉化。由於"否"性質的特殊性,其所在的句子可以理解為正反疑問句和一般疑問句。用在疑問句末的"否"有兩解:"否"為否定代詞,句子為正反疑問句,問話人無先入之見;"否"為疑問語氣詞,句子為一般疑問句,"VP 否"中的"否"不是對"VP"的否定,它的使用屬於話語層面,在話語交際中主要是提出疑問。正反疑問句和一般疑問句語義上的相通性為"VP 否"在句法結構上的重新分析提供了內在的條件。

3. 疑問語氣詞"乎""耶"對"否"的類化

類化是心理學上的術語,又稱概括化理論。賈德(1908)指出:"只要一個人對他的經驗進行了概括,就可以完成從一個情境到另一個情境的遷移。遷移發生的主要原因,不在於任務之間的表面的相似性,而在於是否獲得對有關知識的概括化的理解。"簡言之,類化是指概括當前問題與原有知識的共同本質特徵,將所要解

決的問題納入原有的同類知識結構中去，對問題加以解決。語言學中的類化，是指同一種語言內部不同形式之間或者一種語言形式對另一種語言形式的滲透或改造。"滲透"指 A 形式直接吸收了 B 形式的某些特徵。"改造"指 A 形式並不是全盤吸收 B 形式的語法特徵，而是在 B 形式的基礎上進行了改造，使其帶上與 A 形式相似的語法特徵。伍華（1987）、孫錫信（1999）等在討論句末"不"的語法化時，都談到疑問語氣詞"乎""耶"等對"不"的類化影響。實際上，疑問句末"否"也會受到疑問語氣詞"乎""耶"等的影響發生類化。從語法形式和表義功能上看，"VP 否"式與"VP 乎/耶"式具有很高的一致性，促使疑問句末"否"發生語法化，最終演變為疑問語氣詞。如：

(67) a. 良久，二人曰："汝縣有同姓名人否？"（《搜神記》卷十）

b. 今朝廷無有過失，而狂賊敢爾，尚謂國有人乎？（《新唐書·許孟容傳》）

(68) a. 及覺，即往郭許，共圍棋，良久，謝云："卿知吾來意否？"（《搜神記》卷十）

b. 徽廟曰："汝等知當時救護之力耶？"（《北狩見聞錄》）

例（67）的 a、b 兩例句式大致相同，區別在於 a 句末為"否"，b 句末語氣詞為"乎"，"否"和"乎"均用在存現句中表疑問；例（68）中的 a、b 兩例句式大致相同，區別在於 a 句末為"否"，b 句末語氣詞為"耶"，"否""耶"均用在動詞謂語句中表疑問。例（67）、例（68）中的 a、b 句式具有相同的語境、大致相當的句式、相似的表義功能，可見在語言的具體使用中，疑問語氣詞"乎""耶"等對"否"產生了類化影響。

隋唐五代之前，"否"一直是一個對動詞性結構進行否定的否定詞，具有很強的否定義。由於"VP 否？"式的產生及句法位置的關係，"否"的否定義有所弱化，"否"處於半虛化的狀態。"否"可以作語氣詞，亦可作否定代詞，"否"從否定代詞虛化為語氣詞有個過渡期。隨着"VP 否"中的"否"逐漸虛化為疑問語氣詞，否定意味逐漸減弱，疑問語氣逐漸增強，在疑問語氣詞"乎""耶"等的類化作用下，疑問句末的"否"徹底虛化為語氣詞。"乎""耶"在類化"否"的同時，對"否"的充分語法化也產生了一定的抑制作用。中古時期疑問語氣詞主要是"乎""耶"，龍國富（2004）統計了姚秦譯經中"乎""耶"的用法，其中"耶"有 6000 例，"乎"有 1057 例。直到隋唐五代時期，"否"才完全虛化為疑問語氣詞，有 264 例，用在疑問小句末。因此，從產生的時間、使用的頻率以及發展的成熟度上看，疑問語氣詞"否"與"乎""耶"沒有可比性。疑問語氣詞系統中，"乎""耶"的使用佔有絕對優勢，與其功能大致一致的"否"自然就處於弱勢地位。在疑問語氣系統中，疑問語氣詞地位的懸殊，使得處於優勢的"乎""耶"等在一定程度上抑制了"否"的充分語法化。換言之，"VP 乎""VP 耶"對"VP 否"中"否"的虛化具有一定的類化作用，但是在一定程度上也抑制了"否"的充分語法化。由類化而生成的語氣詞"否"，是一種有參照的改造物，它的原料是本身的，它的疑問特徵是外來的，是兼有兩種形式特點的改造體。

四、結 語

本文從歷時角度對否定詞"否"的發展情況作了詳細考察與分析。通過分析先秦兩漢至隋唐五代時期"否"的發展演變，可以發現，先秦兩漢時期，"否"主要有三種用法，即作為否定副詞、應對副詞和具有述謂功能的否定代詞。"否"既可用在陳述句中，也可用於疑問句中。先秦時期，疑問句中的"否"後面可帶語氣詞（僅見《孟子》），如"動心否乎""去之否乎"，"否"只能作否定代詞，句子為一般疑問句。兩漢時期，"VP 否？"的"否"可以作否定代詞也可作疑問語氣詞，作否定代詞時，句子為正反疑問句；作疑問語氣詞，句子為一般疑問句。所以，"VP 否？"式並非由先秦時期的"VP 否乎？"脫落語氣詞發展而來。

魏晉南北朝時期，在陳述句中，當和被否定的謂詞性成分話題主語相同時，"否"和否定的謂詞性成分之間是並列關係，聯合充當句子成分，可以作主語、謂語、賓語等，是一個結構體；當和被否定的謂詞性成分話題主語不同時，"否"主要否定謂語動詞、謂語形容詞、小句和"則"前面的詞語，"否"可以單獨充當一般句子的句子成分。與先秦兩漢時期相比，"否"用在疑問句中的例子明顯增多，"否"處於半虛化狀態。"否"可以作語氣詞，亦可作否定代詞，語義演變的漸變性及語言的模糊性導致"否"的性質難以確定。這說明，"否"處在由否定代詞轉化為疑問語氣詞的過渡期，從語義句法功能為主逐漸過渡到以語用功能為主，句法地位亦逐漸降低。

隋唐五代時期，"否"沿用了魏晉南北朝時期的用法。疑問句末的"否"有 310 例，占總數（429 例）的 72.26%，否定動詞、動賓短語和小句。這表明，隋唐五代時期，"否"以用於疑問句末表示疑問語氣或用於的詞、短語或句子選擇否定為主要用法。當"否"與副詞"頗""寧""未"等共現時，"寧、未、不、可、頗"等副詞因為語義的限制，不能進入正反疑問句的句法語義框架，故"否"喪失稱代性否定功能，"否"只能作疑問語氣詞。"否"由否定代詞轉變為疑問語氣詞的語音條件是"否""不"的語音對立。先秦至魏晉南北朝時期，"否""不"的讀音仍然十分相近，二者同屬幫母、幽部合口三等字，僅僅是聲調上有差別。但是到了隋唐五代時期，"否""不"的讀音發生了變化，"不"是幫母字，"否"是非母字。"否""不"語音分化同"否"的語氣詞化過程幾乎是同步的。這就使得"否""不"

兩詞在語音、語義、語法三方面完全對立起來，從而促使"否"改變詞性，語義上失去"稱代性"，結構上又失去"對應性"，最終導致"否"由否定代詞虛化為疑問語氣詞。

通過分析先秦兩漢至隋唐五代時期"否"的發展演變，我們發現，否定代詞"否"和隱括的謂詞性成分的話題主語不同時，"否"全部用在陳述句中，否定上文的謂語動詞、謂語形容詞和小句等，"否"和被否定的謂詞成分句法關係不密切，可以單獨充當一般單句中的句子成分，故"否"為否定代詞，一般不會發生虛化。其用例逐漸減少，到隋唐五代時期僅20例，占總數（429例）的4.66%。當否定代詞"否"和隱括的謂詞性成分的話題主語相同時，"否"可以用在陳述句中，也可用於疑問句中，陳述句中的"否"一般不會發生虛化，疑問句中的"否"之所以會虛化，是因為漢語疑問句系統尚不完善，相互之間可以隨意轉化，正反疑問句到一般疑問句的轉化過程，也就是"否"由否定代詞轉變為疑問語氣詞的過程。"否"在正反疑問句中的虛化是一個歷時發展的漸變過程，"否"的虛化與其處在句末位置有直接關係，受到"VP乎/耶"等類化，導致其否定義逐漸虛化。

參考文獻

曹爽. 語法化理論與近年漢語語法化研究進展. 江西社會科學，2012（6）.

陳妹金. 漢語與一些漢藏系語言疑問句疑問手段的類型共性. 語言研究，1993（1）.

陳煒湛. 甲骨文"不"字說//甲骨文論集. 上海：上海古籍出版社，2003.

郭沫若. 甲骨文字研究. 上海：大東書局，1931.

李小軍. 先秦至唐五代語氣詞的衍生與演變. 北京：北京師範大學出版社，2013.

龍國富. 姚秦譯經助詞研究. 長沙：湖南師範大學出版社，2004.

呂叔湘. 中國文法要略. 北京：商務印書館，1957.

宋金蘭. 漢藏語是非問句語法形式的歷史演變. 民族語文，1995（1）.

孫錫信. 近代漢語語氣詞. 北京：語文出版社，1999.

唐鈺明. 唐至清的"被"字句. 中國語文，1988（6）.

王力. 漢語語音史. 北京：中國社會科學出版社，1985.

溫鎖林. 現代漢語語用平面研究. 北京：北京圖書館出版社，2001.

吳福祥. 從"VP-neg式"反復問句的分化談語氣詞"麽"的產生. 中國語文，1997（1）.

伍華. 論《祖堂集》中以"不""無""否""麽"收尾的問句. 中山大學學報，1987（4）.

徐傑. 疑問範疇與疑問句式. 語言研究，1999（2）.

徐正考. 清代漢語正反疑問句系統. 吉林大學社會科學學報，1996（5）.

楊伯峻. 古漢語虛詞. 北京：中華書局，1981.

葉斯泊森. 語法哲學. 北京：語文出版社，1988.

遇笑容，曹廣順. 中古漢語中的"VP不"式疑問句//紀念王力先生百年誕辰學術論文集，北京：商務印書館，2002.

袁本良. 古漢語"否"字用法的再認識. 貴州大學學報，2006（4）.

張斌，范開泰，張亞軍. 現代漢語語法分析. 上海：華東師範大學出版社，2000.

張伯江. 疑問句功能瑣議. 中國語文，1997（2）.

張玉金. 甲骨文語法學. 上海：學林出版社，2001.

趙誠. 甲骨文虛詞探索//古文字研究：第十五輯，北京：中華書局，1986.

Zipf, G K. *Human Behavior and the Principle of Least Ef-fort: An Introduction to Human Ecology*，Hafner, 1949.

Re-recognition of the Modal Particle *Fou*（否）

Cheng Wenwen

Abstract：The modal particle *fou*（否）is a frequently used preposition in ancient written Chinese. As for its original, there are two kinds of opinions: one insists that it is derived from negative adverb; the other maintains that it is derived from denial pronoun. The structural features and the evolutionary pattern of *fou*（否）can be expounded further by analyzing sentences with it in several ancient books and recourds from pre-Qin Dynasty to the Five Dynasties. This paper argues that denial pronoun *fou*（否）is not grammaticalized when its topic is different form the implicit predicative component. The denial pronoun *fou*（否）will be grammaticalized when its topic is the same as the implicit predicative component because the system of Chinese interrogative sentences is not perfect and can be converted at will. The process of turning the negative pronoun *fou*（否）into the modal particle one is the process of translating the question. The grammaticalization of *fou*（否）is directly related to the position—at the end of the sentence. At the end of the sentence, the relationship between *fou*（否）and the VP is more discrete, and the semantic relationship between the two is blurred. The negation use of *fou*（否）is gradually being misused due to the assimilation of the modal particles VP *hu*（乎）/*ye*（耶）.

fou（否）and *bu*（不）had been opposite in phonetic, semantic and syntax aspects till Tang and Five Dynasties when *fou*（否）began speech shift. With the semantics and the structure change came the birth of the modal particle *fou*（否）.

Keywords：*fou*（否）; question; topic subject; assimilation

（程文文，西南大學歷史文化學院、重慶師範大學文學院）

《山東石刻分類全集》(卷伍) 俗字釋讀訂誤舉隅

顧 盼 張顯成

提 要:《山東石刻分類全集》(卷伍) 蒐集山東地區歷代墓誌,輯殘存佚,其功有焉。然經與書中拓片對勘,發現釋文中時有誤、衍、缺、漏。特別是某些俗字釋讀欠妥,誤釋的主要原因是未諳俗字規律。兹僅擇墓誌三通,舉例訂誤。

關鍵詞:《山東石刻分類全集》;墓誌;俗字訂誤

近年出版的《山東石刻分類全集》(以下簡稱《全集》) 一書著錄山東地區出土的石刻文獻,始於東漢,迄於後周,搜羅宏富,品類齊備。其中第五卷爲歷代墓誌,圖版與釋文對照,爲山東的歷史文化研究提供了重要史料,輯殘存佚,其功有焉。但墓誌文字或典雅凝重,晦澀難明;或石面殘損,文字泐失;尤其多俗體別字,偏於生僻,故而文字釋讀難度較大。該書釋文中時有誤、衍、缺、漏的情況,特別是俗字誤釋較多。囿於篇幅,今以所收《高道悦夫人李氏墓誌》《賈思伯夫人劉靜憐墓誌》《王道習墓誌》三通墓誌爲例,以就正於各位方家。

1. 《高道悦夫人李氏墓誌》第 11—12 行:夫人天聰令淑,識亮淵高,慮無不剋,慶必如頑。①

按:"如頑",義無所解。復勘原拓,"頑"原拓作頑,應是"規"字,釋文有誤。規,《說文·夫部》:"規,有法度也。从夫,从見。"古文作䂓,從"矢"。小篆作規,從"夫",屬於字形的訛變。在漢魏六朝碑刻中,我們可以看到"規"字的大致演變軌跡。

左側構件作"先",如東漢《許卒史安國祠堂碑》作規,《甘陵相殘碑》作規;

---

* 本文爲西南大學創新團隊項目"基於出土文獻綜合研究的文化推廣工程"(項目號:SWU1509395) 成果。

① 原釋文無標點,爲便於闡述,所引釋文均加上標點,並在將予以訂正處用底線表示。同時,爲便於查閱,在徵引原釋文時,標明了文句在拓片中的相應位置,即行數。

作"矢",如西晉《徐義墓誌》作規,北魏《元演墓誌》作規,《席盛墓誌》作規;作"失",東魏《元鷙墓誌》作規;作"旡",如北魏《趙超宗墓誌》作規,北齊《是連公妻邢阿光墓誌》作規,《裴子誕墓誌銘》作規;折畫拉直,作"天",如北魏《元詳造像記》作規,《元隱墓誌》作規,《王君妻元華光墓誌》作規;長撇出頭,作"夫",如北魏《笱景墓誌》作規。

右側構件"見"以形近訛作"頁",如北魏《尹祥墓誌》作頑,《元略墓誌》作頑,《穆彥墓誌》作頑,字形與"頑"頗相仿佛,前賢時俊誤釋者俯拾即是。如《洛陽新獲墓誌》中的《尹祥墓誌》:"冰鏡內融,頑矩外昶。"將原刻"頑"釋作"頑",即是"規"之誤釋。《漢魏南北朝墓誌彙編》中的《寇猛墓誌》:"上願輔延,下願崇弟。"將原刻"頑"釋作"願",也當是"規"之誤釋。

"規"有"典範"之義,上引墓誌指李夫人天資聰穎,學識淵博,其德善亦爲典範。

2.《賈思伯夫人劉靜憐墓誌》第13—14行:春秋五十八,以興和三年,歲在折木,六月十九日丁丑,薨于青州齊郡益都縣益城里。

按:"折木"全不可解,細核原拓,"折"原拓作拆,《全集》照原樣摹錄,不妥,該字實爲"析"。"拆"或爲"柝"之異體,與"析"訛混後構成一組同形字。"柝",小篆作欜。《說文·木部》:"判也。从木㡿聲。《易》曰:'重門擊柝'。"即指警夜之響木。隸變後碑刻中作柝(北周《王鈞墓誌》),字從"木"。再如北魏《席盛墓誌》:"綏禦盡和,邊城偃柝。"手書"木""扌"常訛混,故又作拆(西魏《鄧子詢墓誌》)。右旁短橫變異爲短豎,或作"枡"(東魏《元均及妻杜氏墓誌》)。

"析"俗作"拁"。《玉篇·手部》:"拁,俗'析'字。"北魏《元誘妻馮氏墓誌》作拆,《元昭墓誌》作拁。右部短豎改變置向,訛混變形,如北齊《趙奉伯妻傅華墓誌》作拆。"木"部與"扌"訛混,北魏《元宥墓誌》作析。故"析"與"柝"訛混同形。

上引墓誌"析木"爲星次名,在十二辰中,與寅相配。按東魏興和三年爲辛酉年,該年星次應爲大梁,原刻星次紀年誤。

3.《賈思伯夫人劉靜憐墓誌》第17—18行:蓋跏躅弘輴者,故惻愴於親朋;節行冠世者,宜鐫述于玄石。

按:釋文"弘"右部爲一豎彎鉤,字形不常見。覆核原拓,作弘,釋文照原樣摹錄,應是"引"的俗字。"引",小篆作引。《說文·弓部》:"開弓也。从弓、丨。"該碑處於隸楷過渡的後期。隸書中豎常作豎彎,如"訓",西晉《荀岳墓誌》作訓。書手或爲仿古或求美化,將"引"之"丨"寫作"乚"。如《漢隸字源·上聲·軫韻》："引，作𢎥"。北魏《高慶碑》中"唯與長史太山羊□靈引"，其中"引"原拓爲𢎥，亦與此仿佛。

《廣韻·諄韻》："輴，載柩車也。"上引墓誌"引輴者"，即是負責牽引靈車的人。典籍中亦有文例，《淮南子·說山》："曾子攀柩車，引輴者爲之止也。"又："千歲之鯉不能避，引輴者爲之止也。"故上引釋文"𢎥"確爲"引"字。

4.《賈思伯夫人劉靜憐墓誌》第 23 行：絺絡婉娩，蘋藻肅雍。

按："絺絡"，義不可解。復與拓片對勘，"絡"原拓作絡，應爲"綌"字。"綌"，小篆作綌。《說文·糸部》："綌，粗葛也。从糸，谷聲。""綌"的演變主要在於構件"谷"，上面兩點置向改變爲"乂"，如北魏《李慶容墓誌》作綌，《伏君妻笞雙仁墓誌》作綌；"厶"易作"口"，如北周《元壽安妃盧蘭墓誌》作綌。右旁因形體相近，訛作"各"，如北魏《穆彥妻元洛神墓誌》作絡，東魏《封柔妻畢修密墓誌》作絡，此類字形與"絡"非常相似，可資比勘。

絺綌，是葛布的統稱，引申爲葛服。《周禮·地官·掌葛》："掌葛掌以時徵絺綌之材于山農。"屬用典使事。《詩經·周南·葛覃》："是刈是濩，爲絺爲綌。"表示女功之事，側重于讚美婦女的勤儉。碑刻亦習見，北魏《李慶容墓誌》："絺綌在室，蘋藻言歸。"《伏君妻笞雙仁墓誌》："至乃絺綌是刈之宜，采蘩於澗之事，莫不亹亹躬爲，有憖無殆。"上引墓誌指婦女持家勞作之事，用於讚美墓主人賢良溫婉。

5.《王道習墓誌》第 3 行：五世祖正見，太子左精弩將軍。

按：遍查史書、典籍均不載"精弩將軍"。覆核原拓，"精"原拓作積。原刻字形較爲斑駁，諦視之，當作"積"字。積，《說文·禾部》："聚也。从禾責聲。"碑刻中有大量字形可資比勘，如北魏《崔鴻墓誌》作積，東魏《張滿墓誌》作積，《元均及妻杜氏墓誌》作積。

"積弩"意爲連射之弩。"積弩將軍"，職官名，西漢已置。《漢書·翟方進傳》："復乙太僕武讓爲積弩將軍，屯函谷關。"《魏書·官氏志》："積弩將軍、積射將軍……以前（第七品）上階。""積弩將軍，從第四品下。太和二十三年職令，積弩將軍，第七品上階。"《五禮通考》卷二一七："太子左積弩將軍十人、右積弩將軍二人。""太子左積弩將軍"，指東宮侍從武官。南朝宋置，員十人。屬太子左、右率，員一人，四班。故上引墓誌中該字爲"積"無疑。

6.《王道習墓誌》第 3—4 行：既而承華卡兵，龍樓蕩覆。

按："卡兵"不辭。覆核原拓，"卡"原拓作弄，字書不載，應是"弄"字。"弄"，小篆作弄。《說文·廾部》："弄，玩也。从廾持玉。"本是以形會意，表示雙手捧玉摩挲玩弄。"卡","弄"之異體。《龍龕手鑑·雜部》:"卡,古文。靈貢反。"《字彙補·卜部》:"卡,與弄同。""卡",取上下把玩之意,變爲以意會意字。碑刻中有大量字形可比勘,如北魏《弔比干文》作卡,《元佑妃常季繁墓誌》作卡。"上""下"共筆作"卡",與"關卡"之"卡"訛混同形。

構件"上"又有多種變體。作"工",如北魏《元誘墓誌》作卡;"工"變爲"コ",如北魏《王紹墓誌》作卡;"コ"與"下"共筆作"卞",如北魏《梁國鎮將元舉墓誌》作卞,此時構形理據不能直接分析,成爲記號字。上引墓誌字形與此正同,可比勘。

"弄"字演變成爲記號字,形似"卞"或"卡"。時賢也屢有誤釋,如《洛陽出土北魏墓誌選編》中的《元舉墓誌》:"自埋羹匪卞,志學探幽。"將原刻"卞"釋讀爲"卞",實乃"弄"字,"戲弄"之義。誤釋之例甚多,不一而足。

7.《王道習墓誌》第 19 行:誠簡皇心,紏曲彈耴。

按:"彈耴"費解,不知所云。字典辭書未見收錄,典籍中也無此文例。覆核原拓,釋文"耴"原拓作耴,可迻錄爲"耶",實爲"邪"。《干祿字書》:"耶邪,上通下正。"《九經字樣·巧部》:"邪字,或作耶者訛。"方以智《通雅》:"'耶'與'邪'同,'耶'乃後作。"

"耶"或含隸意,構件"阝"的豎筆常作豎彎,又作"耴"。西晉《荀岳墓誌》作耴,北齊《法懃禪師塔銘》作耴。竹簡中也恰有此字形,《長沙走馬樓三國吳簡》作耴(《嘉禾吏民田家莂》,五·904),可爲輔證。①

"邪",《說文·邑部》:"琅邪郡。从邑牙聲。"以形音相近,曾用"耶"來表示。古書中多通假用例,如《敦煌掇瑣·太子入山修道贊》:"眾生命,盡信耶言,不解學參禪。"碑刻中亦有文例,如東漢《袁博殘碑》:"於是操繩墨以彈耶柱。""耶柱"即"邪柱",指邪僻枉曲之人。北魏《侯剛墓誌》:"公平生好善,獨憎耶暴。""耶暴"即"邪暴",指邪惡橫暴。

上引墓誌釋文"紏曲彈邪",意指矯正、彈劾邪惡不正的行爲和官吏。

8.《王道習墓誌》第 20 行:莊帝日昃萬機,思必天下。

按:"日昊"不辭。覆核原拓,"昊"原拓作昊,實爲"昃"字。碑刻中有大量字例可比勘,如東魏《李憲墓誌》作昃,北齊《刁翔墓誌》作昃。

"昃",《說文·日部》:"昃,日在西方時,側也。从日仄聲。"日昃,即指太陽

---

① "邪"作爲構件也可類推,如"琊"又寫作"瑯"。北魏《司馬金龍墓表》作瑯,十六國《元譚妻司馬氏墓誌》作瑯,且是漢魏六朝碑刻文字的主形。

偏西。《易·離》："日昃之離，何可久也？"碑刻中此文例慣用，如三國吳《禪國山碑》："經緯庶務，日昃不暇。"東魏《李憲墓誌》："朝廷乃眷東顧，日昃忘湌。"

又，釋文"必"原拓作✕。該字周圍沒有石花干擾，應爲"乂"。《爾雅·釋詁下》："乂，治也。"這裏也是治理之意。上引釋文意爲：莊帝思慮治理天下，每日處理繁重事務到很晚。喻勤於政事。

9. 《王道習墓誌》第 21 行：永安之末，長虬結禍。

按：細繹文意，"長虬"不符合語境。覆核原拓，"虬"原拓作蚘，應爲"虵"。《玉篇·蟲部》："虵，正作蛇。"爲"蛇"之俗字。碑刻中有大量字例可資比勘，如東魏《李挺妻劉幼妃墓誌》作蚘，《元均及妻杜氏墓誌》作虵。

長蛇，泛指大蛇，喻兇惡之人。《山海經·北山經》："大咸之山無草木……有蛇，名曰長蛇，其毛如彘豪，其音如鼓柝。"碑刻亦習見，如東魏《李憲墓誌》："于時長蛇薦食，憑陵南鄙。"北齊《裴良墓誌》："及封豕薦食，長蛇千里，兵交帝輦，矢集皇屋。""長蛇"指叛亂之人，與"結禍"貫通一氣。

10. 《王道習墓誌》第 22 行：及羿彀消除，永熙覆載。

按："彀"上一字《全集》釋作"寱"，查檢原拓作寱，屬照原樣摹錄而未釋出該字，應是"羿"的俗字，因受下字"彀"的影響，而加類化偏旁。文字由於自身或相鄰文字結構的影響，易產生類推現象，增加或改變字的構件或偏旁。類化現象會產生很多俗字，同書中東魏《明賚墓誌》："出身爲員外散騎侍郎，轉給事中，頻轉頓丘、巨鹿、濟陰、濟北四郡太守。"釋文"散"原拓作䮦，從馬，散聲，乃是受下字"騎"影響而加類化偏旁，可爲旁證。

11. 《王道習墓誌》第 30 行：函歧種德，魚鳥効祉。

按："函歧"不知所云，辭書未見收錄，古今典籍亦無文例。覆核原拓，釋文"函"原拓作郔，乃是"豳"的俗字。

"豳"，小篆作豳，從山從豩。碑刻中先省"豕"右旁的撇捺，如北魏《元彥墓誌》作豳，北齊《吳遷墓誌》作郔；再繼續簡省訛變，如東魏《武定呂望表》作郔。文字的發展一般遵從經濟原則，由繁趨簡。其中很重要的手段就是簡省，撇畫比較多的字常採用省略撇畫的方式進行字形簡化，"豳"即是如此。或直接以"人"代替"豕"，如北魏《元欽墓誌》作郔，可與該碑相互發明。

《說文》："豳，美陽亭。民俗以夜市。有豳山。"地名，位於陝西省邠縣南。①

---

① "豳"因形體相近易與"幽"相混，又改用"邠"字。

王氏舊傳出王子喬，姬姓，東周時期周靈王太子，故應爲"豳"字無疑。

"豳"字疑竇已解，再看下一字"歧"，原刻作岐，顯然爲"岐"。岐，山名，在今陝西省岐山縣境。《文選·張衡〈西京賦〉》："岐、梁、汧、雍。"薛綜注引《說文》："岐山在長安西美陽縣界，山有兩岐，因以名焉。"故墓誌"豳岐"爲陝西境內周族故地。

碑刻中恰有文例，東漢《華山廟碑》："馮于豳岐，文武克昌。"東魏《武定呂望表》："功著牧野，跡自豳岐。"上引墓誌指周族先王在豳岐故地，廣施德政，以至魚鳥來呈獻福祉。

12.《王道習墓誌》第 35 行：光儀永翳，餘芳獨滋。無慙郭德，有恧<u>華</u>辭。

按："華辭"似乎也通。但從句式上看，前後對仗，當爲"人"之屬。但"郭德"與"華辭"尚欠工穩，難成駢偶。覆核原拓，"華"作蔡，應爲"蔡"字。蔡，從艸祭聲。"祭"是以手持肉（月），原拓"肉（月）"省撇而成俗字。碑刻中有大量字例，如北魏《劉根四十一人等造像記》作蔡，北周《尉遲運墓誌》作蔡，可資比勘。

"蔡"指東漢末年大學者蔡邕。蔡辭，即指蔡氏的文辭。蔡邕乃東漢時期著名文學家、書法家。他曾撰述大量碑誌，如東漢《郭林宗碑》。"郭"指郭泰，東漢著名學者、思想家，人稱"有道先生"。"恧"，《說文·心部》："恧，慙也。"上引墓誌"無慙郭德，有恧蔡辭"即王道習品德、辭翰都不遜於郭泰、蔡邕。此處"郭德""蔡辭"相對爲文，若合符節。

以上對《高道悅夫人李氏墓誌》《賈思伯夫人劉靜憐墓誌》《王道習墓誌》三通墓誌中 12 例俗字釋讀的錯誤進行了訂正。所訂並不是這三通墓誌的全部誤釋俗字，故僅是限於篇幅的舉例性闡述，該書中俗字釋讀錯誤實際上是不少的。通過以上舉例可知，這些俗字誤釋的原因可分爲以下幾種：一是不識形近訛混而誤，如上舉"頵""綌""積""昃""蛇"誤釋爲"頑""絡""精""昊""虵"；二是不識異字同形而誤，如"析"誤釋爲"折"；三是不識書寫變異而誤，如"耶""引"誤釋爲"耴""弖"；四是不識古文來源而誤，如"弄"誤釋爲"卡"；五是不識文字類化而誤，如"羿"誤釋爲"窘"；六是不識簡省形體而誤，如"豳""蔡"誤釋爲"幽""華"。所以，掌握碑刻俗字規律，在正確釋讀碑刻文字方面具有重要意義。

參考文獻

長沙市文物考古研究所. 長沙走馬樓三國吳簡：嘉禾吏民田家莂. 北京：文物出版社，1999.

賴非. 山東石刻分類全集：卷五. 青島：青島出版社，2013.

李獻奇，郭引強. 洛陽新獲墓誌. 北京：文物出版社，1996.

毛遠明. 漢魏六朝碑刻校注. 北京：綫裝書局，2008.

徐在國. 傳抄古文字編. 北京：綫裝書局，2006.

趙超. 漢魏南北朝墓誌彙編. 天津：天津古籍出版社，2008.

朱亮，何留根. 洛陽出土北魏墓誌選編. 北京：科學出版社，2001.

Misinterpretation of the Folk-characters in *Complete Categorization of Stone Inscriptions in Shandong* (Vol.V)

Gu Pan，Zhang Xiancheng

Abstract：It is meaningful that the *Complete Categorization of Stone Inscriptions in Shandong* (Vol.V) collects fragmentary and lost epitaphs in Shandong Province through the ages. However, some errors and omissions exist in the annotations according to the comparative research on the rubbings. Annotations of some folk characters are inappropriate because of the unfamiliarity of the rules of folk characters. This research selects three epitaphs as examples and rectifies the errors in their annotations.

Keywords：Complete Works of the Categorization of Stone Inscriptions in Shandong；epitaphs；rectifying the errors in annotations of folk characters

（顧盼、張顯成，西南大學漢語言文獻研究所）

韓國語前元音化現象的歷時性探究[*]

胡翠月

提　要：現代韓國語中有 10 個單元音，其中 4 個是前元音化的產物。以史料爲依據考察的結果證明前舌元音是在漫長的歷史演變過程中，由後元音與前元音結合而成的，是後期形成的產物，此過程自 15 世紀開始一直持續到現代。韓國語前元音化類型複雜，根據音韻變化現象中是否受相鄰聲音環境的影響，可分爲條件變化和無條件變化兩種，產生此變化的具體原因是發音點的抬高和舌位的前移。

關鍵詞：韓國語；前元音化；歷時性；前舌元音

語言是變化的產物，其在產生變化的瞬間，並不會引起我們的注意，因爲這種變化是細微的、漸進的、持續的，因此不易被感知。但經過數世紀後，我們就會發現語言變化所累積的結果。

所謂的音韻變化是指單詞的能指（signifiant）在音韻上發生歷時性的變化。許雄（1977：246—272）對音韻變化的原因做過如下說明：

第一，由統合的關係產生的變化。具體包括：（1）從發音更經濟實用的角度而產生的變化，如同化、省略現象；（2）爲了使發音更加清晰而產生的變化，如異化、添加音現象；（3）由於無意識的過失而產生的變化，如轉位現象。

第二，由聯合的關係產生的變化。如類推、民間語源、混合現象。

第三，由其他原因產生的變化。如不正回歸、強化、相通現象。

第四，由單詞的消失和能指的替代而產生的變化。

如上所示，音韻變化的原因複雜多樣。依據不同，分類也各异。

韓國語產生前元音化現象的根本原因是爲了提高發音的清晰度。發音點和舌位的變化是產生此現象的具體原因。

---

[*] 本文是 2015 年度遼寧省社會科學規劃基金項目"朝鮮語漢字音與古代漢語聲韻之關係研究"（L15BYY019）的階段性研究成果。

现代韓國語中前元音化是發生得非常普遍的音韻變化，發生的範圍十分廣，演變過程也很漫長，而且類型複雜。根據音韻變化現象中是否受相鄰聲音環境的影響，可分爲條件變化（conditioned change）現象和無條件變化（unconditioned change）現象（也叫自身變化）。

一、條件變化中的順行同化

根據 F. de Saussure（1995）的觀點，開口度的間隙（aperture）可分爲 6 度。即，間隙 0：閉鎖音；間隙 1：摩擦音、氣息音；間隙 2：鼻音；間隙 3：流音；間隙 4：i, u, ü；間隙 5：e, o, ŏ；間隙 6：a。

受位於開口間隙度低的 1 度硬口蓋音（palatal）"ㅅ，ㅈ，ㅊ"的聲音環境影響，位於中世韓國語元音體系中間隙 5 度的半高（半閉、半開）、中舌元音"ㅡ"，在中世韓國語或者現代韓國語中，變爲元音體系中開口度最低的間隙 4 度口蓋性前舌元音"ㅣ"，發音點（point of articulation）的位置由半高向着高，舌的方向由中部向着後部移動，這種變化屬於相鄰同化（contiguous assimilation）、順行同化（progressive assimilation）。如：

(1) 슳-→싫-（討厭）
슬호미 업서（《法華經》一：83）①
(2) 슴겁-→승겁-→싱겁-（淡）
고디 이울고 슴거워（《南明集諺解》上：71）
승거울 담（《倭語類解》上：48）
(3) 거즛→거짓（虛假）
眞實와 거즛（《月印釋譜》二：71）
곧 거즛 말 미（《楞嚴經》七：60）
거즛 有를 허르샤（《法華經》三：32）
거즛 것 센（《金剛經》：77）
쉬오면 곧 거즛 되오（《翻譯小學》八：11）
거즛 안（《字會》下：21）
거즛 무（《類合》下：27）
(4) 어즈럽-→어지럽-（癢）
亂。 어즈러볼셰라（《釋譜詳節》十三：228）

---

① 括弧內是引文的出處，冒號前是具體的書名及分卷號（有的情況下），冒號後是具體的頁碼。

(5) 거츨-（虛無縹緲）→ 거칠-（粗糙）

사로미 뜨디 渐渐 거츠러 （《釋譜詳節》九：198）

(6) 츩→칡（葛）

츩 불휘《分門瘟疫易解方》26）

以上是史料中出現的中世韓國語元音體系中的"一"在中世韓國語或者現代韓國語中變爲"ㅣ"的例子。這種現象在 18、19 世紀的韓國語文獻中完全消失，由此可推測這種前舌元音化的音韻變化基本是在近代完成的。

(1) 기츰→기츰→기침（咳嗽）

기츰ᄒᆞ며《小學諺解》二：7）

諸佛 기츰 소리와《法華經》六：111）

(2) ᄂᆞ즈기→ᄂᆞᄌᆞ기→나직이（低聲）

ᄆᆞ음ᄋᆞᆯ ᄂᆞ즈기 ᄒᆞ야《月印釋譜》二十一：133）

ᄂᆞᄌᆞ기 뽀면《老乞大諺解》下：22）

(3) 남죽ᄒᆞ-→남족하-→남짓하-（有餘）

기리 열 자 남죽ᄒᆞ니《月印釋譜》一：6）

三十里 남죽호 짜히 잇다《老乞大諺解》上：54）

(4) 놉시 →놉즈기→높직이（高高地）

오희양 놉즈시 펑글오《牛馬羊豬染疫病治療方》：14）

놉즈기 뽀고《老乞大諺解》下：33）

(5) ᄆᆞ즌막→ᄆᆞᄌᆞ막→마지막（最後）

世尊ᄋᆞᆯ ᄆᆞ즌막 보ᅀᆞᄫᆞ니《月印釋譜》十：8）

ᄆᆞᄌᆞ막《漢淸文鑒》：366）

(6) ᄆᆞᄎᆞ-→ᄆᆞᄎᆞ-→마치-（終止）

목숨 ᄆᆞᄎᆞ리잇가《龍飛御天歌》：51）

(7) ᄆᆞᄎᆞᆷ내→ᄆᆞᄎᆞᆷ내→마침내（終於）

ᄆᆞᄎᆞᆷ내 제 ᄠᅳᆮᄅᆞᆯ 시러 펴디《常訓諺解》：32）

同粟을 아니 먹고 ᄆᆞᄎᆞᆷ내 餓死ᄒᆞ기ᄂᆞᆫ《靑丘樂章》：66）

(8) 아츰→아츰→아침（早晨）

아츰 뷔여든 ᄯᅩ 나조히 익고《月印釋譜》一：45）

(9) 존홍→존흠→진흠（泥）

존홍긔 다두ᄅ면《法華經》四：92）

존흠으로 마고불라《諺解痘瘡集要》上：9）

以上 9 個例子不是元音 "·" 受 "ㅅ，ㅈ，ㅊ" 的聲音環境影響直接變成了 "ㅣ"，而是元音 "·" 在非首音的位置上時，發音點由後舌前移到了中舌變成了元音 "ㅡ"，然後元音 "ㅡ" 受 "ㅅ，ㅈ，ㅊ" 的聲音環境影響，發音點由中舌移至前舌變成了 "ㅣ"。可以說這些詞彙是發音點位置移動變遷的產物。在非首音的位置上元音 "·" 轉變成 "ㅡ" 的現象始於 15 世紀初的 'ᄂᆡᄅ-《月印釋譜》十七：41）→ᄂᆞᆯ-《月印釋譜》七：77），而在《小學諺釋》六中非第一音節的 "·" 的標記方式就已消失，由此推測非第一音節的 "·" 的標記於 16 世紀末徹底消失。

二、條件變化中的逆行同化

受元音體系中開口度最低的、位於間隙 4 度的口蓋前舌元音 "ㅣ" 的聲音環境的影響，位於中世韓國語音韻體系中開口度最高的、間隙 6 度的低（開）、後舌元音 "ㅏ" 變爲 "ㅐ"，位於間隙 5 度的低（開）、中舌元音 "ㅓ" 變爲 "ㅔ"，位於間隙 5 度的高（閉）、後舌元音 "ㅗ" 變爲 "ㅚ"，位於間隙 4 度的高（閉）、中舌元音 "ㅜ" 變爲 "ㅟ"。發音點的位置由低（開）向着高（閉）、由半高（半開、半閉）向着高（閉），舌的方向由後向前、由中間向前移動，這種變化屬於間隔同化（distant assimilation）、逆行同化（regressive assimilation）①。

在現代韓國語的單元音體系中，前元音 "ㅐ，ㅔ，ㅚ，ㅟ" 和後元音 "ㅏ，ㅓ，ㅗ，ㅜ" 是相互對應的。正是這種對應性，才使韓國語的單元音成爲一個完整的體系。

從發音生理學的角度來看，前元音 "ㅐ，ㅔ，ㅚ，ㅟ" 雖然舌的高度與發音點彼此不同，但都是從舌的前部向腭的方向發音，因此被歸爲一類；後元音 "ㅏ，ㅓ，ㅗ，ㅜ" 雖然舌的高度與發音點也彼此不同，但都是從舌的後部向腭的方向發音，因而也被歸爲一類。

---

① 金敏洙在《新國語學》（1975：109）中把 "ㅣ元音同化" 稱爲 "umlaut" "mutation"；李崇寧在《朝鮮語音韻論研究》（1946：236～239）中將之稱爲 "umlaut" 現象；金完鎮在《國語音韻體系的研究》（1977：17）中說："在日耳曼語中是否有重音的參與是能否稱爲 'umlaut' 的關鍵。很難判斷在國語中是否有重音，因此筆者迴避 'umlaut' 這一術語。" 趙世用在《前舌母音化現象에 대한通時的研究》（1981：105）中的主張是 "筆者同意金完鎮的主張，迴避 'umlaut' 術語，將這一現象稱爲 'ㅣ元音同化' 或者 'ㅣ元音逆行同化'"。作者同意趙世用的觀點，在本文中使用 "ㅣ元音逆行同化" 這一說法。

從圖 1 中可以清晰地觀察出各元音發音點與舌的高度之間的關係。

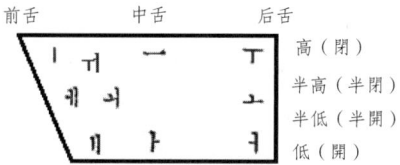

圖 1　現代韓國語元音四角圖①

像這樣前元音"ㅐ,ㅔ,ㅚ,ㅟ"和後元音"ㅏ,ㅓ,ㅗ,ㅜ"雖具有對立性，但又有緊密聯繫的現象，與前元音體系的後期形成有關。

在韓國語元音體系各種各樣的結合變化過程中，尾元音"ㅣ"與後元音"ㅏ,ㅓ,ㅗ,ㅜ"的結合與前元音"ㅐ,ㅔ,ㅚ,ㅟ"的形成有關。

圖 2 與圖 1 進行對比，就可發現元音"ㅐ,ㅔ,ㅚ,ㅟ"的形成時期晚於"ㅏ,ㅓ,ㅗ,ㅜ"，是後期形成的產物。

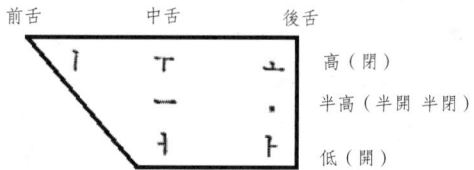

圖 2　中世韓國語元音四角圖

雖然在現代韓國語中，前元音"ㅐ,ㅔ,ㅚ,ㅟ"被劃爲單元音之列，但在歷史演變過程中，它們分別是後元音"ㅏ,ㅓ,ㅗ,ㅜ"與前元音"ㅣ"結合的產物。大部分學者認爲 18 世紀中期"ㅐ,ㅔ,ㅚ,ㅟ"由二重元音變爲單元音。如：

1. /ㅏ+ㅣ/→/ㅐ/

（1）가야미→개야미→개아미→개미（螞蟻）

가야미 머구믄 尨ᄒᆞ야《月印釋譜》十八：39

그듸 이 굼긧 개야미 보라《釋譜詳節》六：36

개아미의《類合》上：15

（2）가얌→개얌→개암（榛子）

가얌 잣 깨이다《漢淸文鑒》：365

개암 남기며 플ᄃᆞ리《三綱烈》：24

（3）나기ᄒᆞ-→내기하-（打賭）

---

①　韓國語（朝鮮語）的元音圖有兩種，一種是三角圖，另一種是四角圖。針對這兩種圖形哪種更貼切，各學者各持己見，在本文中作者采用四角圖。

지니 이고니 나가호디 (《朴通事諺解初刊》上：22)

(4) 달팡이→달팽이（蝸牛）

蝸中 달팡이 (《柳氏物名考：二介》)

(5) 올창→올창이→올챙이（蝌蚪）

올창 (《解例用字》)

올창이 과 (《字會》上：24)

2. /ㅓ+ㅣ/→/ㅔ/

(1) 머유기→메유기→메기（鮎魚）

머유기 (《朴通事諺解重刊》上：17)

메유기 (《訓蒙字會》上：21)

(2) 머육→메육→미역（裙帶菜）

머육과 쌀과 좁과 (《新續孝》：21)

메육 (《吏文輯覽》二：3)

(3) 어엿브－（可憐）→에엿브－→예엿브－→예쁘－（漂亮）

긔 아니 어엿브니잇가 (《月印千江之曲》：103)

에엿븐 며 말 (《朴通事諺解初刊》上：21)

예엿블 궁 (《字會》下：33)

3. /ㅗ+ㅣ/→/ㅚ/

(1) 곳고리→뫼소리→꾀꼬리 （黃鸝）

스프렛 곳고리는 (《杜詩諺解初刊》二十：27)

뫼소리 (《洪武正韻 訓序釋補》47)

(2) 오얒→오얏→외얏→외얏（李子）

블근 오야지 모례 드마도 (《杜詩諺解初刊》十：23)

오얏 니 (《類合》上：9)

복셩화와 외야저 니구메 (《杜詩諺解初刊》十五：20)

4. /ㅜ+ㅣ/→/ㅟ/

(1) 까마구→까마귓→까마귀（烏鴉）

까마구 (《訓蒙字會》上：23)

까마귓 (《字會》下：13)

通過以上史料研究我們可以發現，韓國語的單元音/ㅏ, ㅓ, ㅗ, ㅜ, ㅣ/是在中世韓國語中就有的，/ㅐ, ㅔ, ㅚ, ㅟ①/是在歷史的演變過程中形成的，由此可證明前元音是前元音化的產物。對於/ㅐ, ㅔ, ㅚ, ㅟ/形成的時期，金亨奎（1976：163）認爲："帶有/ㅏ, ㅓ, ㅗ, ㅜ/元音的單詞，發音點向着/ㅣ/的方向移動，形成了/ㅐ, ㅔ, ㅚ, ㅟ/。這種音韻變遷是在近代出現的。"趙世用（1981：105，109）認爲："/ㅏ/→/ㅐ/，/ㅓ/→/ㅔ/，/ㅗ/→/ㅚ/，/ㅜ/→/ㅟ/的音韻變遷不是在近代完成的，這種前舌元音化程度約 50% 在甲午更張以前就已完成。"

如：

ᄒᆡ여→ᄒᆡ여→ᄒᆡ여곰→ᄒᆞ야곰→ᄒᆞ여곰→하여곰 （使、讓）

ᄒᆡ여 （《常訓諺解》：17）

ᄒᆡ여 （《杜詩諺解初刊》一：4）

ᄒᆡ여곰 （《杜詩諺解初刊》七：22）

ᄒᆞ야곰 （《類合》上：17）

ᄒᆞ여곰 （《孟子諺解》十三：18）

根據以上的變遷過程，可知前舌元音化現象在 15 世紀的韓國語中就已經相當普遍了。因此前舌元音應該在 15 世紀就已出現，並非是在近代才出現的。

三、無條件變化

中世韓國語音韻體系中開口度最高的、位於間隙 6 度的低（開）、後舌元音"ㅏ"變爲"ㅐ"，位於間隙 5 度的低（開）、中舌元音"ㅓ"變爲現代韓國語中的"ㅓ→ㅖ→ㅔ"→"ㅔ"，位於間隙 5 度的半高（半開、半閉）、中舌元音"ㅡ"變爲"ㅜ"→"ㅡ"→"ㅣ"或者"ㅡ"→"ㅣ"，位於間隙 4 度的高（閉）、中舌元音"ㅜ"變爲"ㅣ"，發音點的位置由低（開）向着高（閉）、半高（半開、半閉）向着高（開），舌的方向由後向前、由中部向前移動，這種變化現象與條件變化不同，與聲音環境無任何關係，是自身的變化，屬於無條件變化。如：

（1）ㅏ→ㅐ

ᄂᆞᆯ나-→ᄂᆞᆯ내-→날래- （敏捷）

夜叉ᄂᆞᆫ ᄂᆞᆯ나고 모디다 （《月印釋譜》一：14）

---

① "ㅟ"在"쥐, 쉬, 뉘"這些音節中發短音時是單元音，但在"위"這個音節中發長音，則是雙元音。

모쳐라 눌년 널셕만졍 《青丘》: 108）

나돈--→내돈--→내달-（奔跑）

仙人을 보고 나ᄃᆞᄅᆞ니라 《釋譜詳節》十一：25）

西人녀긔 내ᄃᆞᆮ고 《釋譜詳節》六：33）

보타--→보태-（添補）

補논 보탈쎄오 《月印釋譜》二：8）

ᄒᆞ나히나 보태욤이 이시리니라 《小學諺解》題：3）

(2) ㅕ→ㅖ→ㅔ

며주→몌주→메주（醬塊兒）

며주 《字會》中：21）

몌주 업서도 ᄆᆞᆫᄒᆞ니 《就荒沈醬法》：23）

벼개→베개（枕頭）

벼개 노피 비여 《杜詩諺解初刊》十五：11）

(3) ㅡ→ㆌ→ㅢ→ㅣ

프--→퓌--→픠--→피-（發，長）

곳니피 퍼 《月印千江之曲》：158）

고지 퓌여선 저기어든 《杜詩諺解初刊》上：13）

고ᄌᆞ로 ᄒᆡ여 픠게 ᄒᆞ몰 《杜詩諺解重刊》十：7）

곡익 피다 《漢清》：293）

(4) ㅡ→ㆎ→ㅣ

스ᄀᆞ볼→스ᄀᆞ올→스고올→스골→싀골→시골（鄉下）

스ᄀᆞᄫᆞᆯ 軍馬ᄅᆞᆯ 이기ᄲᅦ 《龍飛御天歌》：35）

먼 스ᄀᆞ올 소니 《金剛經三家解》三：37）

스골 ᄆᆞᄋᆞᆯ 서리예 《救急簡易方》一：103）

싀골 도라가 《小學諺解》六：81）

(5) ㅜ→ㅣ①

춤→침（唾液）

---

① 在韓國語中，元音"ㅡ"受"ㅅ，ㅈ，ㅊ"的聲音環境影響，發音點由中舌移至前舌變成"ㅣ"的現象是音韻變化現象中非常普遍的條件變化現象。而"ㅜ→ㅣ"的現象並不普遍，所以不將此變化視爲條件變化中的順行同化現象。

눈믈과 출괘 頻發호다 (《杜詩諺解初刊》八：6)

以上史料呈現出的前舌元音化現象始於 15 世紀，大部分在甲午更張之前結束，這點與條件變化中的逆行同化現象相似。

四、結　論

韓國語的音韻變化中，前舌元音化現象發生得非常普遍。發音點和舌位的變化是產生此現象的具體原因。此變化的演變過程很漫長，可以說從 15 世紀開始一直持續到現代，且類型複雜。根據音韻變化中是否受相鄰聲音環境的影響，可分為條件變化和無條件變化。其中，條件變化又可分為順行同化和逆行同化。絕大部分前舌元音化現象屬於條件變化，只有少部分屬於無條件變化。

順行同化在 15 世紀的韓國語中非常少見，大部分是在甲午更張以後才完成的；與此相反，逆行同化在 15 世紀的韓國語中較常見，一半左右的單詞在甲午更張之前就完成了前舌元音化的變化；約 2/3 的無條件變化在甲午更張之前便已完成。在詞性方面，發生前舌元音化的單詞中名詞和動詞占絕大多數，除此之外，還有形容詞、副詞等。

前舌元音化現象在韓國的慶尚道方言中尤其明顯。從語言地理學的角度來分析，此現象與慶尚道遠離韓國的政治文化中心，受外來文化的衝擊較小有關。由此，我們也可大膽地推測也許慶尚道是韓國語前舌元音化現象的發源地。

參考文獻

金亨奎. 國語史概要. 首爾：一潮閣，1976.

金敏洙. 新國語學. 首爾：一潮閣，1975.

金完鎮. 國語音韻體系的研究. 首爾：一潮閣，1977.

李崇寧. 朝鮮語音韻論研究. 首爾：乙酉文化社，1977.

許雄. 語言學概論. 首爾：正音社，1977.

趙世用. 前舌母音化現象에 대한通時的研究. 語文論集，1981（22）.

F. de Saussure. *Cours de Linguistique Générale*. Paris：Payot，1995.

A Diachronic Study of the Korean Front-vowelization

Hu Cuiyue

Abstract：There exist ten monophthongs in modern Korean, four of which are front-vowelized. The historical findings prove that the combination of the back vowels and the front vowels leads to the later formation of the front-tongue vowels in the process of the historical evolution from the 15th century till now. Thus, this paper believes that the phonological changes could be both conditional and unconditional on the basis of the influence of the neighboring sounds upon this phonology because these changes result from the elevation of the articulation points and the forward movement of the tongue position.

Keywords：the Korean front-vowelization；diachronism；front-tongue vowels

（胡翠月，大連外國語大學韓國語學院）

漢韓借詞對應比較研究*

金兑垠

提　要：最近關於借詞音系學的討論十分熱烈，聚焦於何爲借詞輸入的本質。對此，借詞音系學領域形成了兩類觀點，即音系觀點和知覺觀點。前人研究一般考察個別語言，本文則更進一步，對漢韓音譯借詞的對應過程進行了比較和對照。本文以來自世界共通語——美式英語的漢韓音譯詞爲研究對象，對美國各州名和各州首府名的漢韓音譯詞的對應情況進行了考察。第二節介紹了背景知識，對英語、漢語、韓語的音系進行了比較。第三節考察了漢韓音譯詞對應過程中音節數量的變化以及詞首輔音、詞尾輔音、複輔音的對應情況。第四節在優選論的理論框架下提出了借詞的輸出模型，在此基礎上比較了漢韓借詞對應過程中制約條件的等級序列。第五節是結論，提出了"借詞對應空間"，圖示了漢韓音譯詞的對應情況。

關鍵詞：借詞音系學；美式英語；漢語；韓語；音譯詞；比較；音系；對應；優選論

一、引　言

本文擬從借詞音系學視角比較漢語、韓語中英語來源的音譯詞的對應過程。借詞音系學研究兩種語言，即源語言（source language）和借用語言（borrowing language）之間如何處理語音或音系上的交互關係。例如，日語音系中腭擦音/s/在前高元音/i/前會出現腭化現象，發作［ʃi］，因此英語輸入形"cinema"在日語中借爲"シネマ［ʃinema］"。值得注意的是，借用過程不能僅理解爲和母語音系匹

---

* This research was supported by Basic Science Research Program through the National Research Foundation of Korea (NRF), funded by the Ministry of Education (NRF－2009－361－A00027). This work was supported (in part) by the Yonsei University Future-leading Research Initiative of 2017 (RMS2017－22－0055).

配的"對應"(adaptation)過程。借詞也會出現母語音系不允許的各種音韻現象，存在母語音系學視爲"非對應"(non-adaptation)的情況。這種非對應不受母語音系規則支配，最大程度反映輸入形式（input）的結構，可稱爲"吸收"(adoption)。例如，根據韓語音段配置規則（phonotactics）中的"頭音法則"(initial law)，流音"ㄹ/l/"不能出現在音節首。但流音"ㄹ/l/"可以在借詞中出現，如"리듬 [li.tɨm]"(rhythm)、"라디오 [la.ti.o]"(radio) 等①。

　　事實上，語言學者發現的語言知識如果沒有出現在母語中，則只靠母語不足以判斷其在話者心中是否有心理現實性（psychological reality）。以日語爲例，日語固有詞中不存在/si/這種輸入形式，通過日語固有詞無法確定日本人最初接觸到/si/會如何處理。而英語 cinema 對應成"シネマ [ʃinema]"，此處日語腭化的規則性提供了話者心理現實性的證據。换言之，根據日語腭化現象在借詞中出現，可以判斷確實存在心理現實性。這類借詞對應研究不僅本身具有語言學意義，而且可以爲現有的母語音系規則或語法提供新的解釋和證據。

　　過去 20 餘年借詞音系學爭論的焦點是借詞輸入的本質是什麽。討論大體可歸納成兩類觀點。第一類是以 La Charité 和 Paradis（2005）爲代表的音系觀點。該觀點認爲借用過程的第一個關口——輸入形式不是某種語音形式，而是源語言的音系形式，並以雙語話者爲媒介，對應爲借用語言音系中最類似的音系範疇。這裏所説的"雙語話者"並非指話者的兩種語言都如母語一樣，而是籠統地指掌握兩種語言的音系知識。音系觀點（phonological approach）可以解釋爲什麽即使可能出現知覺上的變异音（allophone），輸入形式也會一貫地對應爲兩種語言間音系範疇最類似的音。例如，英語商標"Staples"在漢語中的音譯是"斯特普爾斯 [sɹ.tʰɤ.pʰu.ɚ.sɹ]"，表現出英語和漢語音位間的忠實映射（faithful mapping）。换句話説，英語輸入形式中的所有輔音對應爲漢語輔音中音系上最接近範疇的音位，漢語音節結構中不允許的複輔音（consonant cluster）或輔音韻尾（coda consonant）也通過使用插入元音（epenthetic vowel）全部予以對應。和音系觀點不同，知覺觀點認爲輸入的本質是語音信號（acoustic signal），輸入形式建立在借用者（borrower）的感知上。Peperkamp、Vemdelin 和 Nakamura（2008）爲代表提出的這種知覺觀點可以合理地解釋爲什麽輸入形式中相同的音位因音節環境不同而對應爲不同的形式。以英語尾音/k/爲例，"quick"在韓語中譯爲"퀵 [kʰwik]"，"week"在韓語中譯爲"위크 [wi.kʰɨ]"，前者映射爲首音節的尾音，後者通過插入元音變成後一音節的頭音。這是由於前者的輸入形式是鬆元音（lax vowel），而後者的輸入形式是緊元

---

① 韓語/l/在音節尾和/l/後的頭音位置時發爲舌側音（lateral sound），但在詞首時發爲彈舌音（tap, flap）。在借詞中，詞首出現的/l/可以發爲舌側音。

音（tense vowel）。這種知覺差異造成英語音位/k/的輸出形式不同。

最近研究者試圖通過對大量語言借用過程的考察檢驗上文介紹的兩種觀點，但大多只是研究個別語言，雖然可以反映某一語言的特點，但無法瞭解語言普遍意義上的借詞對應的本質。現在應在諸多個別語言研究基礎上，通過語言間的比較展開對語言普遍本質的研究。本文將對漢語和韓語借詞對應情況進行比較，以得出對借詞音系學而言具有語言普遍意義的結論。

美式英語作爲當今世界的共通語（Lingua Franca），影響力不斷增加，本文以美式英語的輸入形式作爲考察對象。事實上，某些音譯的來源語言是美式英語還是其他地區使用的英語很難判斷。因此，本文嚴選美式英語中出現的音譯作爲數據，以美國50個州的名稱及50個州首府的名稱爲對象，對總共100個源自美式英語的漢語和韓語音譯進行了分析。這些數據是行政區域的音譯，是公共名稱，可以排除變體[①]，取得一貫的分析結果[②]。本文給出的英語發音、音節劃分及漢語音譯參考《朗文高階英漢雙解詞典》（何維銀 2010），韓語音譯選自國立國語院（http://www.korean.go.kr/）提供的標準韓語借詞詞表。

二、英語、漢語、韓語的音系

對英源漢韓借詞而言，英語提供輸入形式，漢語和韓語則限制輸出形式。爲了給第三節的分析提供背景知識[③]，在正式討論漢韓借詞對應之前，第二節會介紹英語、漢語和韓語的音系。這三種語言的輔音系統見表1—表3。

表 1　英語輔音

	雙唇音		唇齒音		齒音		齒齦音		後齒齦音		軟腭音		喉音	
	清	濁	清	濁	清	濁	清	濁	清	濁	清	濁	清	濁
塞音	p	b					t	d			k	g		
鼻音		m						n				ŋ		
擦音			f	v	θ	ð	s	z	ʃ	ʒ			h	
塞擦音									tʃ	dʒ				
流音							ɹ, l							
滑音		w										j		

[①] 雖然行政區域音譯也有"威斯康辛"和"威斯康星"、"艾奧瓦"和"愛荷華"這類變體，但通過選擇詞典中收錄的形式，可以避免變體的問題。

[②] 與韓語相比，漢語音譯詞的變體更複雜。中國地域廣闊，存在多種方言，因輸入形式最初進入地點不同，會出現不同的輸出形式。因此，相同的英語單詞存在多種變體。

[③] 爲了第三節分析的便利，英、漢、韓音位都使用IPA標記。只是漢語和韓語會在IPA下面括號內分別加上漢語拼音和韓文拼寫。下文中，音位放在 [ ] 中，用IPA表示，用·表示音節的邊界。

表 2　漢語輔音

	雙唇音		唇齒音		齒音		齒齦音		捲舌音		硬腭音		軟腭音	
	不送氣	送氣	不送氣	送氣	不送氣	送氣	不送氣	送氣	不送氣	送氣	不送氣	送氣	不送氣	送氣
塞音	p(b)	pʰ(p)					t(d)	tʰ(t)					k(g)	kʰ(k)
鼻音	m(m)						n(n)						ŋ(ng)	
擦音			F(f)		s(s)				ʂ(sh)		ɕ(x)		x(h)	
塞擦音					ts(z)	tsʰ(c)			tʂ(zh)	tʂʰ(ch)	tɕ(j)	tɕʰ(q)		
流音							l(l)		ɻ(r)					

表 3　韓語輔音

	雙唇音		齒齦音		硬腭音		軟腭音		喉音	
	不送氣	送氣	不送氣	送氣	不送氣	送氣	不送氣	送氣	不送氣	送氣
塞音	p p' (ㅂ)(ㅃ)	pʰ (ㅍ)	t t' (ㄷ)(ㄸ)	tʰ (ㅌ)			k k' (ㄱ)(ㄲ)	kʰ (ㅋ)		
鼻音	m (ㅁ)		n (ㄴ)				ŋ (ㅇ)			
擦音			s s' (ㅅ)(ㅆ)						h (ㅎ)	
塞擦音					tɕ tɕ' (ㅈ)(ㅉ)	tɕʰ (ㅊ)				
流音			l (ㄹ)							

如表1所示，英語有24個輔音，其中很多輔音［±濁音］成對。從發音位置看，齒齦音較多。從發音方法看，擦音較多。表2中漢語輔音的特點是不以［±濁音］爲音位區別特徵，而是根據［±送氣］性質構成最小對立組。從發音方法看，塞擦音較多。表3顯示，韓語輔音的特點是塞音分平音、緊音和激音。從發音位置看，齒齦音較多。從發音方法看，塞音較多。表4－表6是三種語言的元音系統。

表 4　英語元音

		前元音		央元音		後元音	
		圓唇	展唇	圓唇	展唇	圓唇	展唇
高元音	緊		i			u	
	鬆		ɪ			ʊ	
中元音	緊		e		ə	o	
	鬆		ɛ		ʌ	ɔ	
低元音	緊						
	鬆		æ		a		

表 5　漢語元音

	前		央		後	
	圓唇	展唇	圓唇	展唇	圓唇	展唇
高元音	y (ü)	i (i)		ɿ, ʅ (i)	u (u)	
中元音		e, ɛ (e, a)		ə (e)	o (o)	ɤ (e)
低元音				a (a)		ɑ (a)

表 6　韓語元音

	前		央		後	
	圓唇	展唇	圓唇	展唇	圓唇	展唇
高元音		i (ㅣ)		ɨ (ㅡ)	u (ㅜ)	
中元音		e (ㅔ, ㅐ)		ʌ (ㅓ)	o (ㅗ)	
低元音				a (ㅏ)		

和漢語、韓語不同，表 4 中的英語元音多根據［±緊張］構成對立。舌位方面，中元音較多。從舌位位置看，前舌和中舌元音都是展唇，而後舌元音都是圓唇。表 5 中的漢語元音，無論是舌位，還是舌位前後，都表現出均勻分佈的傾向。只是低元音和高、中元音相比，圓唇元音和展唇元音相比，相對較少。表 6 中的韓語元音系統比英語、漢語簡單。整體上看，展唇比圓唇多，且低元音只有一個。下面是三種語言的音節結構（表 7－表 8）。

表 7　英語音節結構

頭音	韻	
	主要元音	尾音
(C)(C)(C)	V	(C)(C)(C)(C)

表 8　漢語音節結構

音節			
頭音	韻		
	介音	主要元音	尾音
(C)	(G)	V	(V)(C)

表 9　韓語音節結構

音節			
頭音	韻		
	介音	主要元音	尾音
(C)	(G)	V	(C)

與韓語或漢語相比，英語音節結構的最大特徵是音節頭音和尾音允許出現複輔音，如表 7 所示。頭音最多允許 3 個成分，尾音最多允許 4 個成分，音節內部可以出現複雜音段。表 8 顯示，漢語頭音只能出現一個輔音。尾音可以出現的音位的種

類只有兩個元音（i, u）和兩個輔音（n, ŋ）。複輔音在音節內任何地方都不允許出現。因此漢語的音節結構比英語簡單。韓語的音節結構，如表9所示，和漢語一樣，在音節任何地方都不允許出現複輔音。但是，和漢語相比，尾音可以出現的輔音的種類更多樣。因此，可以預見，韓語轉寫英語音節時，可以比較自由地轉寫尾音的英語輔音。元音方面，通過插入各種介音或者半元音（glide）組成較多的二合元音，韓語轉寫英語音節時，有條件給出知覺上更類似的轉寫。

三、音譯詞對應分析的結果及討論

（一）數據

如上文所言，本文分析的對象是美國50個州及其首府名稱的漢語、韓語音譯[①]。音節邊界以英語音節爲準，判斷依據是《朗文高階英漢雙解詞典》。首先，表10列出了100個英語名詞中成爲實際分析對象的數量及漢韓音譯中英語音節的增減情況。

表10 數據總數和音節數的變化

	數據總數	音節數增加	音節數相同	音節數減少
漢語	98	48	49	1
韓語	100	58	42	0

漢語材料中，英語"Little Rock"意譯爲"小石城"，英語"Salt Lake City"意譯爲"鹽湖城"，因此將這兩例從數據中刪去。"North Dakoda"和"South Dakoda"、"Virginia"和"West Virginia"有單詞重複，爲了避免重複，視作一類。英語"Des Moines"音譯爲"得梅因［tɤ. mei. jin］"，英語"Baton Rouge"音譯爲"巴吞魯日［pa. tʰwən. lu. ʐɿ］"，輸入形式中的兩個單詞都是音譯，所以算兩條數據[②]。這樣對數據進行整理之後，成爲考察對象的英語單詞一共有98個。韓語基本沒有意譯，所有英語數據不加隔寫，都借用爲一個音譯詞，因此100例皆爲考察對象。

觀察源語言英語單詞的音節數在中韓音譯中變化的情況，可以發現，漢語材料中音節數和原來英語單詞幾乎相同，減少的情況僅1例[③]。韓語材料中沒有音節減少的情況，增加的情況比相同的情況多約1.4倍。下面是一些音節增加的例子（圖

[①] 全部數據參見附錄。
[②] 漢語基本使用表意文字漢字。New Jersey 中 New 意譯爲"新"，只有後一部分音譯爲"澤西［tsɤ. ɕi］"。而 New York 對應爲"紐約［njou. ɥɛ］"，前後音節都是音譯。前者視爲一個數據，後者視爲兩個數據。所以，將這種情況處理爲兩個數據。
[③] 本文認爲英語 Santa Fe 音譯爲漢語"聖菲"，英語［sæn. tə］兩個音節，變成漢語一個音節［ʂəŋ］，屬於減少的情況。但如果將"聖"看作反映 Santa 詞源的意譯，則音節數沒有減少。

1、圖 2)。

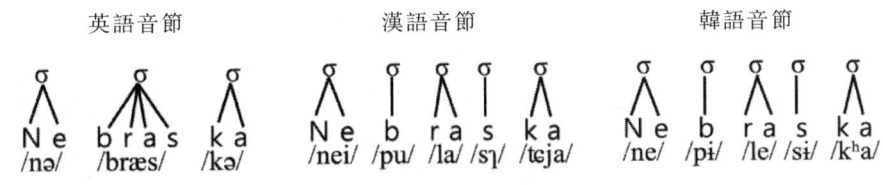

图 1　漢韓音譯詞音節數的增加 (Nebraska)

如圖 1 所示，三音節英語單詞 Nebraska 對應成了五音節漢語單詞"内布拉斯加 [nei. pu. la. sɿ. tɕia]"、五音節韓語單詞 [ne. pɨ. le. sɨ. kʰa]，音節數顯著增加。雖然音節數相同的比率相當高，但不是説内部音節的結構也相同。基本上，内部音節的結構出現變化，即重新音節化 (resyllabification) 的音譯占大部分。例示如下 (圖 2)。①

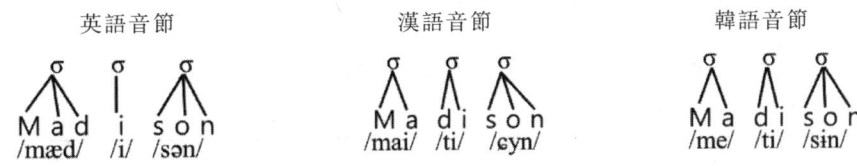

图 2　英語音節的重新音節化 (Madison)

如圖 2 所示，三音節英語單詞 Madison 在漢語和韓語中分别譯爲"麥迪遜 [mai. ti. ɕyn]"和"매디슨 [me. ti. sin]"。雖然都是三音節，但從音節結構來看，是經重新音節化音譯而成。漢語在音節末尾不允許/d/，所以，單音節末尾的/d/和後面的元音/i/一起構成新的音節，/d/成了第二音節的頭音。韓語雖然可以在尾音處出現和/d/對應的/t/，但和漢語一樣，也是和後面出現的元音一起構成新的音節，/d/變了第二音節的頭音。這和韓語存在的連讀 (liaison) 現象有關。在韓語中，若前一音節的尾音爲輔音，當後接音節是以元音開始時，該輔音發爲後一音節的頭音。

綜上所述，漢韓音譯中幾乎没有删除英語音節的情况，都是保持一致或增加音節數。這表明，和删除 (deletion) 策略相比，漢韓音譯更偏好借詞音系學 (loanword phonology) 對應策略中的保存 (preservation) 策略。對此第四節會通過優選論 (Optimality Theory，簡稱 OT) 展開更仔細的討論。下面以上述討論的内容爲基礎，具體分析 198 例漢韓音譯的對應情况。

(二) 詞首輔音的對應情况

英語詞首輔音在漢韓音譯中基本表現出忠實轉寫，舉例如下 (表 11)②。

---

① 本文給出的英語音節的邊界是根據《朗文高階英漢雙解詞典》。
② 英、漢、韓互相對應的音位用粗體字表示。

表 11　英語詞首輔音的漢韓音譯詞對應

		英語	漢語		韓語
			漢字	漢語拼音	諺文
塞音	拼寫	Kentucky	肯塔基	Kěn. tǎ. jī	켄터키
	音位	kən. tʌk. i		kʰən. tʰa. tɕi	kʰen. tʰʌ. kʰi
擦音	拼寫	New Hampshire	新罕布什爾	Xīn. hǎn. bù. shí. ěr	뉴햄프셔
	音位	nuhæmp. ʃɚ		ɕin. xan. pu. ʂʐ. ɚ	nju. hem. pʰɨ. sjʌ
塞擦音	拼寫	Georgia	佐治亞	Zuǒ. zhì. yà	조지아
	音位	ʤɔr. ʤə		tswo. tʂʐ. ja	tɕo. tɕi. a
鼻音	拼寫	Minnesota	明尼蘇達	Míng. ní. sū. dá	미네소타
	音位	mɪ. nə. soʊ. tə		mjəŋ. ni. su. ta	mi. ne. so. tʰa
流音	拼寫	Raleigh	羅利	Luó. lì	롤리
	音位	rɔ. li		lwo. li	lol. li
滑音	拼寫	Wisconsin	威斯康星	Wēi. sī. kāng. xīng	위스콘신
	音位	wɪs. kan. sɪn		wei. sʐ. kʰaŋ. ɕjəŋ	wi. sɨ. kʰon. sin

通過考察上例這類數據，我們統計了英語詞首輔音在漢、韓音系中得到保存和刪除的比率，如表 12 所示。采用保存策略時，用音系上相同或最類似的音位對應的情況標記爲"忠實1"；雖是次選，但考慮到兩種語言間音位體系的差異可以視爲忠實對應的轉寫標記爲"忠實2"。下面是對漢語音譯詞中的 205 例輔音、韓語音譯詞中的 212 例輔音進行統計的結果（表 12、圖 3）①。

表 12　詞首輔音對應情況分析結果②

語言	策略		塞音	擦音	塞擦音	鼻音	流音	滑音
漢語	保存	忠實1	72(50/69)	65(34/52)	67(6/9)	100(38/38)	100(26/26)	55(6/11)
		忠實2	22(15/69)	12(6/52)	33(3/9)	0(0/38)	0(0/26)	9(1/11)
	刪除		1.5(1/69)	0(0/52)	0(0/9)	0(0/38)	0(0/26)	0(0/11)
韓語	保存	忠實1	100(69/69)	98(53/54)	100(9/9)	100(39/39)	100(30/30)	55(6/11)
		忠實2	0(0/69)	0(0/54)	0(0/9)	0(0/39)	0(0/30)	36(4/11)
	刪除		0(0/69)	0(0/54)	0(0/9)	0(0/39)	0(0/30)	0(0/11)

單位：%（個數/總數）

---

① 所謂忠實轉寫是指源語言的音位轉寫爲借用語言音系中語音、音系上相同或最類似的音位。
② 英語 Boston [bɔs. tən] 的/t/是分析的對象，但是 Baton Rouge 的 Baton [bæt. n] 或 Trenton [tren. tn] 這種/tn/的情況不在分析對象之列。另外，下文分析中，保存的比率只列出忠實轉寫保存的比率，由於其他因素導致的保存沒有計算在内。因此，保存和刪除的比率之和可能不是剛好 100%。

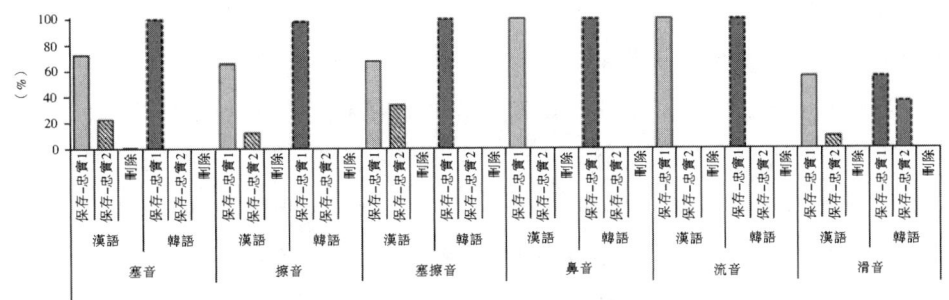

圖 3　詞首輔音對應情況比較

　　如表 12 所示，英語詞首輔音在漢語中忠實轉寫得到保存的比率相當高①。這有力支持了第一節提到的音系觀點。漢語的轉寫整體上爲音系上忠實的轉寫，若細心考察對應過程，可以發現幾個有趣的現象。漢語中［±aspiration］具有辨別性，而英語中［±voice］具有辨別性，無法比較這兩種特徵是否一致。觀察忠實 1 和忠實 2 的特徵，可以知道，和發音位置相比，這些轉寫更加忠實於發音方法的一致。例如，表 11 的"New Hampshire"中，擦音/ʃ/從發音位置看是後齒齦音，雖然和漢語音位軟腭音/ɕ/更相似，但是轉寫爲捲舌音/ʂ/。漢語不存在後齒齦擦音，所以兩種都可以看成是忠實轉寫。和發音位置類似相比，轉寫更加重視發音方法，即擦音特徵的一致。另外，英語"Georgia"中，塞擦音/ʤ/出現了兩次，前面出現的音譯爲漢語的/ts/，後面出現的對應爲/tʂ/。從發音位置看，/tʂ/可以看成忠實 1，/ts/可看作忠實 2。兩者發音方法上都是塞擦音這一點沒有差別。塞擦音的例子中，英語"Texas"的詞首音/t/音譯爲漢語/t/，而不是/tʰ/。這表明，比起發音位置或發音方法，英語中辨別性的［±voice］和漢語中具有辨別性的［±aspiration］之間對應的重要性較弱。另外，鼻音和流音在發音部位和發音方法方面都和最忠實轉寫的音位構成了完美的映射。流音方面，英語的齒齦流音/l/（［＋latera］）和/r/（［－lateral］）都映射爲漢語的齒齦流音/l/。從發音方法看，漢語流音/l/是［＋lateral］。可見，雖然漢語存在［－lateral］的/ɻ/，但忠實於發音位置比忠實於［±lateral］特徵更重要。滑音存在一例忠實 2 的情況，即在英語"New York"的漢語音譯"紐約［njou.ɥe］"中，英語次音節開始的音/j/不是轉寫爲漢語的［j］，而是［ɥ］。漢語［j］和［ɥ］爲漢語元音/i/和/y/在詞首出現時的滑音，/i/和/y/都帶有［＋high］、[-back]，但前者是[-round]，而後者是［＋round］。這反映了元音［±high］和［±back］特徵比［±round］優先。

　　與漢語音譯詞相比，韓語音譯對應更傾向忠實於音系的映射。表 12 中，英語單詞詞首出現的輔音在韓語音譯中一個都沒有刪除，而且都對應爲音系上相同或最

---

① 塞音中出現的一次刪除是音譯"聖菲"，參見 306 頁注③的說明。

類似的音位，表現出完美的忠實映射。因此，根據韓語音譯的詞首輔音對應，無法判斷借詞對應中發音位置和發音方法之間的層級（hierarchy）或某些特徵間的層級，只是爲第一節談到的音系觀點提供了有力的證據。不過，流音的對應值得更仔細地分析。韓語音譯詞中，當流音在音節首出現時，前一音節尾音處添加韓語流音 /l/（ㄹ）的情況達 47%。例如，英語 "Atlanta" 的韓語音譯是 "애틀란타 [e. tʰɨl. lan. tʰa]"，英語 "Columbia" 的韓語音譯是 "콜럼비아 [kʰol. lʌm. pi. a]"。這與漢語的音譯 [ja. tʰɤ. lan. ta] 和 [kɤ. lwən. pi. ja] 形成了對照。韓語音譯中出現的這種 "添加-l"（-l addition）現象，反映了源語言實際發音時知覺上的類似性（perceptual similarity），支持了借詞音系學中的知覺觀點。根據以上對英語詞首輔音在漢韓音譯詞中對應情況的分析，可知兩種語言音系忠實轉寫的數據占主流，韓語比漢語表現出更一貫的忠實，但同時韓語也有考慮知覺相似性的對應。

（三）詞尾輔音的對應情況

下面討論英語音節的詞尾輔音忠實轉寫爲漢韓音系中對應音位的情況。表 13 列出了部分例子。

表 13　英語詞尾輔音的漢韓音譯詞對應

		英語	漢語		韓語
			漢字	漢語拼音	諺文
塞音	拼寫	Connecticut	康涅狄格	Kāng. niè. dí. gé	코네티컷
	音位	kə. nɛt. ɪ. kət		kʰaŋ. niɛ. ti. kɤ	kʰo. ne. tʰi. kʰʌt
擦音	拼寫	Kansas	堪薩斯	Kān. sà. sī	캔자스
	音位	kæn. zəs		kʰan. sa. sɹ̩	kʰen. tɕa. sɯ
塞擦音	拼寫	Richmond	里士滿	Lǐ. shì. mǎn	리치먼드
	音位	rɪtʃ. mənd		li. ʂɻ̍. man	li. tɕʰi. mʌn. ti
鼻音	拼寫	Lansing	蘭辛	Lán. xīn	랜싱
	音位	læn. sɪŋ		lan. ɕin	len. siŋ
流音	拼寫	Pennsylvania	賓夕法尼亞	Bīn. xī. fǎ. ní. yà	펜실베이니아
	音位	pɛn. səl. veɪ. nyə		pin. ɕi. fa. ni. ja	pʰen. sil. pe. ni. a

下一節會討論詞尾複輔音的情況，這裏只分析英語單詞裏單獨出現的詞尾輔音。詞尾塞音的例子中，英語 "Connecticut" 的第二個音節是 [nɛt]，在音節尾出現輔音。如第二節介紹，漢語在音節末尾不允許出現輔音 /t/，借入時要和後面跟隨的元音一起構成音節。因此，英語尾音（coda）的 /t/ 在漢語音譯中成爲音節的

首音（onset）。韓語也出現了類似的情況。韓語雖然允許音節尾出現/t/，但也是和後面跟隨的元音一起構成新的音節，/t/成爲該音節的頭音①。

擦音的例子中，英語"Kensas"的尾音/s/後面沒有跟隨元音，漢語和韓語的音譯都通過插入元音（epenthetic vowel）進行對應，即在借詞對應的過程中插入輸入形中不存在的元音。另外，流音的例子中漢語和韓語的借用情況不同，漢語是將英語"Pennsylvania"中音節［səl］的尾音/l/刪除，而韓語對應爲［sil］，保存了音節尾音。表 14、圖 4 是對 101 例漢語輔音、106 例韓語輔音進行統計分析的結果。

表 14　詞尾輔音對應情況分析結果

語言	策略		塞音	擦音	塞擦音	鼻音	流音	滑音
漢語	保存	忠實 1	53(8/15)	67(12/18)	0(0/1)	80(37/46)	57(12/21)	
		忠實 2	20(3/15)	22(4/18)	0(0/1)	20(9/46)	14(3/21)	
	刪除		20(3/15)	6(1/18)	0(0/1)	0(0/46)	29(6/21)	
韓語	保存	忠實 1	100(18/18)	95(18/19)	100(1/1)	100(46/46)	63(14/22)	
		忠實 2	0(0/18)	5(1/19)	0(0/1)	0(0/46)	0(0/22)	
	刪除		0(0/18)	0(0/19)	0(0/1)	0(0/46)	23(5/22)	

單位：%（個數/總數）

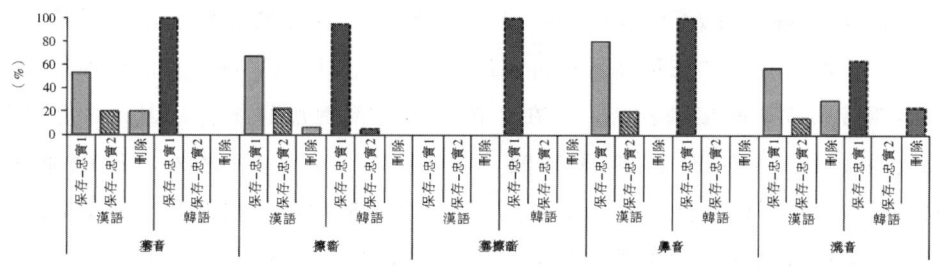

圖 4　詞尾輔音對應情況比較

詞尾輔音對應的分析結果和詞首輔音一樣，在漢韓音譯中保存的比率明顯高於刪除的比率。這意味着整體上看，對源語言的音位進行了忠實的轉寫。這從借詞音系學的角度看，顯然支持音系觀點。但是，和詞首輔音的分析結果進行比較可以發現，漢語音譯中刪除的比例明顯變高。前文提到，保存的情況可分成兩種，第一種是後接音節以元音爲開始時，和後接音節的元音一起構成新的音節，保存源音。這時若輔音和元音的配合違反了漢語音位配合制約（phonotactics），則會經過調整，

---

① 對韓語終聲法則的介紹參考 Kang（2003）。如果韓語將［net］直接對應爲［net.i］，由於前文提及的連讀現象，也會發成［ne.ti］。

產出新的音節。例如，英語"Kentucky"中的[tʌk.i]的塞音尾音和跟隨的元音/i/一起構成音節[ki]，而漢語中*[ki]不存在，經過顎音化，對應爲[tɕi]。而韓語音韻體系中[ki]音節是合法的形式，所以對應爲最忠實的轉寫[kʰi]。

另一個方法是，如果後接音節以輔音開始，或是最後一個音節，後面什麼都沒有時，插入元音來保存源音。這時插入的元音需最大程度凸顯源語言的輔音，插入的元音儘可能爲顯著性（saliency）低的元音。上面表13摩擦音的例子中，英語"Kansas"的音節末輔音/s/後插入了漢語元音/ɿ/，構成漢語音節[sɿ]。在舌尖音後添加舌尖元音，比起添加/a/或/y/這類元音，元音的知覺顯著性（perceptual saliency）較低。韓語音譯中是插入了元音/ɨ/。和插入/a/或/o/等元音相比，[sɨ]這種音節最大程度地降低了元音的知覺顯著性。

詞尾輔音對應中，鼻音在音節尾出現的情況十分有趣。漢語音節尾能出現的輔音只有鼻音/n/和/ŋ/。由於漢語音段配置規則的影響，當源語言的音節尾鼻音後面沒有跟音節或後面接輔音時，不是像其他音節尾輔音一樣，通過插入元音構成音節，而是常和源語言的音節一樣，將音節內部的尾音對應爲鼻音。例如，英語"Michigan"的最後一個音節[gən]帶鼻音/n/，一般最後一個音節的尾音爲其他輔音時，偏好插入元音。[gən]則不同，借入爲漢語[kən]，/n/對應爲一個音節內部尾音。而且插入元音時，如英語"Salem"的最後一個音節[ləm]一樣，尾音中出現的/m/在漢語音節構造中是不允許的鼻音尾音，所以插入元音/u/，對應爲[mu]。這明顯是由於漢語固有音位配置的影響，有力地支持了音系觀點。韓語音譯中，源語言存在的三種鼻音都可以出現爲尾音。所以，源語言的音節尾鼻音後面沒有跟音節或後面接輔音時，都在一個音節內部對應爲尾音。因此，上例英語[gən]和[ləm]分別對應爲韓語[kan]和[lʌm]。另外，漢語將英語"Lansing"的第二個音節[sɪŋ]對應爲[ɕin]。音節尾鼻音對應時[n]和[ŋ]之間的這種變動在漢語音譯中常可以看到。但是，韓語將英語音節[sɪŋ]對應爲韓語音節[siŋ]，源語言的三種輔音準確地對應爲相應的鼻音，可知韓語的對應比漢語在音系上更加忠實。

詞尾輔音的對應中流音的刪除比率引人注目。與詞首輔音的對應相比，詞尾輔音的刪除比率在漢韓音譯中都比較高。當尾音/r/位於最後一個音節，或後面跟隨的音節以輔音開始時會出現刪除。例如，漢韓音譯都刪除了英語"Georgia"首音節[dʒɔr]的尾音/r/。另外，漢韓音譯都刪除了"California"第三個音節[fɔr]的尾音/r/。考慮到音節尾的/r/在知覺上不太凸顯，這種情況提供了語音視角解釋借詞對應的根據，提供了音系觀點解釋不了的例外。另外，漢語音譯中能夠發現，在有些例子中，英語音節的詞尾流音後面沒有音節或後面接輔音時，流音沒有刪除而是像其他輔音一樣，通過卷舌元音/ɚ/來保存。例如，英語"Pierre"對應爲漢語音譯［pʰi.ɚ］，英語的"Nashville"對應爲漢語音譯［na.ʂɿ.wei.ɚ］。與流音/l/或/r/和某種元音一起構成一個音節相比，/ɚ/知覺上的顯著性更低。總之，通過分析詞尾輔音的對應過程，可以發現，漢韓音譯中支持音系觀點的情況占主流，同時，插入元音的顯著性問題和流音尾音的删除現象爲語音觀點提供了不少證據。

（四）複輔音的對應情況

現在討論漢韓音系中都不允許但源語言英語音系中經常出現的複輔音的對應情況。漢韓音譯例示如下（表 15）。

表 15　英語複輔音的漢韓音譯對應

		英語	漢語		韓語
			漢字	漢語拼音	諺文
詞首複輔音	拼寫	Florida	佛羅里達	Fó. lwó. lǐ. dá	플로리다
	音位	flɔr.ɪ.də		fwo. lwo. li. ta	pʰil. lo. li. ta
詞首複輔音	拼寫	Springfield	斯普林菲爾德	Sī. pǔ. lín. fēi. ěr. dé	스프링필드
	音位	sprɪŋ.fild		sɿ. pʰu. lin. fei. ɚ. tɤ	si. pʰi. liŋ. pʰil. ti
詞尾複輔音	拼寫	Maryland	馬里蘭	Mǎ. lǐ. lán	메릴랜드
	音位	mɛr.ə.lənd		ma. li. lan	me. lil. lan. ti
詞尾複輔音	拼寫	Texas	得克薩斯	Dé. kè. sà. sī	텍사스
	音位	tɛks.əs		tɤ. kʰɤ. sa. sɿ	tʰek. sa. si
詞尾輔音群	拼寫	Bismarck	俾斯麥	Bǐ. sī. mài	비즈마크
	音位	bɪz.mark		pi. sɿ. mai	pi. tɕi. ma. kʰi

首先看詞首複輔音的例子。在借入英語"Florida"時，詞首輔音/f/和/l/中間插入元音，漢語音譯中轉寫爲［fwo］和［lwo］，韓語中轉寫爲［pʰil］和［lo］。韓語音系中不存在唇齒音/f/，因此轉寫爲雙唇音/pʰ/相當於忠實轉寫。英語"Springfield"詞首複輔音有三個，漢韓音譯都在前面兩個輔音插入元音組成音節。第三個輔音和後面跟隨的元音構成音節，忠實地對應了輸入形式中源語言的音位。而詞尾複輔音的例子中，英語"Maryland"的詞尾輔音/n/和/d/在漢韓音譯中的對應情況不同。漢語只保存/n/，删除/d/。而韓語中的/d/也通過插入元音得到保存。但對於英語"Texas"，兩種語言都忠實地轉寫了詞尾的複輔音/k/和/s/。最後一例"Bismarck"的詞尾輔音/r/和/k/在漢語音譯中被删除，韓語音譯中只删除了/r/，而/k/通過插入元音得到保存。本文考察了漢韓音系中不允許的英語複輔音的輸入形式，表 16、圖 5 是對漢語音譯總 52 例英語輔音、韓語音譯總 58 例英語輔音分析後得到的統計結果。

表 16　複輔音對應情況分析結果

語言	策略		詞首複輔音	詞尾複輔音
漢語	保存	忠實 1	67(10/15)	38(14/37)
		忠實 2	33(5/15)	24(9/37)
	刪除		0(0/15)	38(14/37)
韓語	保存	忠實 1	100(15/15)	81(53/43)
		忠實 2	0(0/15)	語音 5(2/43)
	刪除		0(0/15)	14(6/43)

單位：%（個數/總數）

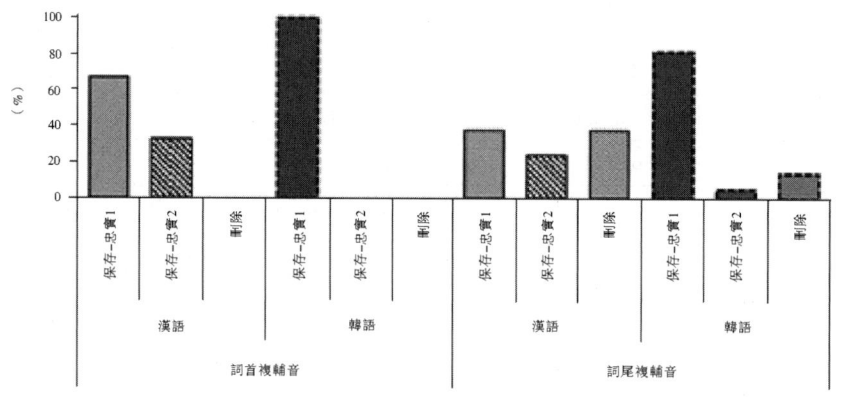

圖 5　複輔音對應情況比較

　　整體來看，漢韓音譯中，固有音系中不允許的英語複輔音，都通過插入元音這種修正方法，忠實地映射爲對應的音位。但詞首複輔音和詞尾複輔音的刪除比率在兩種語言的統計結果中尤其引人注目。詞首複輔音毫無例外忠實地進行音系轉寫，而詞尾複輔音常使用刪除策略。保存所有輔音是忠實反映輸入形，可謂音系借用方法。反之，音譯的輸出形式中，輸入形的某種輔音被刪除，不再出現，是知覺顯著性較低的成分在對應過程反映的結果，可謂知覺借用方法。

　　下面以表 15 中所展現的數據爲中心，對對應過程進行更仔細的分析。詞首複輔音的例子中，英語"Florida"詞首出現的/f/和/l/在漢韓音譯中全都通過插入知覺顯著性很低的元音得到保存。換言之，如果添加和漢語輔音/f/可以構成音節的其他元音，如/a/或/ei/，則與［fwo］相比，元音的知覺顯著性更凸顯。韓語音譯中，與插入元音/a/或/ʌ/和輔音/pʰ/構成音節相比，插入/ɨ/構成音節，元音知覺顯著性明顯更低。韓語音譯和漢語音譯不同之處在於，韓語音譯中出現了第三節提到的"添加-l"現象。英語/f/在韓語中不是對應爲*［pʰɨ］，而是［pʰɨl］。但是"添加-l"現象在同爲流音的/r/中沒有出現。可以看到，英語"Springfield"的頭音中存在流音/r/，而韓語音譯中第二個英語輔音/p/沒有對應爲韓語的*［pʰɨl］，而是對應爲［pʰɨ］。這是音位/l/的知覺特性在韓語音譯中的體現，從借詞音系學的角度看給知覺觀點提供了證據。

觀察詞尾複輔音的情況，英語"Maryland"的詞尾複輔音/n/和/d/在漢語音譯中只保存了一個。通過對包括複輔音的英語音節整體的轉寫，/n/在/lan/中作爲音節尾的輔音得到保存。第三節提到，漢語音節尾允許輔音/n/和/ŋ/，所以能對應爲［lan］這種形態，但英語音節的最後一個輔音/d/被刪除，沒有得到轉寫。韓語音譯中英語"Maryland"的詞尾複輔音/n/和/d/都得到保存。/n/作爲前面音節的尾音保存，/d/通過插入元音/ɨ/而得以保存。漢語采取刪除末尾輔音/d/的策略，這可以解釋爲，與共鳴度高的鼻音/n/相比，塞音知覺顯著度相對較低，因此沒有得到轉寫。如果將此視爲基於知覺的借詞對應，則同漢語相比，韓語音譯的對應對源語言音系更加忠實。

另外，英語"Texas"的詞尾輔音/k/和/s/在漢韓音譯中都得到保存，第二個輔音-s在兩種語言中都通過和後接元音一起構成音節得到保存。但是在對應第一個輔音/k/時，漢語音系中不允許詞尾出現/k/，所以，添加了插入元音/ɤ/來進行對應，而韓語允許出現詞尾/k/，於是轉寫爲前一個音節的尾音。表面形式有所差異，但從借詞音系學的觀點來看，兩種情況都沒有違反固有音系，可以說是對輸入的源語言的輔音忠實地進行轉寫。最後一個例子，英語"Bismarck"的詞尾輔音/r/和/k/在兩種語言的對應情況不同，漢語是兩種輔音都被刪除，音譯中不存在和輸入對應的輔音。與之相反，韓語中兩個輔音只刪除了第一個輔音/r/，/k/通過插入元音/ɨ/得到保存。/r/的語音特點和元音類似，比/k/知覺顯著性低。韓語音譯的對應過程反映了這種語音特徵。另外，英語"Massachusetts"的漢語音譯刪除了最後一個音節的複輔音/ts/，而韓語音譯中將/ts/對應爲［tɕʰɨ］，說明將/ts/感知爲塞擦音［tʃ］類似的音，這又可以說是借詞對應時語音特點的反映。

綜上所述，以英語複輔音爲輸入形式的漢韓音譯的對應也基本忠實於源語言音系，只是詞首和詞尾的刪除比率存在差異。兩種語言在詞首除了/ŋ/以外所有輔音都可出現，但詞尾出現的輔音有限制。特別是漢語只能出現/n/和/ŋ/兩種，更加受限。與這種事實相符，統計材料中，輸入形式詞首出現的輔音都忠實地進行音系轉寫，而輸入形式詞尾出現的輔音刪除的比例在兩種語言中都有所增高，特別是漢語的刪除比率更高。這可以認爲是由於兩種語言的音系中，輸入形式中複輔音的知覺顯著性在詞首更高，在詞尾更低。特別是比起韓語，很可能漢語詞尾輔音的知覺顯著性更低，因而刪除的比率也更高。以上説明，兩種語言的借用對應，基本上是以音系對應爲基礎，但也明顯反映了知覺的影響，而這種知覺顯著性的差異也可以最終歸結爲兩種語言音系的影響。

四、優選論視角下的漢韓音譯借用比較

上文通過具體的示例和統計數據，分析了漢韓音譯的對應情況。現在通過優選論（Optimality Theory，簡稱 OT）對漢韓音譯的對應情況進行比較，以得出一般化的結論。

（一）優選論

1993 年 Alan Prince 和 Paul Smolensky 提出了一種新的音系理論——優選論。得益於這一理論，最近 20 餘年間借詞音系學蓬勃發展，研究對象涉及多種語言。優選論基本上認爲語言現象是追求維持語言現象底層的忠實性制約條件（faithfulness constraint）和減少表層標記性（markedness）的標記性制約條件（markedness constraint）的交互作用。優選論認爲音系現象是對輸出形式進行表面制約（output constraint）的結果，因此，和現存的基於規則（rule-based）的理論相比，更易於統一研究借詞和母語的語言現象。

優選論認爲所有語言共有若干制約條件，個別語言的差異是這些制約條件排序的差異造成的。從優選論的觀點看，語言借用可以分析爲圖 6 的模型。根據該模型，母語說話人的語法是一組等級排序不同的制約條件（a set of ranked constraints），外語輸入形式的輸出形式即爲借詞。

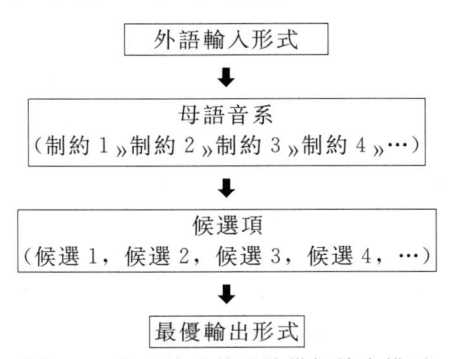

圖 6　以優選論爲基礎的借詞輸出模型

優選論的制約條件基本上帶有語言普遍性，特別是輸入形式和輸出形式之間禁止對特徵進行改變的 IDENT、表示不允許插入的 DEP、表示不能刪除的 MAX 等基本忠實性制約條件（basic faithfulness constraint）可以稱爲具有語言普遍性的核心制約條件。固有詞表面形式不能出現的制約條件之間的排序會通過借詞表現出來，而且固有詞中 C1（制約條件 1）》C2（制約條件 2）在借詞中也可能變成 C2》C1。例如，固有韓語中/t/在/i/前面出現時由於顎音化不存在*] ti] 這種音節，而對應爲 [tɕi]。可見，韓語裏存在的有標記制約（*TI）與阻止發音部位特徵變化的忠實性制約（IDENT（PLACE））相比更有優勢，即呈現的制約條件排序爲*

TI》IDENT（PLACE）。但是，韓語借詞中這種序列並不成立。英語輸入形式"radio"在韓語中是"라디오［la.ti.o］"，是將固有詞中存在的 IDENT（PLACE）》*TI 的序列正好倒過來。同時，也可以發現固有詞中存在的序列在借詞中保持的情況。以漢語爲例，漢語固有詞中/k/在/i/前面時會發生腭化，不存在*［ki］這類音節，需變成［tɕi］。可見，漢語中存在的有標記制約（*KI）比禁止發音位置特徵變化的忠實性制約排序更高，表現出的制約條件排序爲*KI》IDENT（PLACE）。這在借詞中也同樣適用。英語輸入形式"guitar"在漢語中爲"吉他［tɕi.tʰa］"，表明漢語有標記制約*KI 也適用於借詞，借詞對應中也遵守*KI》IDENT（PLACE）的等級排序。韓語和漢語的這種序列關係用 OT tableau 可表示如下（表 17—表 19）①。

表 17　/ti/→/tɕi/固有韓語

/ti/	*TI	IDENT（PLACE）
a. /ti/	*！	
☞ b. /tɕi/		*

表 18　/ti/→/ti/韓語借詞

/ti/	IDENT（PLACE）	*TI
☞ a. /ti/		*
b. /tɕi/	*！	

表 19　/ki/→/tɕi/漢語（固有詞、借用詞相同）

/ki/	*KI	IDENT（PLACE）
a. /ki/	*！	
☞ b. /tɕi/		*

日語固有詞不出現的制約條件間的排列關係會通過借詞體現出來。第一節提到的日語顎音化現象（*SI）不是只在擦音/s/和高元音/i/相遇時才會出現。塞音/t/在高元音/i/前面也會引起顎音化，不是實現爲*［ti］，而是［tɕi］。*SI 和*TI 間的等級排列通過固有日語無法判定，所以使用表示待定的≈，可以表示爲*SI≈*TI》IDENT（PLACE）。但是借入英語"city"時，［si］在日語中對應爲［ʃi］，雖然遵守*SI，但［ti］借用爲［ti］，違反了*TI。另一個例子英語"party"的最後一個音節［ti］也對應爲［ti］。固有詞沒有體現*TI 和*SI 間的等級排序，但通過借詞的對應，表現出*SI》*TI。可見，借詞對應可以通過優選論制約條件間序列的調整得到有效的説明。

（二）漢韓音譯對應相關的制約條件的排序

基於第三節的分析結果，本節分析漢語、韓語中英源音譯詞對應時出現的制約條件的等級關係。首先觀察表 10 中音節數的統計結果，可以發現，與刪除輸入形

---

① OT 的基本制約、表達方式已廣爲人知，但爲方便對此陌生的讀者，這裏略作説明。圖中 * 表示違反該制約，！表示致命違反。☞指最低限度違反了制約條件，是最優輸出形式（optimal output）。

相比，基本上更偏好保存。所以，在兩種語言中，禁止輸入形和輸出形之間出現刪除的 MAX-IO 優先於禁止插入的 DEP-IO，即可設定下面的排序。

[排序 1]　　MAX-IO ≫ DEP-IO

英語輸入形式存在漢韓音系不允許的音節尾輔音時，固有詞中不允許插入元音的制約（DEP（V））與維持輸入形原來特徵的制約（IDENT（F））相比，在排序上占優，但是，在借詞中，通過插入元音維持輸入形特徵的制約優先。漢語或韓語在音節尾能夠出現的輔音是有限制的，可以設定有標記制約 NOCODACON。對漢韓借詞對應的制約條件可設定下列排序。

[排序 2]　　NOCODACON ≫ IDENT（F）≫ DEP（V）

下面根據表 12，考察詞首輔音的對應情況。首先，韓語音譯中，輸入形的所有成分在輸出形得到保存，使用與英語音位對應的韓語音位進行了忠實的轉寫。因此，通過韓語的對應情況無法爲輔音的特徵設定等級關係，如下所示。

[排序 3]　　IDENT（PLOSIVE）≈ IDENT（FRICATIVE）≈ IDENT（AFFRICATE）≈ IDENT（NASAL）≈ IDENT（LIQUID）≈ IDENT（GLIDE）

但是，英語輸入形式存在但韓語不存在的音位會轉寫爲韓語音系中範疇最類似的音位，由此可以看出 IDENT（MANNER）和 IDENT（PLACE）之間的排序。英語音位中韓語不存在的代表性輔音有/f/和/v/，根據對韓語音譯數據的分析，可以發現前者一律對應爲/pʰ/，後者一律爲/p/。（例：[flɔr.ɪ.də]→[pʰil.lo.li.da]，[vɚ.mant] → [pʌ.mon.tʰɨ]）。英語輸入形式和韓語輸出形式在發音位置方面有共同點，都是唇音，而發音方法不同，英語是摩擦音，韓語是塞音。因此，發音部位特徵的變更制約應排在發音方法特徵的變更制約之前，如下所示。

[排序 4]　　IDENT（PLACE）≫ IDENT（MANNER）

與之相反，漢語音譯中輸入形式的幾乎所有成分都出現在輸出形式。和韓語不同，可以看到某種輔音分爲忠實 1 和忠實 2 保存的情況。通過這一點可以設定有關輔音特徵變更的排序。首先，和韓語一樣，鼻音和流音忠實地對應爲發音方法和發音位置相同的輔音，因此這兩者無法確定排序。但塞擦音、塞音、擦音、滑音忠實 2 轉寫的數量依次增多，因此，漢語禁止輔音發音方法變更的制約條件可整理如下：

[排序 5]　　IDENT（NASAL）≈ IDENT（LIQUID）≫ IDENT（GLIDE）≫ IDENT（FRICATIVE）≫ IDENT（PLOSIVE）≫ IDENT（AFFRICATE）

另外，通過考察英語中存在但漢語不存在的音位如何對應，可以推定禁止發音方法特徵變更和禁止發音位置特徵變更之間的排序。英語塞擦音/ʤ/對應爲漢語塞擦音/ts/或/tʂ/（例：[dʑɔr.dʑə] → [tswo.tʂʅ.ja]）。/dʑ/和/ts/或/tʂ/都是塞擦音，發音方法沒有變化，但發音位置發生了變化。因此，可推定如下等級排列。

[排序 6] 　IDENT（MANNER）》IDENT（PLACE）

不僅如此，通過觀察英語詞首輔音的漢語音譯對應中忠實 2 對應的情況，如英語 "Boston" 的第二個音節的頭音/t/不是對應為漢語的/tʰ/而是/t/，英語 "Pennsylvania" 的第一個輔音/p/不是對應為漢語的/pʰ/，而是對應為/p/，可以發現，漢語中存在的 [±aspiration] 的區別特徵在借詞對應中比起 [Place] 或 [Manner] 特徵等級低，所以可以設定下列等級排列。

[排序 7] 　IDENT（MANNER）》IDENT（PLACE）》IDENT（ASPIRATION）

下面我們以表 14 的統計結果為基礎，對前文設定的制約關係進行修正或調整。首先看韓語。英語輸入形式中的詞尾輔音都忠實地通過音系轉寫進行對應。但是，引人注目的一點是英語 "South" 的音節尾輔音/θ/在韓語中對應為/s/。如第二節所言，韓語存在發音方法和發音位置和/s/相同，但 [±tense] 不同的/s/。/s/和英語/θ/知覺上更類似。根據/θ/對應為/s/，我們可以對前文無法確定的韓語借詞對應的制約條件等級關係設定如下。

[排序 8] 　IDENT（PLACE）》IDENT（MANNER）》IDENT（TENSE）

另外，輸入形式中存在的詞尾流音在輸出形式中刪除的比率相對較高，據此，[排序 3] 中沒有確定的等級關係可修正如下。

[排序 9] 　IDENT（PLOSIVE）≈IDENT（FRICATIVE）≈IDENT（AFFRICATE）≈IDENT（NASAL）≈IDENT（GLIDE）》IDENT（LIQUID）

下面看漢語的情況。[排序 5] 中剩下鼻音和流音排序未定。根據表 14 的統計結果，鼻音的特徵維持比流音的特徵維持排序更高，因此可修正為 [排序 10]。而且，當英語輸出形式的詞尾複輔音的讀音中只保存一個輔音而刪除另一個時，若複輔音中包含鼻音，則一定會保存鼻音，刪除其他輔音（例：[mant.pil.yɚ] → [məŋ.pi.li.ai]）。這又是特徵變更的排序中鼻音占最高位置有力的證據。

[排序 10] 　IDENT（NASAL）》IDENT（LIQUID）》IDENT（GLIDE）》IDENT（FRICATIVE）》IDENT（PLOSIVE）》IDENT（AFFRICATE）

最後，我們通過漢韓兩種音系在音節任何位置都不允許的複輔音的對應情況來確定制約條件的排序。表 16 表明，兩種語言在詞首複輔音的保存比率都是 100%，與之相比，詞尾複輔音的刪除比率相對較高。另外，韓語、漢語都采取保存策略時，詞尾複輔音出現忠實 2 對應的比率更高。這說明詞尾複輔音的特徵變化排在詞首複輔音的特徵變更之後。因此，可以爲禁止輸出項刪除輸入項音段的制約條件設定［排序11］，爲要求特徵一致的制約條件設定［排序12］。

［排序11］　　MAX-IO（ONSETC）》MAX-IO（CODAC）

［排序12］　　IDENT（ONSETC）》IDENT（CODAC）

總之，漢韓音譯的對應過程說明，英語輸入形式在兩種語言音譯的輸出形式中都偏好不刪除，追求忠實對應（參見［排序1］和［排序2］）。另外，兩種語言都不允許出現複輔音。與詞尾複輔音相比，更傾向於保存英語輸入形式詞首複輔音。但就發音方法和發音位置以及［±aspiration/tense］的排序而言，兩種語言存在差異（參見［排序7］和［排序8］）。基於以上的討論，下面用OT候選項競選表（表20、表21）展示漢韓音譯詞的對應過程。

表20　漢語音譯詞對應例示：/-k/→/-kV, -kʰV/

/-k/	*/-K/	MAX-IO	IDENT(MANNER)	IDENT(PLACE)	IDENT(ASPIRATION)	DEP(V)
/ø/		*!				
/-k/	!*					
☞/-kV/						*
☞/-kʰV/					*	*
/-tV/				!*		*
/-fV/			!*	!*		*

表20表明，漢語音譯詞對應時，漢語音位配置限制導致的標記性制約（*/-K/）排序最高，要求忠實轉寫的MAX-IO次之。發音方法和發音位置及［±aspiration］特徵依次由高到低排列，禁止插入元音的DEP（V）等級最低。因此，違反了上位制約的候選項（/ø/、/-k/、/-tV/、/-fV/）沒有成爲最優輸出形式，相對違反了下位制約的候選項最後成爲最優輸出形式。☞表示該輸出項不是致命的違反項，因此是☞表示的候選項之後的最優輸出形式。

表21　韓語音譯對應例示：/ɵ/→/-sV, s'V/

/-ɵ/	*/-S/	MAX-IO	IDENT(PLACE)	IDENT(MANNER)	IDENT(TENSE)	DEP(V)
/ø/		*!				
/-s/	!*					
☞/-sV/					*	*
☞/-s'V/						*
/-tV/				!*	*	*
/-pV/			!*	!*	*	*

表 21 表明，和漢語一樣，韓語音位配置限制的標記性制約（*/-S/）同樣排序最高，要求忠實轉寫的 MAX-IO 排在其後。但是，和漢語不同，發音位置特徵優先於發音方法特徵。其後爲［±tense］特徵。和漢語一樣，禁止插入元音的 DEP（V）等級最低。因此，違反上位制約的候選項（/ø/、/-s/、/-tV/、/-pV/）沒有成爲最優輸出形式，而違反了下位制約的候選項被選爲最優輸出形式。☞表示的候選項/-sV/不是致命的違反項，所以成爲候選項/-s'V/之後的最優輸出形式。

五、結　論

本文對英語來源的漢韓音譯詞的對應情況進行了比較。文中美式英語的輸入形式爲美國州名及各州首府名的漢韓音譯。爲了提供背景知識，本文介紹了英語、漢語、韓語三種語言的音系，並以此爲基礎，觀察了英語音位的輸入形式借入漢語和韓語時的對應情況。在分析時，重點考察對應的音位間的音系或知覺類似性的關係、借詞音系學經常使用的保存策略和刪除策略的關係。另外，使用理論上易於闡釋借詞對應關係的優選論對兩種語言借詞的對應情況進行了理論上的歸納。

本文的研究結果表明，漢韓音譯的對應都是音系忠實的轉寫爲基本前提，即英語輸出形式存在的大部分音位忠實地對應爲音系最類似範疇的漢韓音位。在此基礎上，有時語音要素，即知覺的類似性或顯著性（perceptual similarity and saliency）等因素也起作用。這種語音要素主要突出地體現在兩種語言所插入的元音和映射輔音的發音位置和發音方法上。另外，詞尾輔音比詞首輔音刪除比率更高。比起其他輔音，流音的刪除比率更高，説明英語輸入形式的語音屬性對對應結果產生了影響。反過來，共鳴度（sonority）高的鼻音，即使在音位尾複輔音中，也沒有出現刪除的情況，這可能和鼻音語音上的特徵有關。另外，給出的數據中，韓語音譯對應時出現了前文提到的"添加-l"現象，這可以認爲是由於英語輸入形/l/的知覺效果產生的。

分析説明，韓語音譯輸出形式比漢語音譯輸出形式對語音特性的反映更明顯。這可能起因於兩種語言書寫體系的差異。漢語使用表意文字漢字，一個漢字表示一個音節，一般充當一個語素。因此，漢語音譯輸出過程中，總能發現考慮語義因素的情況（例：Washington → 華盛頓）。但是，漢語音譯時，雖然漢字的這種表意功能基本喪失，但毫無例外仍然一個漢字表示一個音節。因此，如果想將英語輸入形式中存在的一個輔音用對應的漢語輔音忠實轉寫，不能只考慮輔音，而是要以"輔音1＋元音1"爲一個整體進行對應。因此，漢語的音譯對應只能徹底地以對輔音的忠實轉寫爲主進行，即爲了忠實地轉寫輔音，可以犧牲對元音的忠實轉寫，但幾乎沒有爲了轉寫元音犧牲輔音忠實轉寫的情況（IDENT（C）》IDENT（V））。另外，音節尾出現的輔音的種類也是漢語音系比韓語限制更多。因此，漢語如果想在對應過程中體現韓語"添加-l"這類現象，需要不只是尾音處加一個輔音，而是要構成新的音節。換句話説，會導致單詞的音譯中音節過多。因此，輸出形在表現細微的語音特性時比較受限。

此外，雖然本文没有具體討論，但令人注目的是，兩種語言都出現了一些與其説是語音影響，不如説是英文拼寫法影響的轉寫。換言之，有些輸出形式和實際英語音位無關，而與構成英語單詞的拉丁字母有關。這在轉寫元音時最明顯。和漢語相比，韓語中這種現象更常見。雖然韓語的元音/e/同時反映韓語元音ㅔ和ㅐ的音值①，但是輸出形式中英語 e 對應爲"ㅔ"，英語 a 對應爲"ㅐ"（例：Tennessee → 테네시 [tʰe. ne. si]，Harrisburg → 해리스버그 [he. li. si. pʌ. kɯ]）。

最後，我們提出"借詞對應空間"（Loanword Adaptation Space，簡稱 LAS）作爲本文的結論。該模型可以直觀地展示漢韓音譯對應的機制。我們將借詞對應過程中輸入和輸出之間産生最大影響的音系和知覺（或語音）置於 LAS 的中心。通過圖 7，讀者可以總覽本文到現在爲止討論的漢韓借詞對應的特點。

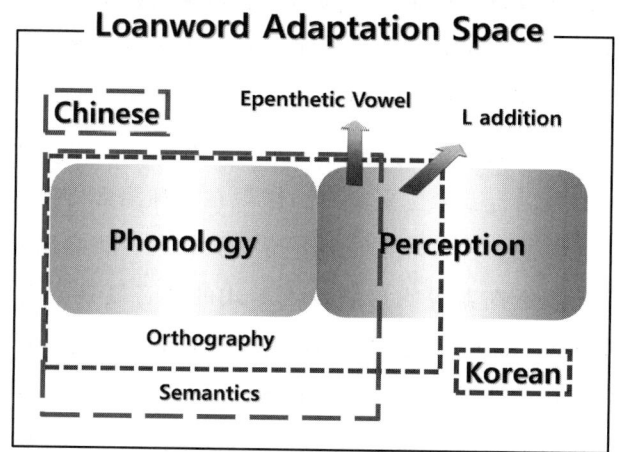

圖 7　漢韓借詞對應

參考文獻

何善芬. 英漢語言對比研究. 上海：上海外語教育出版社，2002.

何維銀，等. 朗文高階英漢雙解詞典. 北京：外語教學與研究出版社，2010.

林燾，王理嘉. 語音學教程. 北京：北京大學出版社，1992.

馬秋武. 優選論. 上海：上海教育出版社，2008.

于輝. 漢語借詞音系學：以英源借詞的語音和音系分析爲例. 天津：南開大學，2010.

---

①　原來韓語元音ㅔ和ㅐ音質不同，但現在學界認爲除了某些方言或老人的發音，一般來説，標準韓語中這兩者没有差别。

Davis, Stuart and Hyunsook Kang. "English Loanwords and the Word—Final [t] Problem in Korean", *Language research*, 2006 (42): 253—274.

Giegerich, Heinz. *English Phonology*. Cambridge: Cambridge University Press, 1992.

Itô, Junko and Armin Mester. 2001. "Covert generalizations in Optimality Theory: The Role of Strata Faithfulness Constraints", *Studies in Phonetics, Phonology and Morphology*, 2001 (7): 273—300.

Kang, Yoonjung. "Perceptual Similarity in Loanword Adaptation: English Postvocalic Word—Ffinal Stops in Korean", *Phonology*, 2003 (20): 219—273.

Kim, Tae Eun. *A Study of Mandarin Loanwords: Lexical Stratification, Adaptation, and Factors*. Ph. D. dissertation, University of Wisconsin-Madison, 2012.

La Charité, Darlene and Carole Pardis. "Cateogory Preservation and Proximity Versus Phonetic Approximation in Loanword Adaptation", *Linguistic Inquiry*, 2005 (36): 223—258.

Ladefoged, Peter and Keith Johnson. *A Course in Phonetics*. Wadsworth, 2009.

Lee, Junhee. *The Phonology of Loanwords and Lexical Stratification in Korean: with Special Reference to English Loanwords in Korean*. Ph. D. dissertation, University of Essex, 2003.

Lin, Yen-Hwei. *The Sound of Chinese*. Cambridge University Press, 2007.

McCarthy, John. *A thematic guide to Optimality Theory*. Cambridge University Press, 2002.

Miao, Ruiqin. *Loanword Adaptation in Mandarin Chinese: Perceptual, Phonological, and Sociolinguistic Factors*. Ph. D. dissertation, Stony Brook University, 2005.

Peperkamp, Sharon, Ingua Vendelin, and Kimihiro Nakamura. "On the Perceptual Origin of Loanword Adaptation: Experimental Evidence from Japanese", *Phonology*, 2008 (25): 129—164.

Prince, Alan and Paul Smolensky. "Optimality Theory: Constraint Interaction in Generative Grammar", *Rutgers University Center for Cognitive Science Technical Report*, 2. ROA, 1993: 537—0802.

Silverman, Daniel. "Multiple Scansions in Loanword Phonology: Evidence from Cantonese", *Phonology*, 1992 (9): 289—328.

Steriade, Donca. "Directional Asymmetries in Place Assimilation: A Perceptual Account", in Elizabeth Hume and Keith Johnson, eds., *The Role of Speech Perception in Phonology*. Academic Press, 2001: 219—250.

배주채, 2015, 《한국어 음운론의 기초》, 삼경문화사.

신지영, 2003, 《한국어 소리구조》, 한국문화사.

이봉형, 2013, 《차용어 음운론》, 한국문화사.

이봉형·이동국·한은주, 2005, 《영어학의 최근 논점-음운론》, 한국문화사.

한국국립국어원 홈페이지, http://www.korean.go.kr/.

附錄　美國 50 州名稱及 50 州首府名稱

영어（英文）	중국어（中文）	한국어（韓文）
Alabama（AL）	亞拉巴馬	앨라배마
Alaska（AK）	阿拉斯加	알래스카
Arizona（AZ）	亞利桑那	애리조나
Arkansas（AR）	阿肯色	아칸소
California（CA）	加利福尼亞	캘리포니아
Colorado（CO）	科羅拉多	콜로라도
Connecticut（CT）	康涅狄格	코네티컷
Delaware（DE）	特拉華	델라웨어
Florida（FL）	佛羅里達	플로리다
Georgia（GA）	佐治亞	조지아
Hawaii（HI）	夏威夷	하와이
Idaho（ID）	愛達荷	아이다호
Illinois（IL）	伊利諾伊	일리노이
Indiana（IN）	印第安納	인디애나
Iowa（IA）	艾奧瓦	아이오와
Kansas（KS）	堪薩斯	캔자스
Kentucky（KY）	肯塔基	켄터키
Louisiana（LA）	路易斯安那	루이지애나
Maine（ME）	緬因	메인
Maryland（MD）	馬里蘭	메릴랜드
Massachusetts（MA）	馬薩諸塞	매사추세츠
Michigan（MI）	密歇根	미시간
Minnesota（MI）	明尼蘇達	미네소타
Mississippi（MS）	密西西比	미시시피
Missouri（MO）	密蘇里	미주리
Montana（MT）	蒙大拿	몬태나
Nebraska（NE）	内布拉斯加	네브래스카

續上表

Nevada (NV)	內華達	네바다
New Hampshire (NH)	新罕布什爾	뉴햄프셔
New Jersey (NJ)	新澤西	뉴저지
New Mexico (NM)	新墨西哥	뉴멕시코
New York (NY)	紐約	뉴욕
North Carolina (NC)	北卡羅來納	노스캐롤라이나
North Dakota (ND)	北達科他	노스다코타
Ohio (OH)	俄亥俄	오하이오
Oklahoma (OK)	俄克拉何馬	오클라호마
Oregon (OR)	俄勒岡	오리건
Pennsylvania (PA)	賓夕法尼亞	펜실베이니아
Rhode Island (RI)	羅得島	로드아일랜드
South Carolina (SC)	南卡羅來納	사우스캐롤라이나
South Dakota (SD)	南達科他	사우스다코타
Tennessee (TN)	田納西	테네시
Texas (TX)	得克薩斯	텍사스
Utah (UT)	猶他	유타
Vermont (VT)	佛蒙特	버몬트
Virginia (VA)	弗吉尼亞	버지니아
Washington (WA)	華盛頓	워싱턴
West Virginia (WV)	西弗吉尼亞	웨스트버지니아
Wisconsin (WI)	威斯康星	위스콘신
Wyoming (WY)	懷俄明	와이오밍
Montgomery	蒙哥馬利	몽고메리
Juneau	朱諾	주노
Phoenix	菲尼克斯	피닉스
Little Rock	小石城	리틀록
Sacramento	薩克拉門托	새크라멘토
Denver	丹佛	덴버
Hartford	哈特福德	하트퍼드

續上表

Dover	多佛爾	도버
Tallahassee	塔拉哈西	탤러해시
Atlanta	亞特蘭大	애틀랜타
Honolulu	火奴魯魯	호놀룰루
Boise	博伊西	보이시
Springfield	斯普林菲爾德	스프링필드
Indianapolis	印第安納波利斯	인디애나폴리스
Des Moines	得梅因	디모인
Topeka	托皮卡	토피카
Frankfort	法蘭克福	프랭크퍼트
Baton Rouge	巴吞魯日	배턴루지
Augusta	奧古斯塔	오거스타
Annapolis	安納波利斯	아나폴리스
Boston	波士頓	보스턴
Lansing	蘭辛	랜싱
Saint Paul	聖保羅	세인트폴
Jackson	杰克遜	잭슨
Jefferson City	杰斐遜城	제퍼슨시티
Helena	海倫娜	헬레나
Lincoln	林肯	링컨
Carson City	卡森城	카슨시티
Concord	康科德	콩코드
Trenton	特倫頓	트렌턴
Santa Fe	聖菲	산타페
Albany	奧爾巴尼	올버니
Raleigh	羅利	롤리
Bismarck	俾斯麥	비즈마크
Columbus	哥倫布	콜럼버스
Oklahoma City	俄克拉何馬城	오크라호마시티
Salem	塞勒姆	세일럼

續上表

Harrisburg	哈里斯堡	해리스버그
Providence	普羅維登斯	프로비던스
Columbia	哥倫比亞	컬럼비아
Pierre	皮爾	피어
Nashville	納什維爾	내슈빌
Austin	奧斯丁	오스틴
Salt Lake City	鹽湖城	솔트레이크-시티
Montpelier	蒙彼利埃	몬트필리어
Richmond	里士滿	리치먼드
Olympia	奧林匹亞	올림피아
Charleston	查爾斯頓	찰스턴
Madison	麥迪遜	매디슨
Cheyenne	夏延	샤이엔

A Comparative Study of Loanword Adaptation between Mandarin and Korean

Kim TaeEun

Abstract:Many studies have discussed Loanword Phonology recently. The topics of the studies mainly focus on what is the nature of input. The approaches, which are taken by many relating research, are classified into two: Phonological Approach and Perceptual Approach. Past research usually investigated individual language, but this study is a further study, since the processes of adaptations of Mandarin phonetic loans and Korean phonetic loans are compared in this study. Data were collected from American English, which is a very influential language as Lingua Franca. Specifically, Research Data are Mandarin and Korean phonetic loans originating from the names of American states and capitals. Firstly, for the background of discussion, the phonology of English, Mandarin, and Korean will be compared in Chapter 2. Secondly, a full-scale analysis will be made in Chapter 3, such as on the changes of number of syllables, the adaptation of initial consonants and coda consonants, and the adaptation of consonant clusters. In Chapter 4, a model of loanword adaptation will be shown, based on Optimality Theory. Also the differences of the hierarchy of constraints between Mandarin and Korean will be discussed. Lastly, as a conclusion, the adaptation of Mandarin and Korean phonetic loans will be schematized by suggesting LAS (Loanword Adaptation Space) in Chapter 5.

Keywords: Loanword Phonology; American English; Mandarin; Korean; phonetic loan; comparison; adaptation; OT

(金兑垠,韓國延世大學語言信息研究院)

朱子語録文獻異文與文白演變

潘牧天

提 要：宋元是漢語文白演變的關鍵時期，朱子語録是該時期典型的文人口語文獻，而其宋元明清諸本異文體現了"宋—現代"漢語演變的連續統，其中既有文白相替如"不—未—無—毋—没""然—模樣""即（是）—只是""這—此—是""也—亦""消得—須"等，也有口語俗語的互相替換如"怎—那裏""忉怛—絮"，更有靈活使用的語境義臨時統一如"攤—捺"，集中體現了唐宋以來古白話文獻的語言特徵與文白興替的演變機制。

關鍵詞：朱子語録；文獻異文；古白話；文白演變

一、引 言

文言和白話是兩個相對的概念。文言，意思是只見于文而不口説的語言；白話的意思是口説的語言。吕叔湘（1983）指出文言與白話是兩個互相對待的名詞，又是兩個不很確切而又很有實用的名稱。我們可以用聽得懂和聽不懂作爲標準將書面語分成"語體文"和"超語體文"。一般説來可以將古代漢語書面語中的文言看作超語體文，而將白話看作語體文。古代漢語的書面語文言的詞彙和句法系統定型後，依照繼續發展演變的口語寫的書面語就有了相對於"文言"而言的"白話"之稱。語言的演變是活的、生長的、繼續一貫的，文言形成後基本上在原地踏步，不受時空的限制，詞彙和句法系統不再有大的變化，但作爲古代書面語的文言在各時代作者的筆下也或多或少地跟著時代變遷，既有從歷時的角度看當時新出現的白話語體成分，又有從共時的角度看繼承的歷代的文言超語體成分，從而產生隨著口

---

* 本文爲國家社會科學基金青年項目"東亞朱子語録文獻語言研究"（項目編號：17CYY029）、上海市晨光計劃項目"朱子語録文獻異文研究"、中國博士後科學基金面上資助項目、温州市哲學社會科學重點項目（項目編號：16wsk297）和上海師範大學文科科研項目的階段性成果。

的變化而發展的白話新書面語。（徐時儀 2015：19）從晚唐五代開始，逐步形成了古白話，古白話的詞彙和現代漢語詞彙有著更爲密切的關係，不對古白話的詞彙進行深入研究，對現代漢語詞彙也就不能有透徹的理解。所以，漢語歷史詞彙學面臨的一個重要任務，就是把這段空白填補起來。（蔣紹愚 2005a：236）

朱熹語錄作爲講學問答的直錄文獻，其中既有文言（尤其是其引用的經典文獻）也有白話（多見於朱熹與門人之間的對答），上古書面語與唐宋以來的方俗口語共存，形成了文白夾雜的文人口語風格。語錄"從整體上看是一種既非純粹口語又非一般文言的文人口語體，介於便俗語體和典雅語體間，具有文白並用和雅俗交融的多元語言特色，可以説是書面形式的口語，客觀上如實反映了南宋時文白此消彼長漸趨於分庭抗禮狀態的演變概貌"（徐時儀 2012：25—34）。朱子語錄宋元明清諸本以及現代點校本的異文反映了"宋—現代"語言演變的連續統[①]，其中不乏文言與白話的同義替換現象，從中可見唐宋以降文白演變的實況。

二、常用詞的文白替換

1. 不—未—無—毋—没

朱子語錄異文中多見文白相替的現象，其中多有一些常用詞的替換，如古漢語中否定詞有"非""未""勿""毋""弗""不""莫""否""休""没"等，它們的語法特性各不相同，産生的時代也有早晚，沿用至現代漢語，"不"和"没"成爲口語中表否定概念的常用詞。語錄異文中否定詞亦發生替換。如：

（1）"體仁"如體物相似。人在那仁裏做骨子，故謂之"體仁"。仁只是箇道理，須着這人，方體得他，做得他骨子。"比而效之"之説，却覺見不是。（S28-7b、h1003、c2715、w1706[②]）

"却覺見不是"，成化本、王星賢點校本爲"却覺得未是"。

[①] 朱子語錄自宋至今版本甚多，本文所涉主要包括以下幾種：李道傳《晦庵先生朱文公語録》，存宋刻本七卷、明抄本十一卷，暫存於臺北"故宫博物院"，以下簡稱"《池録》"。黄士毅《朱子語類》僅存朝鮮古寫徽州本（京都中文出版社 1982 年影印日本九州大學圖書館藏朝鮮古寫徽州本），所據底本爲寶祐二年魏克愚再校本，以下簡稱"徽州本"。黎靖德《朱子語類》主要參考兩種版本：其一，現存最早的明成化九年陳煒重刻江西藩司覆刊宋咸淳六年導江黎氏本，臺北正中書局 1982 年影印有據日本内閣文庫藏覆成化本修補"國家圖書館"藏成化九年陳煒覆刻本，以下簡稱"成化本"；其二，當今最通行的王星賢點校《朱子語類》（《理學叢書》，中華書局，1986 年版）。下文黄士毅、黎靖德《朱子語類》分别以具體版本"徽州本""成化本"稱之。

[②] 朱子語錄涉及異文的引文所據底本爲《池録》，下同。《池録》原本中頁碼難以辨識，我們爲其加上頁碼，如宋刻本《池録》第二十七卷第 1 版右、左版分别標作"S27-1a"、"S27-1b"，明抄本《池録》第二卷第一版右、左版分别標作"M2-1a"、"M2-1b"。引用徽州本、成化本、王星賢點校本時一般標明頁碼，如三本的第 1 頁分别標爲 h1、c1、w1。此處一併説明。

(2) 問:"'無意,無必①,無固,無我。意,私意也。我,私己也。'看得來私己是箇病根,有我則有意。"(M2-25b、h579、c1522、w952)

(3) "志者,氣之帥也。"此只當責志。孟子曰:"持其志,無暴其氣。"若能持其志,則氣自清明。(S37-15b、h238、c596-597、w372)

(4) 如云"勞毋袒,暑無褰裳"。若非敬事,雖勞亦不敢袒。惟涉水乃可褰裳,若非涉水,雖盛暑亦不敢褰裳也。(S38-52a、M38-39b、c3564、w2245-2246)

以上三例皆徵引經典,例(2)中"無意,無必,無固,無我",成化本無,徽州本爲"毋意,毋必,毋故(固),毋我",見《論語·子罕》:"子絕四,毋意,毋必,毋固,毋我。"例(3)中"無暴其氣",徽州本、成化本、王星賢點校本"毋暴其氣",見《孟子·公孫丑上》:"持其志,無暴其氣。"例(4)"暑無褰裳",成化本同,王星賢點校本爲"暑毋褰裳",見《禮記·曲禮上》:"勞毋袒,暑毋褰裳。"所徵引典籍中"無""毋"多有相混。

(5) 先生曰:"也無稽考處。那《禮》上雖略説,然也説得無理會處。"(S27-96a、h1509、c4253、w2674)

"無理會處",徽州本、成化本、王星賢點校本爲"没理會處"。

(6) 人不自訟,則不奈何他。今公既自知其過,則讀書窮理,便是爲學,也無他陶鑄處。② (S27-118a—S27-118b、h1602、c4444-4445、w2789)

"不奈何他",徽州本爲"没奈他何",成化本、王星賢點校本爲"没奈何他"。"不""未""無"先秦已見,出土文獻中已見大量用例。如:

(7) 公不悦,揖而退之。(《郭店楚簡·魯穆公問子思》)

(8) 未有善事人而不返者,未有嘩而忠者。(《郭店楚簡·語叢二》)

(9) 忠人無訛,信人不負。(《郭店楚簡·忠信之道》)

"没"早見於《小爾雅·廣詁》:"勿、蔑、微、曼、末、没,無也。"文獻例在唐代已多見,《敦煌變文集》"没"用於否定詞凡55見,其中有個別用例似可看作否定副詞。如:

(10) 數次叫問,都没應挨,推築(催促)再三,方始回答。(敦煌變文《八相變》)

---

① 明抄本《池録》此後衍"無必"。
② 例中 ×× 爲《池録》殘闕,據徽州本、成化本補。

關於副詞"没"的來源,學術界多認爲是由"未"而來①,潘悟雲先生(2002)指出上古的"無"在虛化過程中語音發生促化變成了"没"。"不"從尤韻讀入虞韻,"無"也是虞韻。"不"在北方促聲化以後,進一步失去介音,讀入没韻,與"没"同韻,它們的語音和語義關係是完全平行的。徐時儀師(2003)進一步從音義結合的角度指出"没"的來源與"無"有關,"無"與"没"的替換在唐時已露端倪,"没"由"沉入水中"引申的"消失""失去"義融入了"無"的"亡"義而產生"没有"義,"没"韻的舒聲化與"無"的文白異讀使得"没"的讀音與"無"的白讀音[mu]趨於相似,進而逐漸形成了"没"取代"無"的語義和語音條件,"没"最終取代"無"約在元明時期。②

《池録》中"没"作否定詞有 27 例。如:

(11) "天地節而四時成。"天地轉來,到這裏相節了,更没去處。(S28-44b、h1083、c2967、w1866)

(12) 所以拳拳反復,不能自已,何嘗有一句是罵懷王來,亦不見他有實施方案禣躁之心,後來没出氣處,不奈何,方投河隕命。(S38-36a、h1864-1865、c5230-5233、w3257-3259)

(13) 又要心爲主,心把得定,人慾自然没安頓處。(S37-34a、h783-784、c2049、w1290)

(14)《繫辭》也如此,只是上《繫》好看,下《繫》便没理會。(S28-66a、h987、c2660、w1672)

(15) 某自十五六時至二十歲,史書都不要看,但覺得閑是閑非没要緊,不難理會。M32-2a、h1473、c4159、w2616

(16) 史是皮外物事,没緊要,可以劄記問人。(S38-24b—S38-25a、h119、c300、w189)

(17) 至於治國、平天下,越没干涉矣。(S38-30a、h216-217、c534-536、w335-336)

(18) 尾頭都不說破,頭邊做作掃一片去也好。只到尾頭,便没合殺,只恁休了。(S38-32b—S38-33a、h1888、c5322-5323、w3313)

(19) 自家有道理,對着他没道理,何畏之有!(M5-7a、h754、c1973-1974、w1245)

(20) 經中本說得簡徑白直,却被注解得越没收殺。(S38-64a、h1745、

---

① 如戴密微(Demieville 1950)、周法高(1953)、太田辰夫(1958:302)、司徒修(Stimson 1971),並見梅祖麟(2000)。

② 關於"没"的來源,皆參徐師此文。

c4849、w3026）

《池録》作爲宋代語言的同時材料，其中已出現"没……處""没理會""没要緊""没緊要""没干涉""没合殺""没道理""没收殺"，可見"没"在宋代已經可在語境中靈活使用，且多爲非常口語化的用法，還出現了"没……没……"格式。如：

（21）不敬於事，没理没會，雖有號令，何以取信於人？（M13-32a、c802-803、w496）

"没理没會"是"没理會"的口語擴展形式。然而相對于《池録》中"無"1000餘次的使用率而言，"没"的使用頻率仍然不高。黃士毅、黎靖德《語類》將"無理會""不奈何"替換爲"没理會""没奈何"，可見宋元以後"没"的興起，亦可證"'没'最終取代'無'約在元明時期"。

"没"作爲現代漢語口語中最常用的否定詞之一，在唐代口語中出現，宋元以後常用，最終逐漸替代了上古文言中佔據主導地位的"無"，可見漢語文言白話的此消彼長。《池録》中的"無""不"在較晚的黄、黎《語類》中被替換爲"没"，亦可見唐宋以來白話的興起，至元代則爲文白演變的關鍵時期。

2. 然—模樣；即（是）—只是

由於漢語詞彙複音化的趨勢，文言與白話的相替常表現爲"單音節—多音節"的對應替換。如：

（22）向來沙隨説，以所宜木刻而爲之。某嘗辯之，後來覺得却是，但以所宜木爲主。如今世俗之神樹然，非是將木來截作主也。以木名社，如櫟社、枌榆之社之類。（S27-39b—S27-40a、h1266、c3633-3634、w2290-2291）

"然"，徽州本、成化本、王星賢點校本爲"模樣"。"然/模樣"用於句末與"如、若、似"等搭配表示"像……那樣，像……似的"。

"然"的這種用法先秦已見，爲文言詞。《孟子·滕文公下》："不見諸侯，宜若小然。"《史記·蘇秦列傳》："秦王聞若説，必若刺心然。"

"模樣"一詞南朝始見，最初作名詞指"樣貌、樣子"。如《南齊書·魏虜傳》："羣臣瞻見模樣，莫不斂然欲速造。"唐玄奘《大唐西域記》卷一《覩貨邏國故地》："貨用金、銀等錢，模樣異于諸國。"唐代發展出用於句尾表示"……的樣子"的用法。如：

（23）只將人世綺羅，裁作天宮模樣。（敦煌變文《妙法蓮華經講經文》）

"模樣"前又可加助動詞"底"。如：

（24）子細尋思底模樣，騰騰又過玉關東。（唐杜荀鶴《長安道中有作》）

"模樣"與"如、若、似"等搭配唐宋已見。如：

（25）街衢人物頗眾，車輿合雜，朱紫繽紛，亦有乘馬者，亦有乘驢者，一似人間模樣。（唐薛漁思《河東記·崔紹》）

（26）煙雨池塘，綠野乍添春漲。鳳樓高、珠簾卷（捲）上。金柔玉困，舞腰肢相向。似玉人、瘦時模樣。（宋李石《謝池春》）

實際上"模樣"在用於具象的事物後即表"像……的樣子"，而"然"在這種情況下前面須加"如、若"等，如上例"一似人間模樣""似玉人瘦時模樣"，如果省作"人間模樣""玉人瘦時模樣"，語義相同，但換作"然"就只能作"一似人間然""似玉人瘦時然"，且因語言環境的文白改變替換作"然"總覺不暢。

《朱子語類》中"模樣"有132例，其中"如/似……模樣"的用法如：

（27）而今且將黃赤道說，赤道正在天之中，如合子縫模樣，黃道是在那赤道之間。（2，12①）

（28）如灑掃大廳大廊，亦只是如灑掃小室模樣。（8，131）

（29）無事時，亦只如有事時模樣，只要此心常在也。（119，2872）

（30）要曉時，便只似靈棋課模樣。（66，1624）

"模樣"前甚至可以是一句話。如：

（31）這便是禪家說"赤肉團上自有一箇無位真人"模樣。（113，2742—2743）

唐代是文白演變的發展期，至宋元則愈加成熟。語錄異文中"然"與"模樣"的替換，可見上古文言被唐時出現的白話詞相替，且在宋代發展成熟。又如：

（32）紺即而今深底鴉青色。（S27-88a、h609、c1599、w1003）

"即"，徽州木爲"只是"，成化本、王星賢點校本作"是"。"即/只是"表"就是"義。"即"是先秦文言。如《左傳·襄公八年》："民死亡者，非其父兄，即其子弟。""只是"魏晉已見，表"僅僅是"，如晉葛洪《肘後備急方》卷三："不大嘔吐，只是微微涎稀令出。""只是"表"就是"義唐代已見。如唐戴孚《廣異記·鄭氏子》："婦人忽謂鄭曰：'曩來欲與君畢歡，恨以尼故，使某屬厭，今辭君去矣。我只是閣頭狸二娘耳。'""即"與"只是"一文一白，語義相當。又如：

（33）《易》即是一陰一陽，這說得好。（S28-63a、h947、c2552、w1606）

---

① 本文引《朱子語類》中不涉及異文的用例一般採用王星賢點校本（中華書局1986年版），括號中標出卷數與頁碼，下同。

"即是",徽州本、成化本、王星賢點校本爲"只是"。"即是"也見於魏晉,義即"就是"。

3. **這—此—是**

語録異文既有後期版本將早期版本中文言詞替換爲白話詞,也有將早期的白話詞替換爲文言詞者。這是由於弟子最初在記録朱熹講述與弟子問答時往往直録口語,然而在不斷的加工中逐漸書面化、文言化,常將淺白的白話口語修正爲古雅的文言書面語。"五四"運動之前文言仍然佔據書面語的主導地位,著書者尤其是儒家知識分子往往崇尚文言的古奥典雅而用之著述,而編書、修書者也往往不自覺地隨手將口語的成分改爲書面語。朱熹語録作爲儒家經典,傳習者、編修者多爲儒家弟子,自幼背誦經典,骨子裡滲透著崇古崇雅的文化價值傾向,故在編修朱熹語録時下意識地會將白話改爲文言,這種趨雅的情況十分多見。如古漢語中近指代詞主要有"此""是""這","此"多與"彼"相對,"這"多與"那"相對,現代漢語指示代詞常用"這""那"。朱熹語録中指示代詞也有異文替換。如:

(34)"大哉聖人之道!"這一段,(有)大處,做大處;有細密處,做細密處;有渾崙處,有①。(M6-7b—M6-8a、h935、c2516、w1584)

(35) 昨承教誨,不可先討見天理,私心更有少疑,蓋一事各有一箇當然之理,真見得這理,則做這事便確定;不然,則這心末梢又會變了。(S27-33b—S27-34a、h1586、c4507-4512、w2825-2828)

上二例四處"這",徽州本、成化本、王星賢點校本皆作"此"。也有將"此"改作"這"的。如:

(36)"柔在内,剛得中",這箇是就全體看,則中虚;就二體看,則中實。它都見得有孚信之意,故喚作"中孚"。伊川此二句説得好。(S28-45b、w1867、c2970、h1084)

"此",徽州本、成化本、王星賢點校本作"這"。還有將"是"改作"這"的。如:

(37) 這箇只是説理,然也是説書。有這理,便有是書。書是載那道理底,苦死分不得。(S28-52b、h1104、c3030-3031、w1905-1906)

"是書",徽州本、成化本、王星賢點校本作"這書"。

"此""是"作指示代詞先秦已見。如:

(38) 反此道也,民必因此厚也以復之,可不慎乎?(《郭店楚簡·成之聞

---

① "有",徽州本、成化本、王星賢點校本爲"做渾淪處"。明《池録》似誤。

(39) 是詩也，非是之謂也；勞于王事，而不得養父母也。（《孟子·萬章上》）

"這"作近指代詞唐代始見。如：

(40) 這度自知顏色重，不消詩裏弄溪翁。（唐王建《酬柏侍御答酒》）

(41) 白莊聞語，□然大怒，這下等賤人心裡不改間無。（敦煌變文《廬山遠公話》）

也有"這個"。如：

(42) 人人皆道天年盡，無計留他這個人。（敦煌變文《歡喜國王緣》）

(43) 師云："無佛法不是這個道理也。須子細好！"（五代靜、筠《祖堂集·玄沙和尚》）

《朱子語類》有"這"6429例，且語錄中"這"的語義進一步虛化，變爲口語中常見的非實指成分，可以省略。如：

(44) 氣，只是這一箇氣，但從義理中出來者，即浩然之氣；從血肉身中出來者，乃血氣之氣耳。（M5-31a—M5-31b、h761、c1970、w1243）

(45) 莊周、列禦寇亦似這曾點底意思。（S27-33b、h1724、c4507-4512、w2825-2828）

(46) 人只是這一箇心，就這裏面分爲四者。（M6-3a、h1364-1365、c3835、w2416）

(47) 聖人則表裏精粗無不昭徹，其形骸雖是人，其實只是一團天理，所謂"從心所欲，不踰矩"。左來右去，盡是這天理，如何不快活！（S27-52a—S27-52b、c1202-1203、w750）

例（44）（45）中"這"，徽州本、成化本、王星賢點校本皆無。例（46）中"這"徽州本同，成化本、王星賢點校本無。例（47）"這"成化本、王星賢點校本無。又如：

(48) 讀書有箇法，只是刷刮净了這心去看。（S27-114b—S27-115a、h127、c281、w177）

"這"，徽州本、成化本、王星賢點校本作"那"。"這/那"是一對近指與遠指的概念，但此處"心"無遠近，"這/那"亦可省略，故可以替換。語錄中大量出現非實指的"這"，也可見其口語性較強。"此""是"與"這"文白替換，現代漢語口語中近指代詞主要用"這"。

4. 也—亦

（49）如後來五伯既衰，後如那溴梁之盟之屬，大夫也出來與諸侯會，這箇自是差異，自是不好。（S27-69a、c3398-3399、w2144、h1229）

"也"，徽州本、成化本、王星賢點校本作"亦"。"亦/也"爲副詞，承接上文表示同樣。"亦"是先秦舊詞，"也"初見南北朝，李宗江（1997）認爲副詞"也"來源於上古的句中語氣詞"也"，是語氣詞的重新分析，其得義受"亦"的影響，"也""亦"元初完成替換。蕭紅（1999）進一步論證"也"最初是一個口語詞，口語中"也"出現較早，由於書面語的文白演變，逐漸替換了書面語中的"亦"，"也""亦"的文白替換完成時間約在宋末元初。《朱子語類》中已經出現大量"也"的副詞用法。如：

（50）要人自看得分曉，也有説蒼蒼者，也有説主宰者，也有單訓理時。（1，5）

（51）某舊也如此説。（76，1948）

（52）看得荀子資質，也是箇剛明底人。（137，3253）

5. 消得—須

語錄異文中也有將複音詞改爲單音詞的文白替換。如：

（53）不通處，如何硬要通？不消得恁地思量，枉費心力。（S27-78b、c3523、w2219、h1273）

"不消得恁地"，徽州本、成化本、王星賢點校本爲"不須恁"。"須/消得"皆作助動詞表"須要、需要"義。"須"由"等待"義引申出"需要"義，其助動詞義始見於漢。如王充《論衡·命禄》："如信命者，則可幽居俟時，不須勞精苦形求索之也。"（參吳春生，馬貝加 2008）"消得"是宋代新詞，《朱子語類》用例如：

（54）若見得大底道理分明，有病痛處，也自會變移不自知，不消得費力。（8，131）

（55）林子武説《詩》。曰："不消得恁地求之太深。他當初只是平説，横看也好，豎看也好。今若要討箇路頭去裏面，尋却怕迫窄了。"（80，0282—2083）

（56）"命不足道也"，命不消得更説。（34，873）

朱熹語錄異文有的將文言改作白話，有的將白話改作文言，體現了宋元以降語言實際應用中文白夾雜、靈活使用的實況。

三、方俗口語的替換

秦漢以降漢語中出現了大量的方俗口語，它們是漢語新詞的重要來源，也是文白演變的主要因素之一,其中一部分逐漸進入書面語系統,成爲後來的常用詞,有的則保留在方言中。《朱子語類》作爲宋代文人口語的實錄,保留了大量的方俗口語詞,語錄異文中也多有口語俗語的互相替換。如以下兩例。

1. 怎—那裏

(57) 方其有陽,怎知道有陰?方有乾卦,怎知道更有坤卦在後?(S28-76a—S28-76b、h994、c2546-2547、w1603)

成化本所收此條爲蕭佐錄,例中兩處"怎"皆爲"那裏"。例中"怎""那裏"皆爲疑問代詞,用爲反問,表示否定。

蔣紹愚先生(2005b:131)指出"作勿生""作沒生"是"怎麼"的最早的書寫形式,"怎生"早在敦煌變文《維摩詰經講經文》就已出現5例。宋初《景德傳燈錄》中出現"怎麼"這種寫法,"怎"單用則最早見於宋蘇軾等人的作品。實則唐代文獻中已見"怎"單用。如:

(58) 雀兒向前啟:"鳳凰王今怎不知?窮研細諸問,豈得信虛辭!"(敦煌變文《燕子賦》)

(59) 陰陽否隔即成愆,怎得天長地遠。(唐呂巖《西江月》詩一六)

"怎"多見於語錄文獻中。《正字通·心部》即言:"怎,語助辭,猶言如何也。程、朱語錄中屢用之。"《語類》例如:

(60) 心本是箇動物,怎教它不動。(34,861)

(61) 九四自好,自是初六自不好,怎奈他何?(70,1771)①

"那裏"本爲詢問處所,猶"什麼地方"義,又作"阿那裏""阿那",見於《古尊宿語錄》《祖堂集》。表反問的"阿那裏"則早見於敦煌變文,如《父母恩重經講經文》:"慈母自從懷任(妊),憂惱千般,或坐或行,如擎重擔。所吃飲食,滋味都無。只憂身命片時,阿那裏有心語話?""那裏"用作反問最早見於宋代文獻。如:

(62) 古人道:"鐘中無鼓響,鼓中無鐘聲。"今時學者那裏得到者般田地!(《古尊宿語錄·舒州龍門清遠佛眼和尚普說語錄》)

(63) 佛法無許多事,那著得情見來,是他心機那裏有如許多阿勞?(《碧巖錄》第四則)

張鵬麗(2012)認爲"那裏"是中古時期漢譯佛經中疑問代詞"那"與"裏"

---

① 《朱子語類》中帶"怎"的疑問代詞共有68例,仍以"怎生"爲多,共有56例。

組成的,但是唐宋"那裏"使用并不普遍,直到元代以後纔興盛起來。① 實則宋代口語文獻中"那裏"表疑問已常有使用。《朱子語類》用例如:

(64) 若移此心與這樣資質去講究義理。那裏得來!(10,170)

(65) 只是一箇爲人謀,那裏有兩箇?(21,484)

2. 忉怛—絮

(66) 向見衆人説得玄妙,程先生説得忉怛。後來子細看,方見衆人説,都似禪了,不似程先生説穩當。(S27-33b、h548、c4507-4512、w2825-2828)

(67) 韓文公似只重皇甫湜,以《墓志》付之,李翺只令作《行狀》。翺作得《行狀》忉怛,湜作《墓銘》顛決。李翺却有些本領,如《復性書》有許多思量。歐公亦只稱韓、李。(S27-104b、h1877、c5262、w3275)

以上二例皆爲黄義剛所録。二例中"忉怛",徽州本、成化本、王星賢點校本皆作"絮"。前一例中成化本、王星賢點校本採用其他弟子録文,"絮"後又注出"黄(義剛)作'忉怛'"。"忉怛"本指心情憂傷悲痛,宋代南方口語中又有"囉唆,嘮叨"義。"絮"與"忉怛"義近,可能皆是宋代南方一帶的方言口語詞。《朱子語類》又有1例"忉怛"。如:

(68) 要之,聖人只是直筆據見在而書,豈有許多忉怛!(83,2155)

"絮"表"繁瑣、羅嗦"義有14例。如:

(69) 若當初有此一節時,傳文須便説在那裏了。他今只恁地説,便是無此意。却是某於解處,説絮著這些子。(16,348)

(70) 五代時文字多繁絮。(67,1680)

(71) 游録語慢,上蔡語險,劉質夫語簡,永嘉諸公語絮。(97,2480)

(72) 人多説杜子美夔州詩好,此不可曉。夔州詩却説得鄭重煩絮,不如他中前有一節詩好。(140,3326)

例中有"繁絮""煩絮"近義連言,例(71)"絮"與"簡"相對,其義可見。"忉怛"與"絮"皆爲當時的方俗口語,二者同義替换,亦可見語録文獻中方俗口語詞之豐富。

---

① 張鵬麗(2012)認爲"只要你見色時無能見所見,那裏不是聞聲時無能聞所聞"(《古尊宿語録》)、"不向這裏會,更向那裏會"(《五燈會元》)二例中"那裏"是表示反詰的疑問代詞,我們認爲雖確有反問之義,但其仍是指"什麽地方"。

四、語境中詞義的臨時統一

詞義依賴於語境,一個詞在不同語境下會取得不同的語境義,不同的詞在同一個語境中也可能取得同樣的語境義。相對於先秦文言的典雅整飭,唐宋以來口語文獻中語言的使用更爲靈活,兩個詞義不同的詞往往在某個語境中具有相似語義,特定的語境賦予了它們臨時語境義的統一。語録異文中也常存在這種情況。兹舉一例。

攤—捺

(73) 前夜向公説,只是不合要先見一箇渾淪大底物攤在這裏,方就這裏放出去做那萬事;不是於事都不顧理,一向冥行而已。(S27-34a、h1586、c4507-4512、w2825-2828)

"攤",成化本、王星賢點校本同,徽州本作"捺"。

"攤"義爲平鋪展開,《說文新附·手部》:"攤,開也。"鄭珍《說文新附考》曰:"按:《世說新語》'王戎攤書滿牀'始見此詞,是漢後俗語。"是爲的説,然其始見之文獻尚早於《世說新語》。如:

(74) 於席上攤而曝乾。(北魏賈思勰《齊民要術·種紅藍花梔子》)

(75) 以生地黃杵如泥,隨腫大小攤於布上,糝木香末於中,又再攤地黃一重,貼於腫上。(晉葛洪《肘後備急方》卷五)

《朱子語類》有"攤"7例,其中表示鋪展動作的有6例。如:

(76) 譬如喫飯,寧可逐些喫,令飽爲是乎?寧可鋪攤放門外,報人道我家有許多飯爲是乎?(8,139)

(77) 譬如有飯不將來自喫,只管鋪攤在門前,要人知得我家裏有飯。(8,139)

(78) 如人喫飯,方知滋味;如不曾喫,只要攤出在外面與人看,濟人濟己都不得。(8,140)

(79) 只是停埋攤布,使表裏相通方可。(120,2904)

例中"攤"組成"鋪攤""攤布"等詞,前3例爲同一語義的不同表達。《語類》中"攤"也有表示"分攤、分派"義,其是由鋪展義中使均匀的語義特徵引申而來的。如:

(80) 又如僞作韓、歐別傳之類,正如盜賊怨捉事人,故意攤贓耳。(126,3039)

"捺"義爲用手使勁向下按。《玉篇·手部》:"捺,搦也。"《廣韻·曷韻》:"捺,手按。"魏晉以後始見。如:

(81) 頭角者,蹩捺也。(晉王羲之《筆勢論·創臨章》)

(82) 菩薩以手捺張,拼弓之聲悉聞城內。(南朝梁僧祐《釋迦譜·釋迦降生釋種成佛緣譜》)

(83) 嵌空石面標羅刹,壓捺潮頭敵子胥。(唐白居易《微之重夸州居,其落句有西州羅刹之謔,因嘲茲石,聊以寄懷》)

《朱子語類》中"捺"有14例。如:

(84) "克己"是拔去病根,"不行"是捺在這裏,且教莫出,然這病根在這裏。(44,1118)

(85) 須是縱橫舒卷皆由自家使得,方好搦成團,捺成區,放得去,收得來,方可。(121,2920)

《語類》中"捺"大多已非指具體手部動作按壓,而是指抑制。如:

(86) 若不格物、致知,那箇誠意、正心,方是捺在這裏,不是自然。若是格物、致知,便自然不用強捺。(15,294)

(87) 若使其心地不平,有矜伐之心,則雖十分知是職分之所當爲,少間自是走從那一邊去,遏捺不下。(32,808)

(88) 遜志者,遜順其志,捺下這志,入那事中,子細低心下意,與它理會。(79,2037)

"攤"爲鋪攤,是橫向施力;"捺"爲按捺,是縱向施力。二者語義本不相關,但語錄中言"一箇渾淪大底物(攤/捺)在這裏",我們可將"一個渾淪大底物"大約看作是一個團狀的整體物件,"攤在這裡"可見可以施力使其均勻鋪展,則其是可受力變形的事物,簡言之其爲一個可以受力變形的團狀物體。我們可以找一個生活中常見的物體來更形象地感受這種特徵,如做餅的麵團。麵團可以通過"攤"來使其鋪展,而"捺"之亦可使其受到向下的力橫向延伸而鋪展開。如下圖所示:

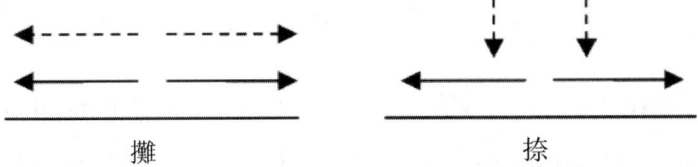

攤　　　　　　　捺

圖中虛線箭頭表示動作施力方向,實線箭頭表示實際結果。在這個語境中"攤/捺"雖然動作不同,但所達到的目的都是讓某物鋪展開,故二者在該語境中同義,即"捺"在該語境中獲得了"使鋪展、攤開"的臨時意義。

五、結　語

　　語言的演變和發展是一個螺旋式的演進過程，漢語文言與白話的此消彼長也經歷過逐漸交融和興替的漫長階段。文言的承襲與白話的產生在口語與書面語兩種載體中互相融合和制約，白話口語滲透入書面語而漸漸替代文言。漢語的性質由先秦文言爲主至唐宋以後古白話興起，文白不斷替換，直到現代漢語白話文形成。然而當代漢語詞彙仍在不斷刷新，互聯網的應用大大加快了漢語新詞的產生速度，大量的網絡用語進入生活語言，也反映在正式的書面語中。可以說，漢語的文白格局並未定型，這種或趨雅或從俗的演變在當代仍在繼續。

　　朱子語錄作爲文人口語的典型代表，是古白話研究的重要文獻，夾雜著先秦文言與唐宋口語，其產生時代處於宋元之際文白演變的關鍵時期，而其諸本異文則可以看作是宋元明清以至現代語言研究的同時材料，恰反映了整個漢語古白話時期的語言演變實況。並且，由於其作爲儒家經典，受眾有別於普通的俗文獻，宋本中的白話成分在後世刊修時又被改作文言，這種特徵正爲我們研究各時代白話與文言的競爭局面提供了第一手的寶貴材料，也反映出各時代對典雅與俚俗的價值取向，這類唐宋典型文獻的版本異文應爲漢語文白演變與古白話研究所重視。

參考文獻

蔣紹愚. 古漢語詞彙綱要. 北京：商務印書館，2005a.
蔣紹愚. 近代漢語研究概要. 北京：北京大學出版社，2005b.
李宗江. "也"的來源及其對"亦"的歷時替換. 語言研究，1997（2）.
呂叔湘. 文言和白話//呂叔湘語文論集. 北京：商務印書館，1983.
梅祖麟. 詞尾"底"、"的"的來源//梅祖麟語言學論文集. 北京：商務印書館，2000.
潘悟雲. 漢語否定詞考源：兼論虛詞考本字的基本方法. 中國語文，2002（4）.
吳春生，馬貝加. "須"的語法化. 溫州大學學報（社會科學版），2008（3）.
蕭紅. 再論"也"對"亦"歷時替換的原因. 湖北大學學報（哲學社會科學版），1999（1）.
徐時儀. 否定詞"沒""沒有"的來源和語法化過程. 湖州師範學院學報，2003（1）.
徐時儀. 《朱子語類》詞語考. 南陽師範學院學報，2012（2）.
徐時儀. 漢語白話史. 北京：北京大學出版社，2015.
張鵬麗. 唐宋禪宗語錄新生疑問詞語考察. 西華大學學報（哲學社會科學版），2012（4）.

Different Texts of *Zhuzi*'s Saying and the Evolution of Chinese Language from the Classical to Vernacular

Pan Mutian

Abstract：Song and Yuan dynasties are a critical period of the evolution of

Chinese language from classical to vernacular. *Zhuzi*'s saying is a typical literary oral text in this period, and its different versions in Song, Yuan, Ming and Qing dynasties show the continuum of "Song dynasty—Modern" progress of Chinese language, There are not only the replacement of the classical by vernacular, spoken languages and colloquialisms, but also the temporary unification of the semantics in context, revealing the features of the ancient vernacular literature since Tang and Song dynasties, and the evolution mechanism of classical Chinese and vernacular's replacement.

Keywords: *Zhuzi*'s saying; different texts; ancient vernacular; the Chinese language evolution from the classical to vernacular

(潘牧天,上海師範大學人文與傳播學院)

近代漢語"繩"和"索"的歷時演變與共時分布[*]

湯傳揚

提　要："繩"對"索"的替換在唐宋時期尚未完成。在宋元小説話本中，"索"仍占據優勢地位。從總體上看，"繩"和"索"在明代呈"勢均力敵"的狀態，但"繩""索"使用上的南北差異已露端倪。在現代漢語方言中，"繩"主要分布在官話區、吴語區；"索"主要分布在粤語區、閩語區；在贛語、湘語、西南官話中，兩者並用。這一分布可與明清時期"繩""索"的使用情况相印證。在官話及吴語區，"繩"對"索"的替換是在明清時期完成的。用"繩"不用"索"，主要基於"表義明晰"的需要。在部分南方方言區，"索"沿用至今，其背後的選擇機制有待探討。

關鍵詞：近代漢語；繩；索；歷時演變；共時分布

在表"繩索"這一意義上，"繩、索"是一對同義詞。汪維輝（2011）在比較《百喻經》《世説新語》兩書的詞彙時列有"繩—索"這組詞，指出："《百》用'索'不用'繩'；《世》用'繩'不用'索'；《世》的用詞與當時的習慣一致，而《百》與之不合。"王華（2011）對"索/繩"從先秦至唐宋的歷時演變情况進行了考察，大體勾勒了兩者的演變過程，但還存在一些可商榷的問題。下面逐一討論。

首先，王華在分析先秦漢語中"繩"和"索"的使用情况時，未對它們加以區分，而是采用"一鍋煮"的方式。"繩"和"索"的詞義本不完全相同。王鳳陽（2011：282）認爲："在先秦'繩'是指較細的、用絲或麻編的、較結實的繩子。""'索和繩'的差别是：就體積來説'索'比'繩'粗大……就質料來説'索'是粗糙的，用草或者竹子等編成的。""'繩'在現代漢語中包括所有的繩子……在現代漢語中'索'作爲繩子只是保留粗大這個義，質料粗糙一個義已經失去。""繩"和"索"之間的差異於何時消除，還有待進一步研究。但可以肯定的是到了近代漢語

---

[*] 論文修改過程中，承蒙汪維輝先生提供中肯的意見，在此謹致謝忱！文中謬誤，概由本人負責。

階段，兩者已完全同義。對比該階段由"繩"和"索"構成的雙音詞，我們能夠清楚地看到這一點。具體內容詳見本文第二部分。

其次，王華得出以下結論："先秦秦漢時期，'繩'、'索'勢均力敵；兩晉南北朝時期，文人們傾向於用'繩'而少用甚至不用'索'；唐宋時期，'繩'完成對'索'的替換。"然而，事實是否果真像王華所說，唐宋時期，"繩"完成對"索"的替換？"繩"和"索"在近代漢語中、後期的表現如何？發展到現代漢語階段，其在方言中的分布情況又是怎樣的？形成原因何在？本文重點討論這些問題。

值得注意的是，"繩""索"在近代漢語階段均可加後綴"子""兒"。《漢語大詞典》"繩子"條首引《儒林外史》，甚晚。筆者檢索了"漢籍全文檢索系統（四）"和"CBETA 電子佛典集成（2011）"，發現"繩子"在唐五代的語料中已見。如王梵志詩《造化成爲我》："魂魄似繩子，形骸若柳木。擎取細腰肢，抽牽動眉目。繩子乍斷去，即是乾柳朴。"《祖堂集》卷六"神山和尚"："師云：'會底人還睡也無？'洞山不語，師曰：'一條繩子自繫。'"唐·王燾《外臺秘要方》卷三十七："《千金翼》煮石英服餌法：石英五大兩，澤州光淨無點翳者，取石英打碎如小豆、蕎麥許大，去細末，更於水中濤洗令淨，重練袋盛之，以繩子系頭，取五大升清水於不津鐵鐺中煮之。"《佛說陀羅尼集經卷》卷十六："令一弟子捉一金缽盛香粉水，及把一條小細繩子，隨阿闍梨從入道場。"《漢語大詞典》"索子"條首引《水滸傳》，嫌晚。據筆者考察，"索子"在五代後晉僧人可洪的《新集藏經音義隨函錄》中已見。《隨函錄》卷十六《根本說一切有部毗奈耶苾芻尼律》卷十九"胡麻"條下的注解是："胡麻，苴蔯也，即大麻是也。皮可爲布，爲索子，可壓油。"宋《大慧普覺禪師普說》卷十五："若不是命根五色索子斷，如何透得這裏過。"南宋·吳曾《能改齋漫錄》卷十三"克寬畏僕郭福"："宗室克寬，素不蓄財，惟喜繩索，人呼爲索子太尉。雖暑月裸袒，常腋挾二氈毯，身纏數鐵繩。"據筆者所調查的語料，"繩兒"較早出現在金代的語料中。如丘處機《離苦海——贈西虢周道全》："知君好事從來慕，爭奈染浮華難去。雖然欲意學飄蓬，被繫腳繩兒縛住。""索兒"較早出現在南宋文獻中。如《東京夢華錄》卷八"立秋"："中貴戚里，取索供賣。內中泛索，金合絡繹。士庶買之，一裹十文，用小新荷葉包，糝以麝香，紅小索兒系之。"《武林舊事》卷六"小經紀"："……錢索、麻、紅索兒、席草、雞籠……"

一、40 篇宋元小說話本中"繩"和"索"的使用

王力（2015：24）在談到"漢語史的根據"時指出："唐代的變文、宋元的話本、明清的小說，都是漢語史的極端寶貴的材料。"蔣紹愚（2017：227）進一步指出："說話有不同的內容，因而口語化的程度也有所不同，比如，講歷史故事的口語化程度就相對差一些。"李來興（2010）根據前輩學者以及時人的研究認爲目前

問題比較少，證據比較確切，能爲大多數人所接受，並能看到的宋元小說話本有以下 40 篇（表 1）：

表 1

序號	篇章	出處	序號	篇章	出處
1	《柳耆卿詩酒玩江樓記》	《清平山堂話本》	21	《宋四公大鬧禁魂張》	《古今小說》
2	《簡帖和尚》	《清平山堂話本》	22	《任孝子烈性爲神》	《古今小說》
3	《西湖三塔記》	《清平山堂話本》	23	《陳可常端陽仙化》	《警世通言》
4	《合同文字記》	《清平山堂話本》	24	《崔待詔生死冤家》	《警世通言》
5	《風月瑞仙亭》	《清平山堂話本》	25	《錢舍人題詩燕子樓》	《警世通言》
6	《快嘴李翠蓮記》	《清平山堂話本》	26	《三現身包龍圖斷案》	《警世通言》
7	《洛陽三怪記》	《清平山堂話本》	27	《一窟鬼懶道人除妖》	《警世通言》
8	《張子房慕道記》	《清平山堂話本》	28	《小夫人金錢贈年少》	《警世通言》
9	《陰騭積善》	《清平山堂話本》	29	《崔衙內白鷂招妖》	《警世通言》
10	《陳巡檢梅嶺失妻記》	《清平山堂話本》	30	《計押番金鰻産禍》	《警世通言》
11	《五戒禪師私紅蓮記》	《清平山堂話本》	31	《金明池吳清逢愛愛》	《警世通言》
12	《刎頸鴛鴦會》	《清平山堂話本》	32	《皂角林大王假形》	《警世通言》
13	《楊溫攔路虎傳》	《清平山堂話本》	33	《萬秀娘仇報山亭兒》	《警世通言》
14	《蘇長公章臺柳傳》	《熊龍峰四種小說》	34	《福祿壽三星度世》	《警世通言》
15	《張生彩鸞燈傳》	《熊龍峰四種小說》	35	《小水灣天狐詒書》	《醒世恒言》
16	《新橋市韓五賣春情》	《古今小說》	36	《勘皮靴單證二郎神》	《醒世恒言》
17	《趙伯升茶肆遇仁宗》	《古今小說》	37	《鬧樊樓多情周勝仙》	《醒世恒言》
18	《史弘肇龍虎君臣會》	《古今小說》	38	《張孝基陳留認舅》	《醒世恒言》
19	《楊思溫燕山逢故人》	《古今小說》	39	《鄭節使立功神臂弓》	《醒世恒言》
20	《張古老種瓜娶文女》	《古今小說》	40	《十五貫戲言成巧禍》	《醒世恒言》

誠如李來興（2010）所說："這四十篇宋元話本的取捨雖不一定正確，但卻是較爲穩妥的。"我們即以上述 40 篇宋元小說話本作爲調查語料。

在 40 篇宋元小說話本中，表示"繩索"一義，"繩（子/兒）"和"索（子）"共用，但明顯是"索（子）"強、"繩（子/兒）"弱，兩者的使用次數之比是 3∶1。表 2 是"繩（子/兒）""索（子）"在宋元小說話本中的使用情況：

表 2

篇章	繩（子/兒）	索（子）	篇章	繩（子/兒）	索（子）
《快嘴李翠蓮記》	1	0	《陳巡檢梅嶺失妻記》	0	1
《宋四公大鬧禁魂張》	1	4	《史弘肇龍虎君臣會》	0	1

續表 2

篇章	繩（子/兒）	索（子）	篇章	繩（子/兒）	索（子）
《崔衙内白鷂招妖》	2	2	《楊思溫燕山逢故人》	0	1
《萬秀娘仇報山亭兒》	1	0	《任孝子烈性爲神》	0	1
《勘皮靴單證二郎神》	1	2	《陳可常端陽仙化》	0	2
《鄭節使立功神臂弓》	1	1	《計押番金鰻産禍》	0	0
《西湖三塔記》	0	1	《鬧樊樓多情周勝仙》	0	1
《楊溫攔路虎傳》	0	3			

上列話本酌舉幾例如下：

（1）婆婆性兒忒急躁，説的話兒不大妙。我的心性也不弱，不要着了我圈套。尋條<u>繩兒</u>只一吊，這條性命問他要！（《快嘴李翠蓮記》）

（2）苗忠認得尹宗了，欲待行，被他攔住路。正悶地進退不得，後面做公底趕上，將一條<u>繩子</u>，縛了苗忠並大字焦吉、茶博士陶鐵僧，解在襄陽府來，押下司理院。（《萬秀娘仇報山亭兒》）

（3）先年曾有個妹子，嫁在老張員外身邊，爲争口閑氣，一條<u>繩</u>縊死了。（《鄭節使立功神臂弓》）

（4）茶博士抖那錢出來，數了，使<u>索子</u>穿了，有三貫錢，把零錢再打入竹筒去。（《楊溫攔路虎傳》）

（5）可令把宣贊縛在將軍柱上……鬼使解了<u>索</u>，却把鐵籠罩了。（《西湖三塔記》）

通過分析以上 5 則例句，我們可以得出兩點結論。首先，例（2）與例（5）中"縛"的搭配對象分別是"繩子"和"索"。"繩子"與"索"可用於相同的情景，有相同的組合關係，這表明兩者的詞義已經近乎完全相同。其次，例（4）中的"索子"可以用來穿錢，這充分顯示了"索"作爲繩子，其原有的"粗大"這一語義特徵已經脱落。

二、近代漢語後期的"繩"和"索"

本節我們依據明清部分口語性語料描述"繩（子/兒）""索（子/兒）"的使用情況和方言分布。

據筆者所調查的語料，"索（子/兒）"在明代的小説中亦很常見，例如：

（6）朱武等三個頭領跪下道："哥哥，你是乾净的人，休爲我等連累了。大郎可把<u>索</u>來綁縛我三個出去請賞，免得負累了你不好看。"（《水滸傳》第三回）

(7) 老兒笑道:"不是偷的,如何没有鞍轡韁繩,却來扯斷我曬衣的索子?"(《西遊記》第十五回)

(8) 就差來安兒送與正堂李知縣。隨即差了兩個公人,一條索子把宋仁拿到縣裏,反問他打網詐財,倚尸圖賴……(《金瓶梅詞話》第二十七回)

(9) 婆子一面把門拽上,用索兒拴了,倒關他二人在屋裏。(《金瓶梅詞話》第四回)

(10) 恩愛果然生煩惱,好物從來不條勞。人去崖州值日到,恰是風筝斷除索。悶來憶著心焦躁,切得我相思病倒。(《荔鏡記》第四十八出)

例(8)、例(9)中的"索子""索兒"用於叙述語;例(6)、例(7)中的"索""索子"用於人物對話;例(10)中的"索"用於戲文。這表明"索(子/兒)"在明代還没有被淘汰出局①。"繩(子/兒)"在明代小説中的例子酌舉如下:

(11) 只見那美猴王睡裏見兩人拿一張批文,上有"孫悟空"三字,走近身,不容分説,套上繩,就把美猴王的魂靈兒索了去,跟跟蹡蹡,直帶到一座城邊。(《西遊記》第三回)

(12) 行者的眼乖,見他房檐下,有一條搭衣的繩子,走將去,一把扯斷,將馬脚系住。(《西遊記》第十五回)

(13) 那王指揮接了這旨,却似心頭上有個鹿兒突突地撞,脚下一條繩兒絆住走不去一般。(《型世言》第十二回)

例(7)與例(12)均出自《西遊記》,"索子"和"繩子"分别用於"曬衣""搭衣",功能相同,使用情景類似。這爲證明"繩"與"索"詞義相同再添佳證。

表3是"繩(子/兒)""索(子/兒)"在明代一些口語性語料中單用的情况:

表3

	方言基礎	繩(子/兒)	索(子/兒)
《水滸傳》	江淮	5	68
《西遊記》	江淮	109	43
《三國演義》	—	4	16
《金瓶梅詞話》	山東	28	12
"二拍"②	吴語	35	40
《山歌》	吴語	6	2
《三寶太監西洋記》	—	28	35

---

① 一般而言,帶有後綴"兒""子"的詞具有濃厚的口語色彩。這從一個側面證明"索(子/兒)"在口語中並未被淘汰。關於"兒"和"子"這兩個後綴,董志翹(2008)認爲"兒"後綴出現於唐代,成熟於宋代;梁曉虹(1998)認爲"子"後綴上古就已出現,中古之後普遍應用起來。

② "二拍"指的是《初刻拍案驚奇》、《二刻拍案驚奇》。

續表 3

	方言基礎	繩（子/兒）	索（子/兒）
《三遂平妖傳》（20 回本）	—	0	23
《型世言》	吳語	8	4
《朴通事諺解》	北方	4	0
《荔鏡記》	閩語	0	1
共計		277	244

在明代口語性語料中，"繩"有如下一些組合：麻繩、韁繩、鐵繩、赤繩、金繩、絲繩、鎖繩、絨繩、草繩、玉繩、彩繩、葛繩、馱繩。"索"則有纜索、篾索、綁索、麻索、鐵索、縛索、鎖索、絲索、篷索、草索等組合。"繩索"連文也很常見。

根據數量統計，"繩"和"索"在上列文獻中的使用總頻次相當，兩者在明代呈"勢均力敵"的狀態。但具體到每部文獻，"繩"和"索"的使用情況則相當撲朔迷離。《水滸傳》與《西遊記》雖然同屬官話作品，但是在"繩""索"的使用上卻有相當大的差異。在《水滸傳》中，"索"佔據絕對的主導地位，而在《西遊記》中，"繩"的使用頻次卻是"索"的 2 倍之多。"二拍"與《型世言》均帶有吳方言色彩。在"二拍"中，"索"稍微佔據上風，但在《型世言》中，"繩"的使用頻次卻是"索"的 2 倍。《山歌》是地道的吳語作品，"繩"的使用頻次是"索"的 3 倍。在山東方言作品《金瓶梅詞話》中，"繩"的使用頻次是"索"的 2 倍之多，佔據主導地位。在朝鮮人學習漢語的教科書《朴通事諺解》中，用"繩"不用"索"；在潮州戲文《荔鏡記》中，用"索"不用"繩"。"繩""索"使用上的南北差異初露端倪。《三國演義》《三遂平妖傳》的作者是羅貫中。在《三國演義》中，"索"的使用頻次是"繩"的 4 倍；在《三遂平妖傳》中，用"索"不用"繩"。在羅氏的作品中，"索"佔據絕對的主導地位，這體現的是作者的方言特色，還是個人的用語習慣？這一問題還有待深入調查。

清代，"繩（子/兒）"和"索（子/兒）"的使用情況又怎樣呢？為此筆者對清代部分口語性語料展開調查，結果如下（表 4）：

表 4

	方言基礎	繩（子/兒）	索（子/兒）
《醒世姻緣傳》	山東	53	3
李漁小説[①]	吳語	0	6
《聊齋俚曲集》	山東	28	0
《紅樓夢》（前 80 回）	北京	6	1
《儒林外史》	江淮	13	0

---

① "李漁小説"指的是《無聲戲》、《十二樓》。

續表 4

	方言基礎	繩（子/兒）	索（子/兒）
《歧路燈》	河南	22	0
《兒女英雄傳》	北京	53	0
《海上花列傳》	吳語	3	0
《何典》	吳語	3	0
《春阿氏》	北京	2	0
《老殘遊記》	江淮	7	0
《孽海花》	江淮	2	0
《官場現形記》	江淮	7	0
《三俠五義》	天津	36	1
《躋春臺》	四川	6	6

從表 4 不難看出，"索（子/兒）"除了在清初的《醒世姻緣傳》、李漁小説及清末四川方言作品《躋春臺》中有零星的分佈外，在清中期至清末的其他作品中鮮見用例。這表明，至清中後期，"索（子/兒）"在山東方言、官話區（北京官話、江淮官話、中原官話）、吳語區中基本被淘汰出局。值得注意的是在清末四川中江人劉省三編撰的故事書《躋春臺》中，"繩"和"索（子）"單用均出現 6 例。"索（子）"在《躋春臺》中的用例如下：

(14) 吕光明曰："那裏來的混食蟲，無緣無故拿黑索子把我拴起，是何道理？"（《捉南風》）

(15) 忽來一人，手執柳條打一大圈，將小雞一陣拳頭耳巴，旁挂一索，小雞引頸自縊，那人解下小雞，抱懷而哭，又執棒尋逐大雞。（《六指頭》）

(16) 哭畢，就在林中自縊。誰知索斷幾次，忽回心想道……（《比目魚》）

(17) 蘭亭拿索把僧吊上，周身是血，即命雇人啓尸。（《南鄉井》）

(18) 哼！都是我索子放長將你縱，不怪他人只怪儂。（《螺旋詩》）

(19) 蕭公命人去看，其井極深，遂借長索，端系一凳，人坐凳上，徐徐放下，乃是枯井，内有單衫一件，絹扇一把，拿上呈官。（《血染衣》）

據張一舟（1999）研究："《躋春臺》通篇都是方言俗語……是活生生的話語記録……忠實地反映了 19 世紀後期四川話的歷史面貌，並且是迄今發現的規模最大的四川話口語材料。"由此可見，"索（子）"在清末的四川話中占有一席之地，是"繩索"義語義場的成員之一。

綜上所述，在通語中，"索（子/兒）"被淘汰出局應該是在清代中後期，而並非像王華所説的那樣：唐宋時期，"繩"完成對"索"的替換。

三、現代漢語中"繩"和"索"的共時分布

"繩（子/兒）"和"索（子/兒）"在現代方言中的使用情況如何？爲此我們進行了調查。檢李榮主編的《現代漢語方言大詞典》①，表"繩索"義，東北官話（哈爾濱）、膠遼官話（牟平）、冀魯官話（濟南）、中原官話（徐州、洛陽、西安、西寧、萬榮）、蘭銀官話（銀川、烏魯木齊）、西南官話（武漢、柳州）、江淮官話（揚州、南京）、晉語（太原、忻州）、吳語（崇明、丹陽、寧波、上海、溫州、蘇州）、湘語（婁底、長沙）、贛語（萍鄉）、客家方言（梅縣、於都）、粵語（廣州）等地用"繩（子/兒）"；吳語（杭州）、贛語（南昌）、閩語（福州、海口、建甌、廈門、雷州）、平話（南寧）等地用"索（子/兒）"；西南官話（成都、貴陽）、徽語（績溪）、吳語（金華）、贛語（黎川）等地兩者並用②。《漢語方言詞彙》（第二版）中所列的20個方言點③，用"繩（子）"的有6個官話方言點（北京、濟南、西安、太原、合肥、揚州）、2個吳語方言點（蘇州、溫州）；用"索（子）"的有1個客家話方言點（梅縣）、1個粵語方言點（陽江）、4個閩語方言點（廈門、潮州、福州、建甌）；兩者並用的有2個官話方言點（武漢、成都）、2個湘語方言點（長沙、雙峰）、1個贛語方言點（南昌）、1個粵語方言點（廣州）。

從調查的結果不難看出，"繩（子/兒）"主要分布在官話區、吳語區；"索（子/兒）"則主要分布在粵語區、閩語區；在贛語、湘語、西南官話中，兩者並用。這一分布與前面我們所調查的明清時期的情況一脈相承。現代方言中"繩（子/兒）"與"索（子/兒）"的分布情況可與歷史上"繩（子/兒）"與"索（子/兒）"的狀況相印證。

根據上文的分析可知，刊刻於明嘉靖年間的潮州戲文《荔鏡記》中，表"繩索"義用"索"不用"繩"；現代方言中，閩語亦用"索"。由此不難推測，從明代至今，"索"在閩語中一直是"繩索"義語義場的主導詞。在清末四川方言作品《躋春臺》中，表"繩索"義"繩、索"並用；現代方言中，西南官話亦"繩、索"並用。由此

---

① 李榮主編的《現代漢語方言大詞典》分地本中涉及的方言點有以下42個。1. 官話方言：東北官話（哈爾濱）；膠遼官話（牟平）；冀魯官話（濟南）；中原官話（徐州、洛陽、萬榮、西安、西寧）；蘭銀官話（銀川、烏魯木齊）；西南官話（成都、武漢、貴陽、柳州）；江淮官話（揚州、南京）。2. 晉語（太原、忻州）。3. 吳語（丹陽、蘇州、上海、崇明、寧波、杭州、金華、溫州）。4. 徽語（績溪）。5. 湘語（長沙、婁底）。6. 贛語（南昌、黎川、萍鄉）。7. 客家方言（梅縣；于都）。8. 粵語（廣州；東莞）。9. 平話（南寧）。10. 閩語（福州、建甌、廈門、雷州、海口）。

② 檢42個方言點，唯有東莞未收"繩"或"索"。但是我們有理由相信"繩"在東莞方言中是使用的。這是因爲在"绚"這一詞條下，有"麻繩绚欖核——兩頭甩"這樣的歇後語。值得注意的還有杭州方言。在《杭州方言詞典》中，儘管單列一個詞條的是"索"而不是"繩"，但由"繩"組合而成的複合詞則有頭繩、跳繩、纜繩、牽牛繩等。這些材料充分表明，在杭州方言中，"繩"也是相當活躍的。

③ 《漢語方言詞彙》（第二版）收入20個漢語方言點的詞語材料。其中有8個官話方言點（北京、濟南、西安、太原、武漢、成都、合肥、揚州）、2個吳語方言點（蘇州、溫州）、2個湘語方言點（長沙、雙峰）、1個贛語方言點（南昌）、1個客家話方言點（梅縣）、2個粵語方言點（廣州、陽江）、4個閩語方言點（廈門、潮州、福州、建甌）。

亦可推測，從清末至今，在四川方言中，表"繩索"義，"繩、索"一直並用。

四、同義聚合與方言選擇機制之半解

從東漢開始，漢語詞彙系統中表示"繩索"義的名詞"繩、索、緘、縢、繩索"形成了一個同義聚合。"緘"是捆箱子的繩子。《説文·糸部》："緘，束篋也。"《莊子·胠篋》："將爲胠篋、探囊、發匱之盜而爲守備，則必攝緘縢，固扃鐍，此世俗之所謂知也。"陸德明釋文引《廣雅》曰："緘、縢，皆繩也。"《漢書·外戚傳下·孝成趙皇后》："帝與昭儀坐，使客子解篋緘。"顔師古注："緘，束篋之繩也。""縢"與"緘"是嚴格意義上的同義詞。《説文·糸部》："縢，緘也。"段玉裁注："亦所以束者也。"《詩經·魯頌·閟宫》："公車千乘，朱英綠縢，二矛重弓。"《晏子春秋·景公路寢臺成逢於何願合葬晏子諫而許第二十》："布衣縢履，玄冠此武，踴而不哭，辟而不拜，已乃涕洟而去。"在這個同義聚合中，複音詞"繩索"是形成最晚的一個。其形成，大抵是在東漢時期。如《説文·宋部》："索，艸有莖葉，可作繩索。"《詩經·小雅·何人斯》"及爾如貫"漢·鄭玄箋："我與女俱爲王臣，其相比次，如物之在繩索之貫也。"

語言經濟原則決定這些同義詞會相互競爭，有的在競爭中衰退，如"緘"和"縢"。"緘"和"縢"具體在何時衰退還有待進一步研究。唐初顔師古給"緘"下注，這反映了唐代人對"緘"已感到陌生。因此，保守估計"緘"和"縢"至晚在近代漢語初期就已退出歷史舞臺。"緘"和"縢"爲什麼沒有競爭過"繩"和"索"而逐漸走向衰退呢？我們認爲這與各個成員義域大小的歷史變遷有關。我們知道，在先秦漢語中，"繩"和"索"在"粗細"和"材質"上有區別，但隨着語言的發展，這種差別逐漸消除。到了東漢時期，"繩"和"索"同義連文。"繩"和"索"可以泛指所有的繩子，義域擴大。相比而言，"緘"和"縢"的義域則較小。"緘"是捆箱子的繩子，"縢"是捆東西的繩子。《廣雅·釋器》："緘、絉、紽、繾、緤、絑、緷、絃、縻、纠、縋、緰、纂、徽、縹、紃、筊、累，繩索也。""緘"作爲被釋詞出現，説明一直到中古漢語，它們的義域都較窄。

有的出現功能分化，如"繩索"主要用於書面語，"繩""索"書面語、口語都用，帶後綴"兒/子"的"繩兒/繩子""索兒/索子"在典雅的正式語體中不用①。

---

① 張永言《詞彙學簡論》"§4.7 詞的風格分化——口語詞彙和書語詞彙"説："就漢語而論，口語詞彙多半是單音節詞，而跟它們相當的書語詞彙則是雙音節詞。例如：住～居住、送～贈送、讀～閲讀、買～購買、聽～聆聽、愛～喜愛、怕～懼怕、窄～狹窄、窮～貧窮、病～疾病、進～進入、睡～睡眠、挑～挑選。一般説來，雙音節詞的意義要狹窄一些，確定一些；在風格上雙音節詞'文'一些，單音節詞'白'一些。"原注："參看北京大學中文系漢語教研室《現代漢語》中册，第4章第6節，高等教育出版社，1960年。""繩索""繩""索"等詞功能的分化較好地體現了這一點。

更加需要我們探討的是，"索"爲什麼没有競争過"繩"，换個說法，即北方官話和吴方言爲什麼選擇了"繩"，而不是"索"。解答這個問題需要我們對明清白話語料中"繩/索"的意義及用法進行考察。"繩/索"在部分明清口語性文獻中的使用情况如下（表5）：

表5①

文獻	方言背景	繩	索 作爲"構詞語素"	單用 ①	②	③	④	⑤	⑥
《西遊記》	江淮官話	194	70	43	14	1	0	0	0
《金瓶梅詞話》	山東方言	28	21	12	5	0	4	0	0
《山歌》	吴語	10	3	2	0	0	0	0	0
《型世言》	吴語	11	16	4	9	0	0	0	0
《朴通事諺解》	北方話	7	2	0	0	0	1	0	0
《醒世姻緣傳》	山東方言	72	27	3	11	0	0	0	0
李漁小說	吴語	0	57	6	5	0	0	0	0
《聊齋俚曲集》	山東	43	26	0	2	0	0	0	0
《紅樓夢》（前80回）	北京官話	16	24	0	4	0	0	0	0
《儒林外史》	江淮官話	16	16	0	0	0	0	1	0
《兒女英雄傳》	北京官話	59	90	0	0	0	0	0	0
《春阿氏》	北京官話	2	6	0	0	0	0	0	0
《海上花列傳》	吴語	8	74	0	3	0	0	0	1
《何典》	吴語	9	8	0	0	0	0	0	0
《躋春臺》	西南官話	21	10	6	14	0	0	0	0

從表5可以看出，"索"作爲構詞語素活躍在文獻中。而作爲一個獨立的詞，其活力在明清北方官話區、吴語區中逐漸衰弱。綜觀"繩/索"在明清漢語（這裏指的是北方官話、吴語）中的替换，我們可以看到：由於"繩"的義項少，表義明晰，因此在與"索"的競争中逐漸取得優勢地位。與"繩"相比，"索"則不同。一方面，文獻中表示"索取"義的"索"逐漸增多，在與表示"繩索"義的"索"的競争中越來越占優勢，如表6所示：

---

① 說明：1. 我們對"繩"在明清口語文獻中的使用情况未做具體區分。這是因爲，無論"繩"充當"構詞語素"，還是單用，其意義均比較單一，即表"繩索"義。在表格所列文獻中，除了《紅樓夢》有"鉤繩""準繩"各1例、《兒女英雄傳》有"準繩"1例、《海上花列傳》有"繩墨"1例、《躋春臺》有"繩之以法"1例外，其餘均是表"繩索"義。2. 據筆者對表格中文獻的考察，"索"單用時，共有以下6個義項：①繩索；②索取；③像繩索或鏈條似的東西；④得、須；⑤涕淚流出貌；⑥盡、空。

表 6

方言背景	文獻	索1	索1/索	索2	索2/索
山東方言	《金瓶梅詞話》	12	57%	5	24%
	《醒世姻緣傳》	3	21%	11	79%
	《聊齋俚曲集》	0	0%	2	100%
吳語	《型世言》	4	31%	9	69%
	李漁小説	6	55%	5	45%
	《海上花列傳》	0	0%	3	100%

（索1：繩索；索2：索取）

在表6中，我們選擇了既有相同的方言背景，又在時間上相繼爲序的文獻。從統計數據不難看出"索取"義逐漸成爲"索"的中心義項。

另一方面，"索"在近代漢語時期意義虛化，産生了助動詞的用法，表示情理上、事實上或意志上的需要、應該、必須①。如：

（20）夫是田中郎，妾是田中女。當年嫁得君，爲君秉機杼。筋力日已疲，不息窗下機。如何織紈素，自著藍縷衣。官家榜村路，更索栽桑樹。（唐·孟郊《織婦詞》）

（21）楚項籍，蜀關羽，秦白起，燕孫武。若比這個將軍，兵書戰策，索拜做師父。（金·董解元《西廂記諸宫調》卷三）

（22）東山惟寇盜可虞，常索用心，與南中不侔。（宋·范仲淹《知府大卿》）

（23）良夜迢迢，閑庭寂靜，花枝低亞。他是個女孩兒家，你索將性兒温存，話兒摩弄，意兒謙洽。休猜做敗柳殘花。（元·王實甫《西廂記》三本三折）

（24）我正要和你商量，十二兩紋銀，買幾件衣服，辦幾件家活在家裏，等有了新房子，搬進去也好看些。只是感不盡大官人恁好情，後日搬了房子，也索請他坐坐是。（《金瓶梅詞話》第五十六回）

可以斷定，北方官話區、吳語區選擇"繩"而非"索"的説法，正是基於"繩""索"在表義明晰性上的差别。誠如李宗江（2016：37）所説："如果一個詞所承擔的義位過多，就容易在使用中發生歧義，影響交際，這可能導致兩種後果。一種後果是變爲複合詞……另一種後果是導致在與詞義負擔較輕的同義成分的競争

---

① 在北方方言中，"繩"替換"索"這一過程的發生並不排除語義磨損因素，這是因爲"從語法化的角度來看，語言的高頻重複運用會道致語義磨損和虛化"（姚雙雲、姚小鵬 2012：77—84）。

中失敗，以致最後消失。"然而，現代部分南方方言（如閩語、粵語）却做了相反的選擇。從福州、廈門、陽江等地沒有"繩"這一詞來看，這些方言的選擇機制應不同於官話系統①。那麼，這些方言的選擇機制是什麼？背後又有哪些制約因素？這一系列問題，筆者目前還説不出個所以然來，尚需進一步研究。

參考文獻

董志翹. "兒"後綴的形成及其判定. 語言研究，2008（1）.

蔣紹愚. 近代漢語研究概要（修訂本）. 北京：北京大學出版社，2017.

李來興. 宋元話本動詞語法研究. 復旦大學，2010.

李宗江. 漢語常用詞演變研究. 2版. 上海：上海教育出版社，2016.

梁曉紅. 禪宗典籍中"子"的用法. 古漢語研究，1998（2）.

汪維輝.《百喻經》與《世説新語》詞彙比較研究（下）//漢語史學報：第十一輯. 上海：上海教育出版社，2011.

王鳳陽. 古辭辨. 增訂本. 北京：中華書局，2011.

王華. 五組常用詞演變研究. 南寧：廣西民族大學，2011.

王力. 漢語史稿. 3版. 北京：中華書局，2015.

姚雙雲，姚小鵬. 自然口語中"就是"話語標記功能的浮現. 世界漢語教學，2012（1）.

張一舟.《躋春臺》的性質、特點、語言學價值及蔡校本校點再獻疑. 西南民族學院學報，1999（1）.

Diachronic Evolution and Synchronic Distribution of "*Sheng*" and "*Suo*" in Pre-modern Chinese

Tang Chuanyang

Abstract：The substitution of "*Sheng*" for "*Suo*" was not completed in Tang and Song Dynasties. "*Suo*" still occupied the dominant position in vernacular novels in Song and Yuan Dynasty. On the whole, "*Sheng*" and "*Suo*" were "evenly matched", but the difference between the north and the south in the use of "*Sheng*" and "*Suo*" had emerged. In the modern Chinese dialect, "*Sheng*" is mainly distributed in areas of Mandarin and Wu dialect；"*Suo*" is mainly distributed in areas of Cantonese and Min dialect；both "*Sheng*" and "*Suo*" are used in Gan dialect, Xiang dialect and Southwestern Mandarin. This distribution can confirm

---

① "索"甲文見存，"繩"始見於戰國文字。從現有材料看，"繩"與"索"究竟哪個更古老尚無從判定，兩者都見於最古老的上古典籍《尚書》《詩經》《周易》。

the use of "*Sheng*" and "*Suo*" in Ming and Qing dynasty. In Mandarin and Wu dialect, the substitution of "*Sheng*" for "*Suo*" formed in Ming and Qing Dynasty. The use "*Sheng*" instead of "*Suo*" mainly depends on the need of "clarity of meaning". In some areas of southern dialect areas, "*Suo*" has been used until now, the choice mechanism behind which remains to be explored.

Keywords: pre-modern Chinese; *sheng*; *suo*; diachronic evolution; synchronic distribution

(湯傳揚，清華大學中文系)

《漢語史研究集刊》稿約

一、本集刊提倡扎實語料基礎，在拓寬傳世典籍語料研究領域的同時，重視出土文獻與活的語言資料，并汲取相關學科的研究成果；提倡微觀與宏觀相結合，在繼承傳統文獻的同時吸收現代語言學的理論和方法，探求語言現象產生的原因和演變規律。

二、來稿請用繁體字書寫。全文一般不超過 12000 字，包括 100 字左右的内容提要、3—5 個關鍵詞。特別提示：請在文末附上文章題目、内容提要以及關鍵詞的英文翻譯。來稿半年後未得到答復，作者可自行處理。因人力限制，來稿恕不退還。

三、本集刊採用匿名審稿，來稿請寫上論文題目、作者姓名、工作單位、通訊地址以及學術簡歷。正文另起一頁，不署名。

四、參考文獻祇列出本文直接引用者，並據内容採用以下順序：

1. 論文集類：作者、文章標題、文集名稱、編者、出版社、文集出版年份；
2. 期刊類：作者、文章標題、期刊名稱、期數、頁碼；
3. 專著類：作者、書名、出版社、出版年份。

五、爲便於閱讀，正文中的注釋使用脚注形式。這種注釋應該是對正文内容的附加解釋或補充説明，因此參考文獻或者引用文獻的出處最好不以脚注形式出現。

六、來稿請寄：四川大學中文系《漢語史研究集刊》編輯委員會，郵政編碼 610064，並發電子郵件至 hanyus98@163.com。